Seks en de ci

MIX
Papier van
verantwoorde herkomst
FSC® C116331
FSC
www.fsc.org

SHEREEN EL FEKI

Seks en de citadel

HET LIEFDESLEVEN IN EEN VERANDERENDE
ARABISCHE WERELD

Uit het Engels vertaald door Edzard Krol

DE GEUS

Oorspronkelijke titel *Sex and the Citadel: Intimate Life in a Changing Arab World*,
verschenen bij Pantheon Books

ISBN 978 90 445 2582 3
NUR 694

Voor mijn ouders

'Ik zweer bij God dat het nodig is om kennis te hebben van dit onderwerp. Degenen die er niets van weten of er de draak mee steken, zijn onwetend, dom, onverstandig.'

'UMAR IBN MUHAMMAD AL-NAFZAWI,
Al-Rawd al-'Atir fi Nuzhat al-Khatir (De geurige tuin; vijftiende eeuw)

Laten we voor eens en altijd toegeven dat seks het basisprincipe is waaromheen de rest van het mensenleven draait, met al zijn vaste gebruiken.

MAGNUS HIRSCHFELD,
Die Weltreise eines Sexualforschers (1933)

Inhoud

Een opmerking over taal	11
Inleiding	13
1. Veranderende standpunten	23
2. Wanhopige huisvrouwen	49
3. Seks en de alleenstaande Arabier	119
4. Wat je over de voortplanting moet weten	162
5. Seks te koop	211
6. Durf anders te zijn	250
7. Als de revolutie komt	317
Dankwoord	339
Bibliografie	343
Noten	369
Register	401

Een opmerking over taal

Een paar jaar geleden werd ik uitgenodigd voor een bezoek aan een stichting voor vrouwenrechten in Caïro. De medewerkers en ik spraken onderling Engels, dat ze veel beter beheersten dan ik het Arabisch. Maar aan het eind van een indrukwekkend bezoek probeerde ik van de gelegenheid gebruik te maken. 'Ik wil u bedanken', zei ik in mijn beste Arabisch, 'voor uw uitnodiging om naar het vrouwencentrum te komen.' Er viel een pijnlijke stilte en men wierp een nieuwsgierige blik op de mensen die mij ontvingen, maar het moment ging gauw voorbij, en met de gastvrijheid waar Egyptenaren bekend om staan, namen we handenschuddend en glimlachend afscheid van elkaar.

Pas later, toen enkele Egyptische vrienden in lachen uitbarstten nadat ik ze erover vertelde, kwam ik erachter waardoor de verwarring was ontstaan. 'Maar Shereen, je hebt hen bedankt voor het bezoek aan hun hoerencentrum!' Door een subtiele fout in de uitspraak van het Arabische woord voor 'vrouw' had ik hun organisatie in een heel ander daglicht gesteld.

Vanwege dit soort avonturen in het Arabisch heb ik nog nadrukkelijker geprobeerd begrijpelijk te schrijven. Om diezelfde reden heb ik in dit boek voor de transcriptie van Arabische woorden de gouden standaard van het *International Journal of Middle East Studies* (IJMES) gehanteerd. Al heb ik om het eenvoudig te houden geen diakritische tekens gebruikt. Twee Arabische letters waarmee ik in de loop van de jaren veel heb geworsteld, zoals ik hierboven al beschreef, worden weergegeven met de ʻ voor *ʻayn* [de achttiende letter van het Arabische alfabet; vert.] en ʼ voor *hamza* [een letter van het Arabische alfabet die de glottisslag aangeeft; vert.].

Als ik over Egypte schrijf, heb ik nu en dan afstand genomen van de transcriptiemethode van het IJMES, om de lokale uitspraak te kunnen vatten. Zo is het *ahwa* in plaats van *qahwa*, *Gamal* in plaats van *Jamal*, enzovoort. Het is onvermijdelijk uitzonderingen te maken op deze uitzonderingen. Zo worden Arabische woorden niet gecursiveerd als ze bekend zijn. En meestal heb ik er niet voor gekozen ze naar het Egyptisch over te zetten – zo schrijf ik *hijab* in plaats van *hegab*. Hetzelfde geldt voor meervouden. Bij bekende woorden gebruik ik een *s*, in andere gevallen heb ik de oorspronkelijke Arabische vorm gehandhaafd. Dus *fatwa* en *fatwas* (niet *fatawa*); *faqih* en *fuqaha'* (niet *faqihs*). Ook heb ik de gebruikelijke spelling gehanteerd voor namen van plaatsen en bekende mensen, in heden en verleden.

Inleiding

'Wat is dat?'

Zes paar ogen staren me aan – of eigenlijk staren ze naar de kleine paarse staaf in mijn hand.

'Dat is een vibrator', antwoordde ik, in het Engels, terwijl ik naarstig op het juiste Arabische woord probeerde te komen. 'Een ding dat snelle bewegingen maakt', schoot me te binnen, maar dat kon ook op een staafmixer slaan, zodat ik besloot me bij mijn moedertaal te houden, om het hoofd te bieden aan de toenemende verwarring in de zaal.

Een van de vrouwen, die behaaglijk op de divan naast me lag, begon haar hijab los te halen, en toen ze voorzichtig haar hoofddoek opzij schoof, vielen haar haren als een waterval van krullen neer. 'Wat doet hij?' vroeg ze.

'Nou, hij trilt', zei ik, en ik nam een slokje muntthee en beet in een brokje stroperige baklava om tijd te winnen voor de onvermijdelijke repliek.

'Maar waarom?'

Hoe ik ertoe kwam om op een koffieochtend voor huisvrouwen in Caïro seksuele speeltjes te demonstreren, is een lang verhaal. De afgelopen vijf jaar heb ik door de Arabische regio gereisd en met mensen over seks gesproken: over wat ze doen, wat ze niet doen, wat ze denken en waarom. Afhankelijk van hoe je ertegenover staat, klinkt dit ofwel als een droombaan, ofwel als een uiterst dubieuze bezigheid. Voor mij is het iets totaal anders: seks is de lens waardoor ik het verleden en heden van een deel van de wereld wil bestuderen dat zo vaak is beschreven en toch zo weinig begrepen.

Nu geef ik toe dat seks een merkwaardige keuze lijkt, gezien de volksopstand die zich sinds het begin van dit decennium in de Arabische wereld voltrekt, die niet alleen enkele van de meest stevig verankerde regimes van de regio – om te beginnen in Egypte, Libië, Tunesië en Jemen – maar ook de zich in alle bochten wringende opvolgers ten val heeft gebracht en de rest opschudt. Al zijn sommige waarnemers zover gegaan om te beweren dat de protesten in de eerste plaats door de seksuele energie van de jeugd worden gevoed.[1] Ik ben daar niet zo zeker van. Hoewel ik Egyptenaren vaak heb horen zeggen dat hun landgenoten 99,9 procent van de tijd aan seks denken, leek in die onstuimige dagen aan het begin van 2011 het bedrijven van de liefde juist het laatste waaraan men dacht.

Al denk ik niet dat het volledig buiten beeld was. Opvattingen over seks en seksueel gedrag zijn innig verbonden met religie, traditie, cultuur, politiek en economie. Ze vormen een essentieel onderdeel van seksualiteit – dus van de daad zelf en van alles wat erbij komt kijken, inclusief genderrollen en identiteit, seksuele oriëntatie, genot, intimiteit, seksuele verlangens en voortplanting. Als zodanig weerspiegelt seksualiteit de omstandigheden die tot deze opstanden leidden en zal zij een maat zijn van de voortgang van de zwaarbevochten hervormingen in de komende jaren. In zijn overwegingen over de geschiedenis van het Westen beschreef de Franse filosoof Michel Foucault seksualiteit als 'een bijzonder compact doorgangspunt voor de machtsrelaties: tussen mannen en vrouwen, jongeren en ouderen, ouders en kinderen, opvoeders en leerlingen, priesters en leken, bestuur en bevolking'.[2] Hetzelfde geldt voor de Arabische wereld: wil je een volk echt leren kennen, kijk dan in hun slaapkamer.

Als de gebeurtenissen van 11 september 2001 niet hadden plaatsgevonden, zou ik de deur naar die kamer wellicht nooit hebben geopend. Toen de wereld op slag veranderde, werkte ik voor *The Economist*. Na als immunoloog te zijn opgeleid, was ik journalist geworden en hield ik me bezig met gezondheid en wetenschap, ver van de grote politieke discussies in die tijd. Vanaf deze zijlijn was ik in de gelegenheid rustig achterover te leunen en te zien hoe mijn collega's met de complexiteit van de Arabische regio worstelden. Ik zag hun geloof in de Anglo-Amerikaanse kracht en overvloed in de nadagen van de oorlog in Irak langzaam overgaan in twijfel, vervolgens in verbijstering. Waarom omarmden de Irakezen deze nieuwe wereldorde niet meteen? Waarom handelden ze zelden zoals in Washington en Londen was gepland? Waarom reageerden ze zo anders dan in het Westen was voorzien? Kortom: wat drijft hen?

Voor mij zijn dit geen wereldpolitieke of antropologische vragen, maar is dit een kwestie van persoonlijke identiteit. De Arabische wereld zit in mijn bloed: mijn vader is Egyptenaar, en via hem strekken de wortels van mijn familie zich uit van het beton van Caïro tot aan de katoenvelden diep in de Nijldelta. Mijn moeder komt uit een groene vallei op een heel andere plek – uit een voormalig mijnstadje in Zuid-Wales. Hierdoor ben ik half-Egyptenaar, al schudden de meeste mensen in de Arabische regio hun hoofd als ik hun dit vertel. Wat nou 'half', zeggen ze, omdat mijn vader helemaal Egyptenaar is, ben ik dat ook. En omdat hij van huis uit moslim is, was ik van huis uit eveneens moslim. De familie van mijn moeder is christelijk. Haar vader was lekenpredikant bij de baptisten, haar broer predikant in de Kerk van Wales, een anglicaanse stap opwaarts. Maar nadat ze met mijn vader trouwde, bekeerde mijn moeder zich tot de islam. Daartoe was ze niet verplicht. Want mannelijke moslims mogen trouwen met *ahl al-kitab*, of mensen van het Boek – daaronder vallen joden en christenen. Voor mijn moeder was de bekering tot moslim een zaak van overtuiging, niet van dwang.

Ik ben in Engeland geboren en in Canada opgegroeid, lang voordat 'moslims in het Westen' onderwerp van gesprek werden. Op school waren er een paar (ik groeide op in een universiteitsplaatsje in de buurt van Toronto), maar veel gedachten heb ik er niet aan gewijd. Anderzijds zat er een klein islamitisch trekje in mijn verder westerse opvoeding: het enige wat ik in acht nam, was dat ik geen varkensvlees at, geen alcohol dronk en *al-Fatiha* bestudeerde – het openingshoofdstuk van de Koran – dat ik van mijn ouders voorafgaand aan onze uiterst Britse zondagslunches moest opzeggen. Als de enige moslims in het blok waren we altijd de eersten die de kerstverlichting ophingen, en ging er geen paasfeest voorbij zonder een heel nest chocolade-eieren.

Wat Egypte betreft, brachten we elk jaar een bezoek aan mijn grootmoeder Nuna Aziza en een groot aantal tantes, ooms en neven. We waren de buitenstaanders. Mijn moeder was de enige westerse vrouw (*khawagayya*, in het Egyptische Arabisch) die in de familie was ingetrouwd, en in mijn jeugd waren wij de enige familieleden die buiten Egypte woonden. Dus naast mijn vaders prestige als oudste zoon, was door mijn exotische komaf alle aandacht op mij gericht. In het appartement van mijn *nuna* was een aparte vereringsplaats ingericht voor onze in ballingschap levende kleine tak van de familie. Te midden van de plastic planten, vrolijke herders en kokette meisjes in kruissteek, stonden onze foto's op koffie- en speeltafels, waarvan de tengere vergulde poten nauwelijks tegen zo veel grootmoederlijke liefde bestand leken. Terwijl ik opgroeide, leerde ik Egypte liefhebben en de islam respecteren, maar het kwam nooit in me op om onder het oppervlak te kijken.

In Canada hadden veel van de Egyptische vrienden van mijn vader zo hun twijfels over zijn beslissing zijn enig kind niet strikter volgens het geloof op te voeden. Mij werd niet de salat geleerd, het islamitische rituele gebed, evenmin leerde ik Arabisch. Dat gebeurde niet uit een gebrek aan geloofsovertuiging van mijn vaders kant. Hij is een toegewijd moslim, die vijfmaal per dag bidt en elke ochtend de Koran opzegt, uit zijn hoofd. Hij is een hadji, heeft de pelgrimsreis naar de heilige plaatsen Mekka en Medina ondernomen. Tijdens de ramadan vast hij nauwgezet. En hij slaat geen *zakat* over, de aalmoes voor de armen. Maar mijn vader zag hoe zijn vrienden de islam en hun eigen Arabische opvoeding aan hun eigen kinderen opdrongen, vooral aan hun dochters, als een vaccin tegen wat zij als de slechte invloed van het Westen zagen. Al beschouwden de kinderen de invloed die door de ouders als een gevaar werd ervaren nogal eens als een kans. Veel van die kinderen keerden zich af van een geloof en een culturele erfenis die ze als een te sterk medicijn ervoeren. Terwijl mijn ouders me vrij lieten om op mijn eigen manier en als ik er klaar voor was in contact te komen met mijn religie en mijn wortels.

Dat moment kwam na 11 september. Zoals zovelen die met het ene been in het Oosten en het andere in het Westen staan, werd ik ertoe aangezet mijn oorsprong nader te bestuderen. Dat ik seks als lens koos, is ongewoon – maar begrijpelijk, gezien mijn achtergrond. Voor mijn werk bij *The Economist* schreef ik ook over hiv, en daartoe behoorde de macabere taak om te rapporteren over de staat van de wereldwijde epidemie. Elk jaar publiceert UNAIDS, het programma van de Verenigde Naties voor de ziekte, de meest recente angstaanjagende gegevens. Mij viel altijd niet eens zozeer op dat er in het Afrika onder de Sahara, in Oost-Europa en Azië zo veel mensen met hiv leefden, maar dat dit er in de Arabische regio juist zo weinig waren. Daar was het aandeel geïnfecteerde mensen slechts een fractie van wat elders het geval was. Hoe kon het dat in een tijd van massale migratie en waarin overal heen kon worden gereisd, een deel van de wereld immuun leek voor hiv? Zou het kunnen dat mensen in de Arabische regio zich eenvoudigweg niet riskant gedroegen – dat ze geen naalden deelden, geen besmet bloed verstrekten of geen onveilige seks hadden?

Toen ik vragen ging stellen, belandde ik in het gat tussen de openbare kant van de zaak, zoals die in de statistieken verschijnt, en de particuliere werkelijkheid. Terwijl veel mensen me verzekerden dat hiv in de Arabische wereld niet een even groot probleem was als elders, en dat ook nooit kon zijn, ontmoette ik hele families die geïnfecteerd waren, en hoorde ik de alsmaar dringender betogen van degenen die zich in stilte inzetten om de epidemie een halt toe te roepen. Hoe meer ik keek, hoe meer ik besefte dat het voornaamste onderscheid tussen de schijn en de werkelijkheid seks was: een collectieve onwil om elk gedrag onder ogen te zien dat niet aan het huwelijksideaal voldoet, een weerstand die op religieuze interpretatie en sociale gewoonten berust.

In zekere zin lijkt dit seksuele klimaat sterk op dat van het Westen op het moment dat de seksuele revolutie op het punt stond uit te breken. En veel van dezelfde onderliggende krachten die de aanzet vormden tot de veranderingen in Europa en Amerika, zijn in de Arabische wereld aanwezig, al bevinden ze zich nog in een embryonaal stadium: de strijd voor democratie en rechten van het individu; de snelle groei van steden en een toenemende druk op gezinsstructuren, afnemende invloed van de gemeenschap op het gedrag van het individu; een enorme hoeveelheid jonge mensen die door andere zaken worden beïnvloed dan hun ouders en die een andere mentaliteit hebben dan hun ouders; de veranderende rol van vrouwen; de transformatie van seks in een consumptiegoed, door economische expansie en liberalisering. Daar komt bij de toenemende blootstelling aan de seksuele mores van andere delen van de wereld door de media en door migratie. Dit alles roept de vraag op: nu de politiek voor een aardverschuiving in de regio zorgt, zal de volgende stap een seksuele omwenteling zijn?

Vanwege wezenlijke verschillen in geschiedenis, religie en cultuur, is het Westen geen voorbeeld voor de manier waarop veranderingen in de Arabische wereld zullen uitpakken. Ontwikkelingen verlopen als een reis, niet als een race, en verschillende samenlevingen volgen verschillende paden. Al is het ene reisdoel te verkiezen boven het andere. Volgens mij is een samenleving beter af als mensen hun eigen keuzes kunnen maken en hun seksuele potentie kunnen verwezenlijken, als die samenleving hun het onderwijs, de middelen en de kansen biedt om dat te doen, en als die daarbij de rechten van anderen respecteert. Ik ben ervan overtuigd dat dit in wezen niet strijdig is met de sociale waarden in de Arabische wereld, die eens opener was voor het volledige spectrum van de menselijke seksualiteit en die dat opnieuw kan zijn. Zoals het ook niet onherstelbaar hoeft te botsen met het dominante geloof in de regio: het komt door hun *interpretatie* van de islam dat veel moslims zichzelf en hun religie opsluiten.

Dit boek is het verhaal van degenen die zich proberen te bevrijden: onderzoekers die het aandurven om tot het hart van het seksleven door te dringen, geleerden die de traditionele teksten herinterpreteren die momenteel de keuzes inperken, advocaten die voor rechtvaardiger wetgeving vechten, artsen die lichamelijke en psychische neveneffecten proberen te verlichten, religieuze leiders die moedig genoeg zijn om tolerantie te prediken waar ze eens over verdoemenis spraken, activisten die de straat op gaan om voor veilige seks te pleiten, schrijvers en filmmakers die de grenzen van de seksuele expressie tarten, bloggers die een nieuwe ruimte voor het publieke debat scheppen. En het is ook het verhaal van degenen die zich tegen hen verzetten. Na tientallen jaren stilstand biedt het veranderende politieke landschap in de Arabische regio voor beide groepen nieuwe kansen.

Het kostte meer dan duizend dagen om deze verhalen te verzamelen, en net als in *Duizend-en-één-nacht* lopen ze op vaak onverwachte wijze in elkaar over. In hoofdstuk 1 dragen ze ertoe bij om te begrijpen hoe opvattingen over seks in het Oosten en Westen in de loop van de tijd zijn veranderd. In hoofdstuk 2 lichten ze de problemen met het huwelijk toe, binnen en buiten de slaapkamer. In hoofdstuk 3 tonen ze ons het seksuele mijnenveld voor de jongeren, en in hoofdstuk 4 wijzen ze op methoden om daar veilig tussendoor te laveren, met seksuele voorlichting, anticonceptie en abortus – en op wat er moet gebeuren als de druk op de ketel komt te staan, zoals bij het ongehuwd moederschap. Hoofdstuk 5 onderzoekt de vele nuances van sekswerk in de regio en de denkbeelden van betrokkenen. In hoofdstuk 6 kijken we naar degenen die van de heteroseksuele tradities afwijken en naar hoe ze zichzelf in de toekomst zien. Ten slotte gaat hoofdstuk 7 vanuit een breed perspectief in op de huidige stand van zaken en wordt nagegaan hoe in de komende decennia een rechtvaardiger en meer bevredigende seksuele cultuur zou kunnen ontstaan. Ondanks alle dilemma's die in deze verhalen worden belicht, is dit niet het zoveelste boek over wat er verkeerd gaat in de Arabische regio. Het handelt over wat er goed gaat: hoe mensen in het gebied hun problemen vaak anders oplossen dan elders in de wereld. Dit is geen dik academisch boek, noch een exotisch Arabisch werkje. Het is, uiteindelijk, een album met kiekjes vanuit het hele gebied, genomen door iemand die de regio beter probeert te begrijpen om zichzelf beter te leren begrijpen. Wie op zoek is naar een encyclopedie, of een peepshow, moet elders zoeken.

Tot dusver heb ik over de Arabische wereld gesproken alsof die een geheel vormt, alsof je kunt generaliseren over 22 landen, 370 miljoen mensen, 3 grote religies, tientallen religieuze sekten en etnische groepen. De term Midden-Oosten omvat zelfs een nog groter geografisch gebied. Hij veegt niet alleen de Arabischsprekende landen van Noord-Afrika, het Arabische schiereiland en het oosten van de Middellandse Zee op een hoop, maar ook het niet-Arabische Turkije, Iran, Afghanistan, en nu en dan Pakistan. Hoewel er wezenlijke overeenkomsten bestaan in seksuele opvattingen en gedragingen in Arabische landen, bestaan er ook grote verschillen in de manier waarop samenlevingen deze uitdagingen het hoofd bieden – of dat niet doen. Deze verschillen overstijgen seksualiteit en worden duidelijk in de verschillende routes die de door de volksopstanden van dit decennium in gang gezette politieke veranderingen volgen.

Dus vanaf nu, details. Dit boek concentreert zich op Egypte, en vooral op Caïro, waarvan de bevolking een doorsnede vormt van het hele land en het hele sociale spectrum vertegenwoordigt. Los van mijn persoonlijke geschiedenis is Egypte een land waarnaar de aandacht van nature uitgaat, omdat het het land is met de grootste bevolking in de Arabische regio, vanwege het geopolitieke belang ervan, en vanwege de enorm grote politieke, economische, sociale en culturele invloed in de regio. Toen ik aan mijn reis begon, waren weinigen dat met me eens – buiten Egypte althans. Hoewel het eeuwenlang een spil van de Arabische wereld was, was Egypte door de bijna zestig jaar durende militaire dictatuur na de Tweede Wereldoorlog ernstig verzwakt, terwijl het economische, politieke en culturele belang van de buren was toegenomen. Egypte werd afgeschreven, een land geplaagd door armoede, bekrompen islamisme, aftakelende infrastructuur, cultureel verval, woekerende corruptie en politieke verharding. Of, zoals mijn taxichauffeur in Rabat, de hoofdstad van Marokko, het heerlijk eenvoudig verwoordde: 'Egyptenaren, wat een eigenwaan. En waarom eigenlijk?'

Egypte, zeiden ze, begrijpt het niet meer. Maar toen de miljoenen inwoners van het land eenmaal tegen het regime in opstand kwamen, roemden diezelfde mensen het als een baken van verandering in de regio. Verder van huis hebben protesteerders van Wall Street tot Sydney geprobeerd de Egyptische opstand te begrijpen. Sinds 2011 hebben de wereldwijde solidariteitsdemonstraties, de nervositeit in westerse hoofdsteden, de angst van Arabische leiders, en de aanhoudende wereldwijde media-aandacht ruimschoots aangetoond dat het er nog steeds toe doet wat er in Egypte gebeurt, niet alleen voor de eigen burgers, maar ook voor de rest van de wereld. Egypte heeft zijn geopolitieke magie herontdekt, en al doende heeft het de kans gekregen om op de lange termijn zijn samenleving, inclusief de seksuele gewoonten, te hervormen – veranderingen die door de buren nauwlettend zullen worden gevolgd.

Voor veel van de lastige seksuele vraagstukken zijn dicht bij huis voorbeelden voor veranderingen te vinden. Dat is een praktische kwestie, geen chauvinistische. De Arabische regio is niet de enige met seksuele complexen; elders worstelt men net zozeer met deze dilemma's. Daar waar elders in de zuidelijke delen van de wereld op seksueel gebied wezenlijke vooruitgang is geboekt en indrukwekkende lessen te leren zijn, valt te verwachten dat als Egyptenaren de veranderingen in een meer herkenbare verpakking onder ogen krijgen, ze die sneller op waarde zullen schatten en overnemen. Vandaar dat ik heb gekeken naar Marokko en Tunesië in het westen, en Libanon in het oosten, van waaruit voorbeelden worden aangereikt voor de manier waarop er in Egypte kan worden omgegaan met in elk geval enkele van hun gemeenschappelijke seksuele problemen. Ik heb ook door de Golfstaten gereisd, onder andere door de Verenigde Arabische Emiraten, Qatar en Saoedi-Arabië. Via de media, geld en migratie hebben deze staten een behoorlijke invloed op Egyptenaren, en de afgelopen vijftig jaar hebben ze een zeer grote (of vervormende, zouden sommige mensen zeggen) invloed gehad op de sociale en seksuele opvattingen in Egypte. En vanuit andere delen van de Arabische regio zult u geluiden horen die licht werpen op de stand van zaken in Egypte.

'Neemt u het me niet kwalijk dat ik soms alleen maar zinspeel op de namen van de helden in mijn verhalen, en hen niet explicieter noem ... Voor mij volstaat het om alleen diegenen te noemen bij wie dat geen kwaad kan en bij wie dat geen publiek schandaal voor ons of hen oplevert, ofwel omdat de kwestie zo berucht is dat geheimhouding en het weglaten van een gedetailleerde beschrijving de betrokken partij geen goed doet, ofwel om de eenvoudige reden dat degene over wie wordt bericht er geen moeite mee heeft dat zijn verhaal openbaar gemaakt wordt en het totaal geen probleem vindt dat het wordt rondgebazuind.'[3] Deze disclaimer is afkomstig van Ibn Hazm, een islamitische filosoof uit het Spanje van de tiende en elfde eeuw, van wie de beroemde verhandeling *The Ring of the Dove* een gebruiksaanwijzing is voor het verliefd worden en voor het beëindigen van een liefde. Een millennium later heb ik dezelfde gedragslijn gevolgd: als er alleen een voornaam staat, dan is die naam veranderd.

Voor ik journalist werd, was ik wetenschapper, en van die ervaring getuigt dit boek. Waar mogelijk heb ik persoonlijke verhalen met harde gegevens aangevuld. Als vicevoorzitter van de Global Commission on HIV and the Law, een door de Verenigde Naties ingesteld orgaan dat juridische hervormingen bepleit, onder meer van wetten die, overal ter wereld, seksualiteit reguleren, had ik het voorrecht tot beide bronnen van informatie toegang te krijgen. Het is in de Arabische regio lastig om aan dergelijke informatie te komen, omdat er nog maar weinig onderzoek naar seksualiteit wordt verricht. Terwijl er nog veel dringende problemen aangepakt moeten worden, belanden de resultaten van onderzoek, even vaak wel als niet, in een afgesloten lade.

Het doel van dit boek is dat te helpen veranderen, en een bijdrage te leveren aan een nieuw tijdperk van openheid en intellectuele vrijheid, waar miljoenen in de Arabische wereld op hopen. Met dat doel is er een website bij *Seks en de citadel* gemaakt, sexandthecitadel.com, waarop u vele aanvullende feiten, cijfers en bevindingen over het onderhavige onderwerp vindt, waarnaar de eindnoten verwijzen. Ik moedig lezers aan om niet alleen een bezoek aan de website te brengen, maar ook om er nieuws, gebeurtenissen en onderzoek op te plaatsen, in het Arabisch, Engels of Frans. Het is de bedoeling dat de website een uitwisselingsplek wordt voor informatie over seksualiteit in de Arabische regio, samen met dit boek een bron vormt voor iedereen die het verleden en het heden wil begrijpen, en zorgt voor een betere seksuele toekomst voor komende generaties. *Seks en de citadel* is in geen geval het laatste woord over seks in de Arabische wereld, maar het is een van de eerste stappen naar een keerpunt in de geschiedenis van de regio, waarmee anderen aan de slag kunnen gaan.

Caïro

1

Veranderende standpunten

Wie afstand doet van zijn verleden, is verloren.
– Mijn oma, over het memoreren van waar je vandaan komt

Elke tocht door Caïro is een ontroerende les over het verleden. Ik doel niet op de monumenten uit de Oudheid of de middeleeuwse soek, de koloniale villa's of de eenentwintigste-eeuwse wolkenkrabbers. Zelfs niet op het opmerkelijke modebeeld van de meer dan twintig miljoen inwoners: mannen met tulbanden en djellaba's (traditionele jurken), naast jongens in afgedragen spijkerbroeken en trendy T-shirts, vrouwen in aba's en nikabs (lange mantels en gezichtssluiers), een cultuur afkomstig uit de Golfstaten en een teken van toenemende religiositeit, zij aan zij met meisjes in de laatste westerse mode en met de meest uiteenlopende kapsels.

Waar ik me op richt als ik me een weg door de stad baan – behalve op de verraderlijke trottoirs en huizenhoge stoepranden – zijn de straatnaamborden. Niet alleen omdat het je uren kan kosten als je in Caïro de weg kwijtraakt, maar omdat deze donkerblauwe platen, met hun uitbundige witte kalligrafie, veel zeggen over het verleden van het land. Je kunt bijvoorbeeld een ommetje in de binnenstad maken en onder de Brug van de Zesde Oktober door lopen, die de aanval gedenkt die het gezicht van Egypte redde in de oorlog van 1973, naar de glorie van de farao's in de Ramsesstraat, om vervolgens af te slaan en op de Straat van de Zesentwintigste juli uit te komen, die de val van de laatste Egyptische monarch markeert. Dan keer je weer terug naar de napoleontische invasie, door de Champollionstraat, genoemd naar de man die de Steen van Rosetta ontcijferde, om vervolgens naar het Tahrir(bevrijdings)plein te slingeren, een aandenken aan de Egyptische revolutie van 1952, gericht tegen de bezetting en alleenheerschappij van de Britten.

Tahrir draait tegenwoordig overuren. In de winter van 2011 kwamen honderdduizenden Egyptenaren bijeen op dit anders van het verkeer vergeven, zwaar vervuilde en voor voetgangers levensgevaarlijke plein in het centrum van Caïro, om niet minder dan de hervorming van het land te eisen. Het Tahrirplein was het epicentrum van de Egyptische volksopstand tegen het dertig jaar durende bewind van president Hosni Moebarak. Terwijl de opstand zich snel en ver over het land verspreidde, richtte de aandacht van de wereld zich op het Tahrirplein, werden de ervaringen van de miljoenen demonstranten rechtstreeks op de televisie uitgezonden en in tweets en blogs besproken. Het Tahrirplein veranderde in een achttien dagen durende revolutionaire realityshow, waarin de demonstranten zich verschansten, een kampement betrokken, en terugvochten tegen hun eigen Big Brother, het regime van Moebarak. 'Wij zijn één Egypte', riepen de demonstranten, toen rijk en arm, moslims en christenen, mannen en vrouwen, ouders en kinderen, na tientallen jaren van frustratie, waarin er niets veranderde, zich in een enkel, doelgericht front aaneensloten. De prestatie van het Tahrirplein bestond niet alleen uit een belangrijke politieke ontwikkeling, maar ook uit de kleine, persoonlijke gevechten die er geleverd en gewonnen werden, tegen de wrijving die de Egyptische samenleving verzwakte: tussen religies, klassen, seksen en generaties.

De komende jaren zal het succes van de Egyptische opstand grotendeels afhangen van de manier waarop deze miljoenen miniatuuroverwinningen van de broeikas van het Tahrirplein worden vertaald naar de kille werkelijkheid van het dagelijkse leven. Dit geldt eveneens voor de rest van de Arabische regio, waar landen zich worstelen door de politieke aardverschuiving die dit decennium begon. Om de ontwikkelingen die daarop volgen, waaruit die ook bestaan, volledig te kunnen begrijpen, moeten we weten waarop deze berusten. En een van de meest lastige gebieden om naar te kijken, is het seksleven.

In de hedendaagse Arabische wereld is de enige algemeen geaccepteerde, sociaal erkende context voor seks het door de staat geregistreerde, door de familie goedgekeurde, religieus bekrachtigde huwelijk. Al het andere is *'ayb* (schandelijk), *illit adab* (ongemanierd), *haram* (verboden) – een ogenschijnlijk eindeloze, afkeurende woordenlijst. Dat grote delen van de bevolking in de meeste landen in de regio zich maar moeilijk naar deze traditie kunnen voegen – jonge mensen die het zich niet kunnen veroorloven te trouwen, werkende vrouwen die niet voldoen aan de traditionele rolverdeling, mannen en vrouwen die zich inlaten met mensen van hetzelfde geslacht, degenen die betaalde seks hebben om te kunnen rondkomen – wordt in toenemende mate erkend, maar er bestaat een wijdverbreide weerstand tegen om het even wat voor alternatieven. Zelfs in het huwelijksbed is seks iets om te doen, niet om over te praten. Door een dergelijke collectieve ongemakkelijkheid met seks is het des te lastiger om iets te veranderen aan de problemen die ermee gepaard gaan – waaronder geweld, infecties, uitbuiting, stoornissen, echtelijke ontevredenheid en vergaande onwetendheid. 'In de Arabische wereld is seks het omgekeerde van sport', legde een Egyptische gynaecoloog me uit. 'Iedereen praat over voetbal, maar niemand speelt het. Maar seks – iedereen doet het, terwijl niemand erover wil praten.'

Wie in de Arabische regio opgroeit, leert uit de buurt van de 'rode lijnen' te blijven: politieke, religieuze en seksuele taboes horen niet in woord of daad geschonden te worden. Toch betreft het geen geïsoleerde lijnen. Ze golven en mengen zich als kalligrafie, en wie maar een deel van het geschrift verandert, wijzigt ook de betekenis van de rest. De 'Arabische Lente' die dit decennium begon, nam een hap uit de rode lijn van de politiek en begon aan het langdurige proces om aanvaarde opvattingen te veranderen: dat mensen in de Arabische regio, door hun religie, cultuur en traditie, niet geschikt zijn voor democratie; dat ze zich nooit tegen het gezag zullen verzetten; dat hun angst voor instabiliteit het wint van hun verlangen naar verandering en de bijbehorende onzekerheden; dat ze niet met vrijheid kunnen omgaan. Nu deze boeien worden afgeschud, kun je je natuurlijk afvragen of andere boeien zullen volgen.

Sinds de opstand is Caïro een groot uithangbord voor de mensenrechten geworden. 'Vrijheid', 'gerechtigheid' en 'waardigheid' zijn slechts enkele van de vele steekwoorden die overal in de stad als graffiti opduiken. Maar het is een heel andere zaak om deze zelfde rechten – naast gelijkheid, privacy, wilsvrijheid en integriteit – van toepassing te laten zijn op de seksuele levens van alle burgers. Concreet komen 'seksuele rechten' erop neer vrij toegang te hebben tot seksuele en op de voortplanting betrekking hebbende gezondheidsdiensten, en op de mogelijkheid om ideeën en informatie over seksualiteit te genereren, te delen en tot zich te nemen. Ze houden het recht in om je eigen partner te kiezen en seksueel actief te zijn, of niet, in een relatie gebaseerd op wederzijdse instemming. Ze verlenen de vrijheid om te beslissen of je kinderen wilt hebben, en wanneer. Ze geven het recht om over je eigen lichaam te beschikken, en de vrijheid om een bevredigend, veilig en aangenaam seksleven na te streven. En dit allemaal zonder dwang, discriminatie of geweld – een groot doel, overal ter wereld.[4]

Seksuele rechten maken een wezenlijk deel uit van de rechten van de mens. Ze vormen niet een of andere ondergeschikte groep rechten waarmee je naar believen rekening kunt houden, terwijl je tegelijkertijd kunt volhouden dat je de vrijheid en menselijkheid van de ander respecteert. Het laten gelden van 'seksueel burgerschap' – het recht om je eigen beslissingen te nemen en te verlangen dat gezaghebbers dat recht verdedigen, onafhankelijk van kleur, klasse, geloofsovertuiging, geslacht of seksuele voorkeur – is meer dan een weerspiegeling van een democratisch systeem. Het is een manier om daar gestalte aan te geven, door de principes ervan te verankeren in de kern van het menselijk bestaan, waar ze, op hun beurt, de houding en handelingen in de andere domeinen kunnen beïnvloeden.

Maar in de Arabische wereld zijn 'seksuele rechten' een mijnenveld. Voor veel mensen houden ze eenvoudigweg een westerse sociale agenda in, met homoseksualiteit, vrije liefde, prostitutie, pornografie en het hellende vlak naar de ondermijning van de islam en 'traditionele' Arabische waarden. Dit soort verschillen worden beschreven in *World Values Surveys*, waarin de houding ten aanzien van een uitgebreide reeks zaken in meer dan negentig landen wordt gepeild. Toen twee Amerikaanse academici, Ronald Inglehart en Pippa Norris, de resultaten bestudeerden van onderzoek dat tussen 1995 en 2001 was verricht, zagen ze dat de grootste verschillen in opvattingen tussen de onderzochte islamitische landen (waaronder Marokko, Jordanië en Egypte) en het Westen (Noord-Amerika, Austraal-Azië en West-Europa) niet op democratische waarden betrekking hadden, maar op genderrollen en seksualiteit – bijvoorbeeld de acceptatie van abortus, scheiding en homoseksualiteit. In opeenvolgende versies van *World Values Surveys* is er weinig veranderd.[5] In de woorden van de auteurs: 'De culturele kloof die de islam van het Westen scheidt, heeft meer betrekking op Eros dan op Demos.'[6]

VAN PLAATS VERWISSELEN

Seks heeft de Arabische wereld en het Westen lange tijd van elkaar gescheiden. Tegenwoordig lijkt de eerstgenoemde druk bezig het vlees te ontkennen, terwijl de laatstgenoemde het allemaal maar al te graag lijkt te willen tonen. Maar wat bij deze wederzijdse beschuldigingen vaak over het hoofd wordt gezien, is dat dergelijke standpunten veranderlijk zijn. Op een bepaald moment in het verleden zijn het Oosten en Westen van positie gewisseld.[7] Deze verandering wordt geïllustreerd door twee reizen in de eerste helft van de negentiende eeuw – eentje van een Fransman en eentje van een Egyptenaar.

In 1849 reisde Gustave Flaubert, schrijver van *Madame Bovary* en andere klassieken, heel Egypte door, van Alexandrië in zuidelijke richting, naar Wadi Halfa in Soedan. Op de oude ruïnes van Luxor na was Flaubert niet erg onder de indruk van de monumenten. ('Egyptische tempels verveelden me stierlijk', schreef hij in maart 1850 in zijn dagboek.)[8] Evenmin was hij erg geïnteresseerd in zijn officiële missie: informatie verzamelen voor het Franse ministerie van Landbouw en Handel. ('Vlakbij, ongeveer tien millimeter naast me, liggen mijn ministeriële instructies, die geduldig lijken te wachten tot ik ze als toiletpapier gebruik', schreef hij aan een vriend in Frankrijk.)[9]

Voor iemand met de romantische neigingen en veelomvattende begeerten van Flaubert was het verzamelen van feiten een onbevredigende bezigheid. Waar de aankomende schrijver zich werkelijk voor interesseerde, was de mens in zijn meest aardse en intieme verschijning. Gelukkig voor Flaubert bood Egypte hem in dit opzicht 'een rijkgeschakeerd palet'.[10] Maar het ging hem niet om kleuren alleen. Meteen nadat hij van boord kwam, bracht Flaubert in een bordeel een nacht met Turkse hoeren door, van wie 'de geschoren kutten een vreemde uitwerking hebben – het vlees is zo hard als brons, en mijn meisje had een geweldige kont', schreef hij naar huis.[11]

Flaubert bleef zich bij de Nijl omhoogneuken. Hij schreef uitgebreid over de prostituees in het zuidelijke dorpje Esna, en vooral over zijn tijd met Kuckuk Hanem: 'een groot, schitterend wezen, lichter van kleur dan een Arabische ... Haar huid, vooral die van haar romp, is enigszins koffiekleurig. Als ze buigt, rimpelt haar vlees in bronzen golvingen. Haar ogen zijn donker en ontzettend groot ... stevige schouders, volle, appelvormige borsten.'[12] Bij het bezoek van Flaubert aan het huis van plezier van Hanem werd er ook muziek gespeeld en was er, naast de bijbehorende handel, een striptease (een volledig naakte versie van een traditionele Egyptische dans, genaamd de bij): 'Ik bef Safia Zoughairah [een van de collega's van Hanem]. Ze is erg verdorven, kronkelt, geniet met volle teugen, een kleine tijgerin. Ik bevlek de divan. [En dan] de tweede beurt met Kuckuk. Terwijl ik haar schouders vastgreep, voelde ik haar halsketting tussen mijn tanden. Haar kut perverteerde me als rollen fluweel. Ik voelde me barbaars.'[13]

Als Flaubert geen seks had, nam hij die bij bijna elke gelegenheid waar. Het schuine straatleven van Caïro sprak zeer tot zijn verbeelding: schimpschriften over hoeren en sodomie bedrijvende ezels; spelende kinderen, 'van wie de meisjes scheetgeluiden met hun handen maken'; een jongen die de pooier speelt voor zijn moeder ('Als u me vijf *paras** geeft, zal ik u mijn moeder brengen, zodat u haar kunt neuken. Ik wens u veel voorspoed en vooral een lange pik').[14] Behalve dat hij het gebruikelijke rondje langs moskeeën en piramides aflegde, deed Flaubert ook minder gebruikelijke bezienswaardigheden aan. In het Kasr al-Ainy-ziekenhuis, waar mijn eigen familie nog altijd de geneeskunde beoefent, bracht hij een bezoek aan de syfilisafdeling. Op aansporing van de dokter gingen de mannelijke patiënten 'op hun bed staan, knoopten hun broekriem los (alsof het een legerexercitie was), en openden met hun vingers hun anussen om hun sjankers te tonen.'[15]

Niet dat Flaubert hierdoor de lust werd ontnomen om met mannen te vrijen. Aan een vriend schreef hij: 'Het is hier behoorlijk geaccepteerd. Men geeft hier toe dat ze aan sodomie doen, en er wordt aan tafel in het hotel over gesproken. Soms ontken je het een beetje, en dan plaagt iedereen je net zolang tot je bekent. Omdat we voor educatieve doelein-

---

* Een oude munteenheid, eenveertigste van een piaster, tegenwoordig de kleinste eenheid van de Egyptische munt.

den reizen, en in opdracht van de overheid handelen, hebben we het als onze plicht beschouwd om deze vorm van ejaculatie te bezigen. Tot dusver heeft de gelegenheid zich nog niet voorgedaan. Maar we blijven ernaar op zoek.'[16] Tot het onderzoek van Flaubert behoorde ook een dansoptreden van mannelijke prostitués in Caïro ('met hun charmante verdorvenheid, hun obscene wellustige blik en de vrouwelijkheid van hun bewegingen, gekleed als vrouw, hun gezicht opgemaakt met antimoon') en een interessant verblijf in het Turkse badhuis, waar de masseur 'mijn *boules d'amour* optilde om ze schoon te maken, om vervolgens met zijn linkerhand over mijn borst te wrijven en met zijn rechterhand aan mijn pik te trekken, en terwijl hij hem op en neer trok, leunde hij over mijn schouder en zei "baksheesh, baksheesh*"', waar Flaubert niet op inging omdat de man naar zijn mening niet jong of knap genoeg was.[17]

Tegenwoordig scoren Flaubert en andere negentiende-eeuwse commentatoren hoog op de oriëntaalse zwarte lijst. Oriëntalisme, eens een neutrale term voor het onderzoek van de Arabische regio en meer oostelijk gelegen gebieden, werd een soort belediging na de publicatie eind jaren zeventig van de twintigste eeuw van een boek van Edward Said met dezelfde titel. In het boek zette hij zich af tegen generaties westerse geleerden, omdat ze door de bril van hun eigen raciale, religieuze en politieke vooroordelen naar de Arabische regio keken, waardoor oriëntalisme een 'typisch westerse manier werd om te overheersen, herstructureren en een gezaghebbende bron van informatie over de Oriënt te vormen'.[18] Als gevolg hiervan, aldus Said, verwerd de Oriënt tot een 'excentrieke toestand', waartoe ook de seksuele mores van de regio behoorden, die de westerse superioriteit bevestigde en de westerse hegemonie over de regio en de volkeren rechtvaardigde. Said was vooral kritisch over de westerse commentatoren en hun opgeleukte beschrijvingen van het Arabische leven, terwijl ze door de kolonies reisden om ervaringen op te doen waarvoor ze in het kleingeestige klimaat thuis niet terechtkonden.

Waar Flaubert en zijn tijdgenoten in de klaarblijkelijke seksuele ongedwongenheid van het Oosten veel lovenswaardigs aantroffen, bewon-

* Een fooi.

derden sommige Arabische bezoekers aspecten van de Europese seksuele cultuur om tegenovergestelde redenen. In 1826 arriveerde Rifa'a Rafi' al-Tahtawi, een Egyptische imam, in Parijs, om daar vijf jaar te verblijven. Hij maakte deel uit van een veertig man sterke afvaardiging van Egyptische studenten die waren gestuurd om de taal te leren en andere bruikbare kennis op te doen. Al-Tahtawi was een van de slimste van hen, een talentvol schrijver en vertaler die later in zijn eigen land een voorman zou zijn bij het doorvoeren van hervormingen in het onderwijs. Zijn verslag van dit door de staat gesponsorde uitstapje bevat enerzijds inzichtelijke informatie, anderzijds is het ook *Een door een idioot geschreven gids van Europa*. Al-Tahtawi was ontzettend nieuwsgierig en schreef overal over, van politiek tot restaurants, galabals tot slachthuizen. Sommige aspecten van het Franse karakter juichte hij toe (punctualiteit, eerlijkheid en dankbaarheid) en andere verachtte hij (het zich overgeven aan persoonlijke genoegens, en het meer geloof hechten aan filosofen dan aan profeten).

In de omgeving waar hij tijdens zijn reis verbleef, stond Al-Tahtawi over het algemeen negatief tegenover de relaties tussen mannen en vrouwen. 'Er zijn zeer deugdzame Franse vrouwen en voor anderen geldt het omgekeerde. De laatste zijn in de meerderheid, want de meeste mensen in Frankrijk, zowel mannen als vrouwen, zijn verslaafd aan de kunst van de liefde.'[19] Hij was ook niet al te zeer onder de indruk van hun standpunt over voorechtelijke relaties, die hij 'eerder een onderdeel vond van de fouten en onvolkomenheden [van mensen] dan een doodzonde'.[20] Toch leek Al-Tahtawi een zwak voor de dames te hebben, die 'toonbeelden van schoonheid en charme', en hun tekortkomingen weet hij grotendeels aan de zwakheid van hun mannen, die hen, volgens hem, te veel invloed gaven.[21]

Hoewel hun verstandhouding met vrouwen misschien twijfelachtig was, had Al-Tahtawi veel lof voor het stevige standpunt omtrent de omgang van Franse mannen onderling. 'Ze hebben geen enkele neiging om op jongens te vallen of achter ze aan te zitten. Dat gevoel hebben ze niet meer, en het wordt door hun aard en seksuele normen verworpen. Een van de goede eigenschappen van hun taal en poëzie is dat ze de homoseksuele liefde niet prijzen. Het is zelfs zo dat het in het Frans voor een man uiterst ongepast is om te zeggen: "ik ben verliefd geworden op een jongen." Dat zou weerzinwekkend en lastig gevonden worden.'[22]

Al-Tahtawi ging uitgebreid in op het Franse gebrek aan verdraagzaamheid op dit punt. 'De Fransen beschouwen homoseksualiteit als een van de meest weerzinwekkende obsceniteiten. Hierdoor maken ze er in hun boeken slechts zelden melding van, en als ze het doen, gebeurt dat altijd in verhullende termen. Je hoort er nooit iemand over praten.'[23] In zijn beschrijving stelde Al-Tahtawi vast dat de Franse afkeer van homoseksualiteit het 'enige was dat ze echt met de Arabieren gemeen hebben'.[24] Al is dit een soort vergoelijking, gezien de vele beschrijvingen van relaties van mensen van hetzelfde geslacht in het negentiende-eeuwse Caïro, niet alleen van nieuwsgierige vreemdelingen als Flaubert, maar ook van plaatselijke kroniekschrijvers.[25]

In deze getijdenbewegingen van de geschiedenis is het interessant om te zien hoe de stereotypen zijn veranderd. De Arabische wereld, die eens in het Westen bekendstond om de seksuele vrijheid, door sommigen benijd maar door anderen verfoeid, wordt tegenwoordig sterk bekritiseerd vanwege de seksuele intolerantie. Dit is niet alleen de mening van westerse vrijzinnigen. Het is ook een centraal thema geworden in een deel van het 'islamofoob' debat onder conservatieven in Amerika en Europa, die van zichzelf vinden dat ze de laatsten zijn die standhouden in de strijd tussen 'westerse' waarden en de verwoestingen van de 'radicale' islam, vooral voor wat betreft de rechten van vrouwen.[26] En het Westen, eens door sommigen in de Arabische wereld geprezen voor zijn harde lijn ten opzichte van relaties tussen mensen van hetzelfde geslacht, wordt nu door velen gezien als een bron van seksuele losbandigheid waarvoor de regio moet worden beschermd. Opvattingen, hoe gebrekkig ze ook zijn, worden gevormd door de plek waar men zich bevindt. Westerse opvattingen over Arabische seksualiteit, en andersom, zijn voor een deel veranderd omdat de houding in de beide samenlevingen eveneens veranderd is.

Het is algemeen bekend wat er in het Westen is gebeurd. Ik ben te jong om de seksuele revolutie meegemaakt te hebben, maar door de verhalen uit de jeugd van mijn moeder weet ik hoe dramatisch de breuk was. In de tijd dat ze van de jaren dertig tot de jaren vijftig van de twintigste eeuw opgroeide op het platteland van Wales, werd er nooit over seks gesproken, al wist iedereen dat goede meisjes wachtten tot ze trouwden. In de periode voor de komst van de pil, waarin anticonceptie met wisselend succes werd toegepast, en abortus illegaal was en lastig te realiseren, was dit evenzeer een praktische kwestie als een kwestie van deugdzaamheid. Toen mijn moeder een tiener was, vond contact met mannen onder strikt toezicht plaats, werd de avondklok nauwgezet nageleefd en waren bij dorpse dansfeesten begeleidsters van jongedames actief. Homoseksualiteit was een diep en duister geheim, en mijn moeder, die ooit een oneerbaar voorstel van een lerares kreeg, verbaasde zich daar des te meer over omdat ze nog nooit van dergelijk gedrag had gehoord.[27]

Mijn Egyptische vrienden van onder de veertig kijken op van dit verhaal. Ze zijn opgegroeid met Amerikaanse films, vervolgens met muziekvideo's en nu met internet – allemaal van na de seksuele revolutie – en begrijpen eenvoudigweg niet dat de westerse samenleving op het vlak van seksuele zaken eens even conservatief was als hun samenleving nu. De overeenkomsten zijn opvallend: taboes op seks voor het huwelijk, zelfbevrediging, homoseksualiteit, ongehuwd moederschap, abortus, en een cultuur van verdringing en verzwijgen, gepredikt door de religie en afgedwongen door sociale conventies. In de huidige Arabische wereld zijn deze taboes even sterk als in de jeugd van mijn moeder.

Maar ze zijn al even verbaasd als ik hun de verhalen uit de jeugd van mijn vader in Caïro vertel, van de jaren dertig tot de jaren vijftig, of als ik hen onthaal op de schuine uitspraken van mijn Egyptische oma – anekdotes en gezegden die overal in dit boek terugkeren, en die seksuele opvattingen en capriolen weerspiegelen die niet zo veel verschillen van de beschrijvingen van Flaubert, hoezeer antioriëntalisten daar ook tegen protesteren. 'Het fascinerende is dat onze Arabische voorouders anders waren dan wij en dat ze een heel vrije en open houding tegenover seks hadden', schreef Salah al-Din al-Munajjid, een van de eerste moderne Arabische geschiedkundigen die de seksuele nalatenschap van de regio bestudeerden, en die zelfs de tijd van mijn vader met die van eeuwen geleden vergeleek. 'Als ze over vrouwen en seks spraken of schreven, deden ze dat altijd zonder enige verlegenheid. Volgens mij is hun grote vrijheid de oorzaak van de huidige strengheid.'[28]

NEERGANG EN VAL

Wat kan deze reactie verklaren? Hoe kon de Arabische wereld op het vlak van seks zo'n draai maken? Op zoek naar antwoorden heb ik een bezoek gebracht aan de man die het beroemdste boek over dit onderwerp schreef. Abdelwahab Bouhdiba, een Tunesische socioloog, is het meest bekend door zijn uit 1975 daterende boek *Sexuality in Islam*. Voorafgaand aan de publicatie ervan waren er al boeken over het onderwerp geschreven en daarna zijn er nog veel verschenen, maar het werk van Bouhdiba is aantoonbaar het meest populair, vertaald in bijna tien talen.

Met zijn lezing van de Koran, de Hadith (overleveringen van de woorden en daden van de profeet Mohammed) en andere bronnen, betoogt Bouhdiba dat vleselijke zaken in het algemeen en seksualiteit in het bijzonder niet alleen met de islam te verenigen zijn, maar ook dat ze essentiële onderdelen van het geloof zijn. 'Het bedrijven van seksualiteit was een gebed, een persoonlijk geschenk, een daad van menslievendheid', schreef hij. 'Het herontdekken van de betekenis van seksualiteit is het herontdekken van de betekenis van God, en omgekeerd.'[29] Maar ergens onderweg zijn de Arabieren deze seksuele dimensie kwijtgeraakt. 'Deze open seksualiteit, die vol genot en met het uitzicht op de vervulling van het bestaan werd uitgeoefend, maakte geleidelijk plaats voor een gesloten, sombere en onderdrukte seksualiteit ... Men ging zich steeds heimelijker, terughoudender en hypocrieter gedragen ... Uiteindelijk werd alle frisheid, alle spontaniteit als door een stoomwals verpletterd.'[30] Om die weer nieuw leven in te blazen – politiek, sociaal, economisch, spiritueel, en ook seksueel – is er, zo vermoedt Bouhdiba, een grondige heroverweging nodig: 'Om uit deze malaise te komen, moeten we koste wat kost de betekenis van de seksualiteit weer ontdekken, de betekenis dus van de dialoog met de partner, en de betekenis van het geloof, de betekenis dus van de dialoog met God ... Want je kunt ervan uitgaan dat goed uitgevoerde seksualiteit met vrijheid gepaard gaat.'[31]

Met zijn bruine corduroy broek en pied-de-poulejasje, keurig geknoopte stropdas en korte, grijze haar, komt Bouhdiba niet over als iemand met radicale seksuele opvattingen. Gezien zijn uiterlijk en zijn zorgvuldig gekozen woorden en bedachtzame pauzes, heeft hij meer weg van een universiteitsprofessor – wat hij voor zijn emeritaat dan ook was. 'Ik ben geen provocateur ...' zei hij. 'Mijn stijl is terughoudend, een stijl waarin ik shockerende dingen zeg, maar met veel tact.' Dat is een succesvolle formule gebleken: *Sexuality in Islam* werd goed ontvangen, zelfs in de Arabische regio. Ondanks alle academische bijval voor het boek kwam de meest bevredigende bespreking uit onverwachte hoek. 'Ik was in Djerba [in Zuid-Tunesië]', zei Bouhdiba, 'en stond te wachten op mijn vertrek per boot naar Tripoli [in Libië]. Iemand zei: "Bouhdiba? Schrijver van *Sexuality in Islam*?" en begon me te omarmen. Het was een professor aan de universiteit van Sarajevo. Hij zei dat hij mijn boek bij kaarslicht had vertaald, met een pistool in zijn ene hand en een pen in zijn andere. In vijftien dagen verkocht hij tweeduizend exemplaren. Hij zei: "Ik trof twee dingen aan in het boek: trots dat we bij een open godsdienst behoren, en levensvreugde – twee dingen waaraan we tegenwoordig zozeer behoefte hebben."'

Zoals Bouhdiba betoogt, waren die twee ruimschoots aanwezig in het rijk van de Abbasiden, waarvan de gouden eeuw van de achtste tot de tiende eeuw duurde, en waarvan de invloed zich uitstrekte van de kusten van de Middellandse Zee tot aan de grenzen van India. In Bagdad, de hoofdstad van het rijk, bloeiden het Arabische denken en de Arabische cultuur zoals sindsdien in de regio nooit meer is voorgekomen. In de stad bevond zich het Bayt al-Hikma (Huis van de wijsheid), een beroemde bibliotheek, en de geleerden droegen eraan bij dat de klassieken van het Griekse en Perzische denken niet in de vergetelheid raakten. De reuzen van de wiskunde, geneeskunde, astronomie, scheikunde en techniek uit die tijd leverden de brede schouders waarop volgende generaties zouden staan. In het tijdperk van de Abbasiden vond een levendig religieus debat plaats toen verschillende scholen werden gesticht van de belangrijkste islamitische jurisprudentie (*fiqh*), de fundamenten van het recht in de Arabische wereld, en toen de onafhankelijke religieuze uitleg (*ijtihad*) tot bloei kwam. De kunsten kwamen eveneens tot wasdom – waaronder werken van expliciet seksuele aard.

Er bestaat een oude en eerbiedwaardige Arabische traditie in het schrijven over seks – literatuur, poëzie, medische verhandelingen, handboeken voor zelfredzaamheid – die in grote delen van de Arabische wereld uit het gezicht is verdwenen. Veel van deze grote werken waren bekend bij religieuze figuren, die in geloof en seks niets onverenigbaars zagen. Het was zelfs zo dat het deze geleerde mannen betaamde om evenveel over seksuele gebruiken en problemen te weten als over de fijne kneepjes van de islam. Er is niets academisch aan hun geschriften: met opmerkelijke openheid, en vaak ontwapenende humor, bestrijken deze werken bijna alle aspecten van seks, en meer dan dat. In de *Playboy*, *Cosmopolitan*, *The Joy of Sex*, of in welk ander taboedoorbrekend werk van de seksuele revolutie en daarbuiten ook, staat bar weinig dat zij duizend jaar en langer geleden niet al hebben aangeroerd.

Bouhdiba beschouwt deze seksuele openheid als een essentieel onderdeel van de intellectuele bloei van die periode. Op hun hoogtepunt, aan het begin van het tijdperk van de Abbasiden, waren de Arabieren creatief en hadden ze veel zelfvertrouwen. Het openlijk nadenken over seksualiteit vormt daar een afspiegeling van. 'Het was geen toeval dat de seksualiteit op het hoogtepunt van de islamitische cultuur tot bloei kwam', zegt Bouhdiba. 'Alle gebieden komen erin samen. De rehabilitatie van seksualiteit is de rehabilitatie van de wetenschap binnen de rehabilitatie van de islam.' Maar tegenwoordig is men zeer geneigd te ontkennen dat deze zaken met elkaar in verband staan, en veel mensen die hun eigen geschiedenis willen kiezen, selecteren uitsluitend die aspecten die nu als de respectabele kant van de Arabische gouden eeuw worden gezien – wetenschap en techniek bijvoorbeeld – en vergeten de rest. Toch zijn deze facetten volgens Bouhdiba niet los van elkaar te zien.

Je kunt gemakkelijk te veel in de Arabische erotische literatuur lezen. Gold de openheid echt voor de samenleving als geheel, of waren het alleen gedachten van een seksueel vooruitstrevende elite? Tenslotte zijn de meest beroemde erotische Arabische boeken voor heersers geschreven. Bouhdiba is ervan overtuigd dat deze boeken iets algemeners over de tijdgeest te zeggen hebben. Om zijn opvatting te illustreren, beroept hij zich op de religie: 'Deze elites zijn nooit door het volk gehekeld. Ze werden min of meer door hun samenleving geaccepteerd, misschien niet actief, maar wel passief. Het lijkt een beetje op het soefisme, dat een elite vertegenwoordigde, maar uiteindelijk werd geaccepteerd. Soms werden ze als ketters behandeld, soms kregen ze ervan langs met de zweep, maar uiteindelijk vertegenwoordigden ze een krachtige tendens in de samenleving.' Bouhdiba twijfelt er geen moment aan dat deze werken algemeen werden gelezen: 'Deze boeken zijn voor vorsten geschreven en circuleerden onder het volk.'

Tegen het eind van de negentiende eeuw was er vrijwel een einde gekomen aan dergelijke open en vaak feestelijke literatuur over seksualiteit. Bouhdiba denkt dat deze seksuele winterslaap slechts een onderdeel is van een meer algemene intellectuele achteruitgang, die tijdens de koloniale periode in een versnelling raakte: 'Sinds Bonaparte zijn we getuige geweest van een negatieve ontwikkeling van de islamitische samenlevingen. Vooral in de afgelopen halve eeuw, sinds het ineenstorten van het nasserisme en het nationalisme [na de nederlaag van de Arabische strijdkrachten in de Zesdaagse Oorlog van 1967 tegen Israël] zijn onze samenlevingen in het defensief geraakt en zijn ze zich steeds meer op zichzelf gaan richten', merkt hij op, wat vooral gold voor belangrijke zaken als het gezin, vrouwen en de thuissituatie.

In Egypte bestaat een uitdrukking die deze stand van zaken verwoordt: *'uqdit al-khawaga*, het buitenlandercomplex. Het is een gevoel van inferioriteit tegenover het Westen, dat in 1798 begon, toen Napoleon Egypte binnendrong. Met een operatie die leek op de oorlog in Irak in 2003 kwam Napoleon naar Egypte met de belofte om een volk van een wrede en eigenzinnige dictator te bevrijden – in dit geval een geïmporteerde kaste, genaamd de Mamelukken. De Mamelukken hadden er alle vertrouwen in dat ze van de Fransen zouden winnen: het laatste treffen met Europa dat ze zich herinnerden – de kruistochten – was voor de bezoekers immers slecht afgelopen. Maar ditmaal verpletterden de Fransen, met hun superieure techniek en tactiek, de Mamelukken, op een overweldigende manier. Hoewel de zaak voor Napoleon kort daarna stukliep, markeerde deze overwinning op Arabische bodem een nieuwe fase van schermutselingen, waarin de Arabische wereld snel terrein op het Westen verloor, met golven koloniale expansie, die in 1830 met de Franse invasie van Algerije begon, en die in 1882, met de Britse bezetting, Egypte overspoelde.

Toen ze zich afvroegen waarom Europa zo dominant was, overwogen Arabische denkers van het einde van de negentiende en het begin van de twintigste eeuw de mogelijkheid dat hun neergang verband hield met hun neigingen – met name met homoseksualiteit. De dynastie van de Abbasiden, eens de meesters van de islamitische wereld, kwam in de tiende eeuw in de problemen. En waar sommigen van deze schrijvers de losse seksuele zeden van dat tijdperk als een symptoom van de achteruitgang en het verval zagen, meenden anderen dat deze de directe oorzaak ervan waren.[32] Nadat Arabische intellectuelen zichzelf door de ogen van buitenlanders gingen bekijken, begonnen ze, aldus sommige geschiedkundigen, hun eigen seksuele geschiedenis naar een Europees scenario te herschrijven.[33]

Met het verschijnen van het islamitisch fundamentalisme kwam dat herschrijven in een versnelling terecht. De oprichting van de Moslimbroederschap – door Hassan al-Banna, in het Egypte van de jaren twintig van de twintigste eeuw – was, voor een groot deel, een reactie op de koloniale bezetting, en de Moslimbroeders wezen wederom op de seksuele verdorvenheid als een van de oorzaken voor de achteruitgang van het land. Al-Banna meende dat Egypte zijn onafhankelijkheid was kwijtgeraakt omdat het volk van de islam was afgedwaald. Volgens hem was de enige manier om vooruit te komen een terugkeer naar de sharia, de islamitische wetgeving. Het islamisme, in zijn vele hedendaagse varianten, stelt zich hard op tegenover seksualiteit en neemt daarbij vaak een positie in die tegenovergesteld is aan die van het Westen. Iemand die deze opvattingen mede heeft vormgegeven, was Sayyid Qutb, een leraar en schrijver die zich in de jaren vijftig van de twintigste eeuw bij de Broederschap aansloot, waarna zijn ster snel rees. In het tijdperk van president Gamal Abdel Nasser raakte hij uit de gratie, evenals de rest van de Broederschap. Qutb belandde in de gevangenis en werd in 1966 opgehangen.

Terwijl hij achter de tralies zat, schreef Qutb enkele boeken die het manifest zouden worden van verschillende takken van het vurige islamitische fundamentalisme dat in de tweede helft van de twintigste eeuw verscheen. Zijn ideeën werden bekender dan zijn naam. U hebt wellicht nog nooit van Qutb gehoord, maar zijn gedachtengoed kent u waarschijnlijk wel, dankzij Al-Qaida. Ayman al-Zawahiri, éminence grise van de organisatie en opvolger van Osama bin Laden, werd sterk door zijn werk beïnvloed.

Hoewel de opvattingen van Qutb onder de moeilijkste omstandigheden in de gevangenissen van Nasser werden uitgewerkt, had hij de inspiratie ervoor eind jaren veertig van de twintigste eeuw opgedaan, tijdens een reis naar Amerika. Als onwankelbaar tegenstander van het Britse bewind in Egypte stond Qutb, lang voordat hij ooit een voet op westerse bodem had gezet, wantrouwend tegenover Europeanen en hun invloed op de cultuur en de waarden van Egypte. Door zijn bezoek aan Amerika kwam hij rechtstreeks in contact met een westerse samenleving, en hoe meer hij ervan zag, hoe meer hij in zijn mening werd bevestigd. 'Amerika is niet bijzonder, maar een tak aan de boom van satan en de slechte plant', schreef hij in 1949 aan zijn vrienden in Egypte.[34]

In de golf van hevige kritiek, die in brieven, artikelen en boeken tot uiting kwam, hekelde Qutb de Amerikaanse 'primitiviteit' – een minderwaardige, primitieve samenleving zonder enige spirituele of morele grondbeginselen, en geobsedeerd door materieel gewin. Qutb was ontzet door de seksuele vrijheid van de Amerikanen – 'wellust', zo noemde hij die – waarmee hij al kennismaakte op het moment dat hij aan boord ging. Onderweg naar New York verscheen aan de deur van zijn hut een prachtige, schaars geklede en zwaar benevelde dame, op zoek naar een plek om te overnachten. 'Haar lichamelijke charme was uiterst verleidelijk', zei Qutb, maar haar uitnodiging kwam nadat hij aan boord had besloten zich met meer overgave aan de islam te wijden, dus wees Qutb haar af.[35]

Dergelijke seksuele avonturen bleven zich aan land voordoen. Zelfs in Greeley, Colorado, het dorpje dat hij bezocht, hadden jonge vrouwen open opvattingen over seks. Zo vertelde een studente hem: 'Seks is geen kwestie van deugdzaamheid, maar louter een kwestie van biologie. En als je er zo naar kijkt, merk je dat het niet past om daarbij woorden als zonde en kuisheid, goed en slecht te gebruiken. En wanneer je dat toch doet, vinden we dat heel vermakelijk.'[36] Van zijn kant was Qutb meer ontsteld dan geamuseerd. Overal waar hij kwam, zag hij lichamelijk bloot: mannen die hun spieren toonden en vrouwen die met hun waren pronkten. Zelfs in de kerken barstte het van de seks, vond Qutb. Predikanten waren erop gespitst dat knappe meisjes de dienst geregeld bijwoonden, om de jongens binnen te krijgen en de kerkbanken te vullen, en bij het dansen in de kerk 'draaiden armen om armen, raakten lippen aan lippen, borsten aan borsten, en was de atmosfeer van liefde vervuld.'[37]

Dergelijke activiteiten waren volgens Qutb niet alleen verre van halal (toegestaan volgens de voorschriften van de islam), maar de Amerikaanse benadering van seks ontdeed die ook van zijn morele en spirituele dimensies, reduceerde seks tot een lichamelijke gewaarwording, zoals alles in die op materie gerichte samenleving. Hij voorspelde dat de uitkomst van een dergelijk verlies van moreel besef de 'complete ondergang' van Amerika zou zijn: gezinnen die door scheiding uiteenvielen en jongeren die door drugs, drank en seksueel 'afwijkend gedrag' in de war raakten, wat tot een massale ontvolking zou leiden, omdat de voortplanting tot stilstand kwam. 'Ik heb films gezien waarin gesproken wordt over het leven in de jungle ... de mannen bespringen de vrouwen en vrouwen bespringen de mannen, het ene stel na het andere, de ene groep na de andere ... dit grote door seks geobsedeerde woud, deze opgewonden lichamen en hongerige blikken, dierlijk genot', schreef hij. 'Het gaat er hier in Amerika net zo aan toe als in de jungle, met dit verschil dat de jungle niet vol fabrieken, laboratoria, scholen en bars staat.[38]

TERUG NAAR DE BRON

Qutbs beschrijving van het Westen als een poel van seksuele chaos en moreel verderf – een soort omgekeerd oriëntalisme – klinkt na in de huidige retoriek van veel conservatieve moslims. Om zich te hoeden voor dergelijke zedeloosheid, beweerde Qutb, moeten islamitische samenlevingen terugkeren naar de gebruiken van de eerste generaties van de islam, de *salaf* – of eigenlijk naar een interpretatie uit de tijd van de Profeet.

Tientallen jaren dictatuur in Egypte hebben deze conservatieve trek enorm gestimuleerd. Mensen keerden zich tot de islam en zijn sociale en politieke organisaties, niet alleen ter verlichting van de toenemende problemen in het dagelijks leven en om de onontbeerlijke goederen en diensten te verkrijgen waarin de staat niet voorzag, maar ook als vorm van protest en als manier om maatschappelijk betrokken te kunnen zijn, in een land waar het politieke regime daarvoor weinig ruimte bood. Dit mondde uit in klinkende overwinningen van islamitische kandidaten bij veel eerste verkiezingen in de regio na de opstand van 2011, van parlementen tot professionele belangengroeperingen, in die landen waar men zich rechtstreeks had verzet – met name Egypte en Tunesië – en in sommige landen die daar indirect door waren aangestoken, waaronder Marokko en Koeweit.

Maar deze overwinningen bleken van korte duur, in het bijzonder in

Egypte, waar de Moslimbroederschap in twee jaar tijd het presidentschap en het parlement veroverde en vervolgens weer kwijtraakte. Doordat ze de enorme economische problemen van het land en het uit de hand lopende geweld op straat niet konden verhelpen, door hun pogingen om een strenge versie van de islam (vooral voor vrouwen) op te leggen en door hun dictatoriale neigingen, vervreemdden ze zich van grote delen van de bevolking en voorspelden ze weinig goeds voor de partijen van de islamisten in de regio.

In Egypte liepen massaprotesten uit op een door de bevolking gesteunde staatsgreep van het leger, die het einde betekende van het experiment van de islamisten (inclusief een verbod op de Moslimbroederschap en grootschalige arrestaties van hun leden), en het pad effenden voor verkiezingen en een nieuwe grondwet. Hoewel hun politieke macht grotendeels verloren is gegaan, hebben islamitische conservatieven in Egypte en veel van de buurlanden – vooralsnog – enige aanhang en sociale invloed.

Het begrijpen van de vele verschijningsvormen van het islamisme is een wetenschap op zich. De meest in het oog springende gedaante is de salafistische beweging, die de afgelopen tientallen jaren in Egypte veel terrein heeft gewonnen, maar officieel pas na de opstand van 2011 op de voorgrond trad, compleet met baarden en sluiers. Deze mannen en vrouwen proberen de maatschappij in allerijl te hervormen volgens hun opvatting van de islam, eentje die hevig beïnvloed is door de religieuze stromingen in de Golfstaten, en die wetten wil hervormen in overeenstemming met hun strikte interpretatie van de sharia.

Seks is een van de voornaamste zorgen van de salafisten. 'Ik vrees het ergste voor het land, dat ze zich aan lusten overgeven en zichzelf vernietigen', waarschuwde Mahmoud al-Masry mij. Al-Masry is een bekende salafist, een glimlachende sjeik wiens joviale gezicht en opgeruimde houding op televisiezenders in Egypte en de rest van de Arabische wereld te zien is. We zaten in zijn dure villa, die deel uitmaakt van een omheinde groep gebouwen in de buitenwijken van Caïro – aangenaam verpakt hellevuur heeft zich bewezen als een lucratieve zaak. Al-Masry heeft niets op met *ikhtilat* – het mengen van de geslachten – waaruit volgens hem veel problemen voortkomen, waaronder overspel, ziekten en seksuele uitbuiting. Dat we er toch in geslaagd zijn elkaar te ontmoeten, komt omdat zijn levendige vrouw, afgestudeerd in de massacommunicatie en werkzaam als zijn zaakwaarnemer, als zijn chaperonne fungeert.

'Volgens mij is de vrouw een diamant, die gekoesterd moet worden. Wij onderdrukken of onderwerpen geen vrouwen – ik wil haar beschermen', zei Al-Masry, terwijl zijn vrouw heftig knikte. 'Als je haar verlaat, zou ze verloren kunnen zijn, omdat ze argeloos is en emotioneel. Er zou haar iets aangedaan kunnen worden.' Volgens Al-Masry houdt dat in dat hij een voorstander van sluiers is, zo mogelijk, voorstander van vrouwen die hun mannen bij alle wereldlijke aangelegenheden gehoorzamen, tegenstander van werkende vrouwen, behalve als het niet anders kan, zeker niet samen met andere mannen en absoluut niet op een verantwoordelijke positie. 'Een volk zal nooit slagen als het door een vrouw wordt geleid', zei Al-Masry tegen me, terwijl hij een bekende – en betwistbare – Hadith citeerde. 'Ze wordt vooral door haar emoties beïnvloed, waardoor ze, als ze rechter is of heerser, met haar emoties zal heersen en dat zou onrechtvaardig zijn voor het volk.'

Al-Masry en zijn salafistische collega's lijken weinig vertrouwen in hun medemoslims te hebben. Gezien hun uitspraken lopen mannen en vrouwen over van lust, wat voor een behoorlijk deel is toe te schrijven aan de globalisering, en zal dat tot een chaos van de gemeenschap leiden, behalve als de bronnen van verleiding worden verwijderd. Inderdaad is het stof van het Tahrirplein nog niet neergedaald, of de door de salafisten zelf aangestelde Brigaden van God – naar het model van de beruchte religieuze politie van Saoedi-Arabië, het Comité ter bevordering van deugd en voorkoming van kwaad – gingen de straat op om kapsalons te sluiten, beelden af te dekken en hand in hand lopende stelletjes de schrik op het lijf te jagen. De reacties van de meeste Egyptenaren buiten de salafistische beweging op dergelijke capriolen lopen uiteen. Sommigen vinden het amusant, anderen winden zich erover op.

Wat betreft de Moslimbroederschap en hun politieke vleugel, de partij Vrijheid en Gerechtigheid: 'Wij verschillen alleen van de salafisten in de manier waarop we [deze ideeën] gaan uitvoeren.' Dat zegt Ali Fath al-Bab, een vooraanstaande figuur in de leiding van de Broederschap en een ervaren parlementslid. 'We hebben dezelfde achtergrond en kennis, maar zij hebben geen ervaring in de politiek.'

Vanwege zijn langdurige lidmaatschap van de Broederschap, had ik me grondig voorbereid op de ontmoeting met Fath al-Bab, in een van de trendy cafés van Caïro. Toen ik hem zag aankomen, vouwde ik mijn vingers in elkaar om de impuls zijn hand te schudden te kunnen weerstaan – een les die ik met schade en schande had geleerd, toen ik een Egyptische imam met een dergelijke hartelijke begroeting een hartverzakking had bezorgd. Daar had ik me niet druk om hoeven te maken. Fath al-Bab pakte mijn hand enthousiast beet en nam plaats in de stoel naast de mijne, en voordat zijn koffie verkeerd was gearriveerd, had hij al een fors deel van het huidige gedachtengoed van de Broederschap over dringende zaken op het gebied van gender en seksuele rechten uit de doeken gedaan.

Vergeleken met de snelle salafisten zien Fath al-Bab en zijn gelijkgestemde collega's zichzelf als een traag handelende remedie tegen de kwalen van Egypte. Voor hen gaat het in eerste instantie om sociale veranderingen – door fundamentele hervormingen van het onderwijs, de economie en andere zaken – en pas in tweede instantie om wettelijke. Deze geleidelijke aanpak, zei hij, heeft een imposante voorgeschiedenis. 'In de tijd van de profeet Mohammed waren er veel bordelen. Maar hij verbood ze niet meteen. Hij liet ze bestaan tot de hoeren veranderden en er vervolgens zelf mee stopten.' Egyptische moslims zijn nog niet klaar voor de sharia, zei Fath al-Bab, en tot die tijd heeft het geen zin om wetten aan te nemen, zoals de salafisten willen, die alleen maar overtreden zullen worden. Maar niet iedereen in de Broederschap ziet deze uiterst voorzichtige aanpak zitten, sommigen van hen vinden dat Egypte wel klaar is voor islamitische wetgeving. Ondanks al hun interne verschillen zijn ze het eens over de voornaamste zaken. 'Vrijheid en gelijkheid staan boven alles, maar binnen de grenzen die de islam en de samenleving stellen', zei Fath al-Bab. 'Vrijheid binnen een kader', zo beschrijven veel leden van de Broederschap hun droom van de nieuwe orde van Egypte. Toch vraag ik me af wat uiteindelijk op maat zal moeten worden gemaakt: het doek met de gedachten en daden van de mensen, of de lijst die deze gedachten en daden probeert te vatten.

'SEKSUELE ELLENDE ONDER HET VOLK'

'De sharia is een tekst die is op te vatten in de zin van seksuele vrijheid, of in de zin van onderdrukking. Als de politici voor seksuele vrijheid kiezen, vinden de islamitische geleerden daar wel een manier voor.' Aldus beantwoordt Abdessamad Dialmy die vraag. Hij is een Marokkaanse socioloog en een van de weinigen in de Arabische wereld die zich in seksualiteit heeft gespecialiseerd. De afgelopen veertig jaar heeft Dialmy het volledige spectrum van opvattingen en activiteiten in de regio onderzocht – van sekswerk, homoseksualiteit, tot de rol van seks in het islamitisch fundamentalisme. Er zijn gemakkelijker manieren om aan de kost te komen, zo geeft hij toe: 'De Arabische onderzoeker op dit gebied krijgt weinig erkenning voor zijn werk ... is vaak eenzaam, wordt buitengesloten, geïntimideerd en vervolgd.'[39]

Terwijl we in de schaduw van walnotenbomen op het terras zaten van een druk café in het centrum van Rabats Ville Nouvelle, vroeg ik Dialmy hoe hij ertoe kwam om dit ongewone werk te doen. 'In 1971 las ik Wilhelm Reich. Ik was tweeëntwintig jaar oud en gaf les aan een middelbare school. Ik was al getrouwd, een kleine burgerman, met een huis en een hond', vertelde hij. 'Toen ik dit boek las, was ik er helemaal ondersteboven van. Vanwege dit boek scheidde ik van mijn vrouw. Ik begreep dat het huwelijk eigenlijk een gevangenis is.'

Wilhelm Reich was een van de meest provocerende en excentrieke denkers van de twintigste eeuw. Zijn oorspronkelijke boek, *Die sexuelle Revolution*, dat in 1936 voor het eerst werd gepubliceerd*, was een aanklacht tegen de 'burgerlijke seksuele moraal' en de kapitalistische instituties die deze in stand hield, waaronder het huwelijk. Dialmy reageerde op Reichs 'idee van revolutie, aanval op de traditionele moraal, om vrij te zijn, om je seksualiteit te beleven', zoals hij het stelde, door alles aan zijn vrouw te laten en naar Parijs te vertrekken om daar zijn studie te vervolgen, binnen en buiten de les. 'Echt, ik leefde. Elke dag had ik seks met andere vrouwen. Het was waanzinnig', herinnerde hij zich.

Toen hij halverwege de jaren zeventig naar Marokko terugkeerde, ging Dialmy door tot hij een doctorstitel in de vrouwelijke seksualiteit had en vervolgde hij zijn werk als seksuele 'activist'. 'Ik beleefde die revolutie in mijn eigen leven, dat kon in die tijd', zei hij. Tegenwoordig staan de zaken er anders voor, zowel in Egypte als in het thuisland van Dialmy. 'In de

* Het werk verscheen in dat jaar onder een andere titel: *Die Sexualität im Kulturkampf*. (vert.)

jaren zeventig hadden intellectuelen in de linkse partijen in Marokko vrije opvattingen over seksualiteit. In de praktijk waren ze minder vrij, hun gesprekken liepen vooruit op hun gedrag. Nu is het omgekeerde het geval. Nu gedragen ze [de mensen] zich erg vrij, maar zijn ze in hun opvattingen niet zo open.'

Daar had Reich een theorie over, een theorie die een stap in de richting zet van een verklaring voor de recente seksuele geschiedenis van Egypte en zijn buren. Hij begon zijn loopbaan als psychoanalyticus in Wenen, samen met Sigmund Freud, en zag genoeg ongelukkigheid op seksueel vlak om zijn leven lang mee bezig te blijven. Wat voor zin heeft het, vroeg Reich zich af, om patiënten een voor een van een dergelijke verwarring af te helpen als de samenleving deze ongemakken sneller produceerde dan hij ooit kon behandelen? Daarom begon Reich voorbij zijn divan naar meer algemene sociale omstandigheden te kijken. Wat hij zag, had veel gemeen met de seksuele omgeving van de hedendaagse Arabische wereld: seks buiten het huwelijk werd zonder meer veroordeeld; jonge mensen, die geen baan konden krijgen, zich geen huwelijk konden veroorloven, geen moment van privacy konden vinden, gedwongen waren stiekeme relaties te onderhouden, zonder goede anticonceptie of voldoende informatie, en die seksuele problemen opdeden waarvan ze in hun latere leven last kregen; vrouwen van wie de seksuele behoeften, los van voortplanting, werden genegeerd of onderdrukt, die te maken kregen met een dubbele moraal betreffende maagdelijkheid voor het huwelijk en kuisheid erna, zelfs als ze een beroerd en onbevredigend huwelijk hadden, waaraan nauwelijks te ontsnappen viel, gezien de ellende en de schande van een scheiding. Abortus was door de wet verboden, masturbatie werd veroordeeld, seksuele voorlichting werd tegengewerkt – kortom, 'seksuele ellende onder het volk'.[40]

Waarom slikken mensen dit? vroeg Reich zich af. En niet alleen seksuele onderdrukking, maar ook economische en politieke onderwerping? Waarom accepteren ze autoritaire regimes, omarmen ze die zelfs, in plaats van dat ze hun boeien afwerpen? Reich meende een antwoord te hebben, waarin seks hand in hand ging met politiek, economie, religie en traditie, om de heersende klasse aan de macht te houden en het volk op zijn plek.

Een autoritair systeem heeft behoefte aan nederige onderdanen, en

Reich vermoedde dat deze het best konden worden geproduceerd door een patriarchale familie, waarin de gezagsrelaties tussen het staatshoofd en zijn volk weerspiegeld werden in het hoofd van het gezin en degenen die van hem afhankelijk waren. 'De autoritaire staat heeft in elk gezin een afgevaardigde, de vader. Op die manier wordt hij het meest waardevolle gereedschap van de staat', schreef Reich. 'Op zijn beurt reproduceert hij onderdanigheid aan het gezag bij zijn kinderen, vooral bij zijn zonen.'[41] De meest effectieve manier voor een vader om ervoor te zorgen dat zijn kinderen zich gedragen, beweerde Reich, is door hun seksuele behoeften vanaf het allereerste begin de kop in te drukken. Bij het inperken van de seksuele vrijheid van degenen voor wie hij verantwoordelijk is, bieden de instituties van het autoritaire systeem de vader een helpende hand: de nadruk op het huwelijk, die vrouwen onder controle houdt; de kerk, die niet op voortplanting gerichte en buiten het huwelijk plaatsvindende seks veroordeelt als een tegen God gerichte zonde; en scholen, die de boodschap van seksuele onthouding er bij de jeugd in stampen. Wat, zo concludeerde Reich, een verlammend effect heeft op 'de opstandige krachten, omdat elke opstand gepaard gaat met angst, en tot een algemene remming van het denken en van kritische vermogens leidt, doordat het seksuele nieuwsgierigheid en seksueel denken in het kind verbiedt. Kortom, het doel van seksuele onderdrukking is het produceren van individuen die aan autoritair gezag zijn aangepast en zich eraan onderwerpen, ondanks alle ellende en verloedering.'[42]

De repressieve systemen volgens Reichs opvattingen waren het kapitalisme en het fascisme, maar hij beschouwde seksuele verdringing als kenmerkend voor elke dictatuur. De eerste stap naar een algemene sociale hervorming was het bewust maken van de mensen van hun seksuele onderwerping, zo meende hij, en met dat bewustzijn zou de actie komen. In de context van Egypte en vele van zijn Arabische buren zijn deze ideeën interessant, omdat ze zouden kunnen verklaren, in elk geval een klein beetje, waarom mensen zo lang slechte regeringen hebben getolereerd. Seksuele verdringing heeft wellicht meegespeeld bij het jarenlang thuisblijven van Egyptenaren, maar het was uiteindelijk niet door seksuele bewustwording dat ze de straat op gingen – zelfs niet in een tijdperk met massamedia en instantcommunicatie. Het waren woede over onrechtvaardigheid, corruptie, armoede, ongelijkheid en vele andere fouten van het oude regime die tot de opstand leidden. Seks was slechts een van de vele kanalen van de frustratie.

Het aanpakken van de seksuele dilemma's zal een wezenlijk onderdeel vormen van een betere orde in de Arabische regio, denkt Dialmy. 'We moeten praten over het recht van een individu op een seksleven, op seksueel vermaak', zei hij tegen mij. 'Als we een echte democratie willen hebben, is dat belangrijk.' Of, zoals zijn held Reich het stelt: 'Geen enkel op vrijheid gericht programma heeft kans van slagen zonder een verandering van de seksuele structuur van de mens.'[43] Reich waarschuwde toekomstige revolutionairen dat het ene niet onverbiddelijk uit het andere voortvloeit. Je kunt het politieke systeem veranderen, maar dat betekent niet dat de seksuele orde mee verandert. Maar als je niks verandert aan de seksuele orde, zal de vrijheid nooit standhouden.

RACE NAAR DE POOL

In de tevoorschijn komende nieuwe orde van Egypte vechten de progressieve zijde, die denkt volgens het stramien van Dialmy, en de conservatieve zijde, op dezelfde golflengte als Fath al-Bab, de strijd op alle fronten uit. Daaronder valt ook de netelige kwestie van persoonlijke vrijheid, vooral verband houdend met wat met 'ethiek' wordt aangeduid – waarvan men geneigd is de definitie te beperken tot vrouwen en seksualiteit, in tegenstelling tot algemenere kwesties van politieke, economische en sociale rechtvaardigheid. Seks is een van de gemakkelijkste manieren om politieke tegenstanders in het tijdperk na Moebarak in opspraak te brengen, door progressieven ervan te beschuldigen 'buitenlandse' – dus westerse – ideeën over seksuele vrijheid te promoten, en islamitische kandidaten van zonden en perversiteiten, van hoerenrijden tot necrofilie.

'In een wereld waarin frustratie, agressie en angst alledaagse condities zijn,' stelde Bouhdiba vast, 'zijn hyperseksualiteit en religieus puritanisme beslist geschikt om ons aan onze verantwoordelijkheden te onttrekken en onze fouten te maskeren.'[44] Volgens hem 'zal een samenleving die met moeilijkheden wordt geconfronteerd naar zijn oorsprong terugkeren, of deze vernietigen. De twee polen van de politiek [in het Midden-Oosten] zijn Moestafa Kemal [Atatürk] in Turkije, die zich overal van wilde losmaken, en Abdulaziz Ibn Saud [de stichter van Saoedi-Arabië], die naar zijn oorsprong wilde terugkeren. Dit zijn de twee uitersten waartussen islamitische samenlevingen zich tegenwoordig bevinden.'

Het is de grote vraag welk uiterste de overhand krijgt. Bouhdiba vermoedt dat sociale veranderingen in de regio uiteindelijk niet het gevolg van een dramatisch treffen zullen zijn – van bijvoorbeeld demonstraties waar beha's worden verbrand en van de gaypridebeweging – maar meer van een langdurige krachtmeting van opvattingen, die hij omschrijft als samenlevingen met een culturele competitie, niet met een cultureel conflict. Tegen degenen die nu aan de macht zijn en geneigd zijn seks onder het tapijt van het gebed te vegen, zegt hij: 'U begrijpt de culturele en gerechtelijke geschiedenis van onze regio verkeerd. Hou rekening met deze zaken, in de stille wetenschap dat u [bij het aanpakken ervan] niets doet wat tegen de religie ingaat.' Maar hij heeft ook waarschuwende woorden voor degenen die denken dat de weg vooruit een pad is dat al door het Westen is gebaand: 'We moeten praten over aids, ivf, nieuw seksueel gedrag, abortus. Dit zijn problemen, maar we moeten erover praten volgens de normen van de Koran. Helaas leren we die niet van de westerse voorbeelden [van seksuele expressie], vertoon [van seks] in de bioscoop, op straat.'

Voor Bouhdiba is de toekomst van de Arabische regio, binnen en buiten de slaapkamer, gelegen in het volledig begrijpen van het verleden. 'Persoonlijk ben ik iemand die gelooft,' zegt hij, 'en daarom denk ik na over mijn geloof. Het geloof van tegenwoordig is anders dan het geloof in het verleden. Wat betekent het om een moslim te zijn, wat betekent het om een gelovige te zijn, voor de seksualiteit, voor de naastenliefde, [voor andere aspecten van het islamitische leven]? Want in onze tijd moet een gelovige geen oude boodschappen herhalen, maar deze boodschappen begrijpen en incorporeren in gedrag dat past bij de eisen van de huidige tijd. Herontwerpen, daar gaat het om.'

De Arabische regio begon dit decennium met een politieke aardverschuiving. Hoe die voor het seksleven zal uitpakken, en hoe dit daardoor op zijn beurt zal worden veranderd, is nog niet bekend. De intieme orde van de huidige Arabische wereld lijkt op die van ons zonnestelsel: het huwelijk is de zon, waarvan de aantrekkingskracht het geheel bijeenhoudt; eromheen bevinden zich planeten in steeds verder afgelegen banen, van seks voor het huwelijk, naar sekswerk en relaties van mensen van hetzelfde geslacht, de laatste grens in de duistere regionen van het heelal. Om dit universum te begrijpen, moeten we het onderzoeken. Laten we daarom met de vurige kern beginnen: het huwelijksleven.

2

Wanhopige huisvrouwen

'Ik ben blij dat je nu fatsoenlijk getrouwd bent', zei een vrouw tegen haar dochter. 'Wat zou ik graag terugkeren naar de tijd dat ik een schandaleus leven leidde', antwoordde de dochter.
– Mijn oma, over het huwelijk

Toen ik in 2008 naar Caïro verhuisde, werd ik door een wederzijdse vriendin aan Azza voorgesteld, een Egyptische vrouw die aanbood om me met mijn Arabisch te helpen. Ondanks haar humor en intellectuele nieuwsgierigheid was Azza aanvankelijk enigszins verbaasd over het soort woorden dat ik wilde leren. Ikzelf zou even argwanend zijn als een student van mij zich zo duidelijk zou interesseren voor de Engelse termen voor genitaliën, abortus of verschillende varianten van seksueel geweld. Door wat ik wist over de plaatselijke gevoeligheden, besloot ik weinig over mijn onderzoek los te laten, waardoor ik bij Azza de indruk wekte dat mijn interesses louter een recreatief doel dienden, wat de lokale opvatting bevestigde over wat er gebeurt als een keurig Egyptisch meisje naar het Westen gaat.

Maar toen we elkaar beter leerden kennen en ik meer over mijn werk sprak, nam de belangstelling van Azza toe. Hoewel ze eerst een beetje verlegen was, begon ze al snel vragen te stellen en haar eigen ervaringen uit de doeken te doen. Korte tijd later werd ik bij haar familie en vrienden geïntroduceerd, als '*Doctura* Shereen, de vrouw die onderzoek doet naar voortplanting en huwelijksrelaties' – beleefde uitdrukkingen voor 'seks'. Dit bleek het ideale visitekaartje, een Sesam-open-u voor een rijke bron van seksuele cultuur.

Elke week hoorde ik nieuwe verhalen over seksuele angstgevoelens van Azza en de mensen om haar heen, als een hedendaagse *Duizend-en-éénnacht*: de buurvrouw die haar echtgenoot in bed telefonerend naar haar vriendin betrapte; de zus die porno op de laptop van haar echtgenoot aantrof en, tot zijn grote schrik, de rollen omdraaide door pikante foto's van zichzelf te uploaden; de oudere broer die met een sms van zijn vrouw scheidde toen ze weigerde seksueel actief te zijn en die nu een andere, meer sexy, min of meer officiële vrouw heeft; de jongere broer die, toen zijn bruid in hun huwelijksnacht enig initiatief toonde, haar uit bed haalde en op de Koran liet zweren geen eerdere ervaringen te hebben gehad; de schoonzus van wie de man zo kort en bruut de liefde bedrijft dat je het bijna aanranding kunt noemen.

Azza is een van een achttal kinderen van wie het huwelijksleven de veranderingen weerspiegelt van de afgelopen vijftig jaar en van de spanningen die in het voorjaar van 2011 en later tot uitbarsting kwamen, zowel in Egypte als in de Arabische buurlanden. Ze is de veertig gepasseerd en kind van de *infitah*, het 'open deur'-beleid dat president Anwar Sadat begin jaren zeventig introduceerde. Onder zijn voorganger, Gamal Abdel Nasser, werden grote delen van de Egyptische economie door de staat genationaliseerd, in naam van de ontwikkeling van het land. Sadat draaide deze ontwikkeling terug en stelde de Egyptische economie open voor de internationale markt, een proces dat onder het drie decennia durende bewind van zijn opvolger Hosni Moebarak in een hoger tempo werd voortgezet.

Als gevolg van de infitah zijn sommige mensen erg rijk geworden. Volgens één schatting krijgt 10 procent van de bevolking 30 procent van het nationale inkomen, terwijl 20 procent van minder dan anderhalve euro per dag leeft.[45] Het waren deze superrijken die tijdens de opstand in de problemen kwamen, vanwege hun nauwe banden met het regime van Moebarak, en veel van hen zijn sindsdien in de gevangenis beland, op beschuldiging van corruptie. Ondertussen zijn de armen nog even arm, en bestaat er geen snelle remedie tegen de grote kloof in de economie van Egypte.

Azza en haar familieleden bevinden zich ergens in het worstelende midden. In materieel opzicht zijn ze veel beter af dan hun grootouders, die hun leven begonnen in het familiedorp, de *'izba*, op het platteland ten westen van Caïro. Net als de helft van de Egyptische bevolking, wonen de meeste leden van de familie van Azza tegenwoordig in de stad. Ook hebben ze meer onderwijs genoten. Azza en haar broers en zussen zijn allemaal naar de universiteit geweest – wat te danken is aan het beleid van

Nasser, die het hoger onderwijs ook openstelde voor mensen die niet tot de elite behoorden. Helaas hield het aantal banen geen gelijke tred met de toevloed van afgestudeerden, en ging hun opleiding ook niet mee met de eisen van de markt. Hoewel de werkloosheid volgens officiële cijfers nauwelijks boven de 10 procent uitkomt, doen onofficiële cijfers vermoeden dat het werkelijke getal dubbel zo groot is, waarbij mensen met een universitaire opleiding het hardst worden getroffen. Zelfs Egyptenaren met een baan kunnen moeilijk rondkomen van hun geld. Daar komt ook nog eens bij dat de inflatie meer dan 10 procent is.

Deze aardverschuivingen in de Egyptische samenleving zijn tot in het huwelijksbed van Azza te voelen, al zal de aarde vast niet bewegen als zij en haar man de liefde bedrijven. 'Hij kan een erectie hebben, maar even later ...' Azza tuit haar lippen en doet een leeglopende band na. 'Nu durft hij niet bij me in de buurt te komen. We vreeën om de vijf dagen. Nu is het meer dan een maand geleden.' Uiteindelijk wist Azza haar man zover te krijgen een bezoek aan een dokter te brengen, die vaststelde dat hem niks mankeerde. Ze vraagt zich af of hun problemen met haar werk te maken hebben.

Net als een kwart van de vrouwen van haar leeftijd heeft Azza een baan, in haar geval een baan waarmee ze bijna driemaal zoveel verdient als haar man, want zij werkt bij een buitenlands bedrijf en hij heeft een functie in het middenkader van een futloos bedrijf dat in handen is van de staat. Zij betaalt de meeste rekeningen van het huishouden, en dat zijn er heel wat. Azza en haar gezin zijn beland in de snelgroeiende consumentencultuur van Egypte. Alleen om bij te blijven zijn al twee inkomens nodig, voor het schoolgeld van het particuliere onderwijs (nodig vanwege de slechte staat van het onderwijs dat de overheid biedt), het lidmaatschap van sportverenigingen (niet bepaald een luxe omdat er in Caïro weinig openbare ruimte is om veilig te bewegen), mobiele telefoons, en nieuwe kleren voor drie kinderen. Met hun vijven wonen ze in een bescheiden appartement met twee slaapkamers in een van de hoog oprijzende foeilelijke flats die het afgelopen decennium zijn gebouwd, terwijl Caïro verder de woestijn in groeide. Ze zouden graag verhuizen – de bezetting van de slaapkamers doet het liefdesleven van Azza weinig goed nu ze hun slaapkamer met hun jongste kind delen – maar de woningprijzen van Caïro zijn de afgelopen jaren zozeer gestegen dat de volgende trede van de woonladder buiten bereik is.

Azza behoort tot een generatie, en een klasse, van vrouwen die in de knoei zitten. Aan de ene kant heeft ze geprofiteerd van het bevorderen van de scholing van Egyptische vrouwen. Meer dan 70 procent van de Egyptische vrouwen kan lezen – dat is driemaal zoveel als toen Azza werd geboren – en de helft heeft middelbaar onderwijs of hoger genoten.[46] Volgens de wet heeft ze meer rechten – in elk geval op papier – dan haar moeder had toen ze even oud als Azza was, en veel meer dan de vrouwen in de meeste buurlanden van Egypte. Als Azza bijvoorbeeld wil reizen, kan ze haar eigen paspoort krijgen, zonder daarvoor de toestemming van haar man nodig te hebben, en ze kan haar Egyptische staatsburgerschap aan haar kinderen doorgeven. Maar bij deze zwaarbevochten rechten zijn er talloze addertjes onder het gras, en als het gaat om wetten hebben mannen nog altijd meer armslag dan vrouwen, op papier en in de praktijk.[47]

Ondanks alle winst voor Azza en haar leeftijdgenoten, bestaat er in Egypte een sterke neiging tot patriarchaliteit, die versterkt wordt door de opkomst sinds de jaren zeventig van het islamitische conservatisme, dat heeft samengespannen om vrouwen op hun, volgens velen door de religie voorgeschreven, plek te houden. '[Mijn echtgenoot] houdt er niet van dat ik met buitenlanders werk,' zei Azza, 'maar van mijn geld houdt hij wel. Hij vindt het ook niet leuk dat ik meer verdien dan hij, dat ik het ben die de meeste beslissingen neem over geld en de kinderen.' Hij is niet de enige. Uit een recent landelijk onderzoek bleek dat hoewel 60 procent voorstander was van het buitenshuis werken van vrouwen, meer dan driekwart van de ondervraagden – onder wie een meerderheid van vrouwen – vond dat als de arbeid schaars was, de mannen de banen zouden moeten krijgen. Hoewel in een eerder onderzoek bijna de helft van de ondervraagden vond dat in het meer tot tevredenheid stemmende huwelijk beide partners werken en voor de kinderen zorgen, komt het er in de praktijk op neer dat werkende vrouwen zoals Azza een tweevoudige taak hebben, thuis en op het werk.[48]

Van oudsher hebben in Egyptische huishoudens vrouwen een belangrijke rol gespeeld bij het nemen van beslissingen. Zo was mijn oma iemand met wie aan het thuisfront rekening gehouden moest worden (al zorgde ze er, net zoals veel vrouwen tegenwoordig, wel voor dat mijn opa voor de buitenwacht het laatste woord had).[49] Los van het machtsevenwicht achter gesloten deuren bestaat er vaak een uitgesproken terughoudendheid van vrouwen om buitenshuis spierballen te laten zien, zoals we in het vorige hoofdstuk zagen. Meer dan de helft van de ondervraagden in weer een ander recent nationaal onderzoek zag liever geen vrouw als rechter, burgemeester of president.[50] En aldus, nu de baan van Azza economisch noodzakelijk is, zet het succes op haar werk de relatie tussen de beide echtgenoten onder druk – in en buiten het bed.

Ondertussen heeft Samar, de nicht van Azza, zo haar eigen problemen. Haar echtgenoot, een middenstander, was net teruggekeerd van een reis naar Italië. Toen Azza nog een kind was, reisden Egyptenaren zelden naar het buitenland, maar dat is tegenwoordig niet meer zo. De man van Samar was enthousiast over Italië, vooral over de kleine, elegante vrouwen in dat land, met wie hij zijn vrouw is gaan vergelijken, recht in haar gezicht, en niet ten gunste van haar. Sinds die tijd heeft Samar, huisvrouw, geprobeerd zichzelf op te doffen en enige kilo's kwijt te raken. En dat heeft behoorlijk wat gekost. Er zijn talloze klinieken in Caïro waar je kunt afslanken, sportscholen en centrums voor plastische chirurgie waar men klaarstaat om het lichaam in vorm te kneden en te plooien – steeds meer naar het voorbeeld van de veelgeprezen curven van Libanese spetters als Haifa Wehbe, een popster en pan-Arabische pin-upgirl. Maar Samar kan haar van nature omvangrijke lijf slechts in beperkte mate veranderen. En alsof dat niet genoeg is, klaagt haar man dat ze saai is in bed. Samar weet niet precies wat dit inhoudt. Voorzover zij weet, is er maar één positie – plat op de rug, zich schrap zettend voor wat komen gaat. Ze neemt aan, hoopt eigenlijk, dat hij zijn opvattingen via porno-dvd's en het internet heeft opgedaan, en niet uit eigen, echte ervaring.

SPRINGPLANK VOOR HET LEVEN

Het huwelijk is het fundament van de Egyptische, en Arabische, samenleving, en wordt door meer dan 90 procent van de Egyptenaren, onafhankelijk van leeftijd, geslacht of opleiding, gezien als de natuurlijke en wenselijke staat.[51] De behoefte om te trouwen wordt sterk aangemoedigd door de familie en bevorderd door de religie. De Koran is erg enthousiast over het huwelijk, spoort gelovigen aan zo vlug en eenvoudig mogelijk in het huwelijksbootje te stappen: 'En trouwt met hen uit jullie midden die nog vrijgezel zijn en de rechtschapenen uit jullie slaven en slavinnen. Als zij arm zijn zal God hen door Zijn goedgunstigheid rijk maken; God is alomvattend en wetend.'[52] Ook de Profeet moedigde moslims aan om te trouwen: 'Wie trouwt, waarborgt de helft van zijn geloof; laat hem God vrezen voor de andere helft', is een van de vele Hadith over het onderwerp.[53]

Dat gezegd hebbende, komen ook de plichten van het huwelijk aan de orde. In de islam wordt seks gekanaliseerd in gereguleerde structuren, waarvan het huwelijk er een is. Dit verband is terug te vinden in de taal. In het klassieke Arabisch is er een woord dat zowel op het huwelijk als op geslachtsgemeenschap slaat, *nikah*. In straattaal wordt het daaraan gerelateerde *niik* gebruikt om het te hebben over 'neuken'. Seks buiten deze gereguleerde context wordt als *zina* beschouwd, een onwettige relatie – een vergrijp dat in de islam niet wordt geaccepteerd (*hadd*). In de sharia wordt zina bij gehuwde partners met dood door steniging bestraft, bij ongehuwde partners met honderd zweepslagen – op voorwaarde dat het door vier getuigen wordt bevestigd of dat er een vrijwillige bekentenis is afgelegd. En zo opent het huwelijk in Egypte – en in de rest van de Arabische wereld – de deur naar een sociaal goedgekeurd seksueel en op voortplanting gericht leven. Het is ook een manier om volwassen en wat onafhankelijker van je familie te worden. Als de financiën het toestaan, kun je door het huwelijk uit het huis van je ouders vertrekken en je ergens semi-onafhankelijk vestigen.

Het voorgaande draagt bij aan de verklaring van een van de meer merkwaardige borden die een jongeman bij de opstand van 2011 op het Tahrirplein omhooghield: 'Ga weg,' zei hij tegen president Moebarak, 'ik wil trouwen.' De echtelijke staat lijkt misschien een vreemde eis voor een revolutionair, maar als je nagaat wat er de afgelopen decennia in Egypte met het huwelijk is gebeurd, is die alleszins begrijpelijk.

In de tijd van mijn grootouders werden verreweg de meeste huwelijken door de familie gearrangeerd, binnen de familie – meestal tussen neven en nichten van vaders kant. Tegenwoordig daarentegen zegt ongeveer de helft van de gehuwde Egyptenaren onder de dertig dat ze hun echtgenoot via een vriend of een familielid hebben ontmoet. Voor studenten en academici vormen dit soort persoonlijke netwerken de belangrijkste manier om een huwelijkspartner te vinden.[54] In mijn eigen familie is mijn oom bijvoorbeeld met zijn nicht getrouwd en was mijn vader ooit ook met zijn nicht verloofd. Maar in mijn generatie is niemand binnen de eigen familie getrouwd, ondanks de goedbedoelde plannen van mijn oma, die al haar kleinkinderen als passagiers op de ark aan elkaar had gekoppeld. Toch trouwt nog een behoorlijk groot deel van de mensen volgens de traditie. Ongeveer eenderde deel van de Egyptenaren onder de dertig huwt nog met een familielid – voornamelijk als ze arm zijn, jong, lager opgeleid, afkomstig van het platteland en uit het meer conservatieve zuiden van het land.[55]

In opinieonderzoek komt fatsoen bij het kiezen van een partner op een hogere plek terecht dan romantiek. Bij een recent nationaal onderzoek onder Egyptische jongeren onder de dertig vond meer dan driekwart van de vrouwen (en 90 procent van de mannen) 'beleefd' – goed opgevoed – het meest belangrijke kenmerk van een echtgenoot, met 'religieus' vlak daaronder. Lager op de lijst stonden 'goed opgeleid' en 'liefde en onderling begrip tussen man en vrouw'.[56] Maar dergelijke resultaten moeten in Egypte zorgvuldig worden geïnterpreteerd. Want afhankelijk van de zaak waarover het gaat, zullen mensen bij opinieonderzoeken vaak zeggen wat ze denken dat ze zouden moeten zeggen – vooral als het de regering is die de vragen stelt – in plaats van dat ze zeggen wat ze werkelijk denken. Uit verhalen blijkt al te vaak dat jonge vrouwen en mannen als het om het huwelijk gaat, dwars door alle grote scheidslijnen van het land heen, wel degelijk op zoek zijn naar liefde.

In het huwelijksbootje stappen in Egypte is te vergelijken met het zenden van een raket naar de maan – er moeten verschillende trappen worden afgestoten voordat hij in een baan om de aarde belandt. Families vormen de brandstof voor de lancering. Een vriendin van me, een succesvolle zakenvrouw in Caïro, legde me uit hoe het zat: 'Als je wilt trouwen, moet je bij bepaalde mensen langs en op een bepaalde manier te werk gaan. Je wilt er wel zeker van zijn dat een man geschikt is voor het huwelijk', waarschuwde ze. 'Je moet bij de familie langs. Dus zijn moeder, zijn tante, zijn zus, een van hen. Zijn familie moet ervan weten en jouw familie moet ervan weten. Dat is de officiële manier, zonder stiekem gerommel.'

De verlovingsfase begint als ouders de relatie in het openbaar erkennen en ermee instemmen dat het stel bij elkaar is. In meer vrije huishoudens houdt dit ook in dat ze tijd hebben om alleen bij elkaar te zijn. Een verloving is een flexibele afspraak. Ik ken vrouwen die meerdere verloofden hadden, zonder een spier te vertrekken – de betrokkenheid van de familie is een noodzakelijke voorwaarde, maar volstaat niet meer om het doel te bereiken. De huwelijksmissie belandt in een hogere baan met *katb al-kitab* (het schrijven van het boek), de formele islamitische huwelijksceremonie. Meestal wordt dit in kleine familiekring gevierd, waarin de verbintenis officieel wordt opgetekend door een *ma'dhun* of een huwelijksnotaris. Ten slotte volgt de *farah*, de openbare huwelijksviering. Het wordt als een slechte gewoonte beschouwd om een verbintenis al op enig moment voor de farah te consummeren, maar ik ken vele stellen die hun hulpraketten al na de katb al-kitab hebben ontstoken.

Als vrienden, familieleden of buren er niet in slagen een geschikte huwelijkskandidaat te leveren, dan wordt het tijd om een specialist in te schakelen. *Khatba*, een professionele koppelaar, is in Egypte en de rest van de Arabische wereld een oud beroep. Hoewel minder dan 1 procent van de getrouwde Egyptische jongeren zegt dat ze hun partner via een betaalde intermediair hebben ontmoet, zou je dat niet denken als je een bezoek brengt aan een 'kantoor ter ondersteuning van het huwelijk', of een huwelijksbureau in de binnenstad van Caïro.[57] Onder een foto van de Ka'ba* liggen op een grote tafel honderden foto's van mannen en vrouwen, sommigen glimlachend, sommigen serieus, bevestigd op vellen papier met persoonlijke gegevens. 'Op een gemiddelde dag zie ik veertig gevallen, evenveel mannen als vrouwen, van alle leeftijden, van achttien tot zeventig', zei Amr Abdel Megeid, een vrolijke man van in de veertig, wijzend naar de grote hoeveelheid papieren naast zich.

Abdel Megeid begon zijn zaak voor het tot stand brengen van huwe-

* De zwarte kubus in het midden van de Masjid al-Haram, de grote moskee in Mekka, en de meest heilige plaats van de islam, waar moslims als onderdeel van het pelgrimsritueel zevenmaal omheen lopen.

lijken aan het begin van de jaren negentig. Hij moet niets hebben van de nieuwerwetse benadering via het internet. 'Het internet is vaak een rommeltje', snoof hij. 'Op het net kun je terecht voor tijdelijke contacten, maar als je serieus bent, kom je naar ons.' Voor een bescheiden bedrag aan inschrijfgeld (dat naarmate het huwelijk nadert steeds hoger wordt), kunnen inschrijvers een formulier invullen met informatie en met wat ze van een huwelijkskandidaat verwachten, waarna Abdel Megeid en zijn collega's aan de slag gaan. 'We hebben de gedetailleerde beschrijvingen in de dossiers, en ik koppel ze aan elkaar op basis van mijn ervaring, naar leeftijd, beroep en andere factoren', legde hij uit, er rekening mee houdend dat vrouwen in Egypte geneigd zijn te trouwen met mannen met een hogere opleiding, een beter inkomen en een hogere leeftijd. In de fase waarin ze elkaar leren kennen, ontmoeten ze elkaar onder het toeziend oog van het bureau. Terwijl vrouwen meestal een familielid meenemen, komen mannen meestal alleen, wat laat zien dat ze meer bewegingsruimte hebben.[58] 'Nadat ze aan elkaar zijn voorgesteld, zijn we er nog steeds bij betrokken, om te voorkomen dat mannen misbruik maken van de situatie. Als we iemand daarvan verdenken, sturen we hem weg', zei hij.

De sociale veranderingen in Egypte zijn goed voor de zaak, denkt Abdel Megeid. En hij kan het weten, want als universitair geschoold socioloog ziet hij het tot stand brengen van huwelijken in een breder perspectief. Het vult de gaten die in het verbindende weefsel tussen individuen en de staat zijn gevallen. 'Een van de grootste problemen in Egypte', zei hij, 'is de kloof tussen het bewind en het volk geweest. Daartussen vond geen communicatie plaats. De beslissingen om iets te doen aan de problemen van het volk werden in een vacuüm genomen. Alle communicatiekanalen zijn geblokkeerd, behalve als je via een tussenpersoon met de regeerders in contact kon komen.' Hij ziet de politieke kloof in het privéleven terugkeren: 'De geblokkeerde communicatielijnen leveren veel problemen op. Zo kon je [vroeger] bij je vrienden terecht als je problemen had. Tegenwoordig heeft iedereen zijn eigen problemen en is er geen tijd meer om je te helpen. De relaties staan allemaal in het teken van eigenbelang. Dat leidt tot een negatieve vicieuze cirkel.'

Het huwelijksbureau van Abdel Megeid profiteert van een wijdverbreide angst, in Egypte en de rest van de Arabische wereld, voor het verval van het huwelijk. In Egypte deden berichten van de overheid over het aantal ongehuwde mensen van boven de dertig (volgens de officiële telling van 2006 meer dan een miljoen) veel stof opwaaien over de aftakeling van de waarden van het gezin.[59] Maar als je wat dieper op de statistieken ingaat, blijkt de paniek voorbarig: het aantal mensen dat trouwde, dat sinds begin jaren vijftig van de vorige eeuw tot halverwege het eerste decennium van deze eeuw met eenderde afnam, is de afgelopen jaren weer gestegen, en het overgrote deel van de Egyptenaren is getrouwd – op 35-jarige leeftijd rond de 95 procent.[60]

Het is niet zozeer dat mensen niet trouwen, maar ze trouwen later. De gemiddelde huwelijksleeftijd in Egypte is ongeveer zevenentwintig voor mannen en tweeëntwintig voor vrouwen, later dan jonge mensen zelf optimaal vinden.[61] Dat op latere leeftijd trouwen – door een expert *waithood* gedoopt [wachtstand; vert.] – komt in veel landen in de regio voor.[62] Het meest extreme voorbeeld is Tunesië, waar de gemiddelde huwelijksleeftijd de afgelopen twintig jaar is gestegen, voor mannen tot over de dertig, voor vrouwen tot achter in de twintig.[63]

Dat mensen tegenwoordig op latere leeftijd trouwen, is een duidelijk waarneembare herziening, zowel in Egypte als in de meeste delen van de rest van de regio, van een bijna alomtegenwoordige traditie van vrouwen die op de tienerleeftijd huwen. Toen mijn oma op achttienjarige leeftijd met mijn opa trouwde, bofte ze maar, want ze was al bijna te oud voor het huwelijk. Twee tantes van me trouwden op zestienjarige leeftijd, maar hun dochters en kleindochters, die een baan hebben als academicus, trouwden vroeg in de twintig of halverwege de twintig. Dat is ook in de landelijke cijfers terug te zien. Tegenwoordig is ongeveer een kwart van de jonge Egyptische vrouwen op achttienjarige leeftijd getrouwd, waar dat een generatie eerder eenderde was.[64]

Bij veel mensen heeft de tevredenheid over de afname van het aantal vroege huwelijken – goed voor het mondig maken van vrouwen en het verminderen van de bevolkingsgroei – plaatsgemaakt voor een toenemende morele onrust. Als de meeste jonge vrouwen na een paar jaar pubertijd getrouwd zijn (en jongemannen net na hun twintigste), vormen relaties voorafgaand aan het huwelijk niet zo'n probleem. Bovendien is het hebben van een man voor vrouwen in Egypte en zijn Arabische buren, van doorslaggevend belang: de maatschappelijke waarde van een vrouw hangt nog altijd af van haar status als echtgenote en moeder, los van haar talenten of professionele verdiensten. De afgelopen jaren is het fenomeen van *'unusa* – de ongehuwde staat van de vrouw – voor Facebookgroepen, blogs, bestsellers en televisieseries een onderwerp van discussie geworden. Zoals ze het in Egypte zeggen: 'De schaduw van een man is beter dan de schaduw van een muur.'

Vraag Egyptische mannen waarom ze wachten met trouwen en ze weten meteen waarom: 'Het probleem tegenwoordig is dat de samenleving zo materialistisch is', zegt Abdel Megeid. 'Geld gaat voor alles. We raken onze oude principes kwijt.' Aanstaande bruidegoms en pasgetrouwde mannen komen er rond voor uit. 'De families van de dames zijn zo stom', zegt een pas afgestudeerde academicus, kort nadat hij getrouwd was. 'Ze vragen te veel – voor *shabka* [sieraden], gouden spullen, een losse diamant, dat soort zaken. En een appartement, met alle huishoudelijke apparatuur, de *mu'akhkhar* [hij moet in het contract schrijven hoeveel hij betaalt als ze scheiden], de *mahr* [geld dat de bruidegom aan de bruid moet geven] enzovoort, enzovoort, enzovoort', zegt hij, terwijl hij de lijst met zaken doorneemt die van de bruidegom worden verwacht om groen licht van zijn beoogde familie te krijgen.

Het is echter niet voor het eerst dat er in Egypte ophef over het huwelijk ontstaat en de economie daarvan de schuld krijgt. De eerste decennia van de twintigste eeuw klaagde de middenklasse eveneens over de onmogelijkheid om te trouwen – te weinig inkomen, te veel werkloosheid, te hoge eisen van de familie van de bruid. Een krant uit die tijd opende met het volgende bericht: 'Het staat buiten kijf dat de overgrote meerderheid van de jongemannen arm is. Voordat ze eraan kunnen denken om te trouwen, moeten ze een baan zien te krijgen. Als dat niet lukt, zullen ze van het huwelijk moeten afzien.'[65] Dergelijke klachten lijken opvallend veel op de huidige klachten, en waren net zozeer verbonden met een bredere context van economisch beleid, morele waarden, consumentisme en verwestersing.

Net als hun overgrootvaders moeten de huidige bruidegoms de meeste kosten voor het huwelijk zien op te hoesten. De financiële verantwoordelijkheid van mannen binnen het huwelijk hoort bij de islam: 'De mannen zijn zaakwaarnemers voor de vrouwen, omdat God de een boven de ander heeft bevoorrecht en omdat zij van hun bezittingen uitgegeven hebben.'[66] Recentelijk is deze betalingsbalans enigszins gewijzigd. Voor stellen van onder de dertig moeten de bruidegom en zijn familie bereid zijn net iets minder dan 60 procent van de kosten te betalen, terwijl de familie van de bruid de rest betaalt. Bruiden zelf leggen ongeveer vijf procent van de totale uitgaven in – wat niet hoeft te verbazen (los van de traditie) omdat zo weinig jonge vrouwen een vaste baan hebben.[67]

In de loop van de jaren zijn de verwachtingen gestegen. Degenen die kritisch zijn over de hedendaagse huwelijksexcessen citeren vaak een Hadith waarin de Profeet een arme man aanmoedigt te trouwen, ook al bestond de enige mahr die hij zijn aanstaande bruid te bieden had uit de mogelijkheid haar de hoofdstukken te leren van de Koran die hij uit zijn hoofd kende.[68] Toen mijn ouders in de jaren zestig van de vorige eeuw trouwden, bracht mijn vader een koelkast en een bestekset in. Hun mahr bestond uit vijfentwintig piaster (nu ongeveer vijf cent), die mijn moeder tot op de dag van vandaag bij zich heeft. Maar dat waren de magere jaren van het bewind van Nasser. Tegenwoordig voldoen een koelkast en wat bestek niet meer voor een huwelijk. De gemiddelde kosten van een trouwerij in Egypte – los van de woonruimte – variëren van 20.000 Egyptische pond (net iets meer dan 2200 euro) in de armste families, tot 60.000 in de rijkste regionen van de samenleving.[69] Al met al is dit een enorme investering. Er is berekend dat het de armste mannen en hun familie een Schriftuurlijk symbolische zeven jaren kost om genoeg te sparen om te kunnen trouwen.[70]

Volgens Egyptenaren onder de dertig bestaat het grootste probleem om in het huwelijksbootje te stappen uit de kosten van de woonruimte, de inrichting en het vinden van een baan om het allemaal te kunnen betalen. Wanneer hun wordt gevraagd wat de beste manier is om deze drempels te slechten, keek meer dan de helft van de ondervraagden naar de overheid om er iets aan te doen – of om af te treden, zoals de demonstrant op het Tahrirplein aangaf, met zijn bord waarop stond dat hij wilde trouwen.[71] Er zijn in Egypte en de hele regio verschillende pogingen ondernomen – sommige door de overheid, andere door liefdadigheidsinstellingen – om mensen gemakkelijker te laten trouwen, een beleid waar de Moslimbroederschap en geestverwante groeperingen voorstander van zijn. Hieronder vallen gesubsidieerde groepstrouwerijen, die aantoonbaar populairder zijn bij journalisten die op zoek zijn naar een kleurrijk verhaal dan bij bruiden die vooruitkijken naar hun grote dag.[72]

Toch hebben maar weinig overheden zo'n gecombineerde aanval op eenlingen ingezet als die van de Golfstaten. Zo verschaft het Huwelijksfonds van de Verenigde Arabische Emiraten bruidegoms met een laag inkomen (degenen die minder dan 19.000 dirham per maand verdienen) een subsidie van 70.000 dirham (14.500 euro).[73] Om op waarde te schatten hoeveel – of eigenlijk, hoe weinig – een bruidegom hieraan heeft, heb ik een bruidsshow in Abu Dhabi bezocht. Voor het evenement komen honderden exposanten, van ontwerpers van bruidsjurken en juweliers, tot chocolatiers en make-upartiesten, bijeen in een ruimte ter grootte van een voetbalstadion. Ik was er zowel in persoonlijk opzicht als professioneel in geïnteresseerd. Ook ik plande een huwelijk – mijn eigen. Mijn verloofde en ik waren overeengekomen het eenvoudig te houden, met minder dan honderd gasten, en ik wilde graag zien hoe mijn eigen bescheiden plan afstak tegen de plaatselijke feesten. Op de show liep ik Salwa en Annous tegen het lijf, twee zussen van in de twintig uit Abu Dhabi. Annous zou over enkele maanden trouwen, en ze waren druk bezig een fotograaf uit te kiezen en designabaja's uit te zoeken, zich totaal niet bekommerend over hoeveel de bruiloft wel niet zou kosten.

Een club waar men de cijfers uit het hoofd kent, is Carnation, een in Dubai gevestigde evenementenorganisator. Gedurende het 'seizoen', dat van oktober tot april loopt, nemen de zaken in de VAE een hoge vlucht. De kosten van een huwelijk kunnen zomaar oplopen tot miljoenen dirham – en dat alleen voor de bijeenkomst, het eten, het feest en de versiering. Huwelijken van de regerende families van de emiraten kunnen tientallen miljoenen dirham kosten, en er komen duizenden gasten – waardoor volgens sommige jonge inwonenden van het land de lat onmogelijk hoog wordt gelegd, en de verwachtingen van bruiden en hun familie stijgen.[74]

In de Golfstaten zijn zelfs minder verheven trouwerijen grote evenementen. In de boeken van Carnation is een bruiloft met vijfhonderd gasten een discrete gebeurtenis – op hun schaal wordt die van mij nauwelijks opgemerkt. In de VAE worden de gasten en de kosten over twee onafhankelijke feesten verdeeld. Bruiloften in Egypte (en trouwens ook in grote delen van de rest van de Arabische wereld) zijn tegenwoordig grotendeels gemengde aangelegenheden, waar mannen en vrouwen tijdens het eten en het dansen mengen. Zo niet in de Golfstaten, waar de traditie van gescheiden feesten voor mannen en vrouwen wordt voortgezet – een traditie die in de tijd van mijn grootouders in Egypte gebruikelijk was. Organisatoren van huwelijksfeesten beschrijven het feest van de mannen als een verhoudingsgewijs bescheiden gebeurtenis, met een eenvoudige maaltijd en wat plaatselijke muziek. Tegen middernacht is het meestal afgelopen. De bijeenkomst voor de vrouwen is daarentegen een veel langere en overdadiger zaak, met een uitgebreid diner, een hele reeks zangers, onder wie bekende namen die vanuit de entertainmentcentra in Caïro en Beiroet worden ingevlogen, en met een verblindende hoeveelheid blingbling. Op de bruidsshow pronkten de huwelijksorganisatoren met op ware schaal nagebouwde huwelijksdecors, volgens een met wat het best omschreven kan worden als op de stijl van een bordeel geïnspireerde school van interieurontwerpers: genoeg goud, glitter, klatergoud, kristal, fluweel, juwelen, veren, bloemen, parels, zijde en satijn om een aanval van een door luxe opgewekt stendhalsyndroom te veroorzaken.

In vergelijking daarmee was de uitstalling van Carnation in positieve zin ingetogen. Osama Mistral, een manager van het bedrijf, en ik zaten op een reusachtige van een witte sprei voorziene leren bank, met bontkleden aan onze voeten, badend in een zachte, roze gloed, neerkijkend op een catwalk waarover, op de avond van de bruiloft, de bruid tijdens een dramatisch late entree naar binnen zou lopen. Haar jurk steelt uiteraard de show (voor 35.000 dirham en meer), toonbeeld van een aan decadentie rakende weelderigheid die in de mode was: blote schouders, diepe decolletés en blote ruggen. De vrouwelijke gasten, vooral de meer huwbaren onder hen, zijn eveneens schitterend uitgedost, waarbij ze hun kwaliteiten zodanig tentoonspreiden dat ze, in wat in wezen een showroom is voor toekomstige bruiden, aanstaande schoonmoeders op het feest een goed beeld geven van wat ze voor hun zoons te pakken kunnen krijgen. Rond middernacht verschijnen de bruidegom en zijn beste vrienden even aan de kant van de vrouwen. Waarna de vrouwen doorfeesten, tot na het vertrek van het echtpaar naar een nabijgelegen hotel, voordat het per straaljager naar een of ander ver weg gelegen bestemming vertrekt. (In een goed uitgevoerde, maar ietwat al te optimistische uitstalling prees Zuid-Korea zich op de show aan als een populair reisdoel voor huwelijksreizen.)

Zoals Mistral uitlegde, loopt tegenwoordig voor mannen niet alleen de bruiloft in de papieren: 'Hij moet ook gedurende de verloving zorgen voor goud, de jurk, het huis, de inrichting, geschenken voor de bruid, zoals parfums, horloges, kleding ... Zo veel manieren om geld uit te geven.' De Golfstaten hebben zichzelf opengesteld voor de volle kracht van het wereldwijde kapitalisme, dus hoeft het niet te verbazen dat status aan bezit wordt gekoppeld en dat er op bruiloften uitgebreid met geld wordt gesmeten. 'Waar jullie [in het Westen] waren, daar zijn wij nu', stelde Mistral vast. 'Twintig jaar geleden, wat hadden kinderen toen eigenlijk nodig? Ze gingen naar school en kwamen terug. Nu hebben ze een eigen kamer, laptop en spelletjes, een mobieltje. Er zijn zo veel wensen. En dus wordt het meer en meer en meer.'

Veertig jaar geleden, voordat de welvaart van de VAE en de andere Golfstaten toenam door de fossiele vondsten, konden de huidige buitensporige uitgaven door de meeste families niet worden opgebracht. De moeders en oma's van de bruiden van nu herinneren zich hun eigen eenvoudiger bruiloft, toen het vinden van voldoende eten en het te eten geven van de armere leden van de stam de voornaamste zorg waren.[75] Sommige van deze tradities leven voort in de hedendaagse bruiloften, die met hun wereldse glamour meer kosten dan ooit. Zo zijn de bruiloften vanuit woestijnkampementen verplaatst naar vijfsterrenhotels, maar staat er nog steeds kameel op het menu, al heb je daar nu een hele karavaan van nodig om het complete legioen aan gasten te voeden.

Toch komt deze mix van oud en nieuw nog het meest tot uiting in de bruiden zelf. Annous is daar een goed voorbeeld van. Ze trouwt op haar tweeëntwintigste en heeft een universitaire opleiding afgerond – een zeldzaamheid bij eerdere generaties, waar de vrouwen als tiener huwden en moeder waren, en op haar leeftijd vaak al meerdere kinderen hadden. Tegenwoordig wordt in de VAE het aantal mannen met een hogere opleiding dik door het aantal vrouwen overtroffen, en nemen ze steeds meer ruimte op de werkvloer in.[76] Annous spreekt uitstekend Engels, heeft veel gereisd en is volledig op de hoogte van de laatste films en mode in de Golfstaten en het Westen. Tegelijkertijd heeft haar vader haar bruidegom gekozen, een verre verwant die ze maar eenmaal heeft ontmoet. Haar pasgetrouwde zus zag haar echtgenoot pas op de trouwerij voor het eerst. In de VAE is dit niet ongebruikelijk. Uit onderzoek blijkt dat gearrangeerde huwelijken, meestal met volle neven, daar de norm blijven, want de financiële en sociale voordelen om alles binnen de familie te houden, wegen op tegen de algemeen bekende medische risico's van kinderen uit dergelijke verbintenissen met bloedverwanten.[77]

Annous geeft er de voorkeur aan om bij de keuze van een echtgenoot te vertrouwen op het oordeel van haar vader, al weet ze hoe stellen in het Westen elkaar ontmoeten en huwen. Ik vroeg haar of haar voorkeur niet uitging naar een 'liefdesgeschiedenis', een Egyptische benaming voor een niet-gearrangeerd huwelijk. 'Als het een familielid is, weet je dat het goed zit', zei ze. 'Als ze uit liefde trouwen, scheiden ze. We kennen enkele vrouwen die uit liefde trouwen. Maar zelfs als ze bij elkaar blijven, levert dat in onze cultuur allerlei problemen op. Met een familielid is het beter.'

Toch zijn bruiden tegenwoordig heel wat kieskeuriger dan voorheen. In de islam heeft een vrouw het recht om een aanstaande echtgenoot te weigeren, al hebben ze in de praktijk te weinig gelegenheid om van die mogelijkheid gebruik te maken. Salwa behoort tot een nieuwe generatie die zich hiervoor wel sterker wil maken. Ze heeft verschillende aanzoeken afgewezen omdat ze op de ware man wacht: deugdzaam, respectabel, hardwerkend, beleefd en beslist niet getrouwd met een andere vrouw. Ik ken enkele werkende vrouwen in de Golfstaten die ervoor gekozen hebben om een tweede vrouw te worden, waardoor ze de voordelen van het huwelijk en het moederschap hebben, en voldoende tijd overhouden voor een loopbaan, terwijl ze de fulltime baan van het koken, schoonmaken en anderszins zorgen voor een echtgenoot overlaten aan vrouw nummer een. Maar zo kijkt Salwa er niet tegenaan, en het is deze assertiviteit die volgens sommigen de kern uitmaakt van de huwelijksproblematiek van de VAE.

Emirati worden in hun eigen land bijna in hun voortbestaan bedreigd. Meer dan 80 procent van de bevolking is buitenlander, naar het land gekomen om het op te bouwen. Terwijl de planners daarbij dachten aan het bouwen van wolkenkrabbers en een afwisselende economie, heeft het ook geleid tot gezinsvorming: ongeveer eenvijfde deel van de mannelijke Emirati is tegenwoordig getrouwd met een buitenlandse vrouw, voornamelijk afkomstig uit Arabische en Aziatische landen.[78] Minder dan eentiende deel van de oorspronkelijk uit de Emiraten afkomstige bruiden kiest een buitenlander als echtgenoot, maar ook dat aandeel stijgt, wat ten dele wordt bevorderd door een recente verandering in de wetgeving voor de nationaliteit, die het aan vrouwen toestaat om het staatsburgerschap, en alle bijbehorende voordelen, aan hun kinderen door te geven.

De officiële verklaring voor het fenomeen van de huwelijken met buitenlanders wijst naar de economie: buitenlandse bruiden hebben geen statusbewuste familie die de bruidegom in de nek hijgt om het huwelijk van de eeuw te organiseren en een huis voor het leven te bouwen.[79] En aldus is het huwelijk deel gaan uitmaken van de nationale druk om de identiteit van de Emirati te behouden en het veronderstelde uiteenvallen van families tegen te gaan. Maar, zoals Sạlwa en duizenden zoals zij laten zien, er zijn duidelijk andere krachten in het spel als het om het huwelijk gaat, krachten waarin geld nu eens geen rol speelt.

In Egypte, op het Tahrirplein, traden tijdens de opstand ter plekke enkele stellen in het huwelijk. Ze wilden het moment markeren en hun revolutionaire kleuren tonen door met de uitwassen van het regime te breken. ‘Dit is het nieuwe Egypte’, zei iemand die erop stond de volgende dag met zijn verloofde te trouwen tegen zijn aanstaande schoonfamilie. ‘Wij hebben al die spullen niet nodig’, vervolgde hij, verwijzend naar de valstrikken van het huwelijk. Maar terwijl Egypte zich moeizaam voortbeweegt naar wat volgens sommigen een nieuwe orde zal zijn, is de grote bruiloft nog altijd in de mode, al is die iets minder overdadig. Op korte termijn heeft deze mate van soberheid meer te maken met economisch moeilijke tijden en met terughoudendheid voor het al te openbaar tonen van rijkdom, vanuit de vrees voor geweldsmisdrijven als gevolg van het veiligheidsvacuüm dat na de opstanden ontstond, dan dat de soberheid te maken heeft met een wezenlijke postmaterialistische verandering van opvattingen. Uiteraard zijn er stellen die helemaal af willen van deze materialistische mallemolen, maar het valt niet mee om die tot stilstand te brengen. Een aanstaande bruid, een uit de middenklasse afkomstige student uit Caïro, hoorde mij vol ontzag aan toen ik mijn eigen regeling beschreef: mijn verloofde en ik die de kosten delen; mijn symbolische mahr van vijfentwintig cent en een stel paarlen oorbellen als *shabka*; pasgetrouwde gelukzaligheid in een klein huurappartement, zonder auto, met slechts enkele apparaten en weinig meubels. 'Wow, wat geweldig cool zo', zei ze vol bewondering. 'In Egypte zou dat nooit mogelijk zijn.'

EEN EENVOUDIGE ZAAK

Het verlangen om aan zina te ontsnappen, zelfs als er geen grote witte bruiloft in het verschiet ligt, is zo groot dat stellen behoorlijk ver zullen gaan om hun seksuele relatie in overeenstemming met de islam te houden. Naast het 'officiële' huwelijk, waartoe behalve alle toeters en bellen ook de nodige formulieren van de overheid behoren, bestaan er enkele 'onofficiële' vormen van het huwelijk die binnen de islam zijn toegestaan. Sommige daarvan worden door de staat geregistreerd, andere niet, maar over het algemeen vinken ze wel een minimum aantal vakjes aan om ervoor te zorgen dat ze in overeenstemming zijn met de islam. Al houdt het feit dat ze halal zijn nog niet per se in dat deze verbintenissen sociaal aanvaard worden.

Aantoonbaar de meest eenvoudige van deze regelingen is het *zawaj mut'a* (genotshuwelijk), waarin een stel afspreekt tijdelijk bij elkaar te zijn, van uren tot jaren, waartoe meestal ook lichamelijke intimiteit behoort. Bij een mut'a-huwelijk hoeven slechts enkele regels te worden uitgesproken om een contract geldig te laten zijn. Ook is het niet nodig te scheiden, omdat de verbintenis al als tijdelijk bedoeld is. Vrouwen houden het geld dat ze voor hun huwelijk gekregen hebben. Hoewel 'tijdelijke' echtgenotes geen recht hebben op een erfenis van hun echtgenoot, hebben kinderen die uit de verbintenis worden geboren, in principe, dezelfde rechten als de kinderen die uit een officieel huwelijk worden geboren, op voorwaarde dat hun vader ze erkent.

Het mut'a-huwelijk wordt in de sjiitische islam toegestaan, maar niet in de soennitische. In elk geval niet meer, want in de beginjaren van het islamitische rijk is dat huwelijk ingetrokken – waarover sinds die tijd heel wat is af gediscussieerd.[80] Tegenwoordig wordt het mut'a-huwelijk gepraktiseerd door sjiitische moslims in hun Arabische thuislanden – waaronder Irak, Libanon en Bahrein – hoewel het moeilijk is om aan statistieken over dergelijke verbintenissen te komen.[81] Uit onderzoek komen uiteenlopende motieven naar voren, waaronder jonge mensen die de mogelijkheid willen hebben om elkaar te leren kennen, gehuwde mannen en gescheiden vrouwen of weduwen – de laatste categorie komt in het door oorlog geteisterde Irak veel voor – op zoek naar seksuele bevrediging met een islamitische dekmantel in economisch behoeftige omstandigheden. Hoewel het religieus is geaccepteerd, heeft een mut'a-huwelijk niet hetzelfde sociale prestige, noch dezelfde uitgebreide juridische status als het officiële huwelijk – en is het waarschijnlijk niet iets wat een vrouw die een goede reputatie wil behouden in haar curriculum vitae zal opnemen. Dat is omdat een mut'a-huwelijk geen betrekking heeft op het zich vestigen en stichten van een gezin. Het doet geen poging de seksuele bedoeling te verbloemen.

Nog controversiëler is de Egyptische variant van het informele huwelijk: *zawaj 'urfi*, gebruiksverbintenis. De afgelopen decennia is het 'urfihuwelijk vaak een bliksemafleider geweest van angsten over de seksuele moraal in het bijzonder en instorting van de samenleving in het algemeen. Gebruikshuwelijken, die niet door de staat worden geregistreerd, waren in Egypte heel gebruikelijk, tot de jaren dertig van de vorige eeuw, toen de overheid registratie verplicht stelde. Het 'urfi bleef in de tijd van mijn vader bestaan, maar kwam zelden voor, werd voornamelijk gebruikt door weduwen die vreesden na hertrouwen het pensioen van hun echtgenoot kwijt te raken, door acteurs en artiesten die van het ongewone hielden, en kleinburgerlijke mannen die van alle walletjes wilden eten – die met hun secretaresse wilden slapen, een schoon geweten wilden hebben en iets voor hun vrouw geheim wilden houden.

Maar de afgelopen tijd zijn de 'urfihuwelijken doorgedrongen tot de jeugd in Egypte en elders in de Arabische regio.[82] Naar hoe vaak het voorkomt, kan slechts gegist worden. Niemand kan daarover met zekerheid iets zeggen, omdat hedendaagse 'urfihuwelijken meestal geheim zijn, anders dan in de tijd van mijn overgrootouders. In Egypte variëren de cijfers van 'officiële bronnen' van enkele tienduizenden tot honderdduizenden van dergelijke huwelijken per jaar. Net als met de vrees voor ongetrouwde vrouwen, wakkeren dit soort getallen de openbare paniek aan, maar uit onderzoek komt een ander beeld naar voren. In een onderzoek onder meer dan vijfenveertighonderd Egyptenaren tussen de achttien en dertig, zou naar schatting hoogstens 6 procent van de studenten aan de universiteit een dergelijke relatie hebben. Het werkelijke getal zal ergens liggen tussen wat jongeren willen toegeven en waar hun ouders zo bang voor zijn.[83]

'Veel vrienden van me hebben een 'urfihuwelijk', zei Laila, een jongerejaarsstudent communicatie aan een van de meest vooraanstaande universiteiten van Egypte, met zachte stem. Ze weet het uit eigen ervaring. Als tiener had ze een 'urfihuwelijk met een tien jaar oudere man. Ze vertelden het aan hun vrienden, maar niet aan hun familie. Het was een eenvoudige handeling: Laila ondertekende een voorgedrukt formulier waarmee haar vriend kwam aanzetten – ze herinnert zich nauwelijks meer wat erop stond, en ze had er in elk geval niet zelf een exemplaar van. De 'urfiregeling van Laila was nogal bureaucratisch vergeleken met meer exotische vormen: 'bloedhuwelijk', waarbij het stel hun contract bezegelde met vingers waarin met een speld was geprikt, 'tatoeagehuwelijk', en andere creatieve eden.[84]

Een officieel huwelijk is nooit een optie geweest, zei Laila. Ze komt uit een gezin uit de gegoede middenklasse, met goed opgeleide ouders, en volgde een privéopleiding in een buitenlandse taal toen ze haar vriend ontmoette, een van de miljoenen drugsgebruikers van Egypte. 'Ik wist dat deze relatie niet zou standhouden en mijn ouders zouden geen verslaafde accepteren', vertelde ze me. Bovendien zag haar vriend een 'urfihuwelijk meer zitten dan een officieel huwelijk. 'Hij moedigde me aan omdat hij zich niet verantwoordelijk wilde voelen. In een 'urfihuwelijk worden alle essentiële zaken uit een gewoon huwelijk niet van hem verlangd.'

Vanaf het begin wilde Laila zich geen illusies maken over de islamitische acceptatie van haar overeenkomst. Maar om die reden deed ze het niet. 'Ik weet dat het in mijn religie niet halal is, maar het is een teken van een band', legde ze uit. 'Het is voor het stel. Het papiertje is niks waard, maar ze denken dat er iets is wat hen verbindt.' Daar was ze glashelder over. 'Ik weet dat mijn religie het 'urfihuwelijk niet accepteert. Ik doe het omdat ik me er beter bij voel, maar ik weet dat het niet goed is. In mijn religie is het huwelijk meer dan het hebben van plezier. Het is een levensreis en heeft betrekking op twee mensen die bij elkaar komen ... Misschien dat ouders, die willen dat hun kinderen een goed leven hebben, het daarom niet accepteren.'

Laila stelt zich harder op tegenover het 'urfihuwelijk dan sommige Egyptische islamitische geleerden. Het religieus toestaan van 'urfi voert ons terug naar de kern van wat het huwelijk volgens de islam is. De minimale vereisten hangen af van wie je ernaar vraagt. Sommige geleerden beweren dat het gaat om de intentie zich te vestigen en een gezin te stichten. Anderen beweren dat het de *ishhar*, de openbare aankondiging, is die ervoor zorgt dat het huwelijk overeenkomstig de leer van de islam is. Sommigen beweren dat de instemming van een *wali* (officiële voogd) essentieel is. Maar andere geleerden houden vol dat er in de islam voor een echt huwelijk alleen maar een aanzoek, acceptatie, mahr (die net zo klein kan zijn als het stel wil, of waarvan kan worden afgezien als de bruid daarmee instemt) en twee getuigen nodig zijn, waarbij geen wali vereist wordt, als de vrouw tenminste volwassen is en weet wat ze wil.[85]

Los van religieuze bezwaren richt de kritiek op de 'urfihuwelijken in Egypte zich ook op hun onduidelijke wettelijke status. Hoewel ze niet officieel worden geregistreerd, hebben rechters het gezag vrouwen te laten scheiden van een 'urfihuwelijk, op voorwaarde dat ze kunnen bewijzen dat de verbintenis bestond (met getuigen of een geschreven contract) – een paradoxale situatie waarin de staat in wezen vrouwen bevrijdt van iets wat hij niet eens erkent. Tijdens of na een 'urfihuwelijk hebben vrouwen geen recht op financiële steun, wat ook geldt voor erfenissen, en de kinderen uit dergelijke huwelijken kunnen in een vervelende situatie belanden.[86] Hierdoor wordt een 'urfihuwelijk over het algemeen voorgesteld als een oneerlijke deal voor vrouwen.

Maar sommige vrouwen kijken anders tegen 'urfihuwelijken aan. Suhaila, een weduwe van begin dertig die samen met haar dochter in Caïro woont, is een van hen. Suhaila lijkt alles mee te hebben: scholing, geld, uiterlijk en een stralende persoonlijkheid. Dus is het niet vreemd dat een van Azza's broers, een gehuwd man met tienerkinderen, als een blok voor haar viel. Om hun relatie te kunnen vervolgen, besloot het stel op verzoek van Suhaila een 'urfihuwelijk aan te gaan. Voor haar biedt deze regeling het voordeel van aantrekkelijk mannelijk gezelschap, evenals de bescherming van een man in de buurt, zonder de materiële complicaties van een officieel huwelijk.

In de familie van Azza is het ʻurfihuwelijk allesbehalve geheim, met een geschreven contract, een advocaat en twee getuigen. Maar het is aanleiding tot schijnbaar eindeloze discussies – twistgesprekken is meer het woord – onder familieleden. Het zal niet verbazen dat de officiële schoonzus van Azza ongelukkig is met de regeling, maar ze kan er weinig aan doen als haar echtgenoot grote delen van de week naar het appartement van Suhaila verdwijnt. De meesten van zijn broers en zussen winden zich erover op. Voor hen is het niet meer dan nauwelijks verhuld overspel. En terwijl Suhaila de meeste kaarten van deze relatie in handen heeft, speelt ze geen open kaart: haar vrienden en dochter hebben te horen gekregen dat het huwelijk officieel is.

Hun verbintenis heeft meer weg van nog een volgende islamitische variant van het huwelijk: *zawaj misyar*, het zogenaamde ambulante huwelijk. Deze regeling wekt heel wat beroering in de Arabische regio, vooral in Saoedi-Arabië. Dit huwelijk lijkt op het officiële huwelijk, in de zin dat het, in sommige landen, door de staat wordt geregistreerd, met volledige documentatie, terwijl de vrouw en de kinderen die uit het huwelijk voortkomen dezelfde erfrechten hebben als in een officieel huwelijk. Een wezenlijk verschil is echter dat de echtgenoot gedurende de verbintenis zijn misyarvrouw niet financieel hoeft te ondersteunen. De vrouw blijft dan ook in haar oorspronkelijke woning wonen. In Egypte is het misyarhuwelijk goedgekeurd door een verordening van Dar al-Ifta, het overheidsorgaan dat fatwa's (wettelijke oordelen van islamitische autoriteiten) uitschrijft, tot ontzetting van groepen die opkomen voor de rechten van vrouwen, die het een uitgeklede vorm van het huwelijk vinden, met minder rechten voor vrouwen.[87]

Uiteindelijk gaan de discussies over informele huwelijken, in de geleidelijk ontstane vormen, eigenlijk niet over haram of halal, zelfs niet over wettelijke rechten. Informele huwelijken, vooral onder jongeren, worden door veel mensen vooral gezien als zowel een symptoom als een oorzaak van de teloorgang van het gezin. Omdat ze meestal plaatsvinden zonder dat ouders ervan weten, laat staan dat die er toestemming voor geven, ondermijnen ze sociale gewoonten en gaan ze controle door de familie uit de weg. Daarin zit een groot deel van het probleem, omdat ze het patriarchale gezag aantasten – wat een verstorende invloed heeft op het gezin en daarmee ook op de staat. Sommigen beschrijven het 'urfihuwelijk als een vernieuwende middenweg tussen de veronderstelde seksuele losheid van het Westen en de traditionele islamitische voorschriften, die vrouwen meer vrijheid biedt dan het gewone huwelijk. Maar de meerderheid van de mensen lijkt – in elk geval in het openbaar – minder enthousiast over de alternatieve verbintenissen. Zo bleek bij een landelijk onderzoek onder Egyptische jongeren dat minder dan 10 procent van de mannen en vrouwen onder de dertig vond dat 'urfi een oplossing bood voor de Egyptische problemen met het huwelijk.[88] De meeste mensen met zulke huwelijken die ik ken, beschouwen het als een tijdelijke oplossing voordat het echt zover is. Het is nog niet zo dat het informele huwelijk algemeen als een bewust gekozen manier van leven wordt opgevat in plaats van als een laatste toevlucht.

INTIEME GESPREKKEN IN BED

Ondanks alle moeite die Egyptenaren zich getroosten om te trouwen, gaat het niet goed in het huwelijksbed. De spanningen van de afgelopen jaren – die uitmondden in de protesten van 2011 – blijven in het huwelijksleven toenemen. Voor Azza en haar omgeving leidt dit tot een gebrek aan hartstocht in de relaties. Uit het weinige onderzoek dat er is verricht naar het seksleven van Egyptenaren en mensen uit de landen eromheen, blijkt dat zij en haar vrienden niet de enigen zijn.[89]

Een saai seksleven is beslist onislamitisch. Er zijn talloze verhalen over de uitspraken en daden van de profeet Mohammed die het genot van seks voor echtparen verheerlijken. 'Niemand van jullie mag zijn vrouw benaderen als een wild dier, laat er eerst sprake zijn van een boodschap tussen jullie', zou de Profeet gezegd hebben. 'Wat is die boodschap, o gezant van God?' vroeg een metgezel. 'Kussen en romantische woorden', antwoordde hij.[90] Volgens een ander verhaal beschouwde de Profeet geen tegenspraak duldend voorspel en er niet in slagen om de partner seksueel te bevredigen als serieuze mannelijke tekortkomingen. Het is zelfs zo dat de geregelde adviezen van de Profeet over de harde feiten van het seksleven een grote rol speelden in de middeleeuwse christelijke aanvallen op het nieuwe geloof, waarvan de ongegeneerde sensualiteit als een uitgekookte strategie gezien werd om zieltjes te winnen en de meer ascetische officiële lijn te ondermijnen van het christendom, dat maagdelijkheid, kuisheid en monogamie verheerlijkte. 'Iemand die zijn volk opwindt met sensuele zaken in plaats van met spirituele, kan onmogelijk een ware gezant van God zijn', zei een dertiende-eeuwse Spaanse filosoof minachtend.[91]

Een vrouw die zegt dat ze die pioniersgeest weer in de huwelijksrelaties wil terugbrengen, is Heba Kotb, de bekendste sekstherapeut van de Arabische wereld. 'Je hebt maar één leven. We hebben niet veel tijd in deze wereld. En we beoefenen seks. Laten we het daarom goed doen', zegt ze enthousiast. 'Laten we ervoor zorgen dat het de drijvende kracht van ons leven wordt en van ons geluk.' Ik heb Kotb voor het eerst in een trendy deel van Caïro ontmoet. 'De komende drie maanden ben ik volgeboekt. Dagelijks zie ik tussen tien en twintig [patiënten]. In de zomer [als Egyptenaren in het buitenland zitten, en Arabieren van elders in de regio Caïro bezoeken] zit ik meestal helemaal klem', vertelde ze mij. Haar Egyptische patiënten komen uit alle klassen, plaatsen en leeftijdsgroepen. En hoewel van vrouwen gewoonlijk verwacht wordt dat ze vanaf de menopauze (*sinn al-ya's* in het Arabisch, 'de leeftijd van de wanhoop') in seksuele winterslaap gaan, zijn sommige klanten van Kotb al een behoorlijke tijd gepensioneerd.

Ze heeft niet altijd zo'n overvloed aan patiënten gehad. Toen Kotb in 2001 met haar praktijk begon, durfden de weinige mensen die het lef hadden bij haar aan te kloppen nauwelijks gezien te worden. 'In de begintijd van mijn praktijk was privacy erg belangrijk voor ze. De man vroeg of hij in mijn werkkamer gezien zou worden of niet, [en] als er die dag een andere patiënt kwam, of er voldoende ruimte tussen zat, zodat ze elkaar niet tegenkwamen. Het was een uiterst gevoelige zaak', herinnerde ze zich. 'Dat is nu wel anders. Ze wachten buiten, tien tot vijftien patiënten tegelijk, en hebben er geen moeite mee gezien te worden. Het verandert.'

Deze verandering komt voor een deel door Kotb zelf. In 2006 stapte ze met *Kalam Kabiir* (Grote woorden) de Arabische huiskamers in, een wekelijks televisieprogramma over seksuele problemen, uitgezonden door een van Egyptes particuliere satellietzenders. In de ongeveer twaalf uitzendingen van de serie begaf ze zich openlijk op een terrein waarop andere presentatoren zich niet hadden durven begeven – waaronder internetporno, orale seks, en zenuwen voor de huwelijksnacht. In nog geen uur tijd verstrekte Kotb – eenvoudig gekleed, kapsel en nek volledig met een hijab afgedekt – adviezen over uiteenlopende onderwerpen, terwijl haar lange monologen nu en dan werden afgewisseld door een externe expert en een imam die de kijk van de islam op het betreffende probleem gaf, of het nu om masturbatie ging of voyeurisme.

De show van Kotb vormde een afspiegeling van haar ervaring met patiënten. Weer in de kliniek wordt duidelijk dat er iets schort aan de seksuele driften in de regio. 'Getrouwde mannen en vrouwen weten niet dat ze onderling moeten communiceren over wat ze in seksueel opzicht verlangen. Ze weten niet dat seksualiteit iets is waarover we kunnen praten', stelde ze vast. 'Ze zijn vervuld van het idee dat het een instinct is. Alleen bij dieren is het een instinct, maar wij als mensen – geprezen zij God de almachtige – wij moeten communiceren.'

Kotb beschreef een doorsnee consult: 'Het is een leuk stel. Ze willen dat de vrouw gelukkiger wordt, [dus] komen ze samen. Hij vertelt dat zij zich niet voor seks interesseert – ze is niet spontaan. Dan gaan ze elkaar beschuldigen. [Volgens haar] wil hij alleen maar wat plezier en is het na vijf minuten afgelopen – hij is zelfzuchtig.' Kotb besteedt veel tijd aan het terugkeren naar de basis. 'Ik leer hun technieken, Masters en Johnson, Kinsey. Gebruikmakend van plaatjes in een boek of op de computer laat ik het zien: dit noemen we de clitoris, hier zitten de schaamlippen, probeer … Dit is hier gevoelig voor en dat … dwars wrijven, in de lengterichting, rond et cetera.' Gedurende vijf, zes sessies moedigt Kotb het stel aan om hun lichaam te onderzoeken. 'Soms geef ik ze oefeningen op: leer jezelf en de ander kennen. Dan komen ze terug en vertellen me erover. Als ze me vertellen hoe het eruitziet, weet ik dat ze het gedaan hebben en niet liegen.' Op het programma staan niet alleen anatomie en fysiologie. Kotb besteedt ook veel tijd met haar cliënten aan de psychologie – ze brengt de mannen de fijne kneepjes bij van de kunst van het verleiden van hun vrouw, in bed en daarbuiten.

Bij sommige vrouwen maakt ze overuren. In haar praktijk komt ze veel vaginisme tegen – elke dag drie of vier patiënten die tijdens het vrijen vastlopen, waardoor penetratie pijnlijk wordt of onmogelijk. In Egypte is genoeg onderzoek verricht waaruit blijkt dat veel vrouwen last hebben van seksuele stoornissen. Een onderzoek onder bijna duizend gehuwde vrouwen – voornamelijk huisvrouwen met een middelbare schoolopleiding – in een gebied ten noorden van Caïro liet zien dat bijna 70 procent een of andere vorm van seksuele stoornis had. Van die groep gaf ongeveer de helft aan weinig zin in seks te hebben en moeilijk tot een orgasme te komen, en ruwweg eenderde zei met moeite opgewonden te raken of pijn te hebben tijdens het vrijen.[92] Bij een vergelijkbaar onderzoek onder vrouwen in het zuiden van Egypte kwamen al even hoge cijfers betreffende seksuele stoornissen aan het licht: meer dan de helft van de onderzochte vrouwen zei in seksueel opzicht niet tevreden te zijn.[93] Maar wat voor de ene vrouw teleurstellend is, kan voor de ander bevredigend zijn. Ander onderzoek in Egypte heeft laten zien dat voor sommige vrouwen geldt dat ze hun eigen seksueel genot definiëren aan de hand van het feit dat hun echtgenoot zich in bed vermaakt – voor hen gaat het er eenvoudigweg niet om of ze zelf een orgasme bereiken.[94]

Toch heeft Kotb in de loop van de jaren in haar kliniek iets in de vrouwen zien veranderen. Aanvankelijk waren het voornamelijk mannen die hun vrouwen naar een consult meesleurden. Na de opstanden merkte ze dat de rollen waren omgedraaid. 'Vrouwen hadden nu meer moed om hun mannen ervan te beschuldigen niet goed [in bed] te zijn. Dat is de geest van de revolutie – ik moet het afkeuren, ik moet weigeren, ik moet nee zeggen [want het is niet mijn schuld]', vertelde ze. 'Vandaag kwam er een stel langs, waarbij hij haar niet vraagt om te vrijen, slechts eenmaal per maand. Als hij bij haar komt, verdwijnt zijn erectie soms, dus zegt ze: "Ik vind dit geen goede relatie. Het lijkt wel alsof we als broer en zus samenwonen, en jij moet iets aan jezelf doen."'

Het advies van Kotb aan stellen wordt vormgegeven door het geloof. 'Ik hou van de islam', zei ze. 'Ik bewonder de religie. In het radicale christendom is seks niet iets goeds, zelfs niet binnen het huwelijk. Maar dat is onlogisch. Mensen merken dat ze ergens naar verlangen, waardoor ze zich niet aan dat geloof konden hechten, zodat ze die religie beginnen te verlaten. Bij de islam is het omgekeerd. Daar wordt seks aangeraden, gestimuleerd ... Hierdoor worden mensen religieuzer en houden ze meer van deze religie, die hun al deze ruimte geeft en al dit genot – en ook de beloning in dit leven en het hiernamaals.'

Kotb is in de veertig. Net als vele Egyptenaren van haar generatie raakte ze aan de universiteit geïnteresseerd in de islam. 'Ik ben niet heel vroeg religieus geworden. Ik ben in een erg vrijzinnig huishouden opgegroeid. Tot na mijn trouwen heb ik een badpak gedragen.' Haar echtgenoot, die ze aan de medische faculteit ontmoette, had een nog minder strenge achtergrond, maar samen, zei ze, 'besloten we onszelf en onze toekomstige familie beter te maken dan onze oude familie, dus gingen we over religie lezen, de Koran bestuderen, uit het hoofd leren'. Het was rond deze tijd dat Kotb besloot een hijab aan te doen, tot ontzetting van haar ouders – in die tijd waren hoofddoeken iets voor bedienden, niet voor mensen die chirurg wilden worden.

Haar loopbaan in de seksuologie begon later. Een vroege gelegenheid om ermee in contact te komen ging voorbij toen de enige les over het onderwerp in de hele opleiding aan de Caïro University Medical School vanwege slecht weer werd afgelast. Maar na haar afstuderen deed zich een tweede gelegenheid voor. Als werkende moeder besloot Kotb af te zien van een loopbaan in de chirurgie voor minder tijd kostend werk: forensische geneeskunde. Ze ging zich bezighouden met seksueel misbruik van kinderen – zowel met slachtoffers als daders – en aldus raakte ze geïnteresseerd in seksualiteit. In de loop van haar onderzoek naar seksueel misbruik werd Kotb een van de eerste personen in Egypte die het internet afstruinden naar seks. 'Ik begon over seksualiteit te lezen,' herinnerde ze zich, 'haalde boeken uit het buitenland. Toen was het internet helemaal nieuw. Het was erg moeilijk om een vrije verbinding met het internet te krijgen, maar mijn schoonmoeder kende iemand in het leger, dus ging ik naar een beschermde zone om het internet op te kunnen om informatie over seksualiteit te krijgen.' Een doctorstitel in de Verenigde Staten over seksualiteit voltooide haar opleiding, en in Caïro begon ze haar patiëntenprogramma, dat nu in verschillende Golfstaten wordt getoond, en ook onder moslims in Canada volgers kent.

Het is onmiskenbaar dat Kotb allerlei mensen inspireert. Ik heb gezien hoe ze op straat door vreemden werd aangesproken om haar voor haar show te bedanken. Hoeveel van haar fans haar adviezen ook daadwerkelijk opvolgen is een andere zaak. Veel vrouwen die ik ernaar heb gevraagd, hebben dezelfde verhouding met de programma's van Kotb als ik heb met kookprogramma's – in principe interessant, maar niet iets om ooit in de praktijk te brengen. 'Ik mag Heba Kotb graag', vertrouwde een gehuwde vrouw van begin twintig in een arbeidersbuurt in Caïro me toe, 'omdat ze alles op een bescheiden en nuttige manier uitlegt. Ik kijk er altijd naar, maar mijn moeder moet niets van haar hebben. Ze [Kotb] heeft me verteld dat ik voor mijn seksuele rechten moet opkomen. Maar ik kan ze niet laten gelden, omdat mijn echtgenoot het er niet mee eens is of zal denken dat ik onbeleefd ben.'

Het staat vast dat de adviezen van Kotb naar de huidige maatstaven gewaagd zijn. Gezien de recente fatwa's die orale seks of naakt in het echtelijke bed verbieden, hebben haar suggesties over hoe de echtelijke relaties wat opwindender zijn te maken haar enkele conservatieve tegenstanders bezorgd. Maar bij nader inzien is Kotb nauwelijks radicaal te noemen – en daardoor zetten andere, meer vrijzinnige seksuologen zich tegen haar af. Zo is ze een onverbiddelijk tegenstander van seks voor het huwelijk, zowel op psychoseksuele als religieuze gronden. En ondanks al haar aandacht voor vrouwen die hun door God gegeven seksuele rechten uitoefenen, gaan bij Kotb mannen nog steeds voor. 'Want, vrouwen, ik wil zeggen dat de seksuele behoeften van een man anders zijn dan die van een vrouw. In plaats van een passieve ontvanger van seks te zijn, moet je proberen een actieve partner te zijn', raadde ze aan. 'Hij wordt buitenshuis aan zo veel seksuele verleidingen blootgesteld. Wees beschikbaar om hem te behagen en geef hem geen aanleiding om een keuze te moeten maken tussen jou en het hellevuur.'[95]

Het advies van Kotb en andere door de islam beïnvloede sekstherapeuten verbleekt in vergelijking met de volbloedige benadering van vroeger. Neem de *Encyclopedia of Pleasure.* Over de auteur ervan, 'Ali ibn Nasr al-Katib, is weinig bekend, alleen waar en wanneer hij schreef: in Bagdad, aan het eind van de tiende of het begin van de elfde eeuw. Dat is jammer, want hij komt over als het type man dat ik graag zou ontmoeten.

De *Encyclopedia* is werkelijk adembenemend. Op cyberseks en pornovideo's na, bevatten de drieënveertig hoofdstukken alle denkbare seksuele praktijken: heteroseksueel, homoseksueel (mannelijk en vrouwelijk), biseksueel, met dieren, planten en voorwerpen – bedenk het maar en het staat erin. De hoofdstuktitels geven een indruk van de strekking: 'Over de soorten en technieken van de coïtus', 'Over jaloezie', 'Over de voordelen van een niet-maagd ten opzichte van een maagd', 'Over het verhogen van het seksuele genot van man en vrouw', en 'Beschrijving van een obscene manier om het te doen en smerige seks'. De boodschap van 'Ali ibn Nasr is duidelijk: seks is een geschenk van God aan de mensheid en wij zijn voorbestemd om ervan te genieten. Hoewel het boek serieus is bedoeld, is de stijl niet alleen opwindend, maar heel vaak ook hilarisch. Er werden heel wat vuile blikken op me geworpen door andere lezers in de zaal met zeldzame boeken van een Londense bibliotheek toen ik kronkelend en bulderend van het lachen dit soort verhalen las:

> Hubba al Madaniyyah, bijvoorbeeld, zei dat ze op een dag het bad uit stapte in het gezelschap van een jongen die een puppy had. Het geval wil dat de puppy, die haar vulva en schaamlippen zag, tussen haar benen kroop en haar orgaan begon te likken. Ze bracht haar lichaam omlaag zodat het dier er beter bij kon. Maar toen ze een orgasme bereikte, viel ze er zo hard bovenop dat ze pas overeind kon komen nadat het dier door haar gewicht was overleden.[96]

Veel uit de *Encyclopedia* is afkomstig van eerdere schrijvers, Arabische en buitenlandse, ook staan er veel ruimdenkende adviezen in van vrouwelijke deskundigen.[97] De *Encyclopedia* staat vol vrouwen – concubines, slavinnen, prostituees en echtgenotes – die zich helemaal aan hun seksuele gevoelens overgeven. Al lang voordat 'Ali ibn Nasr op het podium verscheen, was de seksuele onverzadigbaarheid van vrouwen een heel gebruikelijk thema. De Koran beschrijft het verhaal van de vrouw van een ambtenaar aan het hof van de farao, beter bekend als Zuleika, die de profeet Josef probeerde te verleiden, op dat moment nog een jonge en knappe slaaf. Toen hij weigerde op haar avances in te gaan, beweerde zij dat hij de verleider was, maar haar leugen kwam aan het licht nadat opviel dat zijn shirt aan de achterkant was gescheurd, wat bewees dat hij bij haar vandaan was gevlucht, en niet andersom.[98]

Maar in plaats van de vrouwelijke seksuele drift in te tomen, geeft de *Encyclopedia* uitgebreid advies aan de lezer over hoe ze die kunnen bevredigen. Het begint met ongegeneerde romantiek – liefdesbrieven 'vol lieve woorden, subtiele poëzie', om maar niet te spreken van geduld, vriendelijkheid en tact, en van nu en dan een cadeau. Het boek toont een behoorlijk inzicht in het karakter van vrouwen en geeft verwarde verliefden de volgende raad:

> Ook moet bekend worden verondersteld dat het in de aard van vrouwen ligt om zonder enige reden boos op een man te worden. Als ze dat doet, moet een man dat slikken, want de woede zal vanzelf weer overgaan. Voorts zit een vrouw zo in elkaar dat ze in de waan kan verkeren dat een man schuldig is en die schuld zonder nasporing vaststelt. Als de vrouw boos wordt en de man door haar waanidee onvriendelijk behandelt, moet hij zo wijs zijn dat over zich heen te laten komen en haar het waanidee niet al te zeer aan te rekenen.[99]

De *Encyclopedia* bevat ook een verfijnd oordeel over de vrouwelijke fysiologie, en komt met een gedetailleerde indeling van vrouwelijke libido's en soorten orgasme. De ultieme beloning, zo vindt de auteur, is een gelijktijdig orgasme, dat een 'oneindige' liefde garandeert, zo verzekert hij althans de lezers, en het boek staat vol handige aanwijzingen over hoe dit doel te bereiken is. Tongzoenen en oraal-genitaal contact staan op het menu, en alsof dit nog niet vrouwvriendelijk genoeg is, wordt er ook nog allerlei postcoïtaal gepraat en geknuffel aanbevolen – die volgens hem wijzen op een beschaafde vorm van vrijen.

Het is verleidelijk om Azza en haar leeftijdgenoten, met hun seksuele ongemakken, te vergelijken met de losse, zich vermakende vrouwen van de *Encyclopedia*. Maar er moet niet uit het oog worden verloren dat dit niet een of andere middeleeuwse variant is van Masters en Johnson. 'Ali ibn Nasr vertelt verhalen en is niet bezig alle mogelijke seksuele reacties van vrouwen in kaart te brengen. Die verhalen zijn misschien opwindend, of zelfs verzonnen, maar daar gaat het niet om. Het opmerkelijke aan zijn werk, gezien door eenentwintigste-eeuwse ogen, is niet dat vrouwen zich in de elfde eeuw werkelijk zo gedroegen, maar het feit dat het aantrekkelijk gevonden werd dat ze hun seksualiteit toonden – in elk geval privé – en dat het sociaal geaccepteerd was om er zo vrij, open en gedetailleerd over te schrijven.

SCÈNES VAN EEN SEKSUEEL WEZEN

Deze geest leeft voort, in elk geval in de verbeelding. Sommige van de meest seksueel expressieve teksten in het hedendaagse Arabisch gaan niet alleen over vrouwen, maar zijn ook van hen afkomstig. Overal in de regio hebben vrouwelijke schrijvers zich op papier laten gaan: Nawal El Saadawi, de beroemde Egyptische feministe, al in de tachtig, en haar literaire dochters, de romanschrijfster Hanaan as-Sjaikh uit Libanon en Ghada Samman uit Syrië, evenals jongere vrouwen als Samar al-Muqrin, een Saoedische schrijfster, en Mona Prince, een Egyptische romanschrijfster. Dit zijn slechts enkelen van degenen die zich op de pijn en het plezier van de vrouwelijke seksualiteit richten.[100]

Als het gaat om het verleggen van de grenzen van seksuele expressie zijn er maar weinigen die daar zo hevig aan doen als Joumana Haddad, een in Beiroet wonende dichteres en schrijfster, krantenuitgeefster en uitgeefster. 'Als ik opgewonden ben, of dat nu lichamelijk is of geestelijk, zeg ik altijd dat ik een erectie heb', vertelde ze me droog terwijl we in haar kantoor bij *An-Nahar* zaten, een van de meest vooraanstaande kranten van Libanon. 'Schrijven is een orgastisch soort ejaculatie. Hoewel ik een vrouwelijk lichaam heb, waarvan ik hou, zit er ook veel mannelijkheid in mij. En daar hou ik eveneens van. We zijn allemaal hybriden, een mengvorm van geslachten, rassen, nationaliteiten en landen, en het is te beperkend en kleingeestig om het bij een enkele categorie te laten.'

Als je de meest wilde dromen over vrouwelijke seksualiteit van een Arabische man tot leven zou kunnen wekken, en zijn grootste angsten, dan beland je ergens in de buurt van Haddad. Lichamelijk is ze het toppunt van begeerlijkheid door de eeuwen heen: schitterende zwarte ogen, golvende lokken en veelbelovende curven. 'Umar Muhammad al-Nafzawi, de vijftiende-eeuwse Tunesische schrijver van *Al-Rawd al-'Atir fi Nuzhat al-Khatir* (De geurige tuin), een van de bekendste Arabische erotische boeken, somde haar aantrekkelijkheid keurig op: 'Als ze bij je komt, ben je gefascineerd, als ze bij je wegloopt, vermoordt ze je [met verlangen].'[101] Al vond Al-Nafzawi ook dat de ideale vrouw haar mond moest houden, thuis moest blijven, en zich in dienst moest stellen van haar echtgenoot, de 'enige op wie ze zich verlaat', een nog altijd bestaand stereotype waartegen Haddad fel uitvaart in haar autobiografie, met als ondertitel: *Bekentenissen van een boze Arabische vrouw*.

Wat betreft Haddad komt Al-Nafzawi's geloof in de krachtige seksuele driften van vrouwen dichter bij de waarheid. 'Dat is de manier waarop ik de wereld begrijp, door seksualiteit', zegt Haddad. 'Zelfs als ik schrijf, zeg ik altijd dat ik met mijn lichaam schrijf, met mijn vingernagels. Ik ben geen sensueel mens, ik ben een seksueel mens', legde ze uit. Het halve dozijn boeken met Arabische poëzie van Haddad straalt deze essentie uit. Neem bijvoorbeeld *De terugkeer van Lilith*, een werk waarin de legendarische eerste vrouw van Adam wordt opgeroepen, beroemd om haar ego en libido. Lilith en Haddad waren voor elkaar geschapen, en het daaruit voortvloeiende gedicht is recht voor zijn raap: 'Uit de plooi van mijn twee dijen welt mijn lied./ Uit mijn lust stromen rivieren./ Waarom zou de vloed niet stijgen/ als er tussen mijn verticale lippen een glimlach glanst?'[102]

Haddad schreef haar eerste gedicht op elfjarige leeftijd, en seksualiteit is allang een thema. 'Ik ben altijd een "stoute meid" geweest, of je daar nu positief of negatief tegenover staat', schreef ze in haar autobiografie. 'Als ik alleen was, vond ik altijd maar twee dingen de moeite waard: lezen en masturberen.'[103] Het eerste deed ze in ieder geval door op adolescente onderzoekstocht uit te gaan in de verre uithoeken van de boekenkast in eigen huis. 'Ik ben opgegroeid in een conservatieve familie', vertelde ze me. 'Mijn vader, die een groot, maar uiterst traditioneel intellectueel was, stopte alle gevaarlijke boeken op de hoogste planken weg. Ik wachtte altijd tot ze weggingen, en pakte vervolgens een stoel en klom erop, want daar stonden alle interessante werken. Ik wilde *Histoire d'O* zien, *Emmanuelle*, Markies de Sade, Henry Miller.'

Lang vond Haddad het prettiger om in het Frans of Engels over deze onderwerpen te lezen, en te schrijven. Pas als twintiger kwam het Arabisch. Dat hebben schrijvers, academici en activisten wel meer, legt Haddad uit: 'Sommige dingen kunnen we in het Engels of Frans zeggen, en als we ze in het Arabisch horen, dan [gaap]. Maar je kunt die andere taal gebruiken door de afstand die erdoor geschapen wordt, en daarmee ga je de werkelijkheid toch uit de weg. En dat wil ik niet. Ik wil deze woorden onder ogen zien.'

In 2008 nam Haddad met het uitbrengen van *Jasad* een expliciet standpunt in. Het is een glossy, eens per drie maanden verschijnend tijdschrift, helemaal gewijd aan wat er op de omslag staat – *jasad* is het Arabische woord voor 'lichaam'. De combinatie van essays, reportages, besprekingen en kunst gaat niet alleen over seks. Er komen uiteenlopende onderwerpen aan de orde, van verslaving tot tatoeages. Maar seks maakt er een groot deel van uit, van het logo, met zijn bungelende handboeien, tot de inhoud: in de eerste uitgaven werd speciale aandacht geschonken aan de penis, werd masturbatie geprezen, was er een dossier over seksueel geweld en werd er seksueel expliciete kunst getoond. De artikelen zijn zowel regionaal ('Zicht op incestgevallen in Syrië') als internationaal ('Zo neuken ze in China'). En er zijn vaste columns – 'Mijn eerste keer' en 'Zijn lichaam, haar lichaam' – waarin Arabische schrijvers alles onthullen.

De vrouwen die aan *Jasad* bijdragen zijn even openhartig als hun mannelijke tegenhangers. 'Nee, in een Arabisch land is het beslist niet eenvoudig om een compromisloos schrijvende vrouw te zijn', stelt Haddad vast. 'En dat komt omdat iedere vrouwelijke schrijver overstelpt wordt met patriarchale beschuldigingen. Hoe vaak is het bijvoorbeeld niet gebeurd dat sensuele seksscènes in een door een vrouw geschreven roman aanleiding vormden voor laster en geruchten over het seksleven en avontuurtjes van die schrijfster?'[104] Ze beschouwt vrouwen die zich uitspreken over seks als vrouwen die een wezenlijke stap in de richting van hun intellectuele emancipatie zetten. 'Het lijkt misschien alsof ik subversieve/erotische literatuur boven alle andere genres stel, toch is dat beslist niet waar het mij om gaat', legt ze uit. 'Maar een vrouw in de Arabische wereld die erotische/expliciete literatuur schrijft, eist vrijheid op als een essentiële noodzaak, in tegenstelling tot veel Arabieren, die vrijheid als een luxe beschouwen.'[105]

Het publiek heeft op uiteenlopende wijze op *Jasad*, en op Hassad, gereageerd. Conservatieven veroordelen haar aanval op de traditionele moraal, terwijl mensen die opkomen voor seksuele rechten haar hekelen als een oppervlakkige radicaal die haar seksuele opstandigheid met veel tamtam presenteert, maar die nauwelijks weet te tornen aan de sociale structuren en, omdat de opstandigheid uit de elite afkomstig is, niet stilstaat bij de restricties waarmee de overgrote meerderheid van de vrouwen te maken heeft. Op haar beurt heeft Haddad kritiek op degenen die 'ijveren voor de maagdelijkheid van het oog, de neus, het oor, de keel, van de taal en van dromen, en van alles wat ze kunnen verzinnen om te beschermen'.[106] Toch is *Jasad* in Libanon niet gecensureerd en is het in heel Beiroet te vinden, ook al is het in plastic verpakt en voorzien van een sticker met 'Alleen voor volwassenen'. Elders in de regio wordt het alleen onder abonnees verspreid.

'Ik word vaak beledigd, bedreigd en zo: ik zou jongere generaties bederven; dit zijn niet onze waarden; ik importeer westerse en oosterse waarden; God zal je straffen – je weet wel, de gebruikelijke kreten', zegt ze. Het gaat om financiële en fysieke bedreigingen: adverteerders ontwijken *Jasad* – wat Haddad verbaast, omdat seks elders in Libanon prima verkoopt – waardoor de toekomst van het blad ongewis is. Desondanks heeft *Jasad* fans. 'In al mijn e-mailpostbussen heb ik mappen met "Complimenten voor *Jasad*" en "Beledigingen voor *Jasad*"', vertelde Haddad. 'En weet je, de map met complimenten is een stuk voller dan de map met beledigingen.'

Als het op seks aankomt, is Haddad een ongewone vrouw, omdat ze openlijk zegt wat ze doet en andersom. En dat ondanks haar conservatieve komaf. 'Ik ben opgegroeid op een katholieke school: seks heb je voor het krijgen van een baby en daar houdt het mee op. Dan zou ik ondertussen een heel land aan kinderen hebben.' Ze lacht. Ze trouwde tweemaal, de eerste keer toen ze negentien was – haar manier om onafhankelijk te worden, zegt ze. Voordat ze van haar eerste man af was, had ze een verhouding met de man die haar tweede echtgenoot zou worden. 'Dus nog voordat ik scheidde, leefde ik in zonde.' En zelfs nadat ik gescheiden was, ben ik overal met hem naartoe geweest, naar feestjes, samen, alsof we bij elkaar hoorden. Iedereen wist dat we geliefden waren. Ik vond het heerlijk. We zijn om een formele reden getrouwd.' Ze gingen vervolgens vrolijk verder met het uitdagen van de publieke opinie. 'We besloten niet samen te gaan wonen. We zijn allebei heel vrij van geest. Als ik dat zeg, kijken mensen me aan alsof ik van Mars kom. Wat een relatie de das om doet, is niet alleen het huwelijk, maar het samenwonen, het gebrek aan vrijheid, het verwarren van liefde met bezit.'

Haddad heeft een al even ongebruikelijke benadering van haar zoons, uit haar eerste huwelijk. Ze moedigt haar kinderen aan om *Jasad* te pakken, al zijn het tot haar spijt geen grote lezers. 'Soms denk ik dat ik een paar boeken op de bovenste plank had moeten verstoppen en moeten zeggen: "Daar moet je afblijven"', zegt ze. Maar anders dan haar eigen ouders, die liever zwegen over seks, wil zij er met haar zoons over kunnen praten.[107] Ik ken niet veel moeders in de Arabische regio die zich op hun gemak voelen als ze hun zoons over veilige seks advies geven, maar voor Haddad is dat geen probleem. 'En nu benadruk ik het gebruik van condooms en veilige seks', vervolgde ze, terwijl ze zich een gesprek tussen moeder en zoon herinnerde. 'Hij was zo alert en goed op de hoogte. "Maak je maar geen zorgen, mam, ik doe er vijf omheen, de een na de ander!"'

Hoewel Haddad in haar privé- en professionele leven wel enige veranderingen teweegbrengt, is in het grotere geheel nog niets veranderd. *Jasad*, haar poëzie en haar vertalingen van buitenlandse erotische literatuur maken enige seksuele expressie mogelijk – maar dat speelt zich voornamelijk op papier af en is vooral voor een culturele elite. In de Arabische wereld lezen tegenwoordig zo weinig mensen romans of poëzie dat censoren zich veel minder druk maken over seksuele zaken op papier dan op het scherm of zelfs op het doek. Haddad richt zich niet op het bewerkstelligen van een algehele sociale hervorming, maar op een rehabilitatie van de Arabische taal en literatuur. 'Als je terugkeert naar de tiende en elfde eeuw vind je de meest prachtige Arabische teksten, zelfs obscene. En daarin wordt op zo'n mooie manier over het lichaam gesproken. Daarna is er iets gebeurd. En er ontbreekt een stuk in de ontwikkeling. Vanaf de zeventiende en achttiende eeuw begonnen we achteruit te gaan, al ging het op en neer', beklaagde ze zich. 'Hoe zijn we van die vroege grote vrijheid, waarin we op zo'n natuurlijke wijze over seks spraken, in de hedendaagse verstikte werkelijkheid beland? Dat vraag ik me af.' Ze is op zoek naar een verklaring: 'Wanneer is de neerwaartse spiraal naar taboes begonnen?'[108]

AFDALEN

Het was ergens in deze neerwaartse spiraal dat ik ertoe kwam om met Azza en haar zussen over de ins en outs van de clitorale vibrator te spreken. Als je alleen Arabisch kent, onvoldoende geld hebt om een specialist te raadplegen en niet eenvoudig het internet op kunt, heb je maar weinig mogelijkheden om expliciet over seksuele zaken geadviseerd te worden – helemaal als je vrouw bent. Anders dan Haddad en haar speelse literaire zusters, stonden Azza en haar vriendinnen met hun mond vol tanden. Wanhopig op zoek naar details, wendden ze zich tot mij voor hulp. '*Ya* Shereen, ze hebben zo veel problemen', zei Azza. 'Ze zijn niet tevreden over hun echtgenoten, maar weten niet wat ze daarmee aan moeten.' Ik vermoedde dat ze wel een speeltje konden gebruiken, ook al zijn sommige sekstherapeuten daar fel op tegen. 'Bij mensen uit het Midden-Oosten raad ik ze niet aan', waarschuwde Kotb me. 'Ze zouden zich hechten aan de speeltjes en hun vrouw in de kou laten staan, en omgekeerd ook. Als ik in mijn kantoor speeltjes zou verkopen, was ik al miljonair. Ik ben altijd voor seks waarbij de islam een rol speelt. In de tijd van de profeet Mohammed waren de mensen in seksueel opzicht het meest gelukkig, in de hele geschiedenis. En er waren geen speeltjes.' Het interessante is dat seksspeeltjes in de lange geschiedenis van de Arabische erotische literatuur geen wezenlijke rol spelen, terwijl verder vrijwel alle andere mogelijke seksuele praktijken aan bod komen.[109]

Alleen al het vinden van geschikte speeltjes bleek een klus op zich. Hoewel er in Caïro wel enkele winkels zijn waar op discrete wijze enkele exemplaren worden verkocht, is de voorraad beperkt. Een winkeleigenaar beschreef hoe lastig het was om ook maar de kleinste vibrators in huis te krijgen, weggestopt in zijn koffer na een reis naar het buitenland. Hoe dan ook, Azza zou liever doodgaan dan betrapt te worden bij het in het openbaar kopen van dit soort spullen, dus vroeg ik haar en haar zussen om op het web te kijken en me een lijst te geven van spullen die ik bij mijn volgende trip naar het buitenland kon aanschaffen. Dat vonden ze moeilijk om te doen. Een deel van het probleem was de timing, want de ramadan was begonnen en ze twijfelden of ze naar dergelijke wereldse zaken moesten speuren, gezien het verbod om te vrijen in de uren dat ze moesten vasten.[110] Maar een groter obstakel was hun complete verwarring over de pornowereld op internet. Ondanks het bijna perfecte Engels van Azza en de uitbundige illustraties, snapten ze eenvoudigweg niet wat er met *buzzing clit bunny with twirling shaft beads* en vergelijkbare apparaten bedoeld werd.

Samen werkten we ons door de catalogus. Dildo's waren uit. Azza waarschuwde tegen alles wat er al te fallisch uitzag en waardoor echtgenoten het gevoel konden krijgen niet nodig te zijn. Interessant genoeg was er geen behoefte aan glijmiddel, maar geurige massageolie bleek erg in trek. Ben-wa-ballen – in wezen een stel pingpongballen die in de vagina gestopt werden, ter versterking en stimulatie – leverden een probleem op. 'Hoe krijg je ze er weer uit?' vroeg Azza. 'Nou, er zit een touwtje aan. Je haalt ze er net zo uit als een tampon', legde ik uit. Maar Azza en de vrouwen om haar heen gebruiken geen tampons. Door traditionele opvattingen over de onzuiverheid van menstruatiebloed en de veronderstelde gezondheidsrisico's wanneer dat bloed langer in het lichaam blijft, zijn tampons bij veel vrouwen niet populair. Maar er was meer aan de hand. 'Een vriendin van me wilde ze proberen voordat ze getrouwd was, maar haar moeder werd woest: "Je zult je maagdelijkheid verliezen!"' zei Azza. Maar nadat ze allemaal enkele kinderen hadden gekregen, speelde dit toch geen rol meer voor Azza en haar vriendinnen? 'Ze durven het daar niet aan te raken. Mijn schoonzus zegt dat ze altijd bang is als ze zich na seks daar beneden wast. Het is daar altijd verboden terrein voor ons, zelfs na het trouwen.'[111]

Waar Azza en haar vriendinnen wel bovenop zaten, was lingerie. Voor ik vertrok, toonde Iman, haar schoonzus, haar nieuwste aanwinst: een rode kanten onderbroek zonder kruis. Azza was helemaal opgewonden. 'En, doet hij het?' vroeg ze nieuwsgierig. 'Ja, hij vindt hem geweldig!' Glimlachend dacht Iman terug aan de reactie van haar man. Iman kocht haar verbazingwekkende ondergoed in de binnenstad van Caïro, in een van de vele lingerieboetiekjes aan de eens voorname boulevards. De etalages zijn al provocerend, maar de choquerende waren binnen zijn werkelijk adembenemend. Alleen woorden kunnen geen recht doen aan de koortsig makende verbeelding die strings met plastic schorpioenen bedenkt, of aan een beha waarvan de met madeliefjes uitgedoste cups bij aanraking een snerpende versie van 'Old MacDonald Had a Farm' spelen.[112]

Toen ik erop uitging om mijn eigen uitzet aan te schaffen, bevond ik me tot mijn verbazing in het gezelschap van heel veel *muhajjabat*, gesluierde vrouwen. Als deze vrouwen hun lichaam als teken van islamitische vroomheid afdekken, waarom kopen ze dan zo openlijk van die hoerige spullen? De lingerieontwerpster van wie ik de elegante, ragdunne creaties voor mijn eigen huwelijksreis kocht (helaas voor mijn echtgenoot heel wat anders dan de met chocolade ingesmeerde G-strings van de regionale 'eet mij'-stijl) legde me de schijnbare contradictie uit. 'Hier zijn vrouwen gesloten over seks. Maar ondanks die cultuur zijn alle vrouwen bang dat hun man er met een andere vrouw vandoor gaat. Vandaar dat ze, hoe behoudend ze ook zijn, hun man moeten verleiden', zei ze. 'Zolang er seks is, zal deze markt blijven bestaan. In de lingerie bestaat geen (financiële) crisis.'

Als je er langer bij stilstaat, is het logisch. Juist omdat vrouwen als Azza beknot worden door conservatieve voorschriften van islamitische eerbaarheid, moeten ze dit soort overdreven ondergoed kopen. Je zou daar tegenin kunnen brengen dat de uitbundige lingerie slechts een van de vele instrumenten is van mannelijke onderdrukking, die vrouwen in met veel tierelantijntjes versierde wufte seksobjecten verandert, maar Azza en de haren zien dat anders: lingerie is een van de weinige middelen die ze hebben om hun seksuele verlangens te uiten.

Om hen te helpen er met deze verlangens het beste van te maken, nam ik tijdens mijn buitenlandse inkoopexpeditie ook enkele Engelse 'instructie'-dvd's mee. Zelfs als ze de serieuze Open Universiteitachtige commentaarstem niet zouden begrijpen, dan zouden de vrouwen de essentie vatten van deze merkwaardig niet-opwindende video's van stellen die uiteenlopende standjes en technieken demonstreren. Maar het viel niet mee de juiste dvd te kiezen, want hoe meer ik keek, hoe meer ik de beperkingen van het seksleven in de Arabische wereld begon te waarderen. Zo moedigde een video stellen aan om elkaar onder het genot van een glas wijn te liefkozen – iets waar de *Encyclopedia* meer dan duizend jaar geleden al aandacht aan schonk. Maar de islam neemt duidelijk stelling tegen alcohol, en ook al weerhoudt dit volgelingen er zeker niet van een glas achterover te slaan, toch is het door het behoudende islamitische klimaat dat Azza en haar vriendinnen omgeeft niet mogelijk om dit aan hun echtgenoten voor te stellen.

'Seks buitenshuis is bijzonder aantrekkelijk', stelde de verteller enthousiast vast. 'Op de lijst van romantische zaken neemt seks aan zee een hoge plaats in', vervolgde de commentaarstem, terwijl beelden voorbijflitsen van een naakt stel dat gepassioneerd in het water de liefde bedrijft, 'hoe ontnuchterend de mix van zand en seks in de praktijk ook is'. Dat is maar al te waar. Weliswaar verwees de dvd naar zand op onaangename plekken, maar de praktijk van seks op het strand in Dubai, bijvoorbeeld, kan tot drie maanden gevangenis opleveren, zo merkte een Brits stel in 2008. Voor Azza en haar vriendinnen is aanstootgevend gedrag in de openbare ruimte dus allesbehalve aantrekkelijk.

Op het vasthouden van handen of een arm over de schouder na (dat na de opstanden – in elk geval in Caïro – vaker te zien is) wordt het in het openbaar tonen van genegenheid tussen mannen en vrouwen in Egypte over het algemeen afgekeurd. Deze publieke terughoudendheid kan zich ook vertalen in verlegenheid in het privéleven. Hoewel de echtgenoot van Azza wel van knuffelen houdt, klagen haar zussen dat hun mannen, na afloop van de huwelijksreis, zelden veel lichamelijke of emotionele affectie tonen, waar ook nog eens weinig vriendschappelijkheid tegenover staat. *Ana bahibbik* (ik hou van jou) is de kreet in talloze sentimentele liedjes en muziekvideo's die je in Egypte hoort en ziet, maar volgens de ervaring van Azza is het niet iets wat echtgenoten buiten het bed zeggen. 'Werkelijk waar, geen enkele echtgenoot van mijn vriendinnen zegt: "Ik hou van je." Alleen in het eerste jaar van het huwelijk. Ze schamen zich ervoor om dat te doen, en vrouwen hebben het gevoel dat ze erom moeten vragen.'

En dan heb je nog de Arabische minnaar in het eenentwintigste-eeuwse romantische verhaal. *The Sultan's Virgin*, *Bedded by the Desert King*, *The Sheikh and the Pregnant Bride*, en variaties op het thema verkopen uitstekend in Engelstalige markten. De Arabische held is voorspelbaar groot, donkerharig en knap – een zorgeloze playboy, een zorgzame chirurg of een heldhaftige geheim agent – broeierig arrogant en uiterst potent. Denk aan Heathcliff met een hoofdtooi. De heldinnen zijn bleke schoonheden, meestal Amerikaans of Engels, nu en dan van Arabische oorsprong. Ook zijn ze uitbundig, met veel 'westerse' ideeën over liefde, vrijheid en gelijkheid, die hun Arabische vrijers, ondanks het feit dat ze in Europa en Amerika hebben gewoond en liefgehad, heerszuchtig van de hand wijzen.

De eerste woestijnromans die aan het begin van de twintigste eeuw verschenen, waren warmbloedig. De meest bekende, *The Sheik* van E.M. Hull, inspireerde tot het filmidool Rudolph Valentino en bevat een levendig voorspel voor een serieverkrachting: 'Haar lichaam trilde onder de grip van zijn krachtige armen, haar mond was gekneusd door zijn wilde kussen.

Angstig kneep ze haar handen tot vuisten. "O God!" snikte ze, terwijl haar hete tranen haar wangen verschroeiden. "Vervloek hem! Vervloek hem!"'[113] Enzovoort, tot het licht uitgaat. In hedendaagse boeken gaan de overtredingen van mensenrechten, waaronder abortus en gedwongen huwelijken, gewoon door. Maar de seks is explicieter, en met hartstochtelijke wederzijdse instemming. 'Met een waanzinnige, verbijsterende vreugde aaide ze over het prachtige lichaam, voelde ze hoe krachtig de rug, de dichtgeknepen billen, de sterke schouders en dijen onder haar handen bewogen, voelde ze hoe het harde geslacht in haar bewoog ... Uiteindelijk kwam er meer genot in haar tot uitbarsting dan haar lichaam kon bevatten.' Zo gaat dat in *Sheikh's Honour*.[114]

Op het eerste gezicht lijken deze boeken het oriëntalisme op zijn kop te zetten: de zachte, volgzame vrouw uit de harem, eens de steunpilaar van mannelijke dromen over het Oosten, ingeruild voor hun harde, onverzadigbare meesters. Maar het is hetzelfde oude verhaal vol ontketende verlangens, om het even wie wie penetreert. De hedendaagse woestijnheld is een ongepolijst seksobject, zijn lichaam en bedrevenheid worden uitgebreid beschreven. Volgens sommige critici bestendigt de aanhoudende aantrekkingskracht van het genre eenvoudigweg de opvatting van het onderworpen Oosten, met westerse heldinnen die hun Arabische verleiders door de kracht van de liefde temmen, ze in keurige, monogame partners veranderen.[115] (Toen ik mijn ouders deze theorie vertelde, knikte mijn moeder met een ernstige blik. 'Aha, precies zoals ik met je vader deed' – waarop mijn vader slechts gesnuif liet horen.)

Het temmen van de sjeik is misschien een fantasie van een westerse vrouw, maar is dat eigenlijk wat Arabische vrouwen willen? Ik gaf Azza en haar vriendinnen enkele boeken om daar achter te komen. Het kostte Azza meerdere weken om de net iets minder dan tweehonderd pagina's van *The Sheikh's Defiant Bride* door te komen, waarbij geheimhouding het struikelblok was, niet de beheersing van de taal. 'Mijn man of mijn kinderen mochten natuurlijk niet zien dat ik dit las', lachte ze.

'O, mijn God, denken ze werkelijk dat Arabische mannen zo zijn?' was de unanieme reactie. Sommigen lachten om de beschrijvingen van de schoonheid van de held: 'de grootsheid van zijn verfijnde, gespierde lichaam.' 'Ik ben in de Golf geweest en daar heb ik niemand gezien die er zo uitziet', vertelde een vriendin. 'Meestal zijn ze te zwaar. Ze eten junkfood. En verder scheuren ze alleen maar wat rond in hun auto's met vierwielaandrijving.' Azza verbaasde zich over de manier waarop deze boeken de seksuele vaardigheden van de Arabische held beschrijven, beroemd 'om zijn vermogen een vrouw te plezieren totdat het niet verder meer ging. Pas dan, en niet eerder, liet hij zichzelf gaan.'[116] Vol ongeloof schudde Azza haar hoofd: 'Vijf minuten. En dan gaat het louter om zijn eigen genot.' Niks tongzoenen, niks voorspel: 'Hij kust haar enzovoort? Dat is onjuist – meer dan een minuut duurt het niet. Meteen na het kussen komt de seks, waarna hij slaapt en vervolgens televisie kijkt.'

Haar stem gaat over in gefluister: 'Mannen, in Egypte, in de Golfstaten, willen altijd seks hebben op de verkeerde plek.' Azza bleek het anatomisch te bedoelen, niet geografisch – ze had het over anale seks. 'Na tien minuten denken ze dat ze wijder is, en dat bevalt hem niet. Daarom wil hij het op de andere manier. Daar beleven vrouwen geen plezier aan, alleen mannen.'

EEN PIJNLIJK PUNT

Heteroseksuele anale seks wordt door soennitische moslims over het algemeen als haram beschouwd, terwijl sommige sjiitische autoriteiten het toestaan, al is het aarzelend. Of het mag, is al sinds het ontstaan van de islam onderwerp geweest van een levendig debat onder religieuze deskundigen. De profeet Mohammed, die over deze zaak met zijn volgelingen in de clinch lag, zou er naar verluidt een duidelijk standpunt over hebben ingenomen: 'Vervloekt is degene die seks heeft met een vrouw in haar anus.'[117] Toch bleef anale seks in de Arabische wereld voorkomen, wat blijkt uit de grote erotische werken, zoals de *Encyclopedia*, die een vrouw over de getoonde belangstelling citeert: 'Liefde is een kluis en met anale seks kom je daar binnen.'[118] Tegenwoordig halen sommige soennitische geleerden die de praktijk veroordelen een vers van de Koran aan: 'Jullie vrouwen zijn een akker voor jullie. Komt dan tot jullie akker hoe jullie willen.'[119] Naar analogie van het planten van zaad en het te zien opkomen, beweren ze dat niet op voortplanting gerichte anale seks tussen een man en zijn echtgenote dus verboden is. Aan de andere kant houden degenen die de praktijk willen rechtvaardigen – in elk geval voor zichzelf – vol dat als een man op deze manier 'tot zijn akker wil komen', dat dan maar zo moet zijn.

Het is echter moeilijk na te gaan hoe gebruikelijk anale seks bij getrouwde stellen is. De weinige onderzoeken naar deze gevoelige plek hebben voorspelbare resultaten opgeleverd: volgens vrouwen komt het nauwelijks voor, terwijl een wezenlijk deel van hun echtgenoten beweert het met zijn echtgenote te hebben gedaan.[120] De waarheid ligt ergens tussen de vrouwelijke bescheidenheid en mannelijke ijdelheid. In Egypte lijkt uit de vele verhalen die erover de ronde doen afgeleid te kunnen worden dat anale seks voor gehuwde vrouwen wel degelijk een punt is. Zelfs sommige op het platteland wonende nichten van Azza, die nog steeds in het voorouderlijke dorp wonen, hebben over de verlangens van hun echtgenoten geklaagd. Hun mannen hebben nooit om anale seks gevraagd, totdat ze in de Golfstaten gingen werken.

Als dat klopt, is het een van de meer ongebruikelijke soorten export uit dat deel van de Arabische regio. Er werken ongeveer twee miljoen Egyptenaren in de Golfstaten, meer dan de helft daarvan in Saoedi-Arabië.[121] De afgelopen decennia is het aantal in hoog tempo toegenomen – dankzij de groeiende bevolking en de stijgende werkloosheid in eigen land – om het hoofd te bieden aan de toenemende vraag in de economieën van de Golfstaten. Het overgrote deel van deze arbeiders is man. Nog geen 10 procent van de Egyptische migranten in de Golfstaten is vrouw, en zelfs met deze minderheid hebben de Egyptenaren moeite, omdat ze vrezen dat de plattelandsvrouwen door de plaatselijke bevolking verleid zullen worden. Zo stopte de Egyptische overheid in 2007 tijdelijk met het verstrekken van machtigingen voor Egyptische vrouwen die overwogen in Saoedi-Arabië werk te zoeken als hulp in de huishouding, nadat berichten waren opgedoken over seksueel misbruik van Aziatische en Afrikaanse arbeiders.[122]

Migratie naar de Golfstaten is geen levenslange verplichting. Gemiddeld blijven Egyptische arbeiders er vijf jaar. Behalve de miljoenen dollars die deze migranten elk jaar naar huis sturen, worden er sociale zaken 'overgeboekt', opvattingen en gewoonten die de migranten in het buitenland hebben opgepikt. Volgens sommige experts verandert de migratie naar of de terugkeer uit de Golfstaten weinig aan de ideeën over de rol van vrouwen of over huiselijk geweld – behoudend ingestelde mensen krijgen hun ideeën bevestigd, en meer progressief ingestelde mensen gaan de verhoudingsgewijs grotere sociale vrijheid in eigen land meer waarderen. Maar andere zien wel degelijk iets veranderen. Zo iemand is Ayman Zohry, gespecialiseerd in Egyptische migratie. Hij komt uit een dorp in Sohag, in Boven-Egypte, waar een groot deel van de mannen naar de Golfstaten gaat om er te werken. 'Toen ik dertig jaar geleden in het dorp was, waren niet alle vrouwen gesluierd. Tegenwoordig hebben zelfs meisjes op school hun haren afgedekt, ook al wordt dit niet door de [religieuze] wet voorgeschreven', zei hij. 'De mensen waren erg open. Mijn tantes gingen bidden in een galabia die niet verder reikte dan hun knieën. Nu dragen ze een Saoedische abaja.' En niet alleen de kleding is veranderd. 'Twintig jaar geleden nog werd ik, als ik voor een bezoek naar het dorp terugkeerde, door vrouwelijke familieleden behandeld alsof ik een Europeaan was, ze omhelsden me. Nu doen ze dat niet meer. Veel vrouwen willen een man niet eens een hand geven.'

Zohry vermoedt dat deze veranderingen, in elk geval voor een deel, het gevolg van migratie zijn, en dat dit ook iets heeft veranderd in de manier waarop men in het dorp de islam ziet en dus in de aspecten van het leven die erdoor geregeld worden. 'Ze beschouwen Saoedi-Arabië niet alleen als het Heilige Land, maar de religieuze instituties uit dat land zijn ook hun Al-Azhar geworden', zei hij, wat inhoudt dat ze eerder religieuze raad zoeken bij mensen met een meer conservatieve interpretatie van de islam en minder bij de traditionele islamitische autoriteiten in Egypte. Volgens hem heeft deze tak van de islam een 'haremmentaliteit' naar het dorp gebracht. 'Alles wordt op basis van seksuele organen uitgelegd. In het salafisme [een conservatieve vorm van de religie] is het lichaam van de vrouw de belangrijkste zorg. Maar als je een lichaamsdeel wegstopt, richt je juist daar de aandacht op.'

Of anale seks een van deze pas ontdekte lichamelijke zaken is, waarvan de nicht van Azza getuigt, is moeilijk te zeggen. In de Arabische regio bestaan talloze seksuele stereotypen, en een daarvan is dat mannen in de Golfstaten op elkaar vallen, om het maar zo te zeggen, en dat homoseksueel gedrag daarbij hoort, welk geslacht de bedpartner ook heeft. Het is lastig aan te geven wat hiervan waar is. In Jeddah vroeg ik enkele artsen of vrouwen daar zich ook aan de ontvangende kant bevonden van de 'misplaatste' aandacht van hun echtgenoten. 'We zien hier wel anale seks. Het neemt toe', vertelde een gynaecoloog me. 'Het gebeurt. We hebben geen cijfers, maar het spreekt voor zich.' Wat er duidelijk op wijst zijn de vrouwen die de kliniek bezoeken met anale fissuren, scheurtjes ontstaan door een overmaat aan uitgeoefende kracht. 'Sommige dames klagen over hun echtgenoot. Zelfs in de islam is het niet toegestaan. Als ze dat doen, worden ze als gescheiden beschouwd', zei de arts. 'Ze kunnen het doen met de fatwa van Shi'a. Volgens sommige mensen mag het tijdens de menstruatie. Ze proberen deze fatwa zo te manipuleren dat het hun goed uitkomt.'

Op dit punt – seks tijdens de menstruatie – zegt de Koran duidelijk: 'Dat is een ongemak. Onthoudt jullie dus van de vrouwen tijdens de menstruatie en benadert haar niet totdat zij weer rein zijn.'[123] Dit taboe heeft zijn weg gevonden in de folklore. In Egypte, bijvoorbeeld, wordt menstruatiebloed als onzuiver beschouwd, en hebben mannen als vrouwen ongesteld zijn van oudsher vaginale seks vermeden omdat ze vreesden dat het in hun eigen lichaam terechtkwam en daar schade aanrichtte.[124] Maar er zijn talrijke andere door de islam goedgekeurde manieren om tijdens de menstruatie seksueel opgewonden te raken, zoals religieuze autoriteiten door de eeuwen heen hebben geadviseerd.

Voor wat betreft anale seks bij patiënten wees de Saoedische arts op andere zaken die gaande zijn. 'Ik denk dat sommige mannen [met] jonge vrouwen [hen] niet via de vagina mogen benaderen, [dus] doen ze het van de andere kant. Ze hebben een vriendin en doen het van die kant. En later [als ze getrouwd zijn] willen ze het misschien op dezelfde manier met hun vrouw doen. Ze passen religie toe op verkeerde handelingen.' Deze gynaecoloog wijst nadrukkelijk op de media: 'Zeker, met al die seksfilms verandert er iets. Zelfs jonge vrouwen zijn tegenwoordig anders. Ze weten alles over seks, de kleinste details, meer dan mijn moeder, en meer dan ik, en ik ben een arts. Helaas komen ze er op de verkeerde manier aan. Ze leren het uit films. En wat in films gebeurt, hoeft niet in het echte leven te gebeuren.'

Om het aandachtspunt van seksuele activiteit te verleggen, zijn Azza en haar vriendinnen bijna tot alles bereid. Enkele hebben overwogen hun vagina operatief nauwer te laten maken, maar dat kost naar schatting 2000

EGP per ingreep, wat zwaar op de huishoudpot zou drukken. Maar er bestaan goedkopere alternatieven.

Zizi is een opgewekte vrouw van halverwege de twintig die een beautysalon bezit in een verwaarloosde zijstraat in een van de nieuwe buitenwijken van Caïro. Haar van twee stoelen voorziene salon is een keurige, opgeruimde plek, met uit tijdschriften gescheurde pagina's met de nieuwste kapsels op de muren – haarlokken die even lang en glinsterend zijn als de hare. Er komen enkele tientallen klanten per week bij Zizi langs – in dit deel van de stad allemaal muhajjabat – en daar zijn altijd wel een paar bij die iets speciaals willen.

'Veel vrouwen klagen erover dat hun man seks van de andere kant [anaal] wil en dat ze dat niet willen', vertelde ze. 'Mannen willen tegenwoordig vreemde dingen en verlangen van hun vrouwen dat ze altijd bereid zijn om de liefde te bedrijven.' Net als de Saoedische gynaecoloog weet Zizi, voor zichzelf althans, heel goed waar deze problemen vandaan komen: 'Door de westerse [porno-]clips gaat het er tegenwoordig merkwaardig aan toe. Zo zijn er mannen die seks hebben met twee vrouwen tegelijk, en mannen die andere mannen vragen om het met hun vrouw te doen als ze daar zelf niet toe in staat zijn.'

Zizi ziet dergelijke seksuele verlangens als een toenemende bron van conflicten, zowel binnen het huwelijk als daarbuiten. 'Mannen kijken naar westerse songs en [video]clips, maar willen tegelijkertijd dat hun vrouwen goede moeders zijn en voor de kinderen zorgen. Veel vrouwen komen naar mijn zaak en zeggen dat ze orale seks haten ... Vrouwen denken dat zoiets ongemanierd is, en daar beginnen de problemen. Mannen denken dat als hun vrouwen het weigeren, ze minder zijn dan de westerse mannen in de video's, waardoor ze geneigd zijn om het met de verkeerde meisjes te doen.'

Orale seks lijkt in *jahiliyya* te zijn uitgeoefend, de tijd voor de opkomst van de islam, in wat nu het westen van Saoedi-Arabië is. En hoewel het niet zo prominent was als andere seksuele gebruiken, komen fellatio en cunnilingus ook voor in de grote werken van de Arabische erotische literatuur. Maar tegenwoordig wordt orale seks, dankzij buitenlandse porno, als een westers importproduct gezien. Hoewel ik veel Egyptische vrouwen heb horen zeggen hoe vies ze het vinden om hun man te pijpen, en andersom, heeft een van de belangrijkste geleerden van de islam, Joesoef al-Qaradawi, onderschreven dat het halal is. 'Islamitische juristen zijn van mening dat het wettelijk toegestaan is voor de man als hij cunnilingus op zijn vrouw uitvoert, of als zijn vrouw op zijn penis zuigt [fellatio], en daar is niets verkeerds aan', stelde hij. 'Weliswaar zijn er mensen die beweren dat het *makruh* [afkeurenswaardig] is als het zuigen tot het lozen van zaad leidt, maar er bestaat geen doorslaggevend bewijs [om het te verbieden]'.[125]

Ondertussen is al deze vrouwelijke vrees goed voor de zaak. Tot de specialiteiten van Zizi behoort een vagina vernauwend mengsel, gemaakt van amandelolie, *shabba* (aluin, een bekend middel dat ervoor zorgt dat weefsels tijdelijk samentrekken – vandaar het vernauwende effect), en warm water, dat ze een cliënt aanraadt 'om erin te stoppen om het nauw te maken'. Het recept is al oud. De meeste boeken van de gouden eeuw van de Arabische erotische literatuur snijden het belang van goed verzorgde genitaliën aan, met een uitgebreide selectie hulpmiddelen. 'We hoeven niet verlegen te zijn als we praten over het vergroten van de penis, het vernauwen van de vagina en de toename van het genot van de coïtus, want dergelijke onderwerpen hebben betrekking op de voortplanting', adviseert een twaalfde-eeuwse verhandeling, *A Jaunt in the Art of Coition* (Een uitstapje naar de kunst van de coïtus).[126] 'Hoe vaak werd niet de voorkeur gegeven aan een lelijke vrouw boven een mooie, omdat de eerste een nauwe vagina had en de laatste een wijde', raadt de verhandeling aan. 'Daarom is het vernauwen en opwarmen van de vagina echt nodig.'

Maar Zizi heeft meer te bieden. Ze heeft ook een levendige handel in *'amal*, magie. Magie is al oud in Egypte en de hele Arabische regio. Hoewel de islam zich negatief uitlaat over sommige soorten magie (ook bekend als *sihr*), is 'witte' magie – die Zizi beoefent – een geaccepteerd onderdeel van de volksreligie. Zelfs goed opgeleide mensen als Azza en haar kring zijn vast overtuigd van de kracht ervan. Dat de salon van Zizi zo schoon is, komt mede omdat cliënten – onder wie Azza – erop staan hun afgeknipte haren mee te nemen om te voorkomen dat iemand ze gebruikt als *'atar*, een persoonlijk voorwerp waarop 'amal wordt toegepast.

En deze vrouwen kunnen het weten, want ze vragen Zizi om het anderen ook aan te doen. 'Ik verdien veel met 'amal. Soms geven ze me tweehonderd pond [tweeëntwintig euro] per keer', zegt ze. Haar meest populaire voorwerp is een hijab – in dit geval een 'amulet' om echtgenoten trouw te laten zijn. Het is een intieme zaak: 'Ik vraag alleen om het ondergoed [van de echtgenoot] en dergelijke. Afhankelijk van de problemen van de vrouw lees ik specifieke Koranverzen. Meestal lees ik het Joesoefvers*, vooral voor vrouwen die klagen over hun man. Ik zeg hun dat ze hem [de hijab] onder het kussen of onder hun matras moeten leggen. Dat doen ze omdat ze willen dat hun echtgenoot alleen hen ziet en alleen naar hen luistert.'

Zizi heeft het van haar moeder geleerd, die het op haar beurt van haar moeder leerde, toen de familie op het platteland ten zuiden van Caïro woonde. Volgens haar werkt de hijab goed, als ze de reacties van haar cliënten mag geloven, al kan ze het niet uit eigen ervaring bevestigen. 'Ik heb 'amal of hijab nog nooit gebruikt, omdat ik uit liefde met mijn man ben getrouwd. Ik ben meer dan vijf jaar getrouwd en kende hem al twee jaar voordat we trouwden, zodat ik geen 'amal nodig heb.' Ze deelt haar opvattingen met klanten, zonder daarvoor iets in rekening te brengen. 'Ik zie dat vrouwen die naar mijn zaak komen een ongelukkig seksleven met hun man hebben, omdat ze tijdens hun opvoeding te horen hebben gekregen dat seks haram en zondig is, wat ik niet vind. Ik zeg hun dat vrouwen hun man moeten tonen dat ze zich voor seks interesseren en het graag met ze doen, zodat ze minder problemen met hun echtgenoten hebben.'

Met dit in gedachten ontmoette ik, na mijn omzwervingen in Caïro teruggekeerd, Azza en haar zussen. Ze waren zonder meer benieuwd naar de verschillende apparaten in de ontwikkelingshulppakketten die ik had verzameld, en er werd veel gelachen terwijl we de vibrators, massageolie en andere spullen bekeken. Drie van de zussen waren vrijgezel, en hoewel ze het meeste durfden te vragen, wilde Azza – de oudste van het stel – beslist niet dat ze iets voor nader onderzoek mee naar huis namen. De getrouwde zussen – Azza, Iman en Wisam – toonden zich al even geïnteresseerd, maar vreesden de reactie van hun echtgenoot op al die nieuwigheid in de slaapkamer. Het was zelfs zo dat enkele andere familieleden van Azza, die er ook graag bij hadden willen zijn, van hun echtgenoot het huis niet mochten verlaten. Meermaals moest Azza weg voor een gesprek op haar mobiele telefoon om bange mannen te woord te staan die zich afvroegen wat hun

* Hoofdstuk 12 van de Koran, met het verhaal van Joesoef en Zuleika.

vrouwen uitspookten. 'Ongelofelijk. Hij bleef maar vragen: "Wat zegt ze (Shereen)? Waar ben je mee bezig?"' zei Azza boos, na het zoveelste telefoontje van haar broer. 'Ze gaan avond aan avond uit en doen ik weet niet wat allemaal. Maar zodra we iets voor onszelf doen, beginnen ze te klagen.'

MANNEN BOVENOP

Het is interessant om na te gaan wat mannen willen. Terwijl er steeds meer onderzoek is naar de seksualiteit van gehuwde vrouwen, is er veel minder bekend over opvattingen over seks en seksueel gedrag van mannen in de Arabische regio. Dit lijkt misschien een merkwaardig gemis, vooral ook gezien de dominantie van mannen in de samenlevingen in de regio. In Arabië heeft dit mannelijke gezag een naam: *qawama*. Maar het is juist door deze dominantie dat onderzoek over seksualiteit bij gehuwde mannen er, tot voor kort, bekaaid van af is gekomen. Het onderzoek richtte zich vooral op problemen – geweld, ziekten, uitbuiting – bij kwetsbare bevolkingsgroepen. Vanuit die optiek vormden mannen – steunpilaren van het patriarchaat – niet bepaald het toonbeeld van een kwetsbare groep. Het woord voor masculiniteit zelf – *rujuliyya* – is in het Arabisch verhoudingsgewijs jong, en pas de afgelopen jaren wordt er onderzoek naar gedaan, naar hoe mannen zichzelf zien en hoe de samenleving ze ziet.[127]

Het manvolk uit de kring van Azza lijkt in tweestrijd als het op seks aankomt – zoals zo veel van hun landgenoten, wat het wel verschijnende onderzoek laat zien. Aan de ene kant willen ze natuurlijk graag hun gezag thuis handhaven en zien ze het als hun taak als man om hun vrouw bij intieme zaken te leiden. Aan de andere kant waren enkele echtgenoten duidelijk ontmoedigd door de seksuele passiviteit van hun echtgenotes – zowel vanwege de invloed daarvan op haar genot, als vanwege de invloed die het had op dat van hen. Ze beschreven hoe lastig het was om met hun vrouw over dit soort zaken te praten – een communicatiekloof die zich bij nader inzien tot ver buiten de slaapkamer leek uit te strekken. Maar toen een aantal vrouwen de afstand probeerde te overbruggen door enige interesse voor seks te tonen, werden de mannen daardoor verontrust, sommigen van hen beschreven het zelfs als beschamend.

Los van opvattingen over vrouwelijke deugdzaamheid, heeft deze lauwe reactie te maken met een aloude mannelijke zorg: impotentie. In Egypte beginnen veel mannen hier al tijdens hun huwelijksnacht bang voor te worden. Ze willen niet *markhi* zijn, slap. Onderzoek in de regio laat zien dat meer dan 40 procent van de oudere mannen in meer of mindere mate last van erectiestoornissen zou kunnen hebben, terwijl ook jongere mannen hem beginnen te knijpen.[128] Dat mannen in de slaapkamer niet aan de eisen voldoen, heeft verschillende oorzaken. Sommige zijn fysiek, zoals de complicaties ontstaan door diabetes, hoge bloeddruk en roken, die bij Egyptische mannen veel voorkomen. De vrees voor impotentie is zelfs doorgedrongen tot de dienst voor de volksgezondheid. Sinds kort staat op Egyptische pakjes sigaretten namelijk een plaatje met een rechtopstaande sigaret die slap hangt, de as staat op het punt om als een lawine omlaag te komen, met als bijschrift: 'Langdurig roken verzwakt de huwelijksrelatie.'

Sommige Egyptenaren menen dat er andere, meer duistere oorzaken zijn. In Egypte kent men het fenomeen *rabt*, waar mannen *marbut* van worden. Letterlijk vertaald betekent marbut 'bezig', maar in het Arabisch heeft het niet de betekenis 'bezig zijn', eerder het omgekeerde. Door de rabt is een man niet in staat in bed te presteren, omdat zijn hersenen niet het juiste signaal afgeven om bloed naar de penis te zenden voor een erectie, zo wordt gedacht. Hoewel dit misschien klinkt als een plausibele hypothese voor een nieuw medicijn tegen erectiestoornissen, is de onderliggende oorzaak van rabt wat lastiger met een test te meten. Volgens plaatselijke opvattingen wordt rabt veroorzaakt door een kwade djinn, geest, die is opgeroepen door iemand die wraak wil uitoefenen – een verwaarloosde eerste vrouw of een ex-vriendin wellicht – door de hersenen van een man te beheksen en hem uit te schakelen. (Vrouwen kunnen eveneens door een rabt worden getroffen, symptomen ervaren zoals het samenklemmen van de benen om penetratie te voorkomen, bloeden tijdens het vrijen, en – mijn favoriet – het syndroom van de ontbrekende vagina, waarbij de echtgenoot de ter zake doende lichaamsdelen niet weet te vinden.)[129]

Hoewel ze graag over het lenigen van de rabt spraken, wilden de traditionele genezers minder details kwijt over hoe zoiets ontstaat. 'Het wordt *suflii* genoemd', zei Zizi, verwijzend naar een soort 'gemene' of zwarte magie die anderen schade toebrengt – het omgekeerde van de witte magie die zij beoefent. 'Die is erg gevaarlijk. Dat soort dingen doe ik niet', zei ze. Zizi zinspeelde erop dat als ik zulke duistere kunsten nodig had, ik beter naar een koptische priester kon gaan. 'Het gebeurt in de kerken, niet alleen voor christenen, maar ook voor moslims', fluisterde ze. Het advies van Zizi wordt ingegeven door een oud vooroordeel onder Egyptische moslims dat duistere praktijken het domein zijn van hun christelijke medemens. Dit weerspiegelt de huidige spanningen tussen de beide geloven, die in het verleden verhoudingsgewijs vredig met elkaar omgingen, maar recentelijk bloedige conflicten hebben uitgevochten. Meestal worden deze botsingen gevoed door machtsstrijd en politiek, maar vaak ontbranden ze door een of ander aan seks gerelateerd incident, bijvoorbeeld als een christelijke man ervan wordt beschuldigd een islamitisch meisje te hebben verkracht (of andersom), of als een huwelijk tussen twee mensen met een verschillend geloof de gemoederen verhit.

Afgezien van suflii zijn de bevindingen van enkele medische onderzoeken heel wat minder mysterieus. Zo geven ze aan dat de meeste gevallen van impotentie tijdens de huwelijksreis het gevolg zijn van psychische factoren, voornamelijk verband houdend met faalangst.[130] Dat mannen last hebben van een soort seksuele podiumvrees is heel begrijpelijk. De economische, politieke en sociale druk die zich gedurende de lange, futloze decennia van het regime van Moebarak heeft opgebouwd en de verwarring van de eerste jaren die daarop volgden, maken de zaak er niet beter op. Ze hebben mannen in het defensief gedrukt – tegen vrouwen, tegen de overheid, tegen elkaar. Daar komt bij dat mannen ook allerlei sociale verwachtingen hebben. Een vriend van me, begin twintig, somde het op: 'Het is een voorrecht om een man te zijn, maar het brengt ook enorm veel druk met zich mee.' Gezien de uiterst beperkte seksuele voorlichting die jonge Egyptenaren krijgen, gezien de weinige ervaring waarmee ze het huwelijksbootje in stappen, en gezien de grote behoefte om hun mannelijkheid te bewijzen, mag het een wonder heten als ze er überhaupt in slagen zo'n verbintenis te consummeren.[131]

Wat de reden ook moge zijn, de uitkomst is dat mannen met hun zaakje in de knoei komen. De echtgenoot van Azza beschreef hoe bij enig discreet rondvragen onder zijn collega's er twintig aangaven met seksuele problemen te kampen, variërend van voortijdige zaadlozing tot helemaal geen zaadlozing. Sommigen weten het aan de economie, anderen aan vervuiling, maar na veel discussie concludeerden ze dat het door een westers-Israëlisch complot kwam. In het kantoor was iedereen het erover eens dat overal in Caïro geheim agenten rondliepen met gordels die een speciale spray afscheidden of een speciale straling uitzonden die Egyptische mannen onvruchtbaar maakte, om aldus het land te verzwakken en de bevolkingsgroei te remmen. Wat de agenten zelf beschermde tegen de nadelige effecten werd niet overwogen. Misschien zijn het vrouwen, of mannen met beschermend westers-zionistisch ondergoed.

Met dit soort theorieën kun je eenvoudig de spot drijven, en impotentie vormt aanleiding voor talloze grappen. Maar voor Egyptische mannen is het niet iets om over te lachen. In de patriarchale cultuur van Egypte is de mannelijke eigenwaarde gekoppeld aan het vermogen voor vrouwen te zorgen – zowel in materieel als in seksueel opzicht, wat voor veel mannen een simpele zaak is: erectie, en vervolgens ejaculatie. Als het op dit vlak niet lukt, kan dat in het huishouden ernstige gevolgen hebben: in de sharia is impotentie een reden om te scheiden. Veel Egyptenaren denken dat als het om viriliteit gaat, het gras aan de andere kant van de klassenscheiding groener is. Ik ken enkele goed opgeleide vrouwen die smachtend spreken over de potentie van mannen uit de onderklasse, ook al baseren ze zich op een stereotiep beeld, niet op eigen ervaring. Terwijl armere mannen meestal denken dat de rijken virieler zijn.

Een voorbeeld hiervan is Moestafa, een kleine, kalende, veertigjarige taxichauffeur in Caïro. 'Ik hou ervan om het te doen', zegt hij spontaan 's avonds laat tijdens een rit naar huis. Hij tilde zijn handen op naar denkbeeldige teugels en begon het soort klakgeluiden te maken van een koetsier die zijn paarden aanmoedigt – wat bijna ontwapenend was, ware het niet dat we in een auto zaten, niet in een open koets, en met zeventig kilometer per uur met losse handen langs de afgrond van de Nijl jakkerden.

Het was duidelijk dat Moestafa het over seks had, en hij weidde verder uit over zijn gewoonten: 'Tweemaal per dag – eenmaal 's ochtends, eenmaal 's avonds', zei hij zakelijk. Toen ik suggereerde dat Egyptische mannen worstelden met impotentie en Viagra nodig hadden, was hij beledigd. 'Nee, nee, natuurlijk, zonder Viagra', schreeuwde hij, en hij sloeg met zijn hand boven op zijn in metaal gehulde meter om mij een indruk te geven hoe de natuur hem had gemaakt.

Viagra is in bijna elke apotheek voor ongeveer tien Egyptische pond per tablet te koop, zonder recept. Na de opstanden zijn de prijzen hard gekelderd. Het is ook mogelijk plaatselijke middelen te kopen met fantasienamen als Virecta en Vigorama. Eind jaren negentig was Viagra in Egypte aanvankelijk verboden, maar het is zozeer onderdeel gaan vormen van de cultuur dat het in sommige kringen als een alternatief betaalmiddel is gaan fungeren. Ik ken iemand die een hele zak vol van het originele spul, gekocht in Amerika, bij zich heeft, als fooi. De pillen zijn vooral bruikbaar, zegt hij, om bureaucraten mee om te kopen en ertoe aan te zetten hun werk op tijd af te hebben. Het valt nog te bezien of door de prijsdaling, en het streven van Egypte om in de nasleep van de opstanden de corruptie uit te roeien, deze grijze – of beter gezegd blauwe – markt zal verkleinen. Los van hun waarde als betaalmiddel, zijn dergelijke medicijnen ook een populair huwelijksgeschenk gebleken dat mannen aan elkaar geven, ook jongere.

Toch had de Viagravrije Moestafa behoefte aan enige hulp. 'Ik wil een andere vrouw. Ik wil seks, driemaal, viermaal [per dag vermoedelijk]. Als ik meer geld had, goed eten, ja dan.' Volgens hem heb je minder zorgen als je meer geld hebt, maar het gaat om wat je eet: Egyptenaren zijn ervan overtuigd dat hoe meer proteïnen ze eten, hoe groter hun potentie is. Ik was benieuwd naar wat zijn vrouw hiervan vond. 'Niets, ze kan niks zeggen. Als we niet tweemaal per dag vrijen, zeg ik dat ik een 'urfihuwelijk zal aangaan', legde hij uit, waarna hij zich naar mij op de achterbank omdraaide en zei: 'Zou je naast me willen komen zitten?'

Moestafa's geloof in eten wordt bevestigd bij de diepvriesafdeling van mijn plaatselijke supermarkt in Caïro. Op donderdagavond staat er een lange rij karren rondom het zeevoedsel, die kleinburgerlijke, middelbare stellen met zakkenvol ingevroren Maleisische garnalen vullen.[132] Egypte importeert jaarlijks voor enkele miljarden euro aan kreeft en garnalen. Ik dacht dat dit een voorbijgaande schaaldiergekte was, totdat Azza me uitlegde dat haar echtgenoot erop staat ze iedere week voor hem te kopen, omdat hij meent dat hij er in bed beter door gaat presteren. 'Nog niks van gemerkt', zei ze. Om de hoek verkoopt fastfoodgelegenheid Cook Door 'Viagrabroodjes', met als actieve ingrediënten onder andere krabsticks en steurgarnalen. Bij Cook Door kun je gebakken of gegrilde Viagra krijgen, de laatste voor wie bewuster leeft. Ik probeerde hem en hij was heerlijk, bijna libidineus. Dit is slechts een van de vele 'natuurlijke' middelen ter verbetering van de seksuele prestaties. Tot de meest populaire behoort *gargiir*, gewone aronskelk, het afrodisiacum voor de armere Egyptenaar, voor degene die buiten de Viagraklasse en garnalenvretersklasse valt. 'Als vrouwen van gargiir wisten, dan plantten ze die onder hun *siriir* [bed]', zegt men gewoonlijk.

In de eenentwintigste eeuw gaan de mensen uit Caïro, en elders in de Arabische regio, voor seksuele problemen nog altijd naar kruidengenezers en parfumeurs, waar ze grotendeels dezelfde middelen krijgen als eeuwen geleden. Een van de meest drukke leveranciers is het Egyptische Parfumhuis, met overal in Caïro filialen, waaronder een bruisende vestiging in de binnenstad. Op de gevelplaat wordt trots vermeld dat ze er duizend en vijf soorten verkopen, en zo op het eerste gezicht zitten ze er niet ver naast. Het is een heel kleine winkel, van vloer tot plafond vol flessen, laden, dozen en zakken, met kruiden, wortelen en geheimzinnig gekleurde vloeistoffen, zich uitspreidend over de stoep, in vaten, kommen en zakken met granen en poeders. Duizend verschillende geuren vermengen zich tot een zinnenprikkelend gedruis, olfactorische herrie waaraan een verdwaalde vleug sandelhout of komijn ontsnapt zoals een enkele stem uitstijgt boven het geraas van de straat buiten.

Op de zaterdagochtend dat ik er kwam, was de zaak stampvol, en het geld vloog de lade van de kleine kassa in de hoek in en uit. Jong, oud, rijk, arm – allemaal komen ze hier. Een twintigjarige in een keurige hijab vraagt om citroenolieshampoo. Een middelbare dame, met onafgedekt uitgeput haar, op zoek naar *mughat*, een wortel die bloedingen na de geboorte stopt. Een overduidelijk welvarende, zilverharige man met een safarivest die naar 'ehm ... het gebruikelijke spul' vraagt. Muhammad, de manager, glimlachte, veegde zijn handen af aan zijn spijkerbroek en overhandigde de man zijn bestelling.

Het 'gebruikelijke spul', zo blijkt, is een middel tegen seksuele stoornissen. Muhammad krijgt dagelijks tot zo'n twintig man over de vloer voor hulp. Hij werkt al veertien jaar in de winkel en het aantal mensen dat hiervoor langskomt, is toegenomen, zegt hij, mannen en vrouwen, jong en oud. En niet alleen uit Egypte, het bedrijf krijgt ook orders uit de Golfstaten, dankzij advertenties op televisie.

'Moge God u bijstaan', zei Muhammad tegen de man die met het gebruikelijke vertrekt. Muhammad beschouwt zijn werk als een spirituele én als een fysieke zaak: 'Als God iemand kennis schonk en hij die voor zichzelf behield, zou God hem daarvoor straffen.' Volgens Muhammad is er niets vreemds of ontheiligends aan het aanroepen van een hogere macht om mensen met hun seksleven te helpen, als ze tenminste aan enkele voorwaarden voldoen. Vrouwen die langskomen voor *gamagim* (een vruchtafdrijvend middel gemaakt van dierenschedels die eruitzien als gedroogde truffelschijfjes) moeten hun man of voogd meenemen, of een doktersrecept tonen. En hij vraagt mensen die voor seks stimulerende middelen komen of ze echt getrouwd zijn, al maakt hij een uitzondering voor aanstaande bruidegoms. In ieder geval maakt Muhammad gebruik van gedifferentieerde prijzen: hoe devoter je bent, of je je voordoet, des te minder je betaalt, dus *munaqqabat* – vrouwen met een gesluierd gezicht – boffen.

Met een universitaire opleiding in de handel is Muhammad een goed opgeleid man, en hij kent zijn geschiedenis. De recepten van de winkel zijn geïnspireerd door *Medicine of the Prophet*. Dit boek, geschreven in de veertiende eeuw door de Syrische theoloog Ibn Qayyim al-Jawziyyah, is de belangrijkste leidraad voor de gezondheid van de islam, die geboden van de Koran en de Hadith combineert met medische adviezen voor de lichamelijke en geestelijke gezondheid.[133] Op seksueel gebied heeft de zaak twee populaire recepten. De ene bestaat uit *gilingan* [galangal, een wortelstok] en gedroogde alfalfa, aronskelk, en enkele andere ingrediënten waarmee de mannelijke prestaties verbeteren. Volgens Muhammad heeft de komst van Viagra dit middel nog populairder gemaakt: 'Want het is niet goed als je het chemische spul in Viagra tien jaar achtereen slikt. Dat weten alle Egyptenaren, en daarom komen ze hier. Want dit spul kun je dagelijks gebruiken.' Het tweede recept is een mengsel van pollen van de palmboom en bloemen (voor de energie), ginseng, gember, kaneel en witte peper (om het bloed te verwarmen) en kan door zowel mannen als vrouwen gebruikt worden, tweemaal per dag een theelepel.

Muhammad bood aan het laatste voor me te bereiden, en rende de winkel door, trok laden open en klom bij ladders op, haalde hier een schep bruine poeder op, daar een snufje groene poeder en wat geel spul. Waarna hij alles in een pot met honing stopte. Honing is het belangrijkste bestanddeel van de meeste recepten. En in de Koran wordt uitgelegd waarom, in een hoofdstuk genaamd 'De bijen': 'Uit hun buiken komt een drank van verschillende kleuren waarin genezing voor de mensen is. Daarin is zeker een teken voor mensen die nadenken.'[134] Sommige soorten honing, zoals die uit Jemen, worden op zich al als een afrodisiacum beschouwd en zijn in de Golfstaten populair als huwelijksgeschenk.

Terwijl Muhammad verzen van de Koran opzei, roerde hij het mengsel door elkaar tot een dikke, kleverige brij. Hij haalde een klein beetje uit de pot, een soort toffee, en bood het me met duidelijke instructies aan: ik moest *bismillah* (in de naam van God) zeggen voordat ik het nam. Dus dat deed ik, en het proefde naar zoete, kruidige halva. 'God geeft sommige mensen bepaalde kennis. Dit is zo omdat als je tot God bidt, hij je zal antwoorden en je, via iemand als ik, genezing zal schenken', legde hij uit. Dat mag dan misschien zo zijn, maar ik betwijfel of mijn maag sterk genoeg is om tweemaal per dag een lepel van het goedje te verdragen. Maar dat is geen probleem: Muhammad biedt zijn klanten een niet-goed-geld-teruggarantie.

VOORTPLANTINGSMIDDELEN

Impotentie is slechts een van de vele redenen dat een getrouwd stel niet op gang komt – dus een jaar na het trouwen een baby te produceren. Hoewel er onder hoogopgeleide werkende stellen een trend is om hun eerste kind uit te stellen tot enkele jaren nadat ze getrouwd zijn, proberen de meeste Egyptenaren meteen een kind te krijgen. Minder dan 1 procent van de gehuwde vrouwen gebruikt anticonceptie voor de eerste zwangerschap.[135] Een maand na mijn huwelijksfeest vroegen verschillende Egyptische vriendinnen of ik zwanger was. Los van het feit dat Egyptenaren meestal dol op kinderen zijn, is dergelijke aandacht ook pragmatisch. Veel vrouwen zullen je vertellen dat het krijgen van een kind – jonge stellen vinden twee of drie tegenwoordig optimaal – belangrijk is om te voorkomen dat een echtgenoot nog een vrouw neemt.[136] Zoals mijn oma zei:

'Hou je vogeltje vast, anders vliegt hij uit de kooi.'

Ongeveer een op de acht Egyptische stellen is onvruchtbaar, wat overeenkomt met de rest van de wereld.[137] Maar in Egypte, net als in de rest van de Arabische wereld, krijgt de vrouw bijna altijd de schuld als het niet goed lukt om zwanger te worden. En zo kon het gebeuren dat Iman, de dame met de felgekleurde lingerie, bij mij op de bank zat, en verlegen een trillende penisring onderzocht. Ze was een jaar getrouwd en nog altijd niet zwanger – wat in de hele familie in toenemende mate voor onrust zorgde. Met wat meer opwinding in de slaapkamer hoopte ze de geslachtsgemeenschap productiever te maken. Iman had al verschillende doktoren geraadpleegd, die haar onmiddellijk aan een vruchtbaarheidsbehandeling hadden onderworpen, wat in strijd was met de medische richtlijnen, want ze was nog een twintiger en het pasgetrouwde stel moest nog op gang komen. Iman was geprikt, getest en vol hormonen gepompt nog voordat iemand er ook maar aan had gedacht haar echtgenoot te controleren.

Het verwekken van een kind is in de Egyptische samenleving belangrijk voor een man, en het valt niet mee toe te geven dat er iets schort aan het pantser van de vruchtbaarheid. 'Toen ik hier acht jaar geleden begon, kon ik me niet voorstellen hoe groot de rol van de man bij onvruchtbaarheid is', zegt Amira Badr al-Din Mehany, hoofd van het embryolaboratorium van de afdeling medisch begeleide voortplanting van de Al-Azhar Universiteit. Al-Azhar is een van de oudste universiteiten van de wereld, gesticht in de tiende eeuw, en verbonden aan de beroemde moskee met dezelfde naam. Vlak in de buurt bevindt zich de Khan al-Khalili, de beroemde soek van Caïro. Buiten de poorten van de universiteit kronkelen allemaal steegjes en zijn er schaduwrijke karavanserai, van waaruit meer dan duizend jaar lang waren aan de man zijn gebracht. Maar wie de chirurgische vleugel binnenstapt, belandt in een keer eeuwen verder bij de allernieuwste vruchtbaarheidsbehandelingen.

In een steriel laboratorium, met een operatieschort voor, handschoenen aan en een chirurgisch masker op, keken Mehany en ik door een raam een operatiezaal in, waar een chirurg eitjes bij een patiënt weghaalde. We zagen hoe buisjes met een strokleurige vloeistof via een luik aan het laboratorium werden gegeven, in een petrischaal werden overgeschonken, die in een beweging onder een microscoop werd geplaatst. Een technicus keek door een lens en riep allerlei getallen. 'Drie hier! En daar zitten er nog vijf!' Ze telde hoeveel eitjes er waren geoogst.

De afdeling onvruchtbaarheid van Al-Azhar is gespecialiseerd in ICSI, Intracytoplasmatische Sperma-Injectie. Met deze techniek kan sperma dat niet helemaal goed werkt onder een microscoop in een eitje worden geïnjecteerd. Verderop in het lab zat een andere medewerker aan knoppen te draaien, druk in de weer met twee pipetten onder een microscoop, waarvan de ene het eitje op z'n plek hield en de andere hem met sperma injecteerde. Mehany bood me aan om toe te kijken, en probeerde een kleine Panasonictelevisie aan de microscoop te koppelen zodat ik het moment van conceptie op het scherm kon volgen. Helaas werkte de verbinding niet. Het enige wat we op de televisie konden zien, was een vage herhaling van *Noor*, een bijzonder populaire Turkse soapserie uit 2008, die vrouwen overal in de Arabische wereld liet zwijmelen voor de knappe hoofdrolspeler en deed verlangen naar de liefdesromantiek en het gezelschap die ze in hun eigen huwelijk meestal misten.[138]

Ik vroeg Mehany naar de oorzaak van de hoge mate van mannelijke onvruchtbaarheid in Egypte. 'Ik weet het niet, misschien de vervuiling', antwoordde ze. 'En ja, het roken.' Haar collega's dachten er anders over. 'Het zijn de genen', zei een van hen. In Egypte trouwen veel mensen binnen de eigen familie – net zoals in andere landen in de regio – waardoor de kans toeneemt dat genetische defecten aan kinderen worden doorgegeven. Maar daarop doelde hij niet. 'Ja, de spijkerbroek,' legde hij uit, 'die doet de temperatuur van de testikels stijgen, waardoor de bal beschadigd raakt.'

Los van theorieën over door mode veroorzaakte onvruchtbaarheid, vermoedden andere leden van de vakgroep dat het leven op de boerderij, en vooral de blootstelling aan landbouwchemicaliën, verklaart waarom er zo veel fellahin, kleine boeren, langskomen. Ik zag ze in de wachtkamer samendrommen, mannen en vrouwen gekleed in galabia's. Al-Azhar heeft een uitstekende reputatie met ICSI, maar dat is niet de enige reden dat er hordes patiënten komen. Er is geen tekort aan private ivf-klinieken in Egypte, maar de kosten van een enkele reeks behandelingen lopen op tot 10.000 Egyptische pond. Bij het Al-Azhar is de behandeling eenderde van die prijs, en wie naar het oordeel van maatschappelijk werkers behoefte heeft aan financiële steun, krijgt nog meer korting. 'Soms als hier stellen komen en ze toegeven dat ze geen geld hebben', zegt Mervat Mohamed, een professor in de vakgroep, 'vragen we ons af waarom ze kinderen nodig hebben, als ze zich geeneens goede kleren kunnen veroorloven. Heel, heel arme mensen. Maar een van de vrouwen vertelde me: "Ik hoop dat ik zwanger kan worden, en dat ik kan bevallen, dat wil ik allemaal ervaren" – gewoon om te voelen hoe het is om zwanger te zijn, vrouw te zijn.' In Egypte worden kinderloze vrouwen *maskiina* genoemd, beklagenswaardige. De gedachte dat een gehuwde vrouw vrijwillig kinderloos zou kunnen zijn, is voor de meeste mensen ondenkbaar.

Het is nooit gemakkelijk om reageerbuisbaby's te maken, maar in Arabische landen is het extra lastig. Net als andere lichaamssappen wordt zaad in de islam als ritueel onrein beschouwd, en de man en de vrouw moeten zich na het vrijen allebei ritueel wassen (wat de reden is dat in armere delen van Egypte, waar buren dicht op elkaar wonen, vrouwen vaak een heel spektakel van het douchen maken – om te tonen dat hun man nog steeds naar ze verlangt). Vrouwen douchen bijna meteen na het vrijen. Ze kunnen van slag raken als ze op aanraden van de specialist, die ze vanwege onvruchtbaarheid hebben geraadpleegd, een half uur na de ejaculatie languit moeten blijven liggen, om de conceptie te bevorderen.[139]

Maar een veel groter probleem is het verkrijgen van een monster van het sperma. Veel mannen staan heel negatief tegenover masturbatie en denken zelfs dat hun onvruchtbaarheid erdoor wordt veroorzaakt. Het toestaan van masturbatie is iets waarmee religieuze geleerden meer dan duizend jaar hebben geworsteld. Al-Shafi'i, stichter van een van de belangrijkste scholen van islamitische jurisprudentie in de achtste en negende eeuw, meende dat het haram was, zich baserend op een vers uit de Koran waarin gelovigen worden omschreven als degenen die, onder andere 'hun schaamstreek kuis bewaren, behalve bij hun echtgenotes of slavinnen waarover zij beschikken, dan valt hun niets te verwijten, maar zij die meer dan dat begeren, zij zijn het die overtreden' – en daaronder valt ook je eigen hand.[140] Sommige juristen zijn het daarmee oneens. Zo beweerde Ibn Hanbal, stichter van een andere school, dat masturbatie te prefereren was boven overspel en dus toegestaan, vooral voor reizigers, gevangenen en anderen zonder seksuele partner. Sommigen van zijn volgelingen stonden het zelfs aan vrouwen toe.[141] Andere religieuze geleerden hebben masturbatie vergeleken met een moslim die tijdens de ramadan de vasten breekt vanwege ziekte, wat in de islam is toegestaan. Evenzo beschouwden ze masturbatie als een noodzakelijke bevrijding van een anderzijds schadelijke opeenhoping van zaad in de testikels.[142] Maar over het geheel genomen hebben religieuze geleerden een negatieve invloed op de praktijk gehad, door zich te beroepen op Hadith waarin, bijvoorbeeld, masturbeerders op de dag des oordeels van de genade van God worden uitgesloten en rechtstreeks in de hel belanden.[143]

Als gevolg hiervan is de noodzaak een zaadmonster te produceren voor een onvruchtbaarheidsbehandeling – meestal in het toilet van de kliniek – voor velen problematisch. De vakgroep van Al-Azhar gaat hier discreet mee om, met een kamer in een zijgang, zodat degenen die er gebruik van maken zich wat minder ongemakkelijk voelen. 'Het gebeurt hier vaak dat we om een monster vragen en dat hij de hele dag blijft, zonder iets te produceren', lichtte Mohamed toe. De Al-Azhar Universiteit is verbonden met een van de oudste en meest gerespecteerde religieuze instituten in de islamitische wereld, en Mohamed is een met zachte stem sprekende vrouw in een hijab. Dus voelde ik enige gêne toen ik haar vroeg of de kliniek de patiënten de helpende hand toestak, met pornografische tijdschriften of video's. Maar ze antwoordde zonder aarzeling: 'We geven ze niks. We stellen de kamer ter beschikking waar ze zich kunnen afzonderen, soms met hun vrouw. Hij weet hoe hij het moet doen. Voordat hij naar de kliniek komt, heeft hij instructies gekregen. Wij doen niet zoals elders [in klinieken waar ze] seksfilms vertonen. We geven ze helemaal niks mee, behalve de beker.'

De islam geeft ook aan hoever medisch begeleide voortplanting kan gaan. In Egypte zijn technieken die gebruikmaken van de eigen voortplantingscellen toegestaan: kunstmatige inseminatie, reageerbuisbevruchting en ICSI. Sperma- of eiceldonatie en draagmoederschap zijn onaanvaardbaar.[144] Al-Azhar schreef in 1980 met een fatwa voor hoe met deze materie omgegaan moest worden, en dat zette de toon voor soennitische moslims overal in de Arabische wereld.[145] De soennitische autoriteiten redeneren dat voortplanting een zaak is van een echtpaar. Het gebruik van de voortplantingscellen van iemand anders is analoog aan zina, en het kind dat uit een dergelijke verbintenis wordt geboren zou onwettig zijn. Doorslaggevend hier is *nasab* – de verwantschap van een kind aan de stamboom van de vader – die allesbepalend is, van bij wie een vrouw ongesluierd kan zitten, tot de erfrechten. Met als gevolg dat dergelijke technieken alleen voor gehuwde mensen zijn – een weduwe, bijvoorbeeld, die gebruik wil maken van het ingevroren sperma van haar overleden man of van hun embryo's uit eerdere ronden reageerbuisbevruchting, zal op veel tegenstand stuiten als ze dat voor elkaar wil krijgen.

Maar geen van deze technologische ontwikkelingen hebben Iman geholpen. Na drie jaar huwelijk was ze nog steeds niet zwanger. Bij haar, en uiteindelijk ook bij haar man, was niets vastgesteld wat het krijgen van kinderen in de weg stond. Het probleem was nu dat zich weinig gelegenheden voordeden. De tips en speeltjes uit onze bijeenkomst hadden hun beperkte waarde allang verloren, en tegen de tijd dat de opstand gaande was, sliepen zij en haar echtgenoot zelden meer bij elkaar. Hij surfte liever naar pornowebsites en chatte met vrouwen op Facebook, ondanks alle inspanningen van de overheid om dergelijk onlinevermaak te verhinderen, zelfs strafbaar te stellen. Ook buiten de slaapkamer was hun huwelijk op de klippen gelopen – en ze probeerde zich te verzoenen met het vooruitzicht dat hij een andere vrouw zou nemen die hem wel kinderen zou schenken. Een uiterst neerslachtige Iman begon spijt te krijgen dat ze ooit het praatje over seksspeeltjes had bezocht. Ze weet het allemaal aan *hasad*, het boze oog: door tijdens de bijeenkomst openlijk over het pasgehuwde genot te spreken, had ze zich de jaloezie van haar zussen op de hals gehaald, waardoor alle voortplantingsleed was ontstaan.

NIEUWE WEGEN INSLAAN

Terug naar de koffieochtend, waar Wisam, een andere zus van Azza, rustig op de bank zat, als een schaduw. Anders dan de andere vrouwen, van wie de zorgvuldig op elkaar afgestemde hijabs, onderkleding en broeken bontgekleurd waren, was zij in het zwart en grijs gekleed. Als Wisam sprak, deed ze dat met een gebroken stem, met nauwelijks genoeg energie om haar vermoeidheid en gebrek aan libido te beschrijven. Als thuisblijvende moeder van een jonge zoon was Wisam op zoek naar iets waardoor ze haar belangstelling voor het leven in het algemeen en seks in het bijzonder weer kon terugkrijgen. Maar haar uitputting was niet direct het gevolg van wat er in de slaapkamer gebeurde.

Net als eenderde deel van de Egyptische vrouwen was ze het slachtoffer van huiselijk geweld. Het slaan en de beledigingen waren begonnen nadat ze enkele jaren getrouwd was. Ongeveer 10 procent van de gehuwde vrouwen in Egypte heeft ook met seksueel misbruik te maken. Wisam is een van hen. Haar echtgenoot dwingt haar tot geslachtsgemeenschap, zonder rekening te houden met zijn eigen toestand of haar stemming. In de Arabische wereld is seksueel geweld onder partners of voormalige partners een veelvoorkomend fenomeen, en de cijfers die erover bekend zijn onderschatten het probleem ongetwijfeld.[146] Wisam is in veel opzichten een kenmerkend voorbeeld: het misbruik begint al vroeg, en vooral jongere vrouwen zonder werk, financieel afhankelijk van hun echtgenoot, zijn kwetsbaar. Hoewel het onder arme en ongeletterde vrouwen het meest voorkomt, biedt een opleiding geen bescherming. Zowel Wisam als haar echtgenoot heeft een universitaire opleiding gevolgd.

Een van de uitdagingen bij de omgang met seksueel geweld onder partners is het feit dat veel vrouwen in Egypte, en veel vergelijkbare landen in de buurt, het niet alleen accepteren, maar zelfs vergoelijken. Zo zei, in het landelijke onderzoek onder vrouwen in Egypte die altijd getrouwd zijn geweest, ongeveer eenderde van hen dat een echtgenoot zijn vrouw mag slaan als ze het huis verlaat zonder het hem te zeggen of de kinderen verwaarloost. Een kwart denkt dat ze vraagt om een pak slaag als ze weigert met hem te vrijen.[147] Jonge Egyptenaren stellen zich al even hard op.[148] Sommigen beroepen zich op de islam en zeggen dat de Koran het mannen toestaat om hun vrouwen te kastijden en vrouwen verplicht seksueel actief te zijn. 'De deugdzame vrouwen zijn dus onderdanig en zij waken over wat verborgen is, omdat God erover waakt. Maar zij van wie jullie ongezeglijkheid vrezen, vermaant haar, laat haar alleen in de rustplaatsen en slaat haar. Als zij jullie dan gehoorzamen, dan moeten jullie niet proberen haar nog iets aan te doen. God is verheven en groot.'[149] Maar deze verzen zijn verschillend te interpreteren en rechtvaardigen beslist niet het geweld dat veel vrouwen ervaren.[150] Een belangrijke oorzaak van het slaan van vrouwen is de patriarchale cultuur in Egypte, waar mannen mannelijk zijn, geweld daar deel van uitmaakt, en vrouwen worden opgevoed om dat te slikken en te gehoorzamen, in ruil voor zijn financiële onderhoud. Om vrijwel dezelfde reden is er weinig bekend over de omgekeerde situatie, waarin vrouwen echtgenoten aanvallen, voor een deel omdat het zonder meer minder vaak voorkomt dan misbruik van vrouwen, maar ook omdat het idee van het op deze manier omkeren van de zaak ingaat tegen de wijdverbreide opvatting van mannelijkheid.

Overal in de Arabische regio worden pogingen ondernomen om iets aan deze zaak te veranderen. In Egypte bijvoorbeeld zijn de afgelopen jaren opvangtehuizen, telefoonlijnen en gratis advocaten en juridische diensten gekomen, evenals een nationale ombudsman voor vrouwenzaken en een netwerk van non-gouvernementele organisaties die zich inzetten om geweld tegen vrouwen op de politieke en persoonlijke agenda te krijgen. Maar er kleven allerlei praktische bezwaren aan deze initiatieven, waaronder een gebrek aan bewustzijn van degenen die er baat bij zouden kunnen hebben.[151] Wisam, een goed opgeleide vrouw uit de hoofdstad, wist eenvoudigweg niet dat er zulke diensten bestonden. Degenen die in meer afgelegen delen van het land wonen, krijgen van daaruit moeilijk toegang tot de hulp, zelfs als die in de buurt zou zijn.

Het gaat om de acceptatie. Net als de meeste andere vrouwen houdt Wisam het probleem liever binnen de familie. Opvallend genoeg adviseerden haar zusters haar om bij haar man weg te gaan. Want uit onderzoek blijkt dat vrouwen anderen meestal aanraden te blijven, voor een deel uit praktische overwegingen, zoals de financiën en de voogdij over de kinderen, en voor een ander deel omdat zij in hetzelfde schuitje zitten en dus geneigd zijn vrouwen te veroordelen die de cyclus van het lijdzaam verdragen en de echtelijke vrede doorbreken.[152] Maar in het geval van Wisam waren het haar broers, die bezorgd waren over de reputatie van hun familie en hun eigen gezag, die haar adviseerden bij haar man te blijven.

Toen het misbruik doorging, nam Wisam de ongebruikelijke stap om een klacht bij de politie in te dienen. In Egypte is de wet niet bepaald vrouwvriendelijk als het op huiselijk geweld aankomt. Weliswaar heeft Egypte enkele internationale verdragen geratificeerd over mensenrechten die betrekking hebben op geweld tegen vrouwen, waaronder het Verdrag inzake de uitbanning van alle vormen van discriminatie van vrouwen, en zijn er in de loop van de jaren heel wat mooie woorden in de grondwet opgenomen over de rechten van vrouwen en mannen, maar vooralsnog bestaat er geen wet die specifiek op huiselijk geweld is gericht. Verkrachting binnen het huwelijk is nog ingewikkelder, omdat er geen Egyptische wet over bestaat, ondanks jarenlange inspanningen van vrouwenrechtenorganisaties om enige vorm van wettelijke bescherming te krijgen.[153] Toen Wisam probeerde een klacht in te dienen op grond van de algemene wetgeving voor mishandeling, weigerde de politie de zaak te registreren, met als argument dat een man het recht heeft zijn vrouw te kastijden.

Maar Wisam, begin dertig, weigerde hierin te berusten. Na jarenlang op zoek te zijn geweest naar werk, kreeg ze uiteindelijk een eenvoudig baantje op een callcenter van een van Egyptes mobiele telefoonbedrijven. Waarna ze besloot te scheiden.

Ook al wordt het steeds bereikbaarder voor vrouwen, toch is scheiding allesbehalve sociaal geaccepteerd. Overal in Egypte en elders in de Arabische regio is men beducht voor wat men als een golf van huwelijksverval ziet, vooral onder pasgetrouwde stellen uit de middenklasse, van wie de onoverbrugbare verschillen vaak neerkomen op klachten over liefhebbende verloofden die veranderen in controlfreaks van echtgenoten, en over nieuwe echtgenotes die te zelfstandig zijn en onvoldoende 'ouderwets' attent. Maar afhankelijk van waar je naar kijkt, worden de sombere voorspellingen over de door de scheidingen teweeggebrachte maatschappelijke desintegratie niet door statistieken bevestigd.[154] Zo deden zich in Egypte in het afgelopen decennium tussen de één en twee scheidingen per duizend mensen voor, minder zelfs dan in de vroege jaren vijftig.[155] Het lijkt misschien zo dat er meer mensen scheiden, onder meer omdat de scheidingspercentages in sommige delen van het land – Caïro bijvoorbeeld – significant hoger liggen dan het landelijk gemiddelde en omdat gescheiden vrouwen steeds vaker in de openbaarheid treden.[156]

Een gescheiden vrouw die aandacht krijgt, is Mahasin Sabir. Ze is de bedenker en presentatrice van *Radio Motalakat* (Radio voor gescheiden vrouwen) en heeft een Facebookpagina onder dezelfde naam. Gevestigd in Zagazig, een plaats ten noorden van Caïro, wordt *Motalakat* in de hele Arabische wereld en daarbuiten door vele duizenden mensen gevolgd. De titels van de programma's – onder andere *Verkeerd begrepen en op een vergissing berustend*, *Moeder in huis* en *Je zoon terwijl je hem grootbrengt* – geven een indruk van de voornaamste zorgen van het publiek, vrouwen en mannen die geregeld per e-mail, Instant Messenger en Facebook met Sabir contact hebben.

'Ik wil verandering brengen in de manier waarop men tegen gescheiden vrouwen aankijkt', zei Sabir. 'De vrouw die wil scheiden is geen slechte vrouw. De vrouw die wil scheiden is geen hoer, niet iemand die met iedereen in bed duikt. Hier in onze samenleving wordt zo tegen deze vrouwen aangekeken. In de rechtszaal, de advocaat, de man van het recht [rechter], allemaal kijken ze naar de vrouw alsof ze makkelijk te krijgen is. Ik wil me tot de samenleving richten, de mannen en vrouwen. Als je een meisje [dochter] hebt dat gescheiden is, of een moeder die gescheiden is, dan moet je de vrouw die gescheiden is natuurlijk op een menselijke manier bekijken.' Haar harde constatering berust op onderzoek. In het nationale onderzoek onder Egyptische jongeren zei ongeveer tweederde van de jongemannen en vrouwen dat gescheiden vrouwen in de samenleving niet worden gerespecteerd.[157]

Sabir spreekt uit het hart. Na een twee jaar durend ongelukkig huwelijk, heeft ze vier jaar geprobeerd van haar man af te komen. In het belang van haar jonge zoon spreekt ze liever niet in het openbaar over de reden van haar scheiding. Maar ze heeft het graag over de gevolgen, die in 2008 de aanleiding vormden om over haar ervaringen te bloggen. Het grote aantal reacties – voornamelijk van mannen – leidde tot de start van *Radio Motalakat*.

Sabir is begin dertig en woont samen met haar zoon, moeder en broer. De relatie met haar moeder, die faliekant tegen de scheiding van Sabir was, is nooit goed geweest. Maar Sabir kiest ervoor om bij haar te blijven, zodat haar zoon het gevoel heeft ergens thuis te horen. 'Ik wil de ziel van mijn familie niet kwijtraken, al denk ik vaak dat ik graag alleen wil wonen', zei ze. De veilige omgeving van de familie is een van de redenen dat veel vrouwen liever niet zonder instemming van hun ouders trouwen, omdat er voor veel vrouwen die afstand nemen van de huwelijkse staat weinig anders op zit dan naar huis terug te keren. 'Een ongehuwde vrouw die zelfstandig woont? Dat is een ramp!' Ze lachte. 'Hier in onze samenleving hoort ze niet laat – dus om negen uur 's avonds – in de familiewoning terug te keren. Dus gaan veel gescheiden vrouwen niet uit, werken ze niet, om de indruk te kunnen blijven wekken dat ze een goede en beleefde vrouw zijn.'

Onderdeel van het probleem is het stereotiep van een gescheiden vrouw als seksueel roofdier, op jacht naar mannen (en dat betekent de echtgenoten van andere vrouwen) om haar lust te bevredigen. 'Ze hebben hier het idee dat ze met elke man kan gaan. Ze is geen meisje [maagd] meer, dus kan ze gemakkelijk met iedereen de koffer in duiken', zei Sabir. 'Mannen en vrouwen houden er heel rare opvattingen op na. Als ze met een andere man wil gaan, kan dat al heel vroeg, daarvoor hoeft ze niet te wachten tot ze 's nachts bij hem kan zijn. Het is een idiote samenleving.' Ze verwacht niet dat hier op korte termijn iets aan zal verbeteren. 'De revolutie heeft de mening van de samenleving over gescheiden vrouwen niet veranderd. Niet nu, misschien over tweehonderd jaar.'

Sabir vermoedt dat de houding tegenover scheiden in Egypte tegenwoordig minder tolerant is dan in de tijd van haar ouders. 'Men is bekrompener over scheiden dan voorheen. Je hebt de wahabieten*, wat heel jammer is. Door hen wordt onze samenleving zo bekrompen, wat een ramp is voor onze samenleving. In Egypte ging het over cultuur, kunst en allemaal prachtige zaken, maar door de wahabieten en de [televisie-] zenders die zich achter hen scharen, gaat men aan religie denken, maar op een verkeerde manier. Ze halen iets uit religie wat helemaal verkeerd is.'

Dit soort islamitische bezwaren worden gevoed door de introductie in de Egyptische wet van *khul'*, die vrouwen toestaat eenzijdig van haar echtgenoot te scheiden, onder meer op voorwaarde dat ze afstand doet van haar financiële aanspraken en haar mahr terugbetaalt. Het is een van de drie soorten scheiding in Egypte. De andere zijn *talaq*, waarbij een man driemaal zegt 'Ik scheid van jou' en dit vervolgens bij een huwelijksnotaris vastlegt, en een op verwijten gebaseerde scheiding, waarin een vrouw op grond van ontrouw of mishandeling de gecompliceerde Egyptische wetten om van haar man af te komen kan trotseren.[158] Volgens Sabir geven de meeste mannen er de voorkeur aan om voor het gerecht te worden gesleept, wat jaren kan duren, zodat ze de betaling van alimentatie en het

* Het wahabisme is een ultraconservatieve interpretatie van de soennitische islam, in de achttiende eeuw ontstaan in het huidige Saoedi-Arabië. Dankzij de stuwende kracht van de Saoedi's heeft het zich tegenwoordig over de hele wereld verspreid.

overdragen van de gezinswoning aan de ex-vrouw en kinderen kunnen uitstellen. Ondertussen kunnen echtgenoten een andere vrouw nemen, officieel of niet, terwijl vrouwen klem zitten en pas kunnen vertrekken als ze officieel gescheiden zijn. Gescheiden vrouwen kunnen eventueel hertrouwen, want ondanks alle schande waarmee een scheiding wordt geassocieerd, vormen ze voor sommige mannen een aantrekkelijke gegadigde, omdat bruiden die voor de tweede keer trouwen niet meer uit zijn op alle toestanden van een grootse bruiloft en een eerste huwelijk. En dus biedt khul' vrouwen een uitweg, ook al moet iemand zonder onafhankelijk inkomen hard onderhandelen en veel geduld hebben.

Toen khul' in 2000 voor het eerst wettelijk mogelijk werd, ontstond er een heftig debat over de rechtmatige rol van vrouwen en bleek het mannen diep van binnen niet lekker te zitten. Na de opstand van 2011 hebben tegenstanders van khul' geprobeerd er paal en perk aan te stellen door de wet in verband te brengen met het oude regime. Nog erger in hun ogen was de koppeling met de voormalige presidentsvrouw Suzanne Moebarak, die, los van het feit dat ze deel uitmaakte van een in opspraak geraakt regime, zich actief inzette voor het promoten van wat velen beschouwen als een programma van westerse vrouwenrechten die de traditionele islamitische waarden ondergraven – al is khul' oorspronkelijk uit de islam afkomstig.[159]

Hoe ze hun huwelijk ook beëindigen, Sabir gelooft dat de scheiding voor vrouwen niet positief kan uitpakken: '[Als zij de zaak in gang zet] is ze een slechte vrouw, is ze een zondige vrouw, die de band met de familie heeft verbroken. Omgekeerd, als de man [van haar] scheidt, zeggen ze over haar dat ze een loser is, iemand die haar woning niet kan behouden, haar echtgenoot niet kan behouden en hem niet gelukkig kan maken. Ze willen dat ze zich voor hem uitslooft, zoals in dat lied van Elton John, "Don't Go Breaking My Heart".'

Op *Radio Motalakat* luchten gescheiden vrouwen hun hart, terwijl hun mannelijke tegenhangers voornamelijk op geld gericht zijn, op hoe ze na het uit elkaar gaan met alle bijbehorende financiële verplichtingen de touwtjes aan elkaar kunnen knopen. Ik vroeg Sabir of het publiek ooit over seks sprak als een van de oorzaken van het stranden van het huwelijk, gezien de hooggespannen verwachtingen voorafgaand aan het huwelijk en de communicatieproblemen daarna. 'De helft van de vrouwen wil scheiden omdat ze op seksueel gebied niet gelukkig zijn. [Maar] daar durven ze niet over te praten. In de eerste plaats omdat dit in de samenleving niet gebruikelijk is, maar ook omdat ze bang zijn voor hun familie, voor hun kinderen', lichtte ze toe. 'Als haar zoon haar vraagt: "Moeder, waarom wil je van mijn vader scheiden?" denk ik dat hij het niet zal accepteren [als ze uitlegt dat het vanwege de seks is]. Als jongen in een Arabische samenleving heeft hij geen ervaring met seks en weet hij niet dat die heel belangrijk is voor mensen. Hij zal zijn moeder niet begrijpen. Ze is bang dat ze haar zoon en familie kwijtraakt.' Het is de aloude dubbele moraal, vertelt Sabir. 'De vrouw die er dus niet over durft te praten. Terwijl de man vertrekt en een nieuwe vrouw vindt, waarmee hij heel gelukkig wordt, met een, twee, drie vrouwen. Zonder dat zij dat recht ook heeft. Zij moet bedroefd, ongelukkig zijn, een slechte behandeling [accepteren] en zich alleen nog maar inzetten voor het opvoeden van de kinderen. Zo wil de samenleving het. Ze kan niet zeggen: "Ik heb seksuele rechten – ik wil gelukkig zijn." Als ze dat doet, zullen ze zeggen dat ze een slechte vrouw is.'

Sabir zelf trouwde na een wervelende romance van drie maanden. Ze ontmoette haar man in de supermarkt. 'Het was een liefdesgeschiedenis als in een film. Je voelt dat dit degene is met wie je op een lijn zit en alles wilt delen. Je leeft in een roze wolk en vervolgens schrik je je een ongeluk.' Haar levendige stem ging over in gefluister. 'Ik was zo verliefd op hem, zo hevig. En nadat we trouwden, heb ik zozeer onder hem geleden.' In Egypte bestaat een gezegde: 'Het huwelijk is als een watermeloen: je weet alleen wat erin zit als je erin snijdt.' Dus vroeg ik haar of de persoonlijke en seksuele vrijheid van het Westen om voor het huwelijk relaties aan te gaan, die de partners de gelegenheid bieden elkaar te leren kennen, haar deze pijn had kunnen besparen. Sabir uitte zo haar twijfels over de mogelijkheid dat 'een open relatie', zoals zij het noemt, voor het huwelijk de kans op een scheiding verkleint. Neem Madonna en haar vele echtgenoten, zei ze. Volgens haar ligt het voordeel van de westerse benadering op een ander vlak: 'De behandeling na het huwelijk ... Zeker, in het Westen is die beter dan in de Arabische samenleving, omdat de mannen [daar] hun vrouwen niet verkeerd durven te behandelen. Van jongs af aan leren de ouders en samenleving hem om vrouwen te respecteren. Hier in de Arabische samenleving gaat dat anders. In hun jeugd leren de samenleving en de familie hem om vrouwen slecht te behandelen. Dat begint met zijn zus, zijn moeder, waarna zijn vrouw aan de beurt is ... Volgens mij vinden sommige mannen zich als man een hele vent [en] denken ze dat een vrouw een of ander zwak wezen is.'

Wisam bewijst het tegendeel. Toen haar man haar niet wilde laten gaan, probeerde ze khul', waarna advocaten haar duidelijk maakten dat de afloop van dergelijke zaken in de rechtszaal nog lang niet vaststond. Dus koos Wisam ervoor khul' ten uitvoer te brengen door haar man af te betalen en afstand te doen van aanspraken op ondersteuning, in de hoop hem er ten slotte van te overtuigen van haar te scheiden. Hoewel ze waarschijnlijk haar vrijheid zal verkrijgen, is haar toekomst allesbehalve gemakkelijk. Sinds 2005 hebben gescheiden vrouwen in Egypte namelijk het recht om de voogdij over hun kinderen te behouden tot ze vijftien jaar zijn, waarna de kinderen kunnen kiezen bij welke ouder ze willen wonen. Als ze geen voogdij meer hebben over hun kinderen, raken gescheiden vrouwen ook het recht kwijt om in de echtelijke woning te wonen. Islamitische conservatieven hebben allang bezwaar aangetekend tegen dit juridische amendement en proberen de leeftijd van de voogdij te verlagen.[160] In de huidige politieke situatie in Egypte is die dreiging afgenomen, maar als een dergelijke wet ooit wordt aangenomen, dan zou het ervan kunnen komen dat Wisam haar vrijheid uiteindelijk met haar zoon moet betalen.

Voor Azza geldt dat de opstanden een onverwachte invloed op haar huwelijk hebben. Haar echtgenoot, eens zo ongeïnteresseerd in bed, werd een attente geliefde. Azza heeft geen idee hoelang hij het zal volhouden – dat attente gedrag – maar zolang het duurt, is ze er blij mee. 'Hij verandert enorm. Hij leest veel over het onderwerp, op een islamitische manier, als je dit doet, en op deze wijze, dan wordt je vrouw gelukkig.' Azza glimlachte. 'Hij stuurt me altijd artikelen over hoe ik mijn verlangens kan bevredigen.' Hij begon ook beter voor zichzelf te zorgen, deed zijn best eruit te zien als de van een stoppelbaard voorziene, zorgvuldig gecultiveerde Arabische man zoals die in talloze mode- en bruidsadvertenties verschijnt. Azza nam aan dat haar toegenomen kennis over seks, mede door de jarenlange gesprekken over mijn werk, iets hadden opgeleverd, evenals haar verhoudingsgewijs sterke positie in het huwelijk. 'Sinds ik jou heb ontmoet, doet hij zijn best het leuk te maken en gelukkig met me te zijn. Misschien omdat ik meer verdien dan hij, misschien omdat ik anders bij hem wegga en een andere man neem. Wie weet. Hij denkt dat hij me zo aan zich kan binden.'

Azza en haar familie zijn slechts enkelingen in een zee van huwelijken in Egypte en de Arabische wereld. Hun echtelijke ellende wil niet zeggen dat er in de regio geen gelukkig getrouwde stellen zijn – natuurlijk zijn die er. Maar sla er een willekeurige krant op na, blader door een vrouwenblad, bekijk wat voor praatprogramma dan ook, of bezoek een website in de Arabische regio, en altijd vind je mensen die over huwelijksproblemen praten. Het is niet voor te stellen dat er een democratie in een samenleving kan opbloeien als haar constitutionele en culturele hoeksteen in de familie zo ondemocratisch is. Het zal minstens een generatie duren voordat de democratische waarden, waaronder gelijke rechten voor het individu, naar het huwelijk zijn overgebracht. Het veranderen van wetten, op papier en in de praktijk, om vrouwen op hetzelfde niveau als mannen te brengen, is daarvan slechts een onderdeel. Het is belangrijk om vrouwen in staat te stellen deze rechten te verwerkelijken, maar het is ook belangrijk om met mannen te werken, zodat zij de gelijke kansen in het huwelijk niet alleen maar accepteren, maar deze ook omarmen als een uitdrukking van hun geloof, niet als een schending ervan. Er bestaat geen tekort aan waardevolle rapporten en lovenswaardige initiatieven in het veld om iets te doen aan ongelijkheid van mannen en vrouwen in de Arabische regio, maar zelden hebben die de seksuele verwarring in vele huwelijken proberen aan te pakken.

In het beste geval zou een nieuw open klimaat in Egypte en de Arabische regio mensen ertoe kunnen aanzetten om geaccepteerde waarheden in zowel het persoonlijke als het politieke leven in twijfel te trekken. Als er minder druk op echtparen zou komen te staan, door betere economische vooruitzichten en minder dagelijkse onderdrukking, zou de onderlinge relatie van de paren er al heel wat op vooruitgaan. Als mannen zich minder bedreigd voelen door de buitenwereld, als ze ervaren meer keuzes in het leven te hebben dan het versleten pad van hun vader en de vaders voor hen, zullen ze, wellicht, meer bereid zijn om alternatieve rollen van vrouwen in verschillende domeinen te aanvaarden, ook in de slaapkamer.

Maar dit alles zal tijd kosten, en de nieuwe orde heeft zo zijn beperkingen. Ik verwacht niet dat het huwelijk in Egypte en zijn Arabische buren binnenkort uit de mode raakt. In de nabije toekomst zal het huwelijk de enige publiekelijk geaccepteerde context voor seksuele activiteit blijven, hoe lastig dat voor alle partijen ook zal zijn. Of zoals Abdessamad Dialmy, die we in het vorige hoofdstuk tegenkwamen, het stelde: 'Een rijbewijs is een vergunning om te rijden. In de Arabische regio is het huwelijk een vergunning om te neuken.' Maar wat moeten de tientallen miljoenen mensen in de regio die niet voor dat examen slagen? Wat doet een alleenstaande Arabier?

3

Seks en de alleenstaande Arabier

De eer van een meisje is als een lucifer, hij ontbrandt maar eenmaal.
– Egyptisch gezegde

'To be or not to be?'

Ik stond midden in een *milyuniyya*, een van de massaprotesten op het Tahrirplein die na het begin van de opstand van 2011 in de binnenstad gebruikelijk waren geworden. Wat een dramatisch verschil met het Caïro dat ik kende. Egypte is lang een land geweest voor oude mannen, die zo goed als overal de leiding hebben, van familiezaken tot staatsaangelegenheden. Maar op het Tahrirplein hadden de jongeren de touwtjes in handen. Door henzelf aangewezen bewakers bemanden de barricaden, controleerden identiteitsbewijzen en beklopten ons op zoek naar wapens. Studenten geneeskunde reikten chirurgenmaskers uit tegen traangas. Jongemannen streden in de zijstraten. En er hingen duizenden tieners en mensen van begin twintig rond, enerzijds feestend, anderzijds deelnemend aan een politieke bijeenkomst.

'To be or not to be?' Uit de menigte kwam een vrouw tevoorschijn, met een hijab gemaakt van een Egyptische vlag, met de adelaar strategisch midden op het voorhoofd. Ze raakte mijn elleboog aan en herhaalde haar vraag.

'Wat?' vroeg ik, uit evenwicht gebracht door onverwacht Shakespeare te horen, en door het spektakel eromheen. Naast mij lagen enkele jonge mannen en vrouwen op het trottoir hasj te roken. Een jonge imam, gekleed in een traditionele jurk en een tulband, stopte om hen een uitbrander te geven, maar op hun beurt zeiden ze hem dat hij zich met zijn eigen zaken moest bemoeien. Vlak voor me belde een jonge vrouw met haar moeder. Ze verzekerde haar dat alles goed was en verzette zich tegen haar smeekbedes om direct thuis te komen. Ondertussen slenterden jonge stelletjes hand in hand rond, een intimiteit die tot de schaduw was veroordeeld en niet breeduit bij daglicht getoond mocht worden.

In een cultuur die werd gedreven door conventies en conformiteit was dergelijke openlijke opstandigheid verbazingwekkend. Waren dit de eerste tekenen van een sociale revolutie?

'That is the question', reageerde de vrouw op mijn zwijgen, voordat ze oploste in de menigte.

Ik was naar het plein gekomen om met jonge mensen over seks te praten, over hoe de strijd voor politieke vrijheid zich zou kunnen vertalen in hun persoonlijke leven. Sally Al Haq, een nog geen twintigjarige letterkundestudente en onverholen 'sociale opstandeling' van een provinciale universiteit, was helemaal in voor verandering. 'Ja, absoluut, er zijn hier mensen op het plein met een volledig vrij seksleven. Dat is prima', zei ze. 'Ik ben het er helemaal mee eens en ik respecteer deze mentaliteit.' Anders dan veel jonge Egyptenaren was Al Haq een groot lezer, met veel belangstelling voor feministische literatuur en een voorkeur voor Franse erotische teksten. 'Ik las over Parijs 1968: "Het is verboden te verbieden".' Ze glimlachte toen ze een slogan van deze beroemde studentenopstand citeerde. 'Die lui veranderden echt iets in hun persoonlijke leven, zelfs iets in de samenleving en in de politiek. Dat zou ik hier graag ook zien gebeuren.'

Terwijl we tussen de menigten door liepen, leidde Al Haq me naar het midden van het plein, langs een kluwen scheerlijnen en door een woud aan provisorische tenten, om Amr El Wakeal te ontmoeten, een geneeskundestudent en medelid van een nieuwe politieke partij voor jongeren. De twee kwamen uit aangrenzende steden en hadden dezelfde conservatieve achtergrond, maar hun opvattingen over seksuele vrijheid lagen kilometers uiteen. 'Seks is een slecht onderwerp. Ik geef je een goede raad: vanwege je eigen veiligheid kun je er beter niet [over] beginnen', zo waarschuwde El Wakeal me vriendelijk. Dat verraste me een beetje, gezien de reputatie van de camping op het Tahrirplein als een soort mini-Woodstock, met seks, drugs en rock-'n-roll. 'Ik zal er niet omheen draaien', zei El Wakeal. 'Je zult hier misschien twee tenten vinden waar dat allemaal gebeurt. Daar zullen ze erg vrij zijn, socialistisch, en ze zullen al die dingen accepteren, maar er zijn maar heel weinig mensen bij wie dat zo is.' Hij wees naar zijn eigen tent, waarin een handjevol mannen en vrouwen op de grond zat, beschutting zoekend tegen de voor dit jaargetijde ongewone kou, en naar de andere, verderop staande tenten. 'In al deze tenten is dat niet mogelijk. De meeste mensen komen van het platteland en zijn arm. Als iemand erachter komt [dat mannen en vrouwen met elkaar vrijen] zal dat rampzalig zijn.' Hij schudde zijn hoofd. 'Dat is niet onze manier van doen, onze gedragsnormen zijn anders. In Egypte zijn we Arabieren, zijn we conservatief, zijn we religieus, geloven we in het instituut van het huwelijk.' El Wakeal was stomverbaasd bij de suggestie dat de politieke bevrijding waar hij en zijn collega's voor streden – en in die tijd voor stierven – de Egyptenaren op een dag van alle ketenen, ook seksuele, zou bevrijden. 'Niemand, niemand zal dat accepteren. Dat is niet de vrijheid waarop wij doelen. Voor de politieke revolutie is een sociale revolutie nodig, maar geen seksuele.' Weer schudde hij zijn hoofd. 'Nee, nee, nee. In geen honderd jaar.'

Naar schatting leven er in de Arabische wereld 100 miljoen mensen van vijftien tot negenentwintig jaar. Ze vormen bijna eenderde deel van de bevolking van de regio, die daarmee een van de grootste groepen jongeren op aarde huisvest.[161] De politieke en economische grieven van de Arabische jeugd zijn bekend, en leidden vanaf 2010 in de regio tot een uitbarsting van protesten. Maar hun intieme leven en verlangens onttrekken zich nog altijd aan het zicht. In Egypte is een minderheid van de vrouwen en mannen als tiener of begin twintiger getrouwd (geweest). Gezien de druk op echtparen om kinderen te krijgen, kan gerust worden aangenomen dat ze met elkaar gevreeën hebben. Over wat de alleenstaanden doen, is veel minder bekend, omdat het niet eenvoudig is om gedetailleerde vragen te stellen over het seksleven van de ongetrouwde jongeren van het land. Ik kan het weten, want ik heb het geprobeerd.

In 2009 begon de Population Council, een internationale onderzoeksgroep, in Egypte aan een onderzoek onder meer dan vijftienduizend mensen in de leeftijd van tien tot negenentwintig, door van deur tot deur te gaan en te vragen naar hun leven op school en thuis, naar hun werk en naar hun activiteiten. Seks was een van de zaken die ze wilden onderzoeken, dus sloot ik me aan bij een team dat de vragenlijst maakte. Plaatselijke deskundigen die zich met jongeren bezighielden gaven ons een lange lijst met onderwerpen waarover ze graag harde, voor het hele land representatieve gegevens wilden hebben. Hoeveel kinderen masturbeerden geregeld? Hoe vaak bezochten ze websites met seks? Hoe vaak deden ze aan telefoonseks? Wisten ze waar ze betrouwbare hulp en informatie over seksuele gezondheid konden krijgen? Hoe vaak hadden ze seks in ruil voor geld? En hoe zat het met relaties met mensen van hetzelfde geslacht? Werkelijk alles wat je wilde weten maar niet durfde te vragen.

We kwamen overeen de zaak indirect te benaderen. In plaats van de kinderen te vragen naar hun eigen seksuele ervaringen, namen we vragen op over hun naaste vrienden, in de hoop dat we hiermee in elk geval op statistische wijze een blik op de schaal van relaties voor het huwelijk konden werpen. Maar uiteindelijk bleek zelfs dat te ver te gaan. De overheid, die toeziet op onderzoeken onder huishoudens en deze beheert, weigerde toestemming te geven voor vragen over seks voor het huwelijk, op één vraag na: 'Heb je weleens gehoord van een meisje/jongen van jouw leeftijd die een relatie heeft met jongens/meisjes?' Helaas was deze zin te vaag om betekenisvolle resultaten los te krijgen.

Maar waarom zouden ambtenaren zover willen gaan vragen over seksuele activiteiten van jongeren te censureren? Er zijn minstens twee verklaringen mogelijk. Een daarvan is dat in de islam seks voor het huwelijk verboden is. De Koran is duidelijk op dit punt: 'En zij die geen manier vinden om te trouwen moeten kuis onthouding oefenen totdat God hen door Zijn goedgunstigheid rijk maakt.'[162] De gebruikelijke islamitische reactie op seksueel gemis is enige honger, om de geest te focussen en het libido te temperen. Dergelijke raadgevingen zijn regelrecht afkomstig van een Hadith volgens welke de profeet Mohammed naar verluidt geadviseerd heeft: 'O jongemannen, wie van jullie een vrouw kan onderhouden zou moeten trouwen, want dat weerhoudt de ogen ervan [zondige blikken] te werpen en behoedt je voor onzedelijkheid. Maar wie dat niet kan, zou zich moeten overgeven aan het vasten, omdat daarmee seksuele verlangens in bedwang te houden zijn.'[163] Omdat men eeuwen geleden op heel jonge leeftijd trouwde, had de Profeet het hier over een paar weken vasten, niet tot ver in de twintig en langer. '[De] principes van de islamitische sharia vormen de belangrijkste bron voor de wetgeving', zegt de Egyptische grondwet zoals die tot voor de opstand van 2011 gold, evenals de grondwet die op die opstand volgde, tot grote teleurstelling van hervormers die uit waren op een nieuw begin in een seculiere staat. Hoewel Egypte, anders dan veel Arabische buurlanden, geen expliciete wet tegen seks voor het huwelijk heeft, zijn er, in elk geval op papier, andere beschuldigingen die kunnen worden ingebracht tegen degenen die voorafgaand aan het huwelijk de sprong wagen.[164] Dus misschien dat de overheid niet naar religieus niet toegestane en wettelijk twijfelachtige activiteiten wilde vragen.

Een alternatieve en, eerlijk gezegd, aannemelijker verklaring is dat de overheid weinig belangstelling had voor wat mensen in bed doen – in elk geval niet uit morele overwegingen. Waar degenen die de macht hadden zich vooral druk om maakten, was het aan de macht blijven, en dat hield in ervoor zorgen dat de oppositie – de Moslimbroederschap – geen argumenten in handen kreeg die tegen de machthebbers konden worden gebruikt. Het laatste waaraan de overheid behoefte had, was een nationale vragenlijst die suggereerde (laat staan vaststelde) dat jonge mensen, en vooral ongehuwde vrouwen, seks voor het huwelijk hadden – consternatie, afschuw. Terwijl het mogelijk was onderzoek te verrichten naar het seksleven van jonge mensen in de marge – zoals straatkinderen – was dat voor wat ambtenaren betreft voor gewone Egyptische jongeren uitgesloten.[165] In het veranderende landschap van de Egyptische politiek zou elke verandering van het beleid van de overheid een welkome verrassing zijn.

Niet alle landen in de Arabische regio zijn zo gereserveerd als het gaat om onderzoek naar seksualiteit onder jongeren. Als onderzoekers in staat zijn veldonderzoek te doen (en de resultaten naar buiten te brengen) – in onder meer Tunesië, Marokko, Algerije en Libanon – wordt een patroon zichtbaar: eenderde of meer van de jongemannen zegt dat ze voor het huwelijk seksueel actief zijn (over het algemeen beginnen ze daarmee halverwege of laat in de tienerleeftijd, en hebben ze in de loop van de tijd meerdere partners), terwijl tot 80 procent van de jonge vrouwen zegt dat ze dat niet doen.[166] Dit roept uiteraard de vraag op met wie al deze jongemannen dan seks hebben. In werkelijkheid onderschatten de onderzoeken de voorhuwelijkse activiteit van vrouwen omdat ze dergelijk gedrag liever niet toegeven. De jongeren die volgens de onderzoeken 'seksueel contact' hebben, verschillende soorten, nemen weinig voorzorgsmaatregelen, en hebben een levensgrote kans zwanger te raken en een seksueel overdraagbare ziekte op te lopen. In de rest van de Arabische regio – met name in de Golfstaten – wordt nu pas met onderzoek begonnen, en er is nog altijd moeilijk aan gedetailleerde informatie te komen over het seksuele gedrag van ongehuwde mensen. Geconfronteerd met dit gebrek aan gegevens wendde ik me tot een van de meest bekende feministen van de regio, voor advies over hoe greep te krijgen op het seksuele leven van Arabische jongeren. 'Ik geloof niks van onderzoek in de Arabische wereld, want mensen liegen', vertelde ze me. 'Het is gemakkelijk. Richt je op belangrijke blogs en andere plekken op het internet, en je krijgt veel betere resultaten.'

WEBEFFECT

Neem Marwa Rakha, de Lieve Lita van de Egyptische onlinegeneratie. 'Wandelende media', zo heeft Rakha zichzelf beschreven. Sinds halverwege de jaren 2000 heeft ze persoonlijk advies gegeven en scherp sociaal commentaar geleverd, in geschrift en op televisie, radio en internet. Vrouwen zoals Sally, die ik op het Tahrirplein trof, laten zich door haar inspireren. 'Veel meisjes zijn door Marwa Rakha bevrijd', zei ze vol bewondering. 'Met haar krachtige aanwezigheid op de sociale netwerken hielp en steunde ze hen. Dit soort wilde vrouwen zijn heel belangrijk voor de jongere generatie.' Wekelijks komt Rakha met e-mails en Facebookberichten van hopeloos verliefde, angstige jongeren overal uit Egypte en elders in de Arabische wereld, die haar advies willen over alles, van regelrechte seks voor het huwelijk en in het huwelijksleven, tot sadomasochisme en stalken. Als je iets over seks en de alleenstaande Arabier wilt weten, moet je bij Rakha zijn.

De gebruikelijke disclaimer van Rakha voor correspondenten is dat ze geen arts en therapeut is. 'Ik heb gewoon veel relaties gehad. Dus weet ik hoe het gaat en kan ik mensen erover vertellen', lichtte ze toe, terwijl we op een stoffige plastic stoel zaten, op een terras in Borsa, de uit de koloniale tijd stammende financiële wijk van Caïro, nu een voetgangersgebied, in een dappere poging enige ruimte te heroveren op het niet-aflatende verkeer. 'Elk verhaal dat ik hoor, kan ik in verband brengen met iets uit mijn eigen leven. Ik heb in hun schoenen gestaan en begrijp hun angsten.'

Rakha begon ooit als een succesvolle leidinggevende in de marketing, maar uiteindelijk beviel haar dat niet. 'Ik was er zo zat van dat ik allerlei relatieproblemen kreeg. Zo pikte ik de verkeerde vent op, maakte hem het leven zuur, begon tegen hem te zeuren, maar ook bouwde ik een hele wereld om hem heen, totdat ik ten slotte met een gebroken hart achterbleef. En dat alles in zeer korte tijd.' Vanuit dit soort ervaringen ging ze vrienden in vergelijkbare omstandigheden helpen, die haar aanmoedigden haar adviezen te publiceren. 'Toen ik mijn naam [boven het eerste artikel] zag staan, raakte ik in paniek. Moet ik dat wel publiceren? Het was alsof ik me op straat helemaal uitkleedde. Het kan toch niet zo zijn dat ik vertel dat ik er zo diep doorheen zat, dat ik vertel dat ik zo veel geleden heb. Dat kan ik gewoon niet.'

Toch wist Rakha haar schroom te overwinnen, en in 2005 begon ze te bloggen. In wat toen een nieuwe trend in het Arabische uitgeversbedrijf was, werden de berichten waarin ze haar ziel blootlegde gebundeld in haar eerste boek, *The Poison Tree*. Vanaf dat moment kwam haar loopbaan van de grond, met columns in tijdschriften, haar eigen show op de satelliettelevisie, een geregelde snabbel op internetradio, evenals een website, een Facebookpagina, en door duizenden mensen gevolgde tweets. Rakha is recht voor zijn raap, en besteedt weinig aandacht aan degenen die haar uitspraken willen verzachten. 'Ik ben geen entertainer. Ik ga niet strippen om mijn gasten te vermaken. Ik heb een missie en een boodschap, en als we niet op dezelfde golflengte zitten, dan is dat maar zo.'

Door de openheid van Rakha, laat staan de details van haar eigen ervaringen met vriendjes, weet ze in de Egyptische samenleving taboes te doorbreken. 'Ze heeft een ongesluierd gezicht en is bezig haar haar los te maken', zo omschreef mijn oma de gewaagde vrouwen van haar eigen generatie weleens. Rakha wordt vaak voor een buitenlander aangezien – of er eigenlijk van beschuldigd dat te zijn – en door haar bleke huid, hijab-loze kastanjebruine haar en perfecte Engels doet haar ongewone houding nog vreemder aan. 'Veel mensen denken dat ik mijn hele leven in de Verenigde Staten heb gewoond en dat ik hier met een westerse cultuur ben gekomen in een poging om onze cultuur te veranderen.' Rakha neemt een lange trek van haar waterpijp. 'Ik ben een typisch meisje uit de middenklasse. Ik ben geen *bint balad awi* [arbeidersklasse]. En ik kom niet uit de elite. Ik zit daar ergens tussenin.'

Rakha, die nu eind dertig is, kwam in haar jeugd, eind jaren tachtig, met religie in aanraking. 'Zes jaar lang was ik gesluierd, van mijn vijftiende tot mijn eenentwintigste. Ik wist niet dat het bij de islam of de Koran hoorde. Ik deed hem gewoon om en het stond goed. En ik had allemaal van die mooie kleurige hoofddoeken die mijn ogen accentueerden. Hoe kon ik weten dat ik religieus was? In die tijd speelde dat helemaal niet. Het was heel anders dan tegenwoordig.' Ze lachte. 'Toen werd ik heel, heel erg religieus. Echt ontzettend religieus. Geen televisie, geen foto's aan de muur, niets daarvan. Ik werd een soort extremist voor mezelf. Ik luisterde naar die sjeik [op cassettebandjes]. Ik was een van zijn trouwe volgers. Het was een diepe, diepe angst voor God. Op de bandjes ging het allemaal zo: "Je zult sterven." Hij vertelde ons vaak dat vrouwen die geen sluier droegen naar de hel gingen en dat ze aan hun haren zouden worden opgehangen. En dat twee jaar lang, en toen dit.'

Tegen de tijd dat Rakha op de universiteit belandde, begon het fundamentalisme minder aantrekkelijk te worden, en na haar afstuderen deed ze haar hoofddoek af. 'Gedurende de laatste twee jaar van mijn studie ging ik daar helemaal in op, in het maken van verslagen en zo. Dus ontspande ik een beetje en luisterde niet meer zo vaak [naar de bandjes] als voorheen', zei ze. 'En nadat ik was afgestudeerd [en] mijn eerste baan kreeg, voelde het gewoon niet goed meer. Het was alsof ik iets heel conservatiefs droeg, terwijl ik net zo was als de persoon die nu met je praat. Dat paste niet bij elkaar.'

Ondertussen had ze ook een vriendje, wat eveneens bijdroeg aan de verandering. Hoewel het in Egypte, zoals we zagen, moeilijk is dergelijke relaties in statistieken te vangen, volstaat een avondje wandelen langs de kustweg in Caïro of Alexandrië, tussen de knuffelende stelletjes door, om vast te stellen dat jonge mensen niet tot het huwelijk wachten om het andere geslacht te leren kennen. Maar hoe vleselijk is deze kennis? Als je een vriendje hebt, heb je dan ook seks? Rakha vertelde me hoe het er bij de paringsrituelen van de middenklasse van Caïro werkelijk aan toe ging. 'Steeds meer mannen verwachten in een relatie seks te hebben. Als zij dat niet wil, neemt hij een ander vriendinnetje. Maar voor anderen is het nog altijd een test.' Deze mannen, zei ze, zoeken toenadering – proberen de hand van een vrouw vast te pakken of haar een kus te geven – wat deel uitmaakt van de inschatting. 'Als je een relatie hebt gehad, zak je voor de test.' Rakha zuchtte. 'Ze willen er zeker van zijn dat ze het nooit heeft gedaan en nooit zal doen.'

Dat wil niet zeggen dat vrouwen het niet doen. 'Natuurlijk gebeurt het voortdurend', vervolgde Rakha. 'Verkering hebben, kussen, knuffelen, allemaal van die kleine mogelijkheden. Een vriendje en een vriendinnetje, dat gebeurt, de hele tijd. Alles blijft gebeuren, ze strooien de anderen gewoon zand in de ogen.' Het is voor de minderheid van de Egyptenaren die online is een stuk gemakkelijker geworden iemand aan de haak te slaan, dat maakt deel uit van het toenemend aantal internetgebruikers na de opstand.[167] 'Zelfs meisjes die niet uitgaan, zijn online, waar ze tegelijkertijd met vier, vijf mannen chatten', zegt Rakha. Zij kan het weten: Rakha bracht een jaar lang door op Adult Friend Finder – 'de grootste seksdatingsite en partnerruilgemeenschap ter wereld', zoals ze het zelf beschrijft – om te onderzoeken hoe Egyptenaren, van wie er honderdduizenden op de website geregistreerd staan, elkaar in cyberspace ontmoeten en met elkaar vrijen (ook al was dat gezien de populaire hobby van de politie, het via internet in de val lokken, niet zonder risico). Zich voordoend als 'Jenny' werd ze overstelpt met verzoeken van Egyptische mannen, en vrouwen, die uit waren op rollenspelfantasieën, groepsseks, en andere smaken die ze in hun relatie binnen of buiten het huwelijk misten.[168]

Volgens Rakha is virtueel op de versiertoer gaan niet een of ander tijdverdrijf van de elite. Mannen die zich thuis geen computer kunnen veroorloven kunnen naar een internetcafé gaan. Vrouwen, van wie de bewegingen vaker door hun familie worden gecontroleerd en ingeperkt, hebben minder eenvoudig toegang. In Egypte, waar meer dan de helft van de jongemannen zegt buitenshuis het internet op te gaan, heeft meer dan 80 procent van de vrouwen een internetverbinding onder het toeziend oog van de familie – al hebben de meer vermogende vrouwen in de regio, met hun eigen kamer en laptop, wat meer speelruimte. Voor degenen zonder deze privacy is er de mobiele telefoon, een zeer gewild bezit voor meer dan de helft van de jongemannen en ongeveer eenderde van de jonge vrouwen in Egypte. Bijna alle hoogopgeleide en welgestelde jongeren uit de stad hebben er een.[169] Flirten met behulp van technologie is een pan-Arabisch fenomeen. Het is zelfs zo dat in meer openlijk gescheiden samenlevingen, zoals die van Saoedi-Arabië, Bluetooth een zegen is gebleken voor degenen die op zoek zijn naar enige actie. Je hoeft maar naar een winkelcentrum te gaan, je telefoon in de *discoverable* (herkenbaar) stand te zetten, en te wachten tot de berichten binnenkomen.[170]

Maar hoezeer de jeugd in Egypte en elders in de Arabische wereld onderling verbonden is, werd duidelijk tijdens de opstanden aan het begin van het huidige decennium, toen de sociale media, van Facebook tot sms'jes, miljoenen op de been brachten, zelfs toen de overheid probeerde de stekker uit de netwerken te trekken.[171] Het fundament voor deze elektronische uitbarsting werd in minder tumultueuze tijden gelegd, in slaapkamers en internetcafés in de regio. Sinds 2011 is het aantal internetverbindingen sterk toegenomen. De Egyptische Facebookgeneratie bestaat niet langer uit louter jongeren, maar ook uit hun ouders. Sommige vrouwen beschrijven hun mobiele telefoons als een 'robot-riem', die het voor ouders mogelijk maakt hun bewegingen voortdurend in de gaten te houden. Toch biedt de technologie voor jonge mensen in elk geval de gelegenheid om aan de omklemming van de familie te ontsnappen, ook al is het alleen in cyberspace, en in het kielzog van de opstand onderzoekt een groeiend aantal de mogelijkheden van persoonlijke en seksuele expressie.

Neem bijvoorbeeld Aliaa Elmahdy, de Egyptische 'Naakte fotorevolutionair', van wie het blog internationaal bekend werd toen ze er naakte foto's van zichzelf op plaatste.[172] Hoewel het heel eenvoudig is om foto's van naakte Arabische vrouwen op internet te vinden, gaf Elmahdy haar onthulling een onmiskenbaar politieke draai door uit te halen naar een cultuur van censuur en 'een schreeuw weer te geven tegen een samenleving vol geweld, racisme, seksisme, ongewenste intimiteiten en hypocrisie'. De foto's zelf, meer een Victoriaanse briefkaart dan Victoria's Secret, wekten evenwel een stormachtige belangstelling op, met in enkele dagen tijd meer dan een miljoen hits. En alsof het voor de plaatselijke autoriteiten nog niet genoeg was, toonde Elmahdy tijdens een interview met CNN geen enkele terughoudendheid, en vertelde ze over het verliezen van haar maagdelijkheid, het samenwonen met haar vriend (een bekende Egyptische blogger en voormalig politiek gevangene), de strijd met haar ouders, en het feit dat ze atheïst was.[173]

De commentaren op de foto's liepen uiteen van helse vervloekingen tot enthousiaste felicitaties wegens het in eigen hand nemen van haar lichaam en het tarten van de grenzen van de expressie, maar het aantal aanvallen was veel groter dan het aantal aanmoedigingen. Een politieke jongerenbeweging waarmee Elmahdy in verband werd gebracht, probeerde snel een eind te maken aan alle geruchten dat ze er lid van was en veroordeelde haar actie als een samenzwering van de overheid om hun 'ruimdenkende' reputatie te ondergraven.[174] Ondertussen diende een groep jonge conservatieve advocaten een klacht in bij de openbare aanklager van Egypte om Elmahdy en haar vriend te bestraffen voor het schenden van de sharia.[175] 'Door te vragen om seksuele vrijheid, bezorgen ze de opstand een slechte naam', zei de groep.[176] De affaire-Elmahdy had veel weg van een zaak die zich nog geen twee jaar eerder had voorgedaan, toen een ongelukkige Saoedi-Arabische in Jeddah op de pan-Arabische satelliettelevisie openlijk over seks sprak en uiteindelijk tot vijf jaar gevangenisstraf en duizend zweepslagen werd veroordeeld voor 'het publiekelijk prat gaan op zonde'.[177]

Later sloot Elmahdy zich aan bij Femen, een internationale vrouwenorganisatie bekend van de topless protestacties. Na een actie op straat in Tunesië belandde een van de plaatselijke leden in de gevangenis, wat ook enkele van haar Europese tegenhangers overkwam. Dergelijk openlijk vertoon – op internet en daarbuiten – trekt enorm veel aandacht omdat het zo zelden voorkomt. Uit onderzoek in de Arabische regio blijkt dat sociale beperkingen zelfs in de virtuele wereld gelden, vooral voor vrouwen.[178] En hoe gewaagd ze online ook zijn, hoe ver ze offline gaan, hangt af van waarop ze uit zijn, zegt Rakha. 'Er bestaat een groot verschil tussen een echtgenote en een vriendin. Als je als vrouw gaat trouwen en je seks hebt voor het huwelijk, heb je een probleem. Als je seks hebt voor het huwelijk, zal hij niet met je trouwen. Want dan ben je gemakkelijk in de omgang, losbandig. De meeste meisjes uit de betere kringen die ik ken, willen alles doen met een jongen, als het maar geen geslachtsgemeenschap is.' Onder dat 'alles' valt wat een Egyptische vriend van me beschreef als een 'blue job' (dat bij navraag om een 'blow job' bleek te gaan, pijpen). En daar waar onderzoekers in staat waren ernaar te vragen – in Marokko, Algerije en Tunesië bijvoorbeeld – lijkt anale en oppervlakkige seks ook onder alleenstaande Arabieren vaak genoeg voor te komen.[179]

BESNEDEN EN KUIS

Vrouwen op het rechte pad houden, is niet alleen een kwestie van 'nee zeggen'. Om dat af te dwingen, is in Egypte genitale besnijdenis heel gebruikelijk.[180] Een eind op weg in de eenentwintigste eeuw is dit gebruik nog altijd wijdverbreid. Het is een oude gewoonte die nog dateert uit de tijd van de farao's, lang voor de komst van het christendom en de islam.[181] Volgens het landelijk onderzoek uit 2008 onder ooit getrouwde Egyptische vrouwen van onder de vijftig, is meer dan 90 procent besneden.[182] Egyptenaren noemen het gebruik soms *tahara*, wat 'reiniging' betekent, maar het staat ook bekend als vrouwelijke genitale verminking (FGM; female genital mutilation). Tussen deze twee uitersten van schoonheid en schending ligt een meer neutrale term, *khitan al-inath*, die 'vrouwenbesnijdenis' betekent, maar dan hebben we het wel over een ingewikkelder ingreep dan een snelle knip van de voorhuid. FGM kan vele vormen aannemen, maar in Egypte is de standaardprocedure het verwijderen van de huid die de clitoris afdekt, meestal samen met de clitoris zelf, waarbij vaak ook de naastgelegen flapjes vlees worden meegenomen.[183] Meisjes gaan over het algemeen op een leeftijd van tussen de negen en twaalf onder het mes, nauwelijks aangekondigd, laat staan met instemming. Afhankelijk van de vaardigheid van degene die het doet, blijft er een gladde opening naar de vagina over, en een voor vele vrouwen levendige, vaak nare, herinnering.[184]

'Ik laat het volgende week bij mijn dochter doen', zei Umm Muhammad me, terwijl we in haar o zo keurige woonkamer een flesje 7Up dronken. Umm Muhammad woont met haar man, een manusje-van-alles, haar ongehuwde zoon van in de twintig en twee jonge dochters in een tweekamerappartement in een stoffige zijstraat in Helwan, een buitenwijk van Caïro. Helwan is niet bepaald lommerrijk. In de verte zag ik wat torens leken te zijn, die boven de rommelige hoofdstraat uitstaken, maar het bleken de schoorstenen van de beroemde cementfabrieken van de stad. Umm Muhammad is in de veertig, met een stevig postuur in haar helderblauwe galabia en groene hijab. Ze is kalm en goedgehumeurd, al moet ze de eindjes aan elkaar knopen. Er zit geen satellietschotel aan de televisie, en hun oude computer heeft geen internetverbinding, omdat, zo bromt haar zoon, zijn moeder niet wil dat hij 'slechte dingen' ziet – porno dus.

Umm Muhammad scharrelt wat rond en haar vriendin Magda – een kleine, levendige vrouw, die in haar nette bruine jurk en hoofddoek veel weg heeft van een spreeuw – vult de details aan. Magda is de expert in de buurt voor FGM, want daarmee verdient ze het grootste deel van haar inkomen. Ze is een eenentwintigste-eeuwse versie van een *daya*, een niet-traditionele traditionele vroedvrouw. In het verleden was de daya de steunpilaar van de vrouwelijke gezondheid in Egypte, maar met de groei van de officiële geneeskunde is het merendeel van het werk van de daya – het ter wereld brengen van baby's, omgaan met gynaecologische problemen – op artsen overgegaan, vooral in stedelijke gebieden. Dit geldt ook voor FGM. Driekwart van de meisjes onder de zeventien in Egypte is niet door een daya besneden, zoals dat bij oudere generaties gebeurde, maar door een arts of verpleegster.[185] Dit is voornamelijk het gevolg van anti-FGM-campagnes, die de nadruk legden op de gezondheidsrisico's die eraan kleven: infectie, ongecontroleerd bloeden, hevige pijn, zelfs overlijden. Hierdoor hebben ouders zich gewend tot wat ze 'veilige handen' noemen, die van artsen, die zich er begrijpelijkerwijs op verheugden dat ze, als ze al niet om morele of sociale redenen van die veiligheid overtuigd waren, hun magere inkomen uit de publieke sector met 100 EGP (11 euro) per keer kunnen verhogen.

Magda heeft in de plaatselijke medische kliniek leren besnijden, waar ze als hulp in de verpleging werkte toen haar man stierf, waardoor ze achterbleef met een dochtertje en een volgende onderweg. Nadat de vaste arts de wijk verliet, nam ze haar gereedschappen mee en vestigde zich als daya. Ze is trots op haar professionele benadering van de FGM, die begint met een zorgvuldige diagnose. 'Veel vrouwen komen langs voor advies en voor het besnijden van hun dochters. Ik bekijk de meisjes en vervolgens zeg ik of ze het nodig heeft of niet. Als de lippen van haar seksuele organen zo groot als bladeren zijn en de vorm niet goed is, moet ze worden geopereerd.' Voor een deel zijn haar zorgen afkomstig van het geloof dat niet besneden, uitstekende schaamlippen de penetratie, en dus de conceptie, bemoeilijken. 'Meestal gebruik ik een *mashrat* [scalpel] en geef ik haar eerst haar *bing* [verdoving], omdat ik een verpleegster ben, anders dan de anderen, die primitieve gereedschappen gebruiken', vervolgde ze. Magda begint over de ervaring die ze er in eigen huis mee heeft. 'Mijn [oudste] dochter is tweemaal geopereerd. De eerste keer was niet zo mooi, dus bracht ik haar naar de dokter en die zei dat de vorm bijgewerkt moest worden, wat ook gebeurd is. Mijn tweede dochter, die de verpleegstersopleiding volgt, heb ik zelf gedaan, omdat ik het geleerd had en de ervaring had.'

Al tientallen jaren wordt geprobeerd paal en perk aan FGM te stellen, maar sinds 1994 raakte het streven in een stroomversnelling. In dat jaar werd er in Caïro een belangrijke internationale conferentie over bevolking en ontwikkeling gehouden, een van de eerste gezamenlijke inspanningen om seksuele en op voortplanting gerichte rechten op de internationale agenda te plaatsen. Om de gebeurtenis te markeren zond CNN een nu beruchte video uit van een besnijdenis, die uiterst onaangenaam was om aan te zien.[186] Sindsdien zijn er miljoenen in de bestrijding van FGM gestoken, met landelijke campagnes, bijgestaan door een leger aan internationale instanties en plaatselijke ngo's. Er werden nationale taakgroepen gevormd, fatwa's afgekondigd, en het gonsde door de ether, in talkshows en televisiecommercials, waarmee driekwart van de Egyptische vrouwen werd bereikt, in een poging hen ervan te overtuigen een einde aan FGM te maken.

De juridische status van FGM maakt de dames van Helwan weinig uit. De dood in 2007 van twee meisjes tijdens de besnijdenis in evenzovele maanden voerde de druk op de regering van Moebarak op om meer actie te ondernemen dan de verboden en beperkingen die waren uitgevaardigd, en genegeerd, tientallen jaren lang. In het jaar daarop drukte de regering er een wet doorheen, ondanks hevige oppositie van afgevaardigden van de Moslimbroederschap, om degenen die FGM uitvoerden te straffen (en in het verlengde daarvan de ouders) met een boete van maximaal 5000 EGP en twee jaar gevangenis. Magda twijfelt sterk of de wet alleen veel kan uithalen om het gebruik tegen te gaan. Zoals zo vaak met de tijdens het regime van Moebarak aangenomen wetten die betrekking hebben op vrouwen en kinderen, denken Magda en andere voorstanders van FGM dat deze meer te maken hebben met invloeden van buitenaf dan met opvattingen uit eigen land. Voor haar is FGM een privézaak, geen zaak van de staat. 'In de dorpen voert men de besnijdenis vaak uit zonder aan de beslissingen van de regering te denken. Volgens mij is het niet nodig de besnijdenis tegen te gaan. Ik denk dat ze [de regering] het [gebruik] willen [uitbannen] om net zo te zijn als westerse landen.'

Los van de wet is FGM gewoonlijk een rustige aangelegenheid, zonder de luidruchtige festiviteiten waarmee de mannelijke besnijdenis gepaard gaat. En dus, zo vermoedt Magda, zullen doktoren, als ze de familie kennen en vertrouwen, het geld graag aannemen en het stiekem doen. Behalve als er iets ernstig fout gaat, zal niemand vinden dat er iets verkeerds is gebeurd.

Maar artsen, zelfs pas afgestudeerde, zijn vaak evenzeer voorstander van het gebruik als hun cliënten.[187] Zoals een pas afgestudeerde mij uitlegde, staan artsen onder extreem grote druk om de ingreep te doen, een druk die zowel afkomstig is van degenen die de FGM willen laten uitvoeren, als van de plaatselijke gemeenschap. In elk geval staat de wet FGM toe als het 'medisch noodzakelijk' is, waardoor artsen veel speelruimte hebben. En als het desondanks niet lukt, kunnen moeders altijd wel een daya vinden, in een verafgelegen dorp – waar het ooit allemaal begon.

De voorstanders van FGM menen God aan hun zijde te hebben. Magda en Umm Muhammad zijn ervan overtuigd dat het gebruik voor moslims verplicht is. 'Gad al-Haq [voormalig hoofd van Al-Azhar] zei dat meisjes besneden moeten worden, en ik geloof en vertrouw hem.' Magda beroept zich op een vaak geciteerde Hadith waarin gezegd wordt dat de profeet Mohammed een vrouw in Medina geadviseerd zou hebben die aan vrouwenbesnijdenis deed: 'Snij niet te hevig want dat is beter voor een vrouw en aantrekkelijker voor een echtgenoot.' Maar er bestaat veel twijfel over de betekenis en oorspronkelijkheid van deze Hadith – wat geen van beide vrouwen ervan weerhoudt erin te geloven.[188]

Toch zijn er religieuze autoriteiten die tegen het gebruik zijn. Zo hebben de leiders van de Koptische Kerk een dramatisch pleidooi gehouden ter bescherming van de meisjes die onder het mes moeten: 'Wat een angst en paniek zal er in hun ogen staan, wat een afschuw ... bloed ... bloedverlies en hevige pijn! Het vormt nu en later een ernstig risico, als ze trouwen en bevallen. Daarom moeten we uitgesproken en resoluut stelling nemen tegen dit schadelijke gebruik ... vanuit het christelijk perspectief – dit gebruik heeft geen enkele religieuze basis', aldus de kerkelijke autoriteiten.[189] En de boodschap komt duidelijk over, want de cijfers in de christelijke gemeenschappen in Egypte zijn tegenwoordig significant lager dan in die van hun islamitische tegenhangers.[190]

Sjeik Ali Gomaa, de voormalige grootmoefti (de op een na hoogste islamitische autoriteit), was al even afwijzend: 'Genitale besnijdenis van vrouwen is een betreurenswaardig overgeërfd gebruik ... het baseert zich niet op de Koran, voorzover het de oorspronkelijke Hadith van de Profeet betreft ... Daarom moet het gebruik wegens een van de hoogste waarden van de islam worden gestopt, namelijk dat men een ander niet zonder reden letsel mag aandoen.'[191] Maar dit soort hoge omes werden vaak afgedaan als spreekbuis van een regime dat zich aan het Westen had verpand en aan een buitenlands plan om traditionele waarden te ondermijnen. Tot grote frustratie van anti-FGM-activisten zijn er talloze plaatselijke imams die achter FGM staan, imams die zelf vaak door de gemeenschap onder druk worden gezet om voet bij stuk te houden.[192] En zo blijven Magda en haar buren met een schoon geweten snijden, terwijl de religie een onder vuur liggende traditie schraagt.

Dat Magda zo gehecht is aan FGM heeft niet alleen met genitale esthetica te maken. Als het voornamelijk een kwestie van uiterlijk was, zou het misschien gemakkelijker zijn geweest om de opvattingen te veranderen. Maar Magda beschouwt de clitoris – 'daar beneden', noemt ze het – als een protopenis die moet worden weggesneden om de vrouwelijke seksuele verlangens in bedwang te houden. Volgens deze logica maakt het besnijden een meisje 'cool' door het vuur van het verlangen te blussen. Als de clitoris niet wordt getemd, zullen meisjes, net als jongens, nog voor het huwelijk uit zijn op seks, en zullen gehuwde vrouwen seksuele eisen stellen aan hun echtgenoten – wat in beide gevallen een einde aan het huwelijk zou kunnen maken, zo is de gedachte. 'In onze cultuur is het een schande echtgenoten om seks te vragen. Ik kan me niet voorstellen dat een vrouw zoiets doet. In westerse landen is het anders dan hier', zegt Magda. 'In de hitte hier jeukt het daar beneden en daarom moeten vrouwen besneden worden. En wat gebeurt er als haar man sterft of van haar scheidt, sleurt ze de mannen dan het café uit?' Magda zou zich ongetwijfeld verbazen als ze van de resultaten van een recent onderzoek onder commerciële sekswerkers zou horen, waaruit blijkt dat de meesten van hen aangaven dat ze besneden waren.[193]

Het verband dat Magda legt tussen FGM en vrouwelijke kuisheid is niet een of andere marginale overtuiging. Volgens het recente landelijke onderzoek onder ooit getrouwde Egyptische vrouwen is meer dan 30 procent van de vrouwen en mannen ervan overtuigd dat het gebruik ongeoorloofde seksuele relaties voorkomt.[194] Of, zoals ze soms in Egypte zeggen: 'De besneden vrouw is een vrouw met een gebroken vleugel.'[195] Dit is het soort denken waarop anti-FGM-spotjes zich richten als ze vragen: 'Wie beweert er dat FGM er voor de kuisheid van een meisje is? De kuisheid van een meisje hangt af van hoe je haar opvoedt ... De enige bescherming van een meisje zijn de seksuele normen.' Waarbij ongezegd kan blijven waartegen beschermd moet worden, want iedereen die toekijkt kent de vijand: ongeremde vrouwelijke verlangens.

Dit populaire verband tussen FGM en seks werkt twee kanten op. Degenen die het proberen uit te roeien beweren dat besnijdenis afbreuk doet aan de seksuele bevrediging van de vrouw. 'Alle in Egypte uitgevoerde soorten FGM beroven vrouwen van volwaardig genot tijdens wettige seksuele relaties', zegt een voormalig hoofd van de Egyptische medische belangenvereniging, de landelijke vakbond van artsen. 'Dit kan in de huwelijksrelatie nare gevoelens teweegbrengen, terwijl we weten dat die gevoelens de basis van de menselijke soort vormen en een belangrijk blijk van intimiteit zijn. Hierdoor wordt de relatie een bron van ellende en conflicten, in plaats van een bron van geluk, wederzijds begrip en genot.'[196] Maar bewijs dat maar eens. Het weinige onderzoek naar FGM en seksualiteit in Egypte laat wisselende resultaten zien. In enkele studies geven besneden vrouwen aan dat hun libido is afgenomen, ze minder seksueel actief zijn, minder orgasmes hebben, en minder plezier tijdens het vrijen dan hun niet-besneden tegenhangers. Daarentegen werd bij ander onderzoek weinig invloed gevonden, in elk geval bij vrouwen met een minder ingrijpende vorm van FGM.[197]

Een vrouw die dit allemaal heeft proberen te doorgronden, is Mawaheb El-Mouelhy. Als gezaghebbend kenner van de seksuele en reproductieve gezondheid in Egypte heeft ze in twee arme delen van het land onderzoek gedaan naar het verband tussen FGM en seksueel genot: in een krottenwijk van Caïro genaamd Manshiat Nasser en twee dorpjes in het gouvernement Minya in Boven-Egypte. 'De meeste vrouwen die over hun persoonlijke ervaring vertelden, zeiden dat ze de ene keer wel seksueel genot ervaren en de andere keer niet. En dat dit genot niet samenhangt met de besnijdenis', zo concludeerden El-Mouelhy en haar collega's.[198] Het probleem met gebruikelijke methoden om seksueel genot te onderzoeken, zeggen deze onderzoekers, is de nadruk op het meten van de verrichtingen: hoe vaak, hoe intens. Volgens hen werkt dit niet als je in Egypte naar het seksueel genot van vrouwen kijkt, want hun plezier hangt samen met algemenere zaken van het gezinsleven: hoe het met de kinderen gaat, of de rekeningen betaald zijn, en – van groot belang – of hun echtgenoten tevreden zijn in bed.

De mannen in het onderzoek stonden in tweestrijd over FGM. Aan de ene kant beschouwden ze het als hun door God gegeven plicht – hun *qawama* – om het lichaam en de geest van hun vrouwen te beschermen. Het leveren van een maagdelijke bruid aan een aanstaande bruidegom maakt deel uit van die verantwoordelijkheid, wat ze een moeilijke taak vonden, dankzij de verleidingen van het hedendaagse leven. Daar komt bij dat ze voor wat betreft seks in hun eigen huwelijksbed graag zelf het heft in handen nemen. En dus is het besnijden, voor hen, een goede zaak, want ze hebben de indruk dat het vrouwen gemakkelijker te behandelen maakt. 'Mijn vrouw is besneden, ze is aan mijn manier van doen gewend', zei een van de deelnemers aan het onderzoek. 'Maar de niet-besneden vrouw wil de hele dag seks, waardoor ik pillen zou moeten nemen [Viagra]. Als ik eens een dag geen seks zou hebben, zou ze misschien iemand [anders] nemen om zich te bevredigen.'[199]

Ondanks al deze nadruk op het mannelijk gezag, doen mannen als het op FGM aankomt een stapje opzij en laten de beslissingen om te besnijden of niet te besnijden over aan de moeders en grootmoeders. In de onderzochte gemeenschappen werd algemeen aangenomen dat alle meisjes besneden waren, waardoor mannen zelden aan hun vrouw vroegen of zij de procedure zelf hadden ondergaan. Als erop werd doorgevraagd, moesten veel mannen erkennen dat ze het, eerlijk waar, op een of andere manier niet wisten. Al komt daar verandering in, dankzij de globalisering – beter gezegd, door porno. Nu mannen kunnen zien hoe niet-besneden vrouwen eruitzien, worden ze in hun mening bevestigd: niet-besneden vrouwen – vooral westerse – zijn seksueel niet te beheersen, en FGM is van groot belang om vrouwen in bedwang te houden. 'We vrezen dat als we vrouwen niet besnijden, omdat we dat op de satelliettelevisie zien, een vrouw met drie mannen tegelijk seks kan hebben, en dat ze er dan nog niet genoeg van heeft', vertelde een van de mannen in het onderzoek, waarmee hij de opvatting van vele anderen verwoordde.[200]

Aan de andere kant is het huwelijk voor deze mannen een grote seksuele doorbraak. 'Seksueel geluk is de helft van het huwelijksgeluk', zegt een jongeman.[201] Alles wat die ervaring aantast, vormt een probleem. 'Ik zal het u eerlijk zeggen, ik ben zes maanden geleden getrouwd, en het duurde lang voordat mijn vrouw op gang kwam en ik wist niet waarom', zei een islamitische religieuze leider uit Manshiat Nasser. 'Ik vroeg het aan een van de sjeiks die iets over gezondheid/geneeskunde weet, en hij vroeg me of het orgaan van mijn vrouw [clitoris] lang was, waarna ik hem zei, nee, het is kort [besneden], toen zei hij dat het daarom zo lang duurde, en hij adviseerde me wat te spelen en te schudden voordat we tot elkaar zouden komen. Dat werkte.'[202] Een minderheid van de mannen in het onderzoek was zich rechtstreeks bewust van de nadelen van FGM, maar in de praktijk kwam het erop neer dat het niet aan hen was of er besneden zou worden of niet.

Uiteindelijk staat het verband tussen FGM en seksueel genot allesbehalve bij voorbaat vast. 'Het is ingewikkelder dan het 'westerse' idee dat de clitoris zo belangrijk is en dat je zonder clitoris geen seksueel plezier kunt beleven', legde El-Mouelhy uit. Onderzoek in Egypte heeft laten zien dat veel vrouwen geneigd zijn de clitoris los te zien van de climax. Ze denken dat de clitoris verlangens aanjaagt, maar bij het bereiken van een orgasme hoogstens een bijrol vervult.[203] Volgens El-Mouelhy zou enige anatomische en fysiologische basiskennis al heel wat uitmaken bij het begrijpen van wat de clitoris wel en niet vermag. Maar als degenen die een anti-FGM-campagne voeren seks willen gebruiken als argument voor het afschaffen van het gebruik, dan raden El-Mouelhy en haar collega's deze mensen aan om dergelijke boodschappen aan mannen te richten, die zich meer op de mechanismen van seks richten en ontvankelijker voor deze ideeën kunnen zijn dan vrouwen, die seksueel genot in een bredere context plaatsen, en ten opzichte van de clitoris en seksuele bevrediging vaak een graag-of-niet-houding hebben.

Dat gezegd hebbende, is er na tientallen jaren campagne voeren, decreten uitvaardigen en verklaringen afleggen wel enige vordering geboekt met FGM. Waar bijna alle vrouwen in Egypte boven de vijfenveertig besneden zijn, is ongeveer 80 procent van degenen tussen de vijftien en de zeventien besneden.[204] Dat is een nationaal gemiddelde. Wie bepaalde delen van de bevolking bekijkt, komt behoorlijk lagere cijfers tegen, vooral in kapitaalkrachtiger kringen, stedelijke gebieden en bij kinderen met moeders die middelbaar onderwijs of hoger hebben genoten.[205] Volgens het landelijk onderzoek vindt meer dan eenderde deel van de ooit getrouwde vrouwen van onder de vijftig dat er een einde aan FGM moet komen. Dat lijkt misschien niet veel, maar het is meer dan het dubbele van wat er halverwege de jaren 1990 werd vastgesteld, terwijl de afkeuringscijfers onder jonge, geschoolde stedelijke vrouwen nog hoger zijn.[206] Zoals een moeder van in de dertig met drie kinderen zei: 'Ik zal mijn dochter niets aandoen. Dat heb ik meteen besloten nadat ik het op televisie had gezien.' Als de inspanningen met dezelfde vaart worden doorgezet, dan zal in het jaar 2025 minder dan de helft van de achttienjarigen besneden zijn.[207]

MAAGDELIJK GEBIED

Dat FGM afneemt, betekent nog niet dat seks voor het huwelijk in de meeste gebieden meer wordt geaccepteerd. In de hele Arabische wereld is de vrouwelijke maagdelijkheid – gedefinieerd als een intact maagdenvlies – het best te omschrijven als een zaak waaraan afschuwelijk veel belang wordt gehecht. Hoeveel bleek wel tijdens een fel debat in het Egyptische parlement in 2009 over een 'kunstmatig maagdenvlies' uit China – in wezen een klein plastic zakje gevuld met een rode vloeistof dat de weerstand en het bloeden van de ontmaagding moest simuleren. Het nieuws dat het op de Egyptische markt zou kunnen belanden, was voor sommige parlementariërs voldoende aanleiding om helemaal door het lint te gaan en leverde een handige stok op om mee naar de regering van Moebarak uit te halen. 'Het zal een smet zijn op het blazoen van de regering van de NDP [de nu ontbonden Nationale Democratische Partij] als die toestaat dat dit soort vliezen het land binnenkomen', waarschuwde een afgevaardigde van de oppositiepartij, de Moslimbroederschap, die beweerde dat het product een ernstig gevaar opleverde voor de Egyptische vrouw, en 'kwetsbare zielen in de verleiding bracht tot ondeugd te vervallen'.[208] Hoewel ik verschillende jonge vrouwen ken die van alles hebben geprobeerd om eraan te komen, moet ik de eerste vrouw nog ontmoeten die erin is geslaagd op de plaatselijke markt een van deze namaakmaagdenvliezen aan te schaffen.

De Koran maakt als zodanig geen melding van het maagdenvlies (*ghisha' al-bakara* in het Arabisch), maar gaat uitgebreid in op geslachtsdelen en op het belang ze niet te tonen. Hoewel maagdelijkheid in de Koran in principe genderneutraal is, wordt er speciale aandacht aan vrouwelijke maagden geschonken, en wordt de Maagd Maria zeer geprezen.[209] En dan zijn er de *hur*, de eeuwige maagden uit het paradijs: 'Daarbij zijn er gezellinnen met afgewende blikken die voor hun tijd door mensen noch djinn waren aangeraakt', met wie islamitische mannen, aldus de gelovigen, zullen trouwen als beloning voor een deugdzaam, godvrezend leven.[210] Volgens de Hadith zou de Profeet gekscherend tegen een pasgetrouwde metgezel gezegd hebben dat hij meer plezier met een maagd zou kunnen hebben dan met de 'volwassen vrouw' die hij voor zijn vrouw hield.[211] Vrouwelijke maagdelijkheid werd een volgend middel om ervoor te zorgen dat vrouwen zich gedragen, wat des te makkelijker af te dwingen was vanwege de nauwe band met de eer van de familie, waardoor het meer een gemeenschappelijke dan een private aangelegenheid werd.

Uit enquêtes blijkt dat de opvattingen over maagdelijkheid, in woord zo niet in daad, stevig standhouden, zelfs in landen die binnen de Arabische wereld bekendstaan om hun seksuele vrijheid, zoals Marokko en Libanon.[212] Er zijn beslist vrouwen die niet om maagdelijkheid geven en mannen voor wie het geen aanleiding is om van een huwelijk af te zien als de vrouw geen maagd meer is. 'Een vriendin van me heeft het gedaan', zei Rakha. 'Voordat ze zich verloofde, bekende ze haar verloofde dat ze met twee mannen had geslapen. En hij trouwde met haar. Een van de weinige fatsoenlijke kerels.' Maar overal in de regio ben ik allerlei vrouwen tegengekomen die een dergelijke vrijheid niet aandurven, omdat ze bang zijn dat hun ervaringen voor het huwelijk hun zullen worden nagedragen als het huwelijk minder soepel loopt en ze hun seksuele verleden voor de voeten geworpen krijgen. Zoals mijn grootmoeder zei: 'Een vrouw die een man vertrouwt, is als een vrouw die water in een zeef bewaart.'

In mijn beleving behoren veel mannen tot de categorie van Kassim, een farmaceut uit Caïro: 'Ik ben negenentwintig jaar. Ik heb aan de universiteit gestudeerd, wat een tijd was dat. Ik heb talloze meisjes gezien en veel vriendinnen gehad, dat is gewoon zo. Eigenlijk was het mijn passie. Na afloop van de colleges gingen we erop uit op zoek naar meisjes', herinnerde hij zich glimlachend. Maar het is niet zo dat je meteen ook het bed in duikt als je een meisje hebt, legde Kassim uit. 'In Egypte heeft laten we zeggen 80 procent [van de ongehuwde stellen] geen seks, ze hebben gewoon plezier met elkaar. Ze gaan met elkaar om als vriend en vriendin, en zeggen: we kunnen doen wat we willen, maar hebben geen seks', stelde hij vast. Kassim wachtte even, in gedachten, waarna hij zich corrigeerde: 'Maar soms wel, ja, dan loopt het uit op seks. [Maar] het is niet per se zo dat je seks hebt als je een vriendin hebt. Nee, dat is niet vanzelfsprekend.'

Voor jongemannen vormt dit een bron van frustratie, want ze doen graag voor de huwelijksnacht enige seksuele ervaring op. 'Gewoonlijk gaan mannen voor het huwelijk op zoek naar ervaring. Ik heb het niet over strenge [religieuze] mensen, naïeve mensen, maar over normale mensen', merkte Kassim op. 'Ik zou die ervaring liever hebben, in elk geval dat je weet hoe je moet kussen, hoe je een beha met een hand losmaakt, dat soort vaardigheden. Dat doe ik liever dan te trouwen en dat je er dan door wordt overvallen, dat je dan ineens, oeps, de hulp van een derde in moet roepen. Ik zou me ervoor schamen als ik een van mijn vrienden moest vragen wat ik moest doen.'

Kassim, die in het buitenland studeerde, deed ervaring op met een Italiaanse vriendin, met wie hij overwoog te trouwen, maar uiteindelijk liep hun relatie stuk. Toch had hij met de vrouw met wie hij ten slotte trouwde, de zus van een van zijn vrienden, geen seks voor het huwelijk. 'Als Egyptische vrouw moet ze maagd zijn', beweerde hij stellig. Vanwaar dat onderscheid? 'Als ze uit het buitenland komt, behoort het meisje tot een andere klasse dan een Egyptische vrouw. Als ik het goed vind, vinden mijn ouders het ook goed, evenals de rest van mijn familie, [met een beslissing] daarover hebben ze niks te maken', legde Kassim uit. '[Maar] als ik met een Egyptisch meisje uit een Egyptische familie trouw, dan komen mijn vader en moeder wel uit dat land.'

En hoe. In Egypte kan maagdelijkheid heel erg een zaak van de familie zijn. Dat komt door de *dukhla*. Het woord betekent 'intrede' en verwijst naar de ontmaagding van de bruid in de huwelijksnacht. *Dukhla baladi*, de zogenaamde 'plattelandsontmaagding', was een aloude gewoonte in Egypte, zowel voor moslims als voor christenen, waarin de daya met haar vinger of een puntig voorwerp gewikkeld in een witte doek door het maagdenvlies van de bruid stak, terwijl de bruidegom toekeek (of het voortouw nam) en de moeders aanwezig waren. Vervolgens werd de met bloed bevlekte *laf al-sharaf* (het doek van eer) aan de meest naasten getoond, om te laten zien dat de goede naam van de familie behouden was en dat de familie de bruidegom een fatsoenlijke maagd had bezorgd.

Toen mijn vader nog klein was, werden bezoekjes aan de familieboerderij in de Nijldelta, ten noorden van Caïro, onderbroken door post-dukhla vieringen van vrouwen in het dorp. Er was een speciaal lied, 'Bruid, je hebt het gaas wit gemaakt' – de familie eer aan gedaan – gezongen door vrouwelijke familieleden en vrienden, als ze lachend en schreeuwend met de bebloede doek van huis naar huis liepen en cadeautjes voor het stel verzamelden. Zelfs als kind wist mijn vader precies wat er gebeurde – het was een vreugdevol moment, waarbij iedereen aanwezig moest zijn, geen schaamtevolle, met seks bevlekte episode die weggestopt moest worden.

Maar de afgelopen decennia is een nieuw soort viering van de huwelijksnacht aantrekkelijker geworden: *dukhla afrangi*. 'Afrangi' stamt van het Arabische woord voor 'Frank', het woord waarmee in de Middeleeuwen Europeanen werden aangeduid en dat later een Egyptisch woord werd voor alles wat nieuw en van buitenlandse oorsprong was. In wezen komt dukhla afrangi erop neer dat omstanders uit de huwelijkskamer worden verwijderd en de vinger wordt vervangen door enkel een mannelijk lid dat het maagdenvlies mag breken – regelrechte geslachtsgemeenschap. Al blijft het met bloed bevlekte laken of de handdoek wel deel uitmaken van het programma, om aan de familie van de bruid en andere betrokken partijen te worden getoond. Dan is er nog iets wat dukhla afrangi 2.0 genoemd zou kunnen worden, wat een jongedame die ik ken overkwam, een wetenschapper van halverwege de twintig die kortgeleden trouwde. In de aanloop van de grote dag werd de aanstaande bruidegom voortdurend door haar vader gebeld, een advocaat uit Caïro, die erop stond dat zijn schoonzoon hem meteen na de ontmaagding een sms'je stuurde om hem te laten weten dat zijn dochter volgens verwachting had gebloed. Door de aanhoudende reeks telefoontjes en berichten die hem aan zijn plicht herinnerden, werd de bruidegom zo nerveus dat hij in de huwelijksnacht probeerde zijn bruid mee te nemen naar de film, in plaats van naar de bruidssuite, om de hele situatie te vermijden. Uiteindelijk slaagden de pasgehuwden erin hun vereniging zoals vereist te consummeren, waarbij de telefoon was uitgezet. De volgende ochtend klopten haar ouders aarzelend aan, om het doek van eer op te halen. Hoewel het met wat meer privacy gebeurt, verhoogt dukhla afrangi nog altijd de druk, op bruiden om hun maagdelijkheid te bewijzen en op bruidegoms om hun viriliteit te bewijzen – allesbehalve gemakkelijk, zeker gezien ook de nervositeit waarmee de huwelijksnacht toch al gepaard gaat, waarover we het eerder hadden.

Bij de ouderwetse *dukhla baladi* wijzen persoonlijke getuigenissen erop dat deze even aangenaam voor de vrouwen in het centrum van de ceremonie waren als hun besnijdenis jaren eerder, en bijzonder traumatisch voor degene bij wie het maagdenvlies niet zoals verwacht brak. Er zijn zelfs mensen die zeggen dat dukhla baladi als een soort seksueel geweld tegen vrouwen veroordeeld moet worden, omdat het een door de familie toegestane vorm van verkrachting zou zijn. Vanuit het oogpunt van de islam beschouwen sommigen het gebruik op verschillende gronden als haram. Zo zou het ingaan tegen de definitie van geslachtsgemeenschap gebaseerd op de penis die zich verenigt met de vagina. En voor degenen die hechten aan dergelijke opvattingen, ondermijnt het gebruik ook de waarde van de maagdelijkheid, door dat wat gericht zou moeten zijn op meer algemenere kwesties van zedelijkheid en gedrag, te reduceren tot enkel aandacht voor anatomie en nachtelijke prestaties.

Toch weten sommige jonge vrouwen in Caïro de dukhla baladi in hun voordeel te gebruiken. Onder hen zijn arme werkende vrouwen die door hun dagelijkse uitstapjes buiten hun familie onvermijdelijk met vreemden in aanraking komen, met als gevolg dat hun eer in twijfel wordt getrokken. Andere vrouwen, van wie de familie naar de grote stad is verhuisd, merken dat ze relatieve buitenstaanders zijn, onbekend bij de familie van hun aanstaande echtgenoten. Voor iedere vrouw wier persoonlijke geschiedenis betwijfeld wordt, is dukhla baladi een soort vrijstelling, en levert die ook wat meer persoonlijke vrijheid op, als ze tenminste bereid is haar maagdelijkheid in het openbaar te tonen.[213] Inderdaad blijkt uit onderzoek dat dukhla baladi in arme buurten van Caïro gebruikelijker is dan in sommige gebieden op het platteland, anders dan gezien het 'moderniserings'-effect van de stad verwacht zou worden. Dit komt voor een deel doordat families door de economische en sociale realiteit van het stadsleven niet altijd even goed over hun dochters kunnen waken, en voor een ander deel doordat veel inwoners van deze buurten van oorsprong van het platteland komen, en ze, terwijl de krachtige invloed van de stad zich doet gelden, vasthouden aan de tradities van het platteland.[214]

Dat er in Egypte een of andere vorm van dukhla blijft bestaan, is omdat de eer van de familie (en in het bijzonder de eer en reputatie van het mannelijke deel van de bevolking) nog altijd aan de maagdelijkheid van de vrouw gekoppeld is. Het zou kunnen dat deze nauwe koppeling verzwakt als de banden van de familie minder strak worden, of als de persoonlijke vrijheid in een democratische orde meer wordt erkend en maagdelijkheid een privézaak wordt, iets tussen de getrouwde man en vrouw onderling, zoals dat het geval is bij stellen die ik ken. Ondertussen investeren moeders nog steeds enorm veel energie in het aanpraten van angst voor een gescheurd maagdenvlies bij hun dochters. Ze waarschuwen hen voor alles wat dit o zo belangrijke membraan zou kunnen schenden, of dit nu het gevolg is van masturbatie of de alomtegenwoordige waterslang, die overal in de Arabische wereld wordt aangetroffen om het 'daarbeneden' volgens islamitisch gebruik te wassen.

Als het op die manier niet lukt het maagdenvlies te beschermen, zijn er nieuwere methoden beschikbaar. Overal in de Arabische regio leidt het herstellen van het maagdenvlies tot oververhitte krantenkoppen, wat aantoont dat het wordt opgevat als een bewijs voor de verloedering van de hedendaagse jeugd. In Egypte is lastig grip te krijgen op het aantal van deze ingrepen. Een dokter in een vrouwenziekenhuis in een van de armere delen van Caïro vertelde dat hij er tweemaal per week mee te maken krijgt. De snelle oplossing is een hechting dwars over de vaginale opening, die, net als het Chinese nepmaagdenvlies, een behoorlijke imitatie oplevert van de weerstand en het bloeden door de geslachtsgemeenschap. De ingreep kost ongeveer 200 EGP en gaat een paar dagen mee. Naar het schijnt kosten uitvoeriger ingrepen tussen de 700 en 2000 EGP, een maandinkomen van een gezin uit de lagere middenklasse. Daar komen nog andere kosten bij: vrouwelijke gynaecologen maken melding van mannelijke collega's die seksuele diensten eisen in ruil voor het geheimhouden van de operatie.[215]

Het herstel van de maagdelijkheid – of beter gezegd, de daarbij horende schijn – komt niet alleen in onze tijd voor. In de Egyptische folklore bestaan talloze anekdotes van de vingervlugge daya die een 'maagdelijke' bruid met een flesje rode kleurstof of een duivendarm met bloed in de huwelijksnacht uit de problemen helpt. Zo staan er in de *Encyclopedia of Pleasure* veel handige tips over het onderwerp. In Egypte is het herstellen van het maagdenvlies niet verboden, maar alom wordt het als iets schadelijks gezien, of zelfs als haram beschouwd. De afgelopen jaren is er een levendige discussie uitgebroken onder religieuze autoriteiten in Egypte en de rest van de Arabische wereld over het toestaan van de procedure. Volgens de ene school verbiedt de islam het herstel van het maagdenvlies om een aantal redenen, onder meer omdat het echtgenoten een valse voorstelling van zaken geeft, het een verkeerd vaderschap mogelijk maakt (als de herstelde bruid al door een eerdere relatie bezwangerd is), de geslachtsdelen van een vrouw onnodig worden getoond, en de vrouw erdoor op de glibberige helling van eenvoudig te verbergen illegale seks belandt.[216]

Andere islamitische stemmen beweren daarentegen dat het herstel van het maagdenvlies toegestaan is, omdat een ontbrekend maagdenvlies volgens de sharia op zichzelf geen bewijs van overspel vormt. Daar komt bij dat door het onthouden van de mogelijkheid om het maagdenvlies te herstellen de kans voor een vrouw om te trouwen kan verminderen, wat ertoe kan leiden dat ze haar seksuele energie op onwettige relaties gaat richten. Deze autoriteiten voeren ook het islamitische principe *satr al-'ird* aan, het beschermen van de eer van een vrouw tegen publieke speculatie, zolang het verhelen tenminste niet nog meer sociale problemen veroorzaakt. Een van hen is sjeik Ali Gomaa, die in 2007 een controversiële fatwa uitvaardigde waarin hij het herstellen van het maagdenvlies toestond in een uitgebreide reeks omstandigheden, waaronder verkrachting en andere 'toevallige beschadigingen', al trok hij een grens bij 'vrouwen die bekendstaan om hun promiscuïteit'.[217]

Het herstellen van het maagdenvlies brengt sommige artsen in verlegenheid. Moeten ze meewerken aan wat als het bedriegen van de echtgenoot gezien kan worden, of zijn ze ertoe verplicht om vrouwen te helpen die in grote problemen komen als hun opgedane ervaring aan het licht komt? Zijn ze medeschuldig aan een procedure die het patriarchaat en het meten met twee maten van de maagdelijkheid schraagt, of geven ze vrouwen meer persoonlijke vrijheid door hen voorbij deze sociale beperkingen te helpen? Voor sommige artsen is dat een emotionele zaak, geen intellectuele. 'Een jonge vrouw is ertoe gebracht een zonde te begaan, of heeft een vergissing gemaakt – als ze haar leven weer bij het begin wil beginnen, dan stem ik daar wel mee in', legde een gynaecoloog uit. 'Ik kan iemand die bij me komt niet moreel beoordelen. Als er tien vrouwen bij me komen voor een consult, dan voel ik mee met minstens negen van hen. Ze lijden, en ik vind dat ik deze meisjes moet helpen.'[218]

Volgens sommige vrouwenrechtenadvocaten zal er door het herstellen van het maagdenvlies vanzelf een einde komen aan dit gebruik, omdat het dwars ingaat tegen de fixatie van de Arabische wereld op het maagdenvlies: als mannen een echt maagdenvlies niet kunnen onderscheiden van een redelijk goede namaak, wat heeft dukhla dan voor zin? Ooit heeft het misschien zin. Maar momenteel zorgt het herstel van het maagdenvlies vooral voor een toegenomen sociale angst. Ik ken Egyptische mannen die, geconfronteerd met de traditie en fluisterend over hun eigen bekwaamheden, tot een paar dagen na het trouwen zullen wachten met het consummeren van de vereniging, omdat ze gelezen hebben dat het effect van het herstel van het maagdenvlies dan zal zijn uitgewerkt en alles aan het licht zal komen.

Overal in de Arabische wereld brengen bange vrouwen een bezoek aan de gynaecoloog om hun maagdenvlies te laten controleren, waarbij sommige er tot hun afgrijzen achter komen dat wat zij meenden dat 'onvolledige' relaties met vriendjes waren – die dus voor penetratie terugtrokken – in de loop van de tijd hun membraan heeft doen scheuren, of dat hun maagdenvlies minder 'flexibel' was – meegevend zonder te breken – dan ze hoopten. Maar het testen van de maagdelijkheid kan andere, meer verontrustende vormen aannemen. Daartoe behoort onder meer het 'maagdelijkheidscertificaat', een door een arts ondertekende verklaring dat de maagdelijke bruid inderdaad maagdelijk is. In de Arabische regio komt het vaak voor dat voorafgaand aan het huwelijk wordt getest op seksueel overdraagbare aandoeningen, zoals hiv en hepatitis, evenals op enkele erfelijke afwijkingen – vanwege het hoge aantal huwelijken met verwanten. In verschillende landen, waaronder enkele Golfstaten, zijn dergelijke testen wettelijk verplicht. En hoewel het aantal ethische kwesties erdoor toeneemt (bijvoorbeeld die van het recht op privacy en de vrijheid om te mogen trouwen, wat de uitslag ook is) blijkt uit onderzoek in de regio dat veel mensen die willen trouwen erachter staan.[219] In sommige gevallen gaan een bruidegom en zijn familie nog een stap verder met het testen, waarbij de bruid wordt gevraagd schriftelijk gegarandeerd intact te zijn voor het consummeren – of erna, als ze niet volgens verwachting heeft gebloed. Dit soort testen kunnen emotioneel zeer belastend zijn en zijn zeker ethisch beladen, niet alleen voor de vrouw op de onderzoekstafel, maar ook voor de arts die gevraagd wordt om de controle uit te voeren.[220] Volgens sommigen wordt het testen van de maagdelijkheid als onislamitisch beschouwd, een zoveelste schending van satr al-ʻird.

Het testen van de maagdelijkheid kan ook voor politieke controle gebruikt worden. In de nasleep van de opstand van 2011 werden meerdere vrouwelijke demonstranten in opdracht van het Egyptische leger onderworpen aan een maagdelijkheidstest. Functionarissen voerden aan dat de testen nodig waren om te bewijzen dat deze ongehuwde vrouwen, die op het Tahrirplein kampeerden, geen maagden waren, voor het geval ze later klachten over het leger zouden indienen wegens aanranding. In werkelijkheid maken dergelijke testen deel uit van de verschillende middelen die de folteraar ter beschikking staan. Seks is een bron van schande, waardoor het een krachtig middel voor onderwerping is – of het nu de vernedering van mannelijke gevangenen in de Abu Ghraib-gevangenis is, of geweld tegen vrouwelijke demonstranten bij opstanden in de Arabische regio of verkrachtingen in de Syrische en Libische burgeroorlogen, waarbij in een moeite door zowel de vrouw wordt vernederd als hun man.[221] In dit specifieke geval konden de uitslagen van deze testen beschuldigingen van prostitutie steunen en gebruikt worden voor het afpersen van ongehuwde vrouwen die geen maagd bleken te zijn – allemaal methoden om demonstranten te schande te maken en anderen te ontmoedigen die geneigd zijn hun voorbeeld te volgen. Een van de geteste vrouwen besloot terug te slaan en begon een rechtszaak tegen het leger, maar bij haar poging tot schadeloosstelling door het regime van het Egypte na Moebarak liep ze tegen hetzelfde soort hindernissen aan als er tijdens het regime van Moebarak ook waren.[222] Opmerkelijk was dat het regime gedurende deze langdurige juridische strijd gedwongen werd het testen onder de loep te nemen, in plaats van de waarde van de maagdelijkheid zelf, of waarom die relevant zou zijn voor wat in wezen een politieke zaak is.

Toch gaat er een klein, maar groeiend aantal stemmen op dat publiekelijk vraagtekens plaatst bij de fixatie op maagdelijkheid van vrouwen en de algemeen geldende veroordeling van seks voor het huwelijk. Een daarvan is Marwa Rakha. 'Ik ben veel aangevallen vanwege mijn opvattingen over seks en seksuele relaties voor het huwelijk', schreef ze aan een correspondent. 'Ik ben er niet tegen, en ik zie het ook als iets natuurlijks in de periode dat je andere mensen leert kennen. Net zoals mensen elkaar emotioneel en verstandelijk leren kennen, moeten ze ook seksueel tot elkaar komen.'[223] Voor haar is dit geen kwestie van religie of moraliteit, maar van persoonlijke vrijheid, vooral voor vrouwen.

LOSMAKEN

Die vrijheid kan alleen worden verkregen door voor onafhankelijkheid binnen de familie te zorgen. Het is duidelijk dat jonge mensen in Egypte en de rest van de Arabische regio een sterke band met hun familie hebben, zelfs als die banden krimpen van een groot-familie naar kerngezinnen en familieleden die over hele steden, landen en continenten verspreid zijn, zoals bij mijn eigen familie het geval is. Deze navelstreng is grotendeels van financiële aard. Zo woont in Egypte de overgrote meerderheid van de ongehuwde mensen (en rond 40 procent van de gehuwde stellen) van onder de dertig bij hun familie. En omdat de werkloosheid in de dubbele cijfers loopt, houdt dit in dat ze ook economisch aan hun familieleden gebonden zijn.[224]

Als je bij je familie woont, heeft dat gevolgen voor je liefdesleven. In de meeste huishoudens is het vrijwel ondenkbaar om een vriend of vriendin mee naar huis te nemen, of het moet zijn om samen te eten, vooral omdat maar een heel klein deel van de jongeren in Egypte een eigen slaapkamer heeft. Een hotel is over het algemeen te duur voor de meeste jonge mensen, en in de meeste hotels zal bovendien naar een huwelijksakte gevraagd worden, behalve als je een passend geldbedrag onder de toonbank door kunt schuiven. Als je onder elkaar wilt zijn, kun je het beste een vriend hebben met een eigen woning, of auto, anders moet je terug naar de kustweg om wat in de buitenlucht te frunniken.

Deze materiële afhankelijkheid neemt subtiele vormen aan. In een samenleving die op *wasta* loopt, contacten, zijn de naam en invloed van je familie nodig om in het leven vooruit te komen. Dat weet ik uit eigen ervaring. Toen ik met mijn westerse opvoeding en aanpak vastliep in de Egyptische bureaucratie, moest ik de hulp van mijn familie inroepen om door het maken van een praatje en het beloven van enkele gunsten de zaken voor elkaar te krijgen.[225] Zoals mijn grootmoeder placht te zeggen: 'Wie ruggesteun heeft [steun van de familie], krijgt geen stomp in de maag.'

Maar er zit ook een uiterst emotionele kant aan deze familieband. De Koran roept gelovigen op hun moeder en vader te eren: 'Wij hebben de mens met betrekking tot zijn ouders opgedragen: zijn moeder heeft hem immers in grote zwakheid gedragen en totdat hij gespeend werd waren het nog twee jaar: "Jij moet Mij en jouw ouders dank betuigen. Bij Mij is de bestemming",' is slechts een van de vele verzen over het onderwerp.[226] Deze band met de familie is overal in de Arabische regio onderzocht. Jongeren blijken een sterk gevoel voor de familie-identiteit te hebben en een sterke band met de familie.[227] Het zou interessant zijn te weten wat de invloed is van de opstanden – en de ervaring van miljoenen jonge mannen en vrouwen op straat, nacht na nacht, die zich tegen het politieke gezag verzetten – op de relatie met het ouderlijk gezag. *Hurriyya* (vrijheid) is de kreet die vele jongelingen slaken als hun ouders hen vragen huishoudelijk werk te doen of als ze proberen meer zakgeld te krijgen. Maar voor oudere jongeren is het lastiger onderhandelen. Al Haq verwoordde de ervaringen van velen die ik heb ontmoet, toen ze het wankele evenwicht beschreef tussen haar persoonlijke vrijheid en haar familie: 'Mijn moeder en ik zijn erg aan elkaar gehecht. Zij gelooft in wat ik doe en bewondert me. Maar altijd als ik iets zeg dat in de samenleving niet al te gebruikelijk is, zegt ze: "En de samenleving dan? En de familie?"'

Al Haq moest dagenlang met haar moeder in discussie voordat ze toestemming kreeg om vanuit haar woonplaats op het platteland ten noorden van Caïro naar het Tahrirplein te komen. 'Ik wilde er zo graag bij zijn, om me bij mijn vrienden aan te sluiten, en om te zien wat ze in vredesnaam met Egypte uitspoken. In mijn generatie heb ik nooit het gevoel gehad thuis te zijn. Dus die revolutie gaf mij het gevoel bij een land te horen. Het was een heel mooi en krachtig gevoel, waar ik zozeer naar had uitgekeken. Egypte is van ons, niet van Moebarak, alleen van ons.' Al Haq kneep er stiekem tussenuit, en hoewel haar moeder woest was, kwam ze later tot bedaren. Maar er is een grens aan hoe ver Al Haq met haar pasverworven vrijheid wil gaan. 'Ik heb een vrij leven en ben voor niemand bang. Ik zeg mijn moeder gewoon niet dat ik een vriendje heb en heb het goed met hem. Alleen omdat het haar veel pijn zal doen en ze er erg van zal schrikken. En ik wil geen familieleden kwijtraken.'

Volgens mij zien weinig jongeren een verband tussen het openlijk tarten van het staatshoofd en het openlijk tarten van het hoofd van hun familie – in elk geval nu nog niet. Maar sommigen zien dat verband duidelijk wel. Tarek Salama is een journalist die zich heeft opgeworpen als activist voor seksuele rechten – een in Egypte niet bepaald populair onderwerp. 'De eerste keer in mijn leven dat ik erop uittrok en ging protesteren was op 25 januari', zei hij. 'Ik moest nooit iets hebben van protesteren en meende dat het nergens toe zou leiden.' Maar de gebeurtenissen van 2011 hebben zijn leven veranderd, beroepsmatig en persoonlijk. 'Voor mijzelf, als activist, moet ik veel beslissingen nemen die ik voor de 25ste januari niet had durven nemen, vanwege de politiek, vanwege de samenleving, vanwege de omstandigheden van mijn familie', vertelde hij me, terwijl we aan een kop koffie nipten op letterlijk een steenworp afstand van het Tahrirplein, in een zijstraat waar felle confrontaties plaatsvonden tussen jonge demonstranten en veiligheidstroepen. 'Zo denk ik dat ik zonder die 25ste januari niet in staat zou zijn geweest hier zo met jou aan tafel over seksualiteit te praten. Omdat ik bang geweest zou zijn. Nu ben ik niet meer bang voor deze strijd.'

Ook is het afgelopen met het respect voor oudere en hooggeplaatste mensen. 'Ik was altijd heel verlegen, had veel respect voor oude mensen', zei Salama, die zijn bril met het dikke, zwarte montuur rechtzet. 'Maar toen ik merkte dat we van Moebarak af waren – hij was ergens in de tachtig – maakte dat op een of andere manier een einde aan die oude persoon in mijn verbeelding. Dus werd ik op een of andere manier agressief en scherp, als ik merkte dat ze onzin uitkraamden ook al was die figuur veel ouder dan ik.' Door de opstand raakte Salama zowel gedesillusioneerd als verlicht. 'De meeste mensen die de boel tijdens de revolutie voor ons hebben verknald, waren ouder. De meeste mensen die ik als voorbeeld zag, hebben me echt in de steek gelaten. Toen ik zag dat ze bezweken, kwam ik erachter dat dit niets met leeftijd te maken had, niets met ervaring. Het heeft ermee te maken of die persoon oprecht is tegenover zichzelf, en daar gaat het mij om.'

Op hun beurt hoorde ik voor de opstand ouders klagen, telkens weer, over het gebrek aan volwassenheid van hun kinderen. 'Voorheen zei ik altijd dat deze generatie niets beters te doen heeft dan achter hun computer te zitten en spelletjes te doen', klaagde een vader van in de vijftig, een voormalig generaal, tegen me. De opstand van 2011, aangevoerd door de jongeren van het land, bracht daar verandering in. Hij en zijn dochter van in de twintig brachten dagen door op het Tahrirplein, een ervaring die hun band verstevigde en zijn mening veranderde. Veel oudere Egyptenaren, waaronder mijn eigen familieleden, zijn van streek door de recente gebeurtenissen en vinden het moeilijk om verandering te accepteren. Zo niet de generaal. 'Ik zag het helemaal verkeerd', vertelde hij, wat niet eenvoudig is voor een Egyptische man en vader om toe te geven. 'Aanvankelijk was ik erg verrast door de demonstranten, door de fatsoenlijke, beschaafde manier waarop ze hun ideeën uitdroegen. Voor mij heeft deze generatie laten zien dat ze plannen voor de toekomst hebben en weten hoe ze zich daarvoor moeten inzetten.'

Het is een kwestie van de lange termijn om voor vers bloed plaats te maken – of het nu gaat om het nemen van beslissingen in de politiek of thuis. Of jongeren de kans zullen krijgen om de leiding in handen te nemen, en intelligent genoeg zijn om er op een goede manier gebruik van te maken, is een ander verhaal – alhoewel ze hebben aangetoond dat ze sinds de opstand van 2011 snel hebben geleerd. Een test van deze nieuwe entente cordiale zal zijn hoe gemakkelijk jonge mensen – vooral jonge vrouwen als Al Haq – de komende jaren hun eigen weg kunnen kiezen. De moeder van Al Haq staat haar nu bijvoorbeeld toe alleen thuis te blijven in de gezinsflat in Caïro, wat voor de opstand absoluut niet kon. Maar deze vrijheid komt haar niet aanwaaien. Voor dat kleine deel van de ongehuwde mensen dat het zich kan veroorloven, is het verlaten van hun ouderlijke woning eerder een vuurproef dan een overgangsrite. 'Als je naar een willekeurige sjeik zou gaan en zegt: "Dit meisje is het huis uit gegaan", dan zal hij zeggen: "Dat is verwerpelijk!" En dan zou ze vervloekt en verdoemd zijn', aldus Rakha.

Zij kan het weten. Toen ze op net twintigjarige leeftijd begon te werken, veranderde het leven voor Rakha. 'Nadat ik mijn eerste salaris had verdiend, besefte ik dat ik gelukkig werd van het hebben van mijn eigen geld. En het gaf mij de vrijheid om als ik parfum of een jurk wilde kopen niet eerst naar mijn moeder te hoeven gaan om toestemming te vragen', zei ze. 'Dat was het begin van de zelfstandigheid. Ik ben niet gelukkig als er een man is, ik ben gelukkig als ik dingen voor mezelf doe.'

Eenmaal achter in de twintig heeft Rakha besloten in een appartement te gaan wonen. 'Mijn moeder dacht dat ik er niet in zou slagen zelfstandig te leven en dat ik weer naar huis zou terugkeren. Dus liet ze me gaan, maar tot haar verbijstering slaagde ik erin me te redden', herinnert ze zich. 'Als ik thuis was, deed ik niks. Ik sliep tot acht uur 's avonds om vervolgens met mijn vrienden uit te gaan. Nu ik ben vertrokken, moet het huis worden schoongemaakt. Dat was heel wat anders. Ik was er klaar voor. Het punt is, dat ik dit niet met een man wilde doen. Ik wilde het voor mezelf.'

Voor een Egyptische vrouw is een dergelijke onafhankelijkheid meer een smet dan een eerbewijs, denkt Rakha. 'Een man wordt er meestal naar gevraagd: "Waarom wil je bij je ouders weg?" Als zo'n man dan antwoordt: "Omdat ik volwassen wil worden, wil leren eigen verantwoordelijkheid te dragen", dan vindt men dat in de samenleving prima. Maar de meeste mannen willen het huis niet uit. Ze willen dat iemand voor ze kookt en hun kleren wast. Het zijn de meisjes die zelfstandig willen zijn. Ze willen zichzelf bewijzen, los van hun sociaal geaccepteerde posities.' Rakha is al te zeer bekend met dit soort denken, dat thuis begint. Ouders houden graag de schone schijn op, en dochters die ertussenuit knijpen worden ervan beschuldigd zich te onttrekken aan hun verantwoordelijkheid als kind. 'Ik zal je de versie van mijn moeder vertellen', zegt Rakha. 'Om te beginnen vindt ze dat ik ondankbaar ben. Omdat ik, in plaats van bij haar te zijn, haar te steunen en op te beuren, het huis uit ging. Mijn tegenargument was altijd: "En als ik zou trouwen? Dan zou ik toch ook bij je weg gaan?" "Maar dan is het omdat je trouwt." Nou ja – nu krijg ik op mijn kop omdat ik niet getrouwd ben?'

Als ik in Egypte – of waar dan ook in de Arabische regio – een intelligente, ambitieuze en professioneel succesvolle vrouw van boven de vijfendertig ontmoet, dan verwacht ik niet dat ze een trouwring draagt. Hoewel de overgrote meerderheid van de jonge vrouwen in Egypte tegen hun dertigste getrouwd is, is het aandeel van degenen die op hun dertigste nog altijd alleenstaand zijn meer dan driemaal zo hoog bij vrouwen die een hogere opleiding hebben gevolgd als bij vrouwen met minder dan een diploma van de middelbare school.[228] Sommige ongehuwde vrouwen die ik ken zouden een westerse man wel zien zitten (als die tenminste hetzelfde geloof aanhangt), terwijl andere zich naar hun geloof hebben gekeerd en naar een fatalisme dat hen in staat stelt hun status als alleenstaande aan Gods wil toe te schrijven. Maar velen van hen hebben hun landgenoten als huwelijkskandidaten eenvoudigweg afgeschreven. Er zijn verschillende sociale en economische factoren waaraan deze stand van zaken is toe te schrijven, maar Rakha verwoordt het onomwonden: 'Als vrouwen worden geschoold – op een hogere beroepsschool, universiteit, of waar dan ook – opent hun geest zich. Mannen ondergaan hetzelfde proces, maar het lijkt wel alsof ze ergens anders zijn met hun gedachten en alsof hun loopbaan ergens anders is. Dus als je die fantastische vent vindt, die succesvolle, aantrekkelijke, goedopgeleide en bereisde vent, dan is hij in zijn hoofd nog altijd een domoor.'

Ze koos haar woorden zorgvuldig: 'Een man van mijn leeftijd of ouder is een ongelofelijke lul de behanger. Traditioneel en met een algemene ontwikkeling van niks, bagger alom. Onzeker: "Ik haat vrouwen, waardeloos zijn ze, bazig." Overal door geïntimideerd, door alles.' Rakha krijgt veel e-mailtjes van boze mannen uit het hele land, en ze heeft ook een verklaring voor hun gedrag: 'Al die rotzooi die ze uithalen, doen ze uit angst. Ze zijn bang. Bange jochies. Of ze nu dertien zijn of dertig. Overal zijn ze bang voor. Bang om beoordeeld te worden. Bang om afgewezen te worden. Bang om de verkeerde dingen te zeggen of te doen. Bang om gedumpt te worden. Bang om bedrogen te worden. Een en al onzekerheid. In alle opzichten.' Bij het vinden van een partner leidt dit ertoe dat de aanstaande mannelijke partner op een heel ander spoor zit dan een aanstaande vrouwelijke partner, hij is op zoek naar controle en zij naar zelfstandigheid – wat een van de redenen is dat steeds meer vrouwen niet trouwen.

DE STRIJD TUSSEN DE SEKSEN

Deze spanningen doen zich ook buiten privérelaties voor. In de straten van Egypte en de hele Arabische wereld komen *taharrush jinsi* voor – ongewenste intimiteiten, van stalken, geil aanstaren en schunnige opmerkingen tot potloodventen, masturbatie in het openbaar, en regelrechte fysieke schendingen. In een recent landelijk onderzoek onder jonge vrouwen hadden vrijwel alle ondervraagden ervaring met ongewenste intimiteiten, bijna de helft dagelijks en niet alleen in donkere, verlaten straatjes, maar ook in een drukke omgeving, in het volle daglicht.[229] Vooral duidelijk herkenbare minderheden – Soedanese vluchtelingen, Aziatische hulpen in de huishouding, westerse toeristen – zijn kwetsbaar, waarbij de aanranders worden aangespoord door stereotypen over op seks gerichte buitenlandse vrouwen.

Caïro is een geconcentreerde versie van Egypte, dus hoeft het niet te verbazen dat ongewenste intimiteiten hier het meest voorkomen. Het was hier dat het verschijnsel voor het eerst voorpaginanieuws werd, halverwege het eerste decennium van deze eeuw. En in de loop van de jaren werden openbare feesten – vooral religieuze vrije dagen – tot een soort algemene overgave aan ongewenste intimiteiten, met beruchte zwermen jongemannen die passerende vrouwen in het nauw drijven.[230] Nu zijn ongewenste intimiteiten en verkrachting – naast politieke onrust, onbetrouwbaar drinkwater en gevaarlijk rijgedrag – zelfs een rol gaan spelen in reisadviezen van buitenlandse overheden over de gevaren van een bezoek aan Egypte.[231]

Mu'aksa, het flirten door mannen, was eens een vriendelijker spel. '*Ya helwa, ya gamila*' ('Wat ben je een lief, mooi meisje) en '*Ya amar*' (Je bent als de maan) waren de schattige zinnetjes die mijn tantes en nichten in de jaren zestig en zeventig in de binnenstad van Caïro en Alexandrië te horen kregen. Dan is er de Egyptische versie van een lokfluitje, ook gebruikt om katten te lokken, een zacht, sissend geluid als van een lekkende band – volgens mij niet bepaald een veelbelovende associatie van een man. Tegenwoordig zijn de lokmiddelen heel wat minder hoffelijk: '*Ya labwa* [Jij teef]', zo werd een van mijn vriendinnen door een auto vol mannen begroet, terwijl ze stilletjes en volledig gehuld in een hijab voor een stoplicht stopte. 'Wat had ik graag twee bedden gehad om tweemaal met je te slapen.'

Veel mensen wijten dit soort 'onbeleefd' gedrag, zoals Egyptenaren het noemen, aan de economie. Werkloze jongeren met veel vrije tijd en met hun hoofd bij seks, dankzij de televisie en het internet, ouders die alleen maar aan het werk zijn, of vaders die in de Golf zitten, waardoor het toezicht op het gezin weg is en het misgaat met de morele opvoeding. Zonder huwelijk, en de gemakkelijke seksuele uitlaatklep, belandt al deze libidineuze energie op straat, zo denkt men gewoonlijk. Tegelijkertijd wordt aangevoerd dat vrouwen zich steeds meer in het openbaar vertonen, en mannen zouden door hun gewaagde jurkjes en brutale gedrag uitgedaagd worden tot ze het niet meer kunnen verdragen. Als dit soort wijsheid de ronde doet, hoeft het niet te verbazen dat veel mensen denken dat vrouwen deze aandacht wel prettig vinden.[232]

Het zijn niet alleen de onverholen schoffeerders die de filosofie onderschrijven dat het aan het slachtoffer ligt. Meer dan 60 procent van de hoogstopgeleide vrouwen van het landelijke Egyptische onderzoek onder jongeren, en driekwart van de minst geletterde vrouwen, vindt dat 'provocatief geklede' vrouwen erom vragen.[233] Hoewel meer dan 90 procent van de jonge Egyptische vrouwen zich afdekt – van hun hoofd tot hun nek, en verder tot hun polsen en enkels – zijn er veel manieren om dit uniform meer opwindend te maken: opvallende, fantasievol geschikte sluiers, lagen make-up, flitsende zonnebrillen, strakke spijkerbroeken en vormen accentuerende tunieken, Lycra als Gods geschenk aan Arabische mannen.[234] Deze *dolce hegabbanas* zetten de huidige conservatieve voorschriften behendig op hun kop, door hun *'awra* (delen van het lichaam van mannen en vrouwen die volgens islamitische gedragscodes niet in het openbaar gezien mogen worden) in principe af te dekken en iets meer vrijheid te krijgen van hun ouders, terwijl ze wel met hun vrouwelijkheid pronken. En toch herinneren deze jonge vrouwen zich weemoedig dat hun moeders en grootmoeders met los haar en veel meer blote huid – korte rokjes, blote armen – konden uitgaan dan zij en konden doorlopen zonder te worden gemolesteerd.

Ondanks alle subtiele ondermijning aarzelen veel vrouwen om de gebruiken te tarten en ongewenste intimiteiten aan hun ouders te melden, laat staan aan de autoriteiten te rapporteren.[235] Er zijn verschillende redenen voor deze gereserveerdheid. Sommige vrouwen wijten de ongewenste intimiteiten aan zichzelf. Andere vrezen dat het toegeven dat ze zijn lastiggevallen ten koste zal gaan van hun reputatie, met alle gevolgen van dien, waaronder huisarrest door hun ouders. Daarnaast zijn vele bang dat de politie hen niet serieus zal nemen, enerzijds omdat het moeilijk te bewijzen is als ze plotseling worden lastigvallen en de dader er meteen weer vandoor gaat, en anderzijds omdat de politie vaak zelf dader is geweest.

Tot 2011 was het voor vrouwen gevaarlijk om bij massale bijeenkomsten van jongemannen aanwezig te zijn. Toch kwamen er tienduizenden bijeen om tegen autoritaire regimes in het verleden, het heden en de toekomst te protesteren. Evenals andere vrouwen merkte ik dat we ons vrij konden bewegen – tenminste, voorzover dat in een revolutionaire menigte gaat – omdat mannen ruimte maakten en vol aandacht naar ons luisterden. Toen ik wegrende voor traangas, waren er mannen die me in veiligheid brachten en daar niet van profiteerden door me als een gemakkelijke prooi te beschouwen. Dat wil niet zeggen dat vrouwen op het Tahrirplein geen last hadden van ongewenste intimiteiten – ondanks alle utopische verhalen die over de opstand van 2011 de ronde doen, deden die zich wel degelijk voor. Bij een van die gevallen zag ik, ontzet en niet in staat om te helpen, hoe een horde jongemannen een in een hijab gehulde jonge vrouw een hoek in dreef, tegen een hek duwde en de kleren van het lijf trok. Onder normale omstandigheden houden mannen zich meestal afzijdig als vrouwen worden lastiggevallen, maar ditmaal probeerden er een paar om haar te helpen, door haar hun eigen kleren te geven zodat ze zich kon kleden en haar uit het gewoel te halen.

Twee jaar later was een wandeling over het Tahrirplein iets wat ik probeerde te vermijden. Groepsverkrachtingen waren onderdeel van het straatleven geworden, meer dan honderd vrouwen – en een klein aantal mannen – hadden gemeld dat ze tijdens politieke protesten waren vastgebonden, uitgekleed en verkracht (waarbij bij voorkeur vingers of messen als wapens waren gebruikt). De aanvallen leken georganiseerd te zijn, en men vermoedde dat er politieke motieven achter zaten, waarbij werd gewezen naar de door islamisten geleide overheid en het kille klimaat voor vrouwenrechten tijdens hun regeringsperiode.[236]

De schaal van het probleem is zo groot dat ongewenste intimiteiten tot de taboes behoren waarover in Egypte nu openlijk wordt gesproken. Er zijn allerlei vernieuwende campagnes om vrouwen tegen aanvallen te beschermen, te helpen incidenten te melden, met de gevolgen te leren omgaan, jonge mensen van beide geslachten te benaderen in lokale projecten, en de volgende generatie – vooral jongens – te leren dat je niet mannelijker wordt als je vrouwen lastigvalt.[237] Een klein, maar toenemend aantal vrouwen, dat moed heeft gevat door de opstand, heeft de bestaande wetten over openbaar fatsoen en ongewenste intimiteiten proberen te gebruiken om de rollen om te draaien en zich tegen de aanvallers te keren. Er zijn ook pogingen van ngo's om te zorgen voor een wet die ongewenste intimiteiten expliciet strafbaar stelt, hoewel de ervaring in Tunesië en Algerije met al doorgevoerde wetgeving toont dat mazen in de wet moeilijk te sluiten zijn en dat culturele veranderingen er slechts traag op volgen. 'Als we de mentaliteit van mensen komen veranderen, hebben we soms het gevoel dat we de zee met een theekopje moeten verplaatsen', grapte Nehad Abu Komsan, een in Caïro gevestigde advocaat en hoofd van het Egyptisch Centrum voor Vrouwenrechten, een van de vroege voorvechters in de strijd tegen ongewenste intimiteiten.

Een van de manieren waarop Abu Komsan en medecampagnevoerders erin geslaagd zijn dit gevoelige onderwerp uit de schaduw te halen, is door ongewenste intimiteiten een kwestie van persoonlijke veiligheid, politieke rechten en een falende overheid te maken. 'We vallen geen mannen aan omdat het slechte mensen zijn die vrouwen lastigvallen. We schuiven de schuld ook niet op de samenleving, die onwetend is en waarin men in het openbaar iets anders zegt dan men privé doet', lichtte ze toe. 'Als je niet tevreden bent met het beleid, kun je de regering aanvallen: "Het is jullie fout. Jullie interesseren je niet voor de veiligheid van de mensen, alleen maar voor politieke veiligheid." Als je sociale veranderingen tot stand wilt brengen, moet je het volk niet aanvallen.' Er wordt gevreesd dat de staat de benadering van de zaak in termen van veiligheid en toezicht houden zal gebruiken om zichzelf te versterken in de naam van de bescherming van vrouwen, om in een moeite door politieke tegenstanders in toom te kunnen houden.[238] Maar totdat er in Egypte een klimaat ontstaat waarin dit soort zaken in termen van persoonlijke vrijheid en rechten kunnen worden aangepakt, is deze benadering beter dan niets. 'Het gaat om de verpakking', zei Abu Komsan. 'Het is zoals ze zeggen: "Als je het gif in een mooi glas doet, zal men het graag aannemen."'

Abu Komsan en anderen stellen dat de Egyptische epidemie van ongewenste intimiteiten meer samenhangt met de politieke en economische onderdrukking – die mannen laat uithalen naar degenen die de volgende zijn in de pikorde van het patriarchaat – dan dat het een uitbarsting van seksuele frustratie is. Het is beslist zo dat de ontwikkelingen hebben laten zien dat als mannen het gevoel hebben dat ze het lot in eigen handen kunnen nemen en zinvol bezig zijn, ze zich heel anders tegenover vrouwen gedragen.

Het is niet eenvoudig om de balans van lastigvallen naar samenwerken te laten doorslaan. Maar Abu Komsan is ervan overtuigd dat Egypte op termijn door de opstand de tientallen jaren durende malaise te boven zal komen en dat symptomen als ongewenste intimiteiten geen aanhoudend probleem meer zullen zijn, maar slechts een sporadische klacht. 'Wat heeft de revolutie opgeleverd? Ze geeft de mensen het krachtige gevoel dat ze in staat zijn hun leven in eigen hand te nemen en hun eigen beslissingen te nemen. Voorheen waren de meeste Egyptenaren erg terneergeslagen en voelden ze zich geen mens. Ik heb het niet over mensenrechten, maar gewoon over dat je een mens bent. Door de revolutie krijgen de mensen het gevoel te winnen, waardigheid en hoop. Hun gedrag zal er beslist door verbeteren.'

Of die verbetering er ook komt, valt te bezien. Maar of er op het vlak van het intieme leven iets zal veranderen? Ondanks al haar grote verwachtingen, betwijfelde Al Haq of er ook iets zou veranderen bij mensen die de regels nog niet hadden doorbroken. 'Ik denk dat iemand die voor de revolutie al opstandig was na de revolutie nog opstandiger zal zijn. Dat is mij overkomen, evenals veel van mijn vrienden. Misschien zullen ze wat ze doen nog steeds niet ten overstaan van de samenleving kunnen doen, maar wel in hun eigen sociale kring: "Ja, ik doe dit, en heb er geen spijt van."' Degenen die zich publiekelijk tegen de conventies afzetten – zoals de *Nude Photo Revolutionary* – worden vooral gezien als uitzonderingen, niet als trendsetters. 'In deze samenleving zal het niet gebeuren, echte vrijheid van het seksleven en vrijheid van expressie, behalve als mensen goed worden opgeleid', zei Al Haq. 'Dat zal nog vele jaren duren.' Salama twijfelde al evenzeer. 'Dat er buiten op het plein meisjes bij jongens slapen, is een sociaal aspect van de revolutie. Maar het is geen sociale revolutie. De sociale fase van de revolutie begint nog maar net. Het zal nog lang duren voordat deze veranderingen plaatsvinden.'

En toch vinden overal in het land in het particuliere leven talloze opstanden plaats, zelfs als mensen die eigenlijk niet als zodanig zien. 'Revolutie is voor de politiek, niet voor het denken. De traditie heeft niets te maken met de revolutie', verzuchtte Amany, terwijl ze zich in de schaduw van een door zuilen geschraagde hal terugtrok. We ontmoetten elkaar in een van de vele oude tempels tussen Luxor en Aswan, waar ik was om even uit het gedrang van Caïro weg te zijn, en waar Amany als gids werkte. Wandelend langs obelisken en beelden maakte ze me deelgenoot van haar indrukwekkende kennis van de geschiedenis en van haar eigen stille opstand.

Amany is achter in de twintig en komt uit een eenvoudige familie in Boven-Egypte. Al-Sa'iid, zoals het zuiden van het land in het Arabisch heet, is een bekend conservatief gebied, al begint daar verandering in te komen. Egyptische ouders willen steeds vaker zowel dochters als zonen hebben. Ze zien in dat het zinvol is om hun dochters naar het hoger onderwijs te sturen, zelfs als dat ver weg is, voor een deel omdat men denkt dat goed opgeleide (maar niet ál te goed opgeleide) jonge vrouwen betere huwelijkskansen hebben, en betere echtgenotes en moeders zijn. En dus mocht Amany, de slimste van de zes kinderen thuis, naar de universiteit, al moest ze meteen na afloop van de studie weer naar huis terugkeren. Maar anders dan veel jonge Egyptenaren heeft ze een goedbetaalde baan, waardoor ze, nu haar vader met pensioen is, de kostwinner van de familie is geworden. Amany brengt weliswaar het meeste geld binnen, maar haar ouders zijn nog altijd de baas. En om de zoveel weken komt haar moeder met een huwelijkskandidaat aanzetten, in de hoop dat haar dochter trouwt. Maar Amany wijst ze allemaal af, om een eenvoudige reden: ze is stiekem al getrouwd.

Vijf jaar geleden ontmoette Amany Hossam, een voormalige soldaat uit het noorden van Egypte en een vriend van haar broer. Hossam viel meteen als een blok voor haar, vertelde Amany, en kwam prompt met zijn ouders langs om haar ten huwelijk te vragen. Hier onderbrak Amany haar verhaal om me een hiëroglief te tonen. 'Dit is het symbool voor het eeuwige leven', legde ze uit, wijzend op een ankh-teken. 'Het staat ook voor de eenheid van Opper- en Beneden-Egypte.' Helaas zat een dergelijke eenwording er voor Amany en Hossam niet in. Haar ouders wezen hem af omdat hij minder geld verdient dan hun dochter en er dus geld naar hem zou gaan dat anders bij hen zou belanden. Maar hun bezwaren waren ook van geografische aard. 'Ze vertrouwen de mannen uit Beneden-Egypte niet zo', verklaarde ze. 'Ze vrezen dat een man uit die omgeving een vrouw zal verlaten als ze als stel op een of andere manier in de problemen komen, en dat hij dan [naar het noorden] verhuist om met een andere vrouw te trouwen. Daar zijn ze niet gerust op.' Maar Amany vindt Hossams komaf juist een pluspunt: 'Hij is minder bevooroordeeld. Hij vertrouwt me, vindt het niet erg als ik met andere mannen werk', zegt ze als ze hem vergelijkt met haar plaatselijke huwelijkskandidaten. 'Hij is het type man dat je ogen kan lezen, ook al zeg je niks. Het lijkt wel alsof hij de weg kent in mijn hoofd. Hij begrijpt me. Dat soort mannen kom je tegenwoordig niet meer tegen.'

Drie jaar en twee volgende pogingen bij haar ouders later besloot Amany de zaak in eigen hand te nemen. 'Van mijn familie moest ik het niet hebben. Ze zullen niet van gedachten veranderen. Dus zei ik dat het mijn eigen keuze was en dat ik daar ook naar moest handelen.' Toen de Arabische Lente van 2011 ten einde liep, reisden zij en Hossam naar het noorden, ver uit het zicht van de nieuwsgierige blikken thuis, en ondertekenden in een advocatenkantoor een *'urfi*-huwelijkscontract. Zonder dat contract zou Amany niet met Hossam willen slapen. 'We zijn in het geheim getrouwd omdat we het voor het aangezicht van God goed wilden doen. Omdat we moslims zijn, willen we niet iets doen wat haram is.' Maar voor haar was het evenmin voorstelbaar om openlijk tegen haar ouders in te gaan en zonder hun toestemming officieel te trouwen. 'Ik wil mijn familie niet voor problemen plaatsen. Ik moet hen gehoorzamen. Ik moet mijn uiterste best doen om hen gelukkig te maken, dat is belangrijker dan mijn geluk', zei ze. 'Ook voor hun reputatie, niet voor mijn reputatie. Mijn vader is nu gepensioneerd, maar hij zit de hele tijd in de moskee, de bekende man van de moskee. Hij is iemand met een goede positie. [Als ik zonder zijn instemming trouw], zullen ze zeggen dat hij een heel onbeleefde dochter heeft.'

Terwijl we langs 'prachtige ontmoetingen' tussen goden en godinnen liepen die in de muren van de tempel waren gegraveerd, vertelde Amany me over haar toch wat minder prachtige leven met Hossam, over hoe ze op rustige momenten stiekem het huis van haar ouders uit sluipt, om een poosje bij hem te zijn in zijn huurflatje aan de andere kant van de stad. Wat haar betreft is discretie een kwestie van leven en dood. 'Als mijn ouders erachter komen, zullen ze me vermoorden. Echt. Dat is in mijn familie eerder gebeurd. De zus van mijn oma had een verhouding, en op een dag hebben ze haar opgehaald en ...' Amany maakte een snijgebaar over haar keel. Eermoord is een duister onderwerp in Egypte, en niemand weet precies op welke schaal dit probleem zich voordoet.[239] Maar voor Amany is het allesbehalve een uitstervend gebruik. In de familie wordt het verhaal doorverteld om de meisjes in bedwang te houden.

Zoals veel jonge vrouwen die ik heb ontmoet, zit Amany gevangen tussen openlijke ongehoorzaamheid en spijt. Wat haarzelf betreft, is ze woest op haar ouders, omdat ze haar in deze situatie hebben gebracht, maar ze wordt ook verscheurd door schuldgevoelens. 'Nu bedrieg ik mijn familie', vertelde ze me bedroefd. 'Mijn familie vertrouwt me en ik ga daar niet op de juiste manier mee om. Ik was eraan gewend alles te vertellen wat ik in mijn leven meemaakte. Maar hierover kan ik niks zeggen.' De geslotenheid van Amany wordt gecompliceerd door het feit dat ze niet langer gelooft dat haar 'urfi-huwelijk voor de islam zuiver in de leer is. 'Op internet las ik dat het volgens sommigen 100 procent halal is, maar volgens anderen 20 procent. Dus weet ik het niet. Ik vertelde Hossam dat we niks meer moeten doen [geen seks], omdat het misschien haram is wat we deden. Ik wil niet weer in haram vervallen, want ik moet arme mensen voeden, veel bidden en een bedevaart naar Mekka maken. Misschien dat God het me vergeeft.'

Amany heeft weinig hoop dat haar familie zal bijdraaien, of dat Hossam in de slecht lopende Egyptische economie een baan zal vinden. 'Ik sta niet graag stil bij wat er in de toekomst gebeurt. Ik wil mezelf niet droevig maken. Hou het tussen jezelf en God', zei ze. Amany sprak alsof de opstand al aan haar voorbij was gegaan, te laat kwam om in haar leven veel verschil uit te maken. Maar ze hoopt dat een eventuele dochter van haar er op een dag van kan profiteren, en ze weet al wat ze, als moeder, zal doen. 'Ik zal mijn kinderen nooit iets geven waardoor ze wrokgevoelens tegen hun familie krijgen. Ik heb veel verdriet door hen, [omdat] ze anders denken', zei Amany met brekende stem. 'Maar ik zal in staat zijn mijn dochter te begrijpen, omdat ik daar al ervaring mee heb opgedaan. Ik zal haar degene laten kiezen naar wie haar hart uitgaat, voor wie ze iets voelt.'

De grote vraag is of Amany en haar generatie zich anders zullen gedragen dan hun ouders als het gaat om zaken als het familieleven en de politieke toekomst van Egypte. Opiniepeilingen geven aan dat jonge mensen overal in de Arabische regio in veel opzichten – vooral als ze met gender en seks te maken hebben – nog conservatiever zijn dan hun ouders. Maar als je onder vier ogen met deze zelfde jongeren spreekt, dan komen ze met dromen en verlangens die deze strenge schijn tegenspreken. Jonge Egyptenaren – in het bijzonder jonge vrouwen – blijven voorzichtig positie kiezen tussen het zich in het openbaar voegen naar wat wenselijk is en het vervullen van hun particuliere verlangens. Maar op een spectaculair moment, tijdens de opstand van 2011, kwamen openbare en particuliere verlangens overeen.

De postrevolutionaire werkelijkheid is niet zo uitgepakt als velen hadden gehoopt, en jonge mannen en vrouwen proberen dag in dag uit om de macht die ze op straat hebben om te zetten in werkelijke invloed over de toekomst van hun land en hun eigen leven. Maar hun tijd zal komen. Als ze het in het komende decennium op de juiste manier aanpakken, hun samenlevingen bestuderen, kennis opdoen, en hun tactiek verbeteren, dan zouden ze wel degelijk de veranderingen kunnen doorvoeren waarover Amany voor zichzelf en voor haar kinderen droomt – om te beginnen, zoals we in het volgende hoofdstuk zullen zien, met enkele basale zaken.

4

Wat je over de voortplanting moet weten

Een slimme vrouw kan een lang verhaal houden over het dijbeen van een ezel
– Mijn oma, over hoe je er gegeven de omstandigheden het beste van kunt maken

In een bloedrode kelder in Caïro liep ik op een prachtige jongedame af, die aan het telefoneren was, over seks. 'U kunt ons vertrouwen', zei ze ter afronding. 'Wij hebben te maken met mensen van allerlei niveaus. Niemand zal iets te weten komen.' Helaas kon hij alleen haar stem horen, want ze was echt een plaatje. Ze had een onberispelijke olijfkleurige huid en volle rode lippen, terwijl haar fraai gemanicuurde vingers een lok dik, glanzend haar voor haar gitzwarte, amandelvormige ogen wegstreken. Stel je voor, Nefertiti die een gratis telefoonnummer beantwoordt. Het was een rustige avond, vertelde ze. Meestal wordt er een stuk of veertig keer per dag gebeld. Vaak vanwege masturbatie, zei ze. Ook vanwege orale seks en nu en dan anale seks.

Tegenwoordig is het met een mobiele telefoon en wat geld in de Arabische wereld eenvoudig om een vrouw te vinden die bereid is voor enige verbale stimulatie te zorgen. Heel behulpzaam daarbij is de satelliettelevisie, waar op de weggestopte kanalen een heleboel advertenties voor telefoonseks staan, vaak tot grote woede van islamitische conservatieven, die de stekker eruit dreigen te trekken. Veel van deze advertenties komen uit het buitenland – Duitsland, Turkije, Thailand – maar ook Arabië heeft veel te bieden: Arabische seksclub, Arabië xxx, Arabische babes. Het is allemaal tamelijk standaard: foto's van rondborstige, blanke naakten in uiteenlopende stadia van opwinding, spelend met zichzelf of elkaar beffend. Voor de meer traditioneel ingestelde lieden dragen sommige vrouwen een hijab of een nikab – en verder niets. Met een zeldzaam vertoon van pan-

Arabische eenheid, flitsen de vlaggen van de meeste landen in de regio over het scherm, vergezeld van lokale nummers. Het geluid bestaat uit flarden van zinnen: 'Ah, ah, *habibi*, meer, meer', en vergelijkbare aanmoedigende woorden.

Maar in Caïro maakte die prachtige jongedame aan de telefoon deel uit van een meer gespecialiseerde dienstverlening. Ze is arts en werkt voor Shababna (Onze jeugd), een telefonische hulpdienst die vragen van jonge mensen beantwoordt over gezondheid in het algemeen en seks in het bijzonder. Zes dagen per week, twaalf uur per dag zijn er twee artsen – een man en een vrouw – beschikbaar om telefoontjes en sms'jes uit het hele land te beantwoorden. 'Je kunt je niet voorstellen hoeveel verkeerde informatie er de ronde doet. Ongelofelijk', zei Mamdouh Wahba, een in Caïro gevestigde grootvaderlijke gynaecoloog, die Shababna oprichtte. Wahba is hoofd van de Egyptische Vereniging voor Gezinsgezondheid, een ngo die zich toelegt op reproductieve gezondheid, en die het afgelopen decennium veel tijd heeft gestoken in een poging de verwarring onder jongeren over seks en voortplanting op te helderen. Hoewel het allesbehalve een grap is, moet je wel lachen als Wahba enkele voorbeelden van misverstanden beschrijft die hij is tegengekomen: 'Ze wassen het ondergoed van jongens en meisjes niet bij elkaar om te voorkomen dat ze zwanger worden. En het menstruatiebloed is natuurlijk bedorven bloed waar het lichaam eens per maand vanaf moet. Als je niet ongesteld wordt, raak je vergiftigd.' En dan is er de ernstige waarschuwing die sommige meisjes, vooral van het platteland, krijgen voor het drinken van thee en koffie, waardoor ze zo opgewonden zouden raken dat ze zich onbetamelijk gaan gedragen. Om het maar niet te hebben over dat bekende verhaal over masturbatie (*al-'ada al-sirriya* in het Egyptisch Arabisch, 'de geheime gewoonte') en wat je daardoor allemaal wel niet kunt oplopen, zoals blindheid, geestesziekten, impotentie en de wraak van God.[240]

In hun kleine telefonische informatiecentrum zaten Rania en haar collega, Ahmed, met hun laptops klaar om op internet aanvullende informatie te zoeken als jonge bellers iets willen weten wat ze ondanks hun imposante kennis niet paraat hebben.[241] De beide collega's vatten hun taak uiterst serieus op. 'Op ons seksleven rust nog altijd een taboe. Als gemeenschap denken we dat dit onze cultuur is. En dat is in onze samenleving een groot probleem', zei Ahmed. Rania is trots op haar werk: 'Ik ben hier om jonge mensen van dienst te zijn en verkeerde ideeën over relaties recht te zetten, met name in Egypte.' Toch praat ze liever niet al te concreet over haar werk: 'Ik vertel mijn familie er niet over. Ik zeg alleen dat ik met tieners over hun problemen praat.'

Bij jongeren – vooral jonge vrouwen – die zich buiten de sociale kern van seks binnen het huwelijk bewegen, doen deze problemen zich snel en heftig voor. Mensen zijn gauw geneigd hun seksuele of morele losheid te verwijten, maar volgens mij ligt de fout in wezen bij het gat tussen de retoriek waarmee de Arabische jongeren worden benaderd en de werkelijkheid waarmee ze worden geconfronteerd. Gedurende het afgelopen decennium is er een hele berg aan officiële verklaringen, glossy rapporten en miljoenen euro kostende projecten gewijd aan optimistische verhalen over de kracht en de mogelijkheden van de jonge mensen in de regio. Toch zijn de mensen die de touwtjes in handen hebben, van ouders tot presidenten, er niet in geslaagd om hun zonen en dochters het meest basale gezag over de belangrijkste onderdelen van hun leven te geven, waaronder dat meest vertrouwelijke deel – seksualiteit.

Ze vrezen het hellende vlak: als jongeren wel de juiste informatie kregen, die hen werkelijk in staat stelde de pro's en contra's van het seksleven te begrijpen, als ze eenvoudiger toegang tot condooms en abortus kregen, als buitenechtelijke kinderen minder gestigmatiseerd werden, zouden ze allemaal binnen de kortste keren tot zina vervallen – hoeveel internationaal bewijs van het tegendeel er ook bestaat. In de hele negatieve spiraal van het proces werden niet alleen het doel, maar ook de middelen steeds meer als haram gezien, zodat veel mensen seksuele voorlichting, condooms en abortus afwezen, ondanks de ruimte die de islam biedt om deze toe te staan. Hoewel ouders zich duidelijk zorgen maken over de invloed van het 'hedendaagse leven' op hun jongeren, van de seksuele inhoud van films en het internet tot het verminderen van het toezicht van de familie, durven ze de jonge mensen niet de informatie en de voorzieningen te geven die het hun mogelijk maakt alles te begrijpen.

Waaraan het bovenal ontbreekt, is vertrouwen, waarvan de afwezigheid kenmerkend is voor autoritaire regimes – van de nationale politiek tot het persoonlijke leven. Hoewel jongeren als het grootste demografische cohort wel worden gezien, en in toenemende mate ook gehoord – wat duidelijk blijkt uit de recente politieke omwenteling – krijgen ze daarmee nog geen vertrouwen, vooral niet bij het nemen van beslissingen over hun eigen leven. Door mijn eigen familie weet ik hoe ontzettend beschermend Egyptische ouders kunnen zijn. Maar dat beschermen is niet hetzelfde als het klaarstomen van je kinderen voor het leven, vooral als het de voortplanting betreft. Als de democratie in Egypte en in de hele regio ooit wortel zal willen schieten, dan moeten jongeren toegang krijgen tot de middelen om te veranderen, op alle gebieden van het leven, waaronder seksualiteit. En er moet op vertrouwd worden dat ze op een goede manier van die middelen gebruikmaken.

Dat begint met het onderwijs. Als ik vrienden en familieleden van tien jaar tot een eind in de twintig vraag wat ze willen dat de komende jaren het meest verandert, dan staat het onderwijs (samen met de werkgelegenheid) steevast boven aan het lijstje. Hun verhalen over ellende in de klas worden gesteund door onderzoek in Egypte en de rest van de regio.[242] 'De school van de overheid is niet gewoon slecht, maar het is het slechtste onderwijs ooit', zei een student aan een economische hogeschool in Caïro, terwijl haar hijab van verontwaardiging heen en weer flapperde. 'Het probleem is de docent, de manier waarop die met de studenten omgaat, de voorzieningen. Het was verschrikkelijk, verschrikkelijk. Al die jaren, ik wil die jaren van mijn leven terug.' Haar frustratie is terug te zien in de droevige positie van het Egyptische onderwijssysteem op de internationale ranglijsten en in de talloze rapporten over de tekortkomingen, waaronder onderbetaald personeel, overvolle zalen, belachelijke onderwijsprogramma's, en de ongelijke kansen voor degenen die zich privéonderwijs kunnen veroorloven en degenen die vastzitten aan wat het openbare onderwijs te bieden heeft. De aftakeling van het Egyptische onderwijs weerspiegelt in veel opzichten het lot van het land in de afgelopen zestig jaar, van de hoge verwachtingen toen Gamal Abdel Nasser het voor de grote massa openstelde, tot de huidige gigantische gebreken.

Tot de meest erbarmelijke onderwerpen in de klas behoort de 'reproductieve gezondheid', zoals seksuele voorlichting in Egypte voorzichtig wordt genoemd.[243] Weinigen kunnen de mislukking van de vluchtige behandeling van het onderwerp vergeten: die beruchte les over de anatomie die docenten biologie horen te geven, maar waarvoor ze vaak te verlegen zijn, zodat ze de leerlingen – vooral de meisjes – naar huis sturen om het daar zelf maar te lezen. Ook tijdens de godsdienstles worden seksuele onderwerpen behandeld, maar daar gaat het meer over wat volgens de gewoonte van de islam wel en niet mag, dan dat er praktische adviezen worden gegeven voor de hedendaagse tiener. Uit onderzoek blijkt dat slechts een heel klein deel van de jongeren in Egypte, waaronder degenen in de meest vermogende en hoogstopgeleide kringen, hun informatie over de puberteit en de voortplanting tijdens de les krijgt.[244]

Egypte is niet het enige land waar men zich ongemakkelijk voelt over seksuele voorlichting. In vele andere landen, ontwikkeld of niet, gaat men preuts om met het geven van les over seks, als ze er al niet regelrecht vijandig tegenover staan, zelfs als het om de meest mechanische, minst opwindende aspecten ervan gaat. Toch heeft Egypte, evenals de meeste Arabische buurlanden, enkele internationale verdragen ondertekend, waaronder het Verdrag van de Rechten van het Kind, dat landen ertoe verplicht kinderen correcte en gepaste informatie over het seksleven en de voortplanting te geven – tot ontsteltenis van islamisten, die tegen deze verdragen zijn.[245] In de tijd van mijn vader waren er niet zulke wereldwijde overeenkomsten, maar iets leren over seks vormde niet zo'n probleem. Zelfs verstedelijkte families als de onze hielden een band met het voorouderlijke dorp, en mijn vader leerde wat hij over voortplanting moest weten in lange gesprekken met neven op het platteland en door de dieren op het erf goed in de gaten te houden.[246] Maar nu men zich van het platteland heeft afgekeerd, hebben weinig jonge Egyptenaren nog toegang tot de leerschool van de natuur.

Ouders blijken een slecht alternatief. Ondanks al hun afhankelijkheid van de familie beginnen de meeste jonge mensen in Egypte – en in de rest van de Arabische regio – die ik ken er zelf niet over, ze vragen niets en vertellen niets. Volgens het recente nationale onderzoek onder jongeren wijst een meerderheid van de jonge vrouwen de familie – moeders en tantes – aan als voornaamste bron van informatie over puberteit en voortplanting, terwijl slechts 5 procent van de jongemannen hun ouders over dergelijke zaken raadpleegt. Ze geven de voorkeur aan hun vrienden, die meestal in hetzelfde schuitje zitten.[247] Met als gevolg dat mannen, van de jongeren seksueel het meest actief, ook degenen zijn die de minste toegang hebben tot betrouwbare informatie. Niet dat ouders nou zoveel over seksuele en voortplantingszaken weten. Uit onderzoek in Egypte en zijn Arabische buren komt naar voren dat veel moeders en vaders, ondanks hun wens om meer contact met hun kinderen te hebben dan ze met hun eigen ouders hadden, allebei eveneens oppervlakkig kennis van de details hebben, of om verschillende redenen aarzelen om de feiten ter sprake te brengen.[248] Bijna de helft van de jonge mannen en vrouwen die er in Egypte naar werd gevraagd, gaf aan ontevreden te zijn over de informatie die ze kregen.[249]

SEKS OP HET SCHERM

Hoewel ze het in officiële onderzoeken niet graag toegeven, vergaren veel jonge Egyptenaren hun gefragmenteerde kennis over seks van de televisie en het internet, waarbij films en bovenal porno de belangrijkste bron zijn. In Caïro is het bijvoorbeeld heel eenvoudig om aan seksueel expliciet materiaal te komen, zeker als man, hoe illegaal het ook is. Voor wie een onvoldoende snelle verbinding heeft – of te weinig privacy – om online te kijken, is het altijd mogelijk om naar de binnenstad te gaan, waar in kiosken met veel succes, en een beetje uit het zicht, cd's en dvd's verkocht worden. Nog eenvoudiger is het om met je telefoon korte filmpjes te versturen en te ontvangen, dankzij Bluetooth en het immer uitdijende mobiele netwerk van Egypte. Maar het lokaal geproduceerde materiaal dat ik gezien heb, doet erg amateuristisch aan – slechte belichting, slecht uitgevoerd en met een dof geluid. Uit de regio komt tegenwoordig niet veel hoogwaardige porno.[250]

Mainstream films vormen een ander verhaal. 'Ik zal je eens wat laten zien.' Vanuit een duur ingericht appartement in een van de hoge flats van Caïro zag ik de Nijl voor me. Ik keek mijmerend stroomafwaarts, toen mijn gastheer mij onderbrak om een heel ander vochtig uitzicht te bewonderen. Hij stopte een schijfje in zijn dvd-speler en plotseling verscheen op een gigantisch televisiescherm een goedgevulde vrouw onder een douche, het water stroomde van haar lange zwarte haar. Het was Marwa, een Libanese popster – die haar talenten meestal in allerlei muziekvideo's toonde. Maar nooit zo open en bloot als nu, naakt terwijl ze haar weelderige borsten vastpakte en met schitterende ogen de camera in keek.

Het was een scène uit een film genaamd *Ahasiis* (Gevoelens), die in 2010 in bioscopen in Egypte en de rest van de Arabische regio draaide. De film gaat over seksuele frustratie en overspel vanuit het perspectief van vier vrouwen, uiterst melodramatisch. 'In de film bespreek ik het probleem van mannen die seks hebben met hun vrouwen zonder ze daarop voor te bereiden, wat de vrouwen ertoe aanzet hun echtgenoten te bedriegen', zei regisseur Hani Girgis Fawzi in zijn woonkamer. Hij toonde me fragmenten, heel veel, een op het strand vrijend stel, nog een elkaar op het bed omarmend stel, en eindeloos veel douchepartijen – rituele wassingen die voor seksuele relaties stonden. In de definitieve montage kwam geen regelrecht bloot voor, werd niet langdurig gekust, en werd nu en dan tamelijk bedekt op geslachtsgemeenschap gezinspeeld, maar het was behoorlijk sexy vergeleken met films van enkele jaren eerder. 'Ik heb misschien wel de helft van de scènes bewerkt. En ze [de nationale censuurambtenaren] gaven aan dat het een film voor volwassenen was, en er stond iemand bij de ingang van de bioscoop die identiteitsbewijzen controleerde. Juist bij deze film gelden heel strenge regels.' Fawzi zuchtte, zodat zijn heavy metal-T-shirt rimpelde. 'Ik zou niet weten waarom dat nu mij en mijn film overkomt.'

Hoewel andere landen in de regio hun eigen filmindustrie hebben, is Egypte het centrum van veel geld kostende producties. Er verschijnen grote hoeveelheden films en soaps die overal in Arabië de grote en kleine schermen vullen. In het afgelopen decennium hebben Egyptische films steeds meer seks vertoond – niet zozeer de daad zelf, maar veel van de daaraan verbonden taboes, waaronder relaties voor het huwelijk, ongewenste intimiteiten en sekswerk. En dat tegen de achtergrond van de censuur, religieus conservatisme en een politiek regime dat niet per se bekend stond om zijn vrijheid van expressie.

Deze films verschillen van de mode van de *clean cinema*, een recente trend in de Egyptische filmindustrie. In de jaren zestig en zeventig van de vorige eeuw maakte seks deel uit van de filmkunst, en werd er niet moeilijk over gedaan – bedscènes, seksuele onderwerpen en veel vrouwelijk bloot.[251] Maar met de opkomst van het islamitisch conservatisme in eigen land, en een nieuw publiek in olierijke, sociaal conservatieve Golfstaten, werd het in de mainstream van de Egyptische film de trend om seksuele onderwerpen en gewaagde zaken te mijden (al is extreem geweld, waaronder het slaan van vrouwelijke filmsterren, blijkbaar keurig genoeg om aan dergelijke scrupules te ontsnappen.) Met veel ophef wezen actrices rollen af waarin ze onthullende kleren moesten dragen en zogenaamde hete scènes moesten draaien. Sommigen gingen zelfs zover helemaal met acteren te stoppen, deden een hijab aan en trokken zich met veel tamtam uit de filmwereld terug.[252] Met de opkomst van de Moslimbroederschap en de salafisten na de opstand van 2011, en hun aandringen om de Egyptische populaire cultuur te verheffen, kreeg de clean cinema een opknapbeurt – wat inhield dat seks uit films, televisieseries en muziekvideo's verdween.

Hoe ver filmmakers in Egypte kunnen gaan, wordt grotendeels bepaald door de officiële censuur. Om in Egypte toestemming van de overheid te krijgen voor het opnemen en uitbrengen van een film, moeten filmmakers hun script en laatste montage aan het censuurbureau voorleggen. De wet roept censoren op om de 'openbare orde, publieke moraal en het hoogste belang van de staat' te handhaven. In verschillende ministeriële verordeningen zijn de details nader uitgewerkt en wordt het presenteren van 'zondige en verdorven handelingen of drugsgebruik zodanig dat dit mensen tot navolging aanzet', verboden, evenals 'opwindende seksscènes die onwelvoeglijk zijn, en onbeleefde uitdrukkingen en gebaren', om het maar niet te hebben over 'oproepen tot atheïsme of het afgeven op hemelse religies', naast andere overtredingen.[253]

Hoewel dergelijke regelingen uitkomsten lijken te garanderen die halal zijn, bieden ze de censor, en dus de filmmaker, behoorlijk wat speelruimte. Ali Abu Shadi, een filmhistoricus en voormalig nationaal censor, somde de meest controversiële onderwerpen voor me op: 'Eerst religie, dan seks, dan politiek, dat is de volgorde waarmee rekening wordt gehouden bij het snijden in een film.' Het staat buiten kijf dat religie het meest lastige onderwerp is, en dat de hoogste religieuze autoriteiten in het land – Al-Azhar en de Koptische Kerk – de gelegenheid krijgen een afweging te maken. Abu Shadi kwam met een voorbeeld over wat er gebeurt als het geloof en seks op het scherm met elkaar in aanvaring komen. 'Ik moest in mijn kantoor een film censureren, en het verhaal ging over een *muaqqaba* [gesluierde vrouw] die een prostitutienetwerk leidde en haar assistenten en klanten in de moskee uitkiest', legde hij uit. 'Ik weet dat een nikab niet religieus is voorgeschreven, maar het beledigen van deze groep zou rampzalig zijn en veel verzet oproepen. Ik heb nog nooit een film geweigerd om de seks, maar vanwege de nikab deze wel.'

'En voor regelrechte seks wordt een duidelijke lijn getrokken', zei Abu Shadi. 'Ik zou nooit een film accepteren of toestaan met seksscènes, of waarin het lichaam van een man of een vrouw getoond wordt. Al zou ik het wel kunnen accepteren als de vrouw met lakens is afgedekt.' Toch vindt Abu Shadi niet dat de rol van censor de expressie van de filmmaker inperkt. Volgens hem neemt die expressie er juist door toe – hij noemde dat de 'creativiteit van de censuur' – omdat de film aan een conservatief publiek getoond kan worden dat er anders moeilijk over doet en controversiële films uit de bioscoop en van de televisie weert. Daar heeft hij een punt, want degenen die de grenzen van de openlijke seksuele expressie tartten, stuitten in eerste instantie op verzet van het publiek en pas in tweede instantie op de wet. Het is niet de staat, maar een collectieve geestestoestand die bepaalt wat acceptabel is en wat niet.

Dergelijke regels gelden niet alleen voor films uit eigen land, maar ook voor buitenlandse. Het is gemakkelijk om seksscènes uit Hollywoodfilms te knippen, waardoor films met een nu en dan voorkomend pikant intermezzo met discrete weglatingen toch nog in de bioscoop kunnen belanden, of op de televisie. Maar er zijn meer manieren om toezicht uit te oefenen op een buitenlandse film of televisieshow. Als de actie keurig is, maar er schunnige taal wordt gebezigd, kan de censor heel goed gebruikmaken van eufemismen. Sinds jaar en dag is in de Arabische regio ondertiteling de norm bij de meeste buitenlandse films en komische televisieseries, en bij de vertaling gaat heel wat verloren. Begin jaren zestig zag mijn vader *The Sun Also Rises* met Tyrone Power en Ava Gardner, in de Cairo Palacebioscoop, die in die tijd, met zijn karmozijnrode gordijn, pluchen bekleding en CinemaScope het puikje van de zalm was van wat een filmhuis kon bieden. Het verhaal, dat zich afspeelt in de Roaring Twenties, gaat over door het lot getroffen geliefden en de aard van de verwonding die de held in de oorlog heeft opgelopen. In een cruciale scène brengt de arts hem het slechte nieuws: door zijn verwonding zal Power impotent blijven. Maar de impact van deze onthulling ontging het Egyptische publiek, want de ondertiteling vertaalde de toestand van Power als *'inniin* – een klassiek

Arabisch woord dat zelfs mijn vader, die pas een geneeskundige opleiding had afgerond, niet kende. De meeste andere bioscoopgangers tastten in het duister over dit vitale punt tot iemand vanuit de schaduw riep: '*Ya'ni markhi, ya gama'a*', wat ongeveer betekent: 'Je weet wel, jongens: hij krijgt hem niet overeind.'

Vijftig jaar later zijn de Arabische ondertitels even welopgevoed als altijd, en scheppen ze evenveel verwarring.[254] Tijdens een van mijn taxiritten door Caïro sprak ik met een jonge chauffeur die goed verzorgd Engels sprak, en die, na vele uren Amerikaanse films gezien en ondertitels gelezen te hebben, zei: 'Ja, op die manier leer ik veel Engels, zoals *fuck you*.' Ik vroeg hem welk overeenkomstig Arabisch woord hij in de ondertiteling had gezien: *tubban laka*, wat meer weg heeft van *damn you*. Ik legde hem het verschil uit, maar dat interesseerde hem niet zo. 'En *son of a bitch* dan?' vroeg hij pienter.[255]

Ondertitelaars zijn zich ervan bewust dat ze heel wat te verantwoorden hebben. 'Ik was eens in een winkel en iemand vroeg me: "Wat doe je?" Ik zei dat ik voor een ondertitelingsbedrijf werkte, en hij zei: "Je maakt veel fouten – je doet nooit iets goed." O God, ze denken dat we achterlijk zijn', aldus Sara, die samen met een stuk of tien anderen achter een computerscherm zat, bij Image Production House, een mediabedrijf in Beiroet. Er is veel vraag naar Sara en haar collega's. Behalve nasynchroniseren en kuisen maakt IPH voor televisiezenders overal in de Arabische wereld aan de lopende band ondertitelingen, voor films, soaps, praatprogramma's – voornamelijk Amerikaanse primetime-kost.

IPH krijgt zijn marsorders van plaatselijke distributeurs en omroeporganisaties, die op hun beurt worden beïnvloed door een mix van officiële en zelfopgelegde censuur. Bij sommige satellietzenders voor abonnees hoeft weinig geknipt te worden en weinig in de vertaling gladgestreken, wat zelfs een van hun belangrijkste pluspunten is. Maar vrij te ontvangen zenders, op de grond of via satelliet, kunnen behoorlijk expliciete eisen stellen: '[De show] moet bewerkt worden volgens de Dubai-specificaties, waarbij het onderstaande in gedachten moet worden gehouden', instrueerde een in Caïro gevestigd bedrijf. 'Drieletterwoorden worden niet geaccepteerd. Al te gepassioneerde kussen zijn niet acceptabel. Seksuele grapjes en gesprekken worden niet geaccepteerd. Bikini's zijn oké.'

Op de Arabische televisiekanalen is men steeds meer geneigd de taal van films en series na te synchroniseren, in plaats van te ondertitelen. Dat was al gebruikelijk bij Mexicaanse of Braziliaanse, en meer recent Turkse soaps, maar het strekt zich nu ook uit tot succesvolle Amerikaanse producties. Toen Caïro het centrum was van de film- en televisieproducties, nam het Egyptische Arabisch op de televisie de belangrijkste plaats in, maar de tijden veranderen en er zijn nieuwe mediacentra ontstaan. De meeste nagesynchroniseerde series maken gebruik van Syrische of Libanese acteurs, waardoor hun variant van het Arabisch meer mensen bereikt en weleens van grote invloed zou kunnen zijn op de lingua franca van een nieuwe generatie kijkers. Maar de censuur wordt er ook gemakkelijker door, omdat de oorspronkelijke geluidsband vertaald is. Met ondertiteling, hoe eufemistisch die ook is, blijft de oorspronkelijke taal tenminste gehandhaafd – al kan ook die worden gezuiverd door expliciete bewoordingen in de Engelse geluidsopnamen weg te bliepen, waarmee een nieuwe generatie kijkers, onder wie mijn taxichauffeur, heeft kennisgemaakt.

Bij IPH is niet schriftelijk vastgelegd hoe seksuele uitspraken gekuist moeten worden. 'We hebben geen vaste regels', zegt Claude Karam, hoofd van de afdeling ondertiteling. 'Als je vertaalt, moet je het voorbeeld van je eigen taal gebruiken. Als we een Engels woord niet kennen, zoeken we op wat het betekent, en als we er een Arabisch woord voor vinden, beoordelen we of we het kunnen gebruiken.' Hij gaf me enkele voorbeelden: 'Je kunt niet zeggen: "Ik ga vannacht neuken", maar je kunt wel zeggen: "Ik zal veel plezier hebben."' In de woordenschat van de ondertitelaars wordt seks 'een relatie hebben', een erectie 'opgewonden zijn', een penis wordt 'een lichaamsdeel', zaad is 'vloeistof', en – mijn favoriet – 'de afwijkende gewoonte' voor fellatio. 'Deze mensen [collega's] zijn niet achterlijk', zegt Karam. 'Ze kennen het woord. Maar ze willen niet dat ze veroordeeld worden vanwege die woorden en het op de televisie brengen ervan.'

In Caïro vermoedt Fawzi dat filmmakers de komende jaren moeite zullen hebben om seksuele grenzen te verleggen. De financiering is beperkt en sommige acteurs hebben moeite met het aannemen van riskante rollen, omdat ze bang zijn voor de reactie van het publiek. Zo werd Fawzi er door Marwa van beschuldigd, toen zij na de opstand vanwege haar pikante stijl van de Egyptische Belangenvereniging voor Muziek niet meer in het land mocht optreden, dat hij haar in compromitterende posities op het scherm had gebracht – een volgens hem 'onoprecht' verwijt. Na zijn aanvankelijke optimisme dat er na de ondergang van het regime van Moebarak een nieuw tijdperk van vrije expressie zou komen, wordt Fawzi zolang conservatieve krachten overheersen op censuur onthaald. Het is beter dat er bij het monteren van de film scènes vervallen, zegt hij, dan dat het publiek bioscopen in brand gaat steken.

PRINCIPIEEL PROCES

Of de volgende generatie Egyptenaren zichzelf vrij zal kunnen uitdrukken, en anderen zal toestaan dat te doen, hangt bovenal af van de vorming, thuis en op school. Terwijl het land zijn politieke fundamenten vernieuwt, worden alle instituties kritisch bekeken. Egypte is in de gelegenheid om over de hele linie voor creatieve, nieuwe onderwijsprogramma's te kiezen – waarin ook is opgenomen wat je over voortplanting moet weten. Maar het is een heel andere zaak of het land in staat zal zijn om in deze zo noodzakelijke informatie te voorzien.

'Je kunt hier niet op dezelfde manier seksuele voorlichting geven als in het Westen. Daar heb je vrijheid. Tieners kunnen er zonder meer zelf besluiten of ze seks hebben', verklaarde een ambtenaar van het ministerie van Onderwijs, waarbij hij, zoals zo veel Egyptenaren doen, de mate van seksuele vrijheid in het Westen overdreef. Hij gaf er, zo vertelde hij mij, de voorkeur aan seksuele voorlichting als keuzevak aan de universiteit te geven, een vak dat op het programma staat tegen de tijd dat jongeren overwegen te trouwen. En de jongeren dan die voor die tijd seksueel actief worden? 'Voor het huwelijk doen we daar [aan seksuele relaties] niet aan', zei hij. Toen ik hem oprecht vol ongeloof aankeek, herzag hij zijn mening. 'Nou, ja, toch wel. Maar we zullen het niet door de vingers zien, omdat het wordt afgekeurd. Als we het reguleren en er wetten voor maken, zal iedereen over me heen vallen. De samenleving zal er niet aan willen. Niemand wil het erover hebben.'

Maar het hangt er helemaal van af wat je zegt en hoe je het zegt. De ambtenaar suggereerde dat het in de Arabische regio het minst controversieel is om aanstaande gehuwden pas vlak voor hun huwelijksnacht seksuele voorlichting te geven. Toen mijn vader een jongeman was, bestond deze 'voorlichting' hoogstens uit een in het oor van de bruid gefluisterde mededeling door een ouder familielid. De bruidegom moest de feitelijke en denkbeeldige details al doende zelf maar zien op te pikken. Tegenwoordig is er wel iets beters mogelijk.

'We moeten de erectie zien te begrijpen.' Samen met zestig vrouwen, gehuld in zwarte abaja's, zat ik in het lokaal toen een gedetailleerde anatomische tekening van het mannelijke voortplantingsorgaan op het scherm verscheen, levensgroot. Met *shayla* afgedekte gebogen hoofden, op hun mobiele telefoons turende of met hun buren pratende vrouwen waren plotseling een en al aandacht. Er volgde een uitbarsting van gegiechel, maar de instructrice liet zich niet uit het veld slaan. 'Er valt niets te lachen', vervolgde ze met krachtige, maar aangename stem. 'We bespreken een wetenschappelijk en religieus onderwerp, en dat is een serieuze en geen grappige zaak. We proberen iets te veranderen aan de manier waarop jullie over dit onderwerp denken.'

Voor Sahar Talaat is dit dagelijkse kost. Sinds 2002 helpt ze jonge Arabieren om in een onzekere tijd met seks te leren omgaan. Opgeleid als patholoog was ze als vertrouwelinge en raadgeefster van vriendinnen begonnen. Het was haar man, zei ze, die haar aanraadde om er haar beroep van te maken. 'Hij zei: "Je bent heel goed in het aanpakken van het huwelijksleven, die ervaring moet je met anderen delen."' Als professional maakte ze haar debuut als adviseur op de gezondheids- en sociale internetpagina's van Islam Online, een baanbrekende website met informatie, advies en fatwa's over elk mogelijk onderwerp van het hedendaagse leven.

De giechelende meisjes en ik bevonden ons in Doha, Qatar, waar Talaat een gastspreker was op een door Project Chaste gesponsorde cursus. Project Chaste is een initiatief van Qatar, om, net zoals we eerder in de Emiraten zagen, het trouwen van jonge mensen te bevorderen. In het lokaal in Doha was Talaat eropuit om de jonge vrouwen over seks te laten praten – in een islamitische context. 'Ik heb altijd gezegd dat de islam wat dit onderwerp betreft niet gesloten is. Het is verboden om zonder reden met een specifieke vriend en een specifieke vriendin over een intieme relatie te beginnen. Maar in het algemeen kunnen we er openlijk over praten. Dat kunnen we leren.'

Behalve dat de lessen de basale anatomie en fysiologie van de voortplantingsorganen behandelden, was een groot deel ervan gewijd aan het verdrijven van eeuwenoude angsten. 'Jullie denken dat de pijn op de dag dat [een vrouw] van een baby bevalt even groot is als de pijn in de huwelijksnacht. Wees maar niet bang, meisjes, dat is heel iets anders', legde Talaat vriendelijk uit. De kern van haar boodschap was dat vrouwen ervan moesten leren genieten, er niet bang voor moesten zijn, omdat seks bij het huwelijk hoort. 'Op dit plaatje' – ze wees op een anatomische tekening op het scherm – 'kunnen we zien dat dit deel van het lichaam daar beneden [de clitoris] de bron van het genot is. Daarom moeten mannen zich op dat gebied richten en wachten tot hun vrouw er klaar voor is en ontspannen. Het lichaamsdeel waarmee de vrouw een kind baart, moet je kennen om een man in het huwelijk te helpen en om te vermijden dat hij je pijn doet door op een verkeerde of haram plek binnen te dringen [anale seks].'

Terwijl Talaat uitlegde hoe je het meest uit je seksleven kon halen, toonde ze het ene na het andere plaatje met curves van de opkomende en afnemende mannelijke en vrouwelijke seksuele reactie. Ze schenkt veel aandacht aan het communiceren en het geven van feedback: 'Je moet weten of hij goed heeft gepresteerd of niet. Daardoor wordt de volgende relatie [interactie] beter', raadde ze haar leerlingen aan. 'Tot seks behoort ook het oefenen van seks en het erover praten. Verwacht daarom niet dat je tijdens de eerste dagen van het huwelijk meteen gelukkig zult zijn. Eerst moet je ervaring opdoen. Dat gebeurt als je meer tijd met je echtgenoot doorbrengt.'

Over het geheel genomen waren de leerlingen onaangedaan door de inhoud. 'Ja, ja, deze informatie is belangrijk', zei Amal, een aanstaande bruid van begin twintig. 'We hebben al eerder enige informatie gekregen, maar die klopte niet altijd. Van onze familie hoorden we dat het heel anders gaat als je getrouwd bent. En dat je vreest veel bloed te verliezen en pijn te hebben. En nu [klinkt het] heel bemoedigend.' Naast haar zat Basma, die aan de universiteit studeert en pas met haar neef is getrouwd. Ze had de les voor haar eigen huwelijk gemist en haalt de verloren tijd nu in. 'Ik denkt dat dit heel nuttig is voor meisjes. Ja, *dukhla* [de ontmaagding] is veel minder angstwekkend. Het is heel prettig dit voor die tijd te weten.' Al heeft zij het zelf uit ervaring moeten leren. 'Ik lees er veel over op internet, in het Engels en Arabisch. Maar de informatie is verwarrend', vertelde ze. 'Gedurende de eerste dagen met mijn echtgenoot had ik veel pijn en werd ik snel moe, waardoor ik meende zwanger te zijn. O, God, wat overkomt me, dacht ik. Toen ik er vervolgens op internet naar zocht, las ik dat ik misschien ziek zou zijn of dat er iets anders aan de hand was. Daar kom je niet goed uit.'

In Egypte willen islamitische conservatieven liever dat dit soort vragen binnen de familie blijven, daar worden beantwoord, en ze propageren het idee dat ouders les krijgen over hoe ze deze onderwerpen moeten aansnijden. Maar er komen steeds meer aanwijzingen dat in elk geval in Egypte ouders in toenemende mate openstaan voor hulp van derden bij het bijbrengen van kennis over voortplanting.[256] Een moeder van middelbare leeftijd, uit Caïro, uit de middenklasse, en met drie kinderen, bekende me: 'Ik trouwde op mijn achttiende, en mijn man en ik wisten van niks. Op onze huwelijksdag kocht hij een boek, en las erin tot de huwelijksceremonie begon, maar hij wist niet wat hij moest doen. We lazen het samen, en dat kostte ons tien dagen. Ik wil niet dat mijn dochter dat overkomt, dus vind ik het zeker een goed idee als ze ouder is. Uiteraard mogen er dan alleen meisjes in de klas zitten.' Er zijn op verschillende plekken in het land al enkele proefprojecten geweest om pubers de 'vaardigheden voor het leven' bij te brengen, waaronder een project over de seksuele en voortplantingsgezondheid, tijdens naschoolse lessen.[257] Maar uit onderzoek overal in de wereld blijkt dat deze informatie het meest effectief aan jongeren op school is bij te brengen door die op te nemen in een uitgebreid onderwijsprogramma, verspreid over verschillende jaren.[258] Als Egypte in de nieuwe orde eenmaal zover is om het aldus aan te pakken, zou er ook stilgestaan moeten worden bij de nieuwe weg die er op dit gebied is ingeslagen op een plek waarnaar men het minst geneigd is te kijken: Israël.

Safa Tamish is een Palestijnse die een deel van haar tijd doorbrengt in Haifa, in Israël, en in Ramallah, op de Westelijke Jordaanoever. Ze is de oprichter van Muntada Jensaneya, het Arabische Forum voor Seksualiteit, Onderwijs en Gezondheid.[259] In de Arabische wereld is het een dappere zet om 'seksualiteit' in je briefhoofd te zetten, vooral als vrouw. Maar Tamish is niet gauw van slag door een gesprek. 'Ik spreek luid en duidelijk over seksuele onderwerpen, en daar zijn Arabieren niet aan gewend', vertelde ze. 'Ik ben veel te direct, noem de dingen te zeer bij hun [juiste] naam.'

De naam van datgene waarmee Muntada bezig is, is seksuele voorlichting – niet alleen over de geijkte voortplanting, maar ook over de viezigheid van liefde en intimiteit, over genot en bescherming, seksuele diversiteit en ontwikkeling. 'Wij gaan niets uit de weg en hebben het niet over gezinseducatie. Het is sekseducatie. Voor het eerst kunnen mensen echt op een respectvolle en open manier over seksualiteit praten. We leggen alles op tafel', zegt Tamish.[260]

De manier waarop Muntada communicatie benadert, is even onconventioneel als het onderwerp. Dat blijkt wel uit een van de voornaamste initiatieven – ervoor zorgen dat er op Arabische scholen in Israël seksuele voorlichting wordt gegeven. Tamish, die in de Verenigde Staten een opleiding in seksuele voorlichting heeft gevolgd, vermoedt dat een standaard onderwijsprogramma in haar deel van de wereld niet werkt – en zeker niet als het om een geïmporteerd programma gaat, of een programma dat rechtstreeks gebaseerd is op een westers programma. 'De Arabische scholen in Israël hebben een vertaalde versie van wat ze op Israëlische scholen doen, voor de joodse scholen, die niet ontvankelijk zijn voor de Arabische cultuur. Neem de keus tussen het wel hebben van seks en het niet hebben van seks. Daar is een hele studie-eenheid aan gewijd ... Die kan ik niet in het programma opnemen ... want geen enkel hoofd [van een Arabische school] zal dat accepteren: "Wat, laat je hun de keuze of ze seks hebben of niet? [In] de derde of vierde klas van de middelbare school?"'

De aanpak van Muntada raakt de kern van de zaak, maar op een indirecte manier. De twee grootste hindernissen bij het bespreken van seksualiteit in de klas zijn de ouders en de docenten. Om het hoofd te bieden aan de eerste, gaan Tamish en haar collega's de school in met een anonieme vragenlijst om de meest nijpende zorgen van de studenten aan het licht te brengen. Hun vragen worden zorgvuldig verwoord, zonder op seks te zinspelen – 'kosjer' is het woord dat ze gebruikt om die benadering te beschrijven. Hetzelfde kan niet worden gezegd van de reactie van de kinderen. '[In de vragenlijst] zeggen we bijvoorbeeld: "Over welke onderwerpen die verband houden met de pubertijd zou je meer willen weten?" Op dit soort vragen wordt alles geantwoord wat je je maar kunt voorstellen dat met seks te maken heeft – werkelijk alles. Voorbehoedsmiddelen, masturbatie, liefde, geslachtsgemeenschap, zwangerschap, veranderingen die meisjes tijdens de pubertijd ondergaan, jongens die elkaar kussen, tongzoenen – ze schrijven alles wat je je maar kunt voorstellen. We brengen ze niet op een idee. Ze weten ervan en komen er zelf mee aanzetten.'

De volgende stap bestaat eruit de scholen te helpen met het voorbereiden van een bijeenkomst van de ouders. Zodra autoriteiten melden dat ze van plan zijn seksuele voorlichting te geven, is de reactie van de ouders voorspelbaar: als je de kinderen over dit onderwerp op ideeën brengt, zullen ze meteen daarna als beesten aan het vrijen slaan. Op dat moment worden Tamish en haar team erbij betrokken. '"Nou, we wilden u laten zien welke informatie we van uw kinderen hebben verzameld", zeggen ze tegen de ouders. En we verwerken alles in een PowerPoint[-presentatie] en dan schrikken ze zich rot. "Wat? Hebben onze kinderen dit geschreven?" Dan verandert hun houding van ja-nee, naar: "Hoe pakken we dat aan?" Dat is wonderbaarlijk.' Tamish heeft ervaren dat de kracht van het in eigen huis vergaarde bewijs zo groot is dat ouders aanbieden mee te helpen. 'Het gaat niet om iets wat ik vanuit de VS heb geïmporteerd,' zegt ze, 'het gaat om iets wat in de Palestijnse samenleving gebeurt, en daar voelen ze zich verantwoordelijk door. En dan beginnen ze aan de discussie deel te nemen. In de meeste scholen vragen de ouders om minimaal vier of vijf [instructie-]sessies. Ze willen iets leren: "Want als de kinderen straks thuiskomen en vragen stellen, willen we niet als idioten overkomen."'

Terwijl de ouders worden klaargestoomd, worden de personeelsleden van de school ook voorbereid op het maken van hun eigen curriculum, en wordt ervoor gezorgd dat ze zich gemakkelijker voelen met het onderwerp, waardoor de leerlingen op hun beurt ook minder verlegen worden. Daarbij komt dat seksuele zaken niet tot de biologieles worden beperkt. Tamish herinnert zich hoe een docent letterkunde op een school in Oost-Jeruzalem een les over *ghazal* – klassieke Arabische liefdespoëzie – gebruikte om te beginnen over het fenomeen van een 'urfi-huwelijk tussen vrouwelijke leerlingen en vleiende taxichauffeurs die uit zijn op seks. 'Het gaat niet om wat er in de klas precies gebeurt,' zegt Tamish, 'maar om de houding van de docent als hij of zij de klas in komt … Uit ervaring weet ik dat het niet zo veel uitmaakt welk lied er wordt gezongen. Het is vooral de zanger waar het om gaat.'

Een jaar of tien geleden lukte het Muntada niet goed om Arabische scholen ervan te overtuigen seksuele voorlichting te geven. Nu is er een wachtlijst van instellingen die gesteund willen worden. Daarmee is er voor Tamish veel veranderd. Haar eerste baan, als verpleegster op een dorpsschool in Galilea, in het noorden van Israël, was een plotselinge sprong in het diepe van wat haar roeping zou worden. 'Er was een meisje van twaalf … en ze bleek acht maand zwanger. En het onderzoek wees uit dat ze door zes kinderen van dezelfde school was verkracht. Ze hadden haar ervan overtuigd dat ze een spelletje speelden en dat ze er met niemand over moest praten. Dat was in 1990. Het hele dorp was in shock', herinnerde ze zich. 'Een of twee dagen nadat dit bekend was geworden, kwam ik op de school. Het schoolhoofd wilde niet dat de docenten er op school over spraken. Ik was daartegen, maar hij zei dat we in een conservatieve samenleving woonden. Waarna ik zei: "Een conservatieve samenleving met zwangere meisjes en verkrachters?"'

Tamish overtuigde de leiding van de school ervan met de ouders te praten. Van dit traumatische begin stamt haar benadering om over seksuele kwesties te praten. Voor in Israël wonende Arabieren is het leven allesbehalve gemakkelijk, maar Tamish geeft dadelijk toe dat Muntada niet van de grond zou zijn gekomen zonder het institutionele kader van het land, dat seksuele voorlichting verplicht stelt, naast andere seksuele rechten. 'Ik draai er niet omheen. Ik ben van de Westelijke Jordaanoever vertrokken omdat er geen instellingen waren en er toen andere prioriteiten waren. Aan de andere kant was er veel te doen. Op de Westelijke Jordaanoever leidde ik voorlichters op, maar toen het aantal meldingen van seksueel misbruik onder studenten toenam, maakten ze een einde aan het programma. Ze zeiden: "Zij [Tamish] opent deuren die wij niet meer kunnen sluiten", en ze stopten met het hele project. Als je in Israël voorlichter bent en geconfronteerd wordt met seksueel misbruik, moet je daar melding van maken, anders beland je in de gevangenis. Daarvan (van dat systeem) maak ik in extreme mate gebruik.'

Voor veel deelnemers van Muntada is het programma een ervaring die het leven verandert. Ouders geven aan hoe blij ze zijn dat ze dichter bij hun kinderen zijn gekomen door hun pas ontdekte losheid in de omgang met de materie, en deelnemers hebben het erover hoe hun leven thuis is veranderd nu getrouwde stellen zich voldoende op hun gemak voelen om elkaar in het bijzijn van de familie te knuffelen. Eenvoudige informatie levert al veel op. Voor degenen die zijn opgevoed in een omgeving waarin er een taboe op seks rustte, is een heldere uitleg van wat je over voortplanting moet weten echt een openbaring. En dat geldt niet alleen voor vrouwen. Hoewel mannen meer vrijheid hebben om over seks te praten, doen ze dat zelden in gemengd gezelschap, waardoor ze over vrouwelijke seksualiteit maar weinig te weten komen. De voorlichtingssessies van Muntada, waarbij mannen en vrouwen in dezelfde ruimte zitten, zijn volgens veel deelnemers een revelatie.

Taal is ook heel belangrijk. Tamish staat erop dat het werk van Muntada in het Arabisch gebeurt. Voor sommige in Israël woonachtige Arabieren is het Hebreeuws of het Engels een veel comfortabeler taal om over seksuele zaken te praten. Zo hebben nieuwe deelnemers het over *min orali* (Hebreeuws voor 'orale seks') en *orgazma* in plaats van over de Arabische termen daarvoor, *jins fammi* en *nashwa jinsiyya*. 'Als je het woord uitspreekt, in staat bent het woord vrijelijk te gebruiken, is de helft van het werk gedaan', zegt een vrouw, een maatschappelijk werker uit Haifa. 'Waarom kies ik ervoor om in het Hebreeuws over een penis te spreken en niet in het Arabisch? Dat zal toch iets zeggen over mijn houding tegenover dit soort zaken.'[261]

Sommige deelnemers hebben zelfs deze keuze niet, omdat ze eenvoudigweg geen Arabische termen voor de besproken onderwerpen kennen. Een deel van de naam van Muntada – Jensaneya, dat 'seksualiteit' betekent – is een verhoudingsgewijs nieuw woord dat onder Arabische spreken nog geen algemene ingang heeft gevonden, of zelfs niet wordt begrepen. Ook meer basale termen zijn problematisch. Totdat ze deelnamen aan de cursus van Muntada wisten sommige deelnemers gewoon niet dat er inderdaad Arabische woorden voor vrouwelijke genitaliën bestaan, want hun was bijgebracht dat dergelijke onderwerpen zo beschamend zijn dat ze er niet over mochten praten. Zelfs voor degenen die sommige termen in het Arabisch kennen, doet de taal zo grof aan dat deze in een andere omgeving dan op straat onbruikbaar is.

Wat een verschil met de dagen van de *Encyclopedia of Pleasure* en de gouden eeuw van de Arabische teksten over seks. Een elfde-eeuws boek,

De taal van het neuken, vermeldt meer dan duizend werkwoorden voor het hebben van seks.[262] Dan zijn er eindeloos aandoende lijsten met woorden voor verschillende standjes, reacties en organen van alle afmetingen, vormen en uiteenlopende kenmerken. Een deel van de missie van Muntada bestaat eruit de deelnemers een nieuwe woordenschat te geven, waarmee ze openlijk over seksualiteit kunnen spreken, waarmee ze de dubbele vloek van de ongemakkelijkheid van het onderwerp en de verlegenheid over de taal kunnen overwinnen. Het feit dat het Arabisch is, vormt een stimulans voor de culturele – en sommigen zouden zeggen, politieke – identiteit van wat in Israël een minderheid is.

De tijden veranderen en Muntada slaat tegenwoordig zijn vleugels uit naar buurlanden, waar lokale groepen graag van hun ervaringen willen leren, en werkt ook rechtstreeks op de Westelijke Jordaanoever, waar maatschappelijk werkers en andere professionals cursussen over seksualiteit krijgen. Daar heeft Tamish sinds de Arabische Lente een dramatische verandering waargenomen, de gereserveerdheid tegenover seksualiteit is plotseling verdwenen. ‘Het is alsof elke Arabier vele lagen met beperkingen en barrières heeft. En als je de buitenste lagen weghaalt, zoals de politieke, dan voel je hoe door de openheid de diepte van je ziel geraakt wordt’, merkt ze op. ‘De politieke zaak zette hen ertoe aan om over hun seksuele bevrijding te praten.’ Waardoor omgekeerd hun behoefte is toegenomen om de politieke aangelegenheden aan te pakken. ‘Mijn seksuele vrijheid begint bij mijn familie’, stelt Tamish vast. ‘Maar als ik de strijd met mijn vader niet win, kan ik de strijd met Abu Mazen [de Palestijnse president Mahmoud Abbas] evenmin winnen. Hetzelfde geldt voor de bezetting.’

Het is door dit verband tussen het persoonlijke en het politieke dat seksuele voorlichting meer dan een bijzaak is van de Egyptische veranderingen in het komend decennium. Het onderdrukken van feiten en meningen in de schoolklas is een soort censuur, terwijl de opstand van 2011 in de politieke sfeer bezwoer een einde te maken aan geheimhouding en de controle van informatie – hoewel het duidelijk is, in de daaropvolgende orde, dat deze verandering nog wel even op zich laat wachten. Vrijheid vereist nadenken, en daar is een ander type docent voor nodig – eentje die niet bang is om kennis te delen en lastige vragen te beantwoorden. Daar is ook een ander type student voor nodig. Seksuele vorming die correcte informatie overbrengt, persoonlijke verantwoordelijkheid stimuleert, wederkerigheid bijbrengt, gelijkheid promoot, diversiteit respecteert, en de vrije expressie van ideeën beloont, is voor zowel docenten als leerlingen een leerschool.

Er is niets onislamitisch aan het bijbrengen van kennis over seks, waaronder het plezier ervan. Eigenlijk is het tegendeel het geval. Naast vragen over moraliteit en hygiëne, gaat seksuele voorlichting over vertrouwen – het toevertrouwen van informatie aan jonge mensen, erop vertrouwen dat ze verantwoorde beslissingen voor zichzelf nemen, erop vertrouwen dat ze de rechten en behoeften van anderen respecteren. Als jongeren in de Arabische wereld volwassen genoeg zijn om hun samenleving tijdens een politieke opstand te leiden, en daarvoor door hun ouders bewonderd te worden, dan zijn ze beslist ook klaar voor de ongekuiste versie van alles wat ze over voortplanting moeten weten.

MISVATTINGEN

Informatie is niet het enige waaraan gebrek is. Voor jongeren die zich aangetrokken voelen tot de meer duistere sociale wereld van seks buiten het huwelijk, is bescherming ook een probleem. Neem voorbehoedsmiddelen. Net als de meeste medicijnen in Egypte is de pil eenvoudig te verkrijgen – als je als jongeling brutaal genoeg bent om je niks van afkeurende apothekers aan te trekken. Er is geen doktersrecept voor nodig. Overhandig het geld (ongeveer 15 EGP, of 2 euro) en loop de deur uit met voor vele maanden pillen. Een van mijn ongehuwde Egyptische vriendinnen krijgt haar pillen thuis afgeleverd, als een pizza, zonder dat iemand ernaar vraagt. Helaas gaat de beschikbaarheid niet gelijk op met de kennis erover. De betreffende vriendin werd ziek toen ze de pil voor de eerste maal slikte omdat ze geen idee had welke soort ze moest kopen en hoe ze hem moest gebruiken.[263]

Los van vragen over zina, worden voorbehoedsmiddelen niet door de islam verboden. De Koran maakt er geen melding van, dus moesten islamitische geleerden met de regels komen, grotendeels op de Hadith gebaseerd. Sommige daarvan betroffen *'azl*, coitus interruptus, in de tijd van de Profeet een gebruikelijke methode en eentje die hij naar verluidt zou hebben toegestaan. Sommige gelovige moslims onthouden zich van voorbehoedsmiddelen op advies van de plaatselijke sjeik, die de volgende Hadith geciteerd zou kunnen hebben: 'Vermenigvuldig u want ik zal u op de dag des oordeels bij de andere landen ophemelen.' Maar er zijn in de loop van de eeuwen vele religieuze geleerden geweest die vraagtekens hebben geplaatst bij de authenticiteit van deze Hadith en bij andere uitspraken van de Profeet over het verbieden van geboortebeperking, en die het omgekeerde hebben beweerd.[264] En dus stonden de vier belangrijkste in de achtste en negende eeuw verschenen scholen van de soennitische islamitische jurisprudentie voorbehoedsmiddelen toe, zoals ook de voornaamste scholen van sjiitische jurisprudentie dat deden.[265] Aan de andere kant is het steriliseren van gezonde mensen in de islam een controversiële kwestie. Sommige autoriteiten staan het toe, andere verbieden het, omdat het een schending zou zijn van de sharia, die gelovigen oplegt om zichzelf, de religie, het verstand, bezittingen en de voortplanting intact te houden. Met als gevolg dat sterilisatie in Egypte bijzonder onpopulair is. Nauwelijks 1 procent van de gehuwde vrouwen kiest ervoor, en bij mannen komt het zelden voor.[266]

Hoewel islamitische debatten over contraceptie zijn ontsproten rond de louter mannelijke techniek van het terugtrekken, is de overgrote meerderheid van de lotions, drankjes en andere in de loop van de eeuwen ontwikkelde voorbehoedsmiddelen, die uitgebreid in de *Encyclopedia of Pleasure* worden besproken, voor vrouwen. Tegenwoordig worden vrouwen verantwoordelijk gehouden voor geboortebeperking, wat voor een alleenstaande vrouw problematisch is. Het stigma voor vrouwen die het er voor het huwelijk op wagen, laat staan dat ze het plannen met voldoende voorbehoedsmiddelen, is zo groot, dat deze middelen maar door weinig ongehuwde vrouwen worden gebruikt.[267] Mannen zijn weliswaar meer uit op seks voor het huwelijk, maar dat vertaalt zich niet in een grotere bereidheid om anticonceptie te gebruiken. Condooms (*al waqi al thakari*, wat letterlijk 'het beschermend middel voor mannen' betekent, of *tops*, zoals ze in Egypte genoemd worden) zijn uitzonderlijk onpopulair. Net als mannen elders in de wereld klagen Egyptische mannen dat condooms oncomfortabel zijn en het seksueel genot verminderen.

Maar een groter probleem is dat condooms in de Arabische wereld worden geassocieerd met zina. Zo maakt in Egypte slechts 2 procent van de gehuwde stellen er gebruik van – en niet zozeer voor de geboortebeperking, is mijn indruk, maar om enkele van de complicaties van de geslachtsgemeenschap het hoofd te bieden.[268] Daartoe behoren ook de vrees om in contact te komen met menstruatiebloed en het islamitische voorschrift dat de partners zich na de gemeenschap wassen, waardoor condooms populair zijn bij vrouwen die uren in de schoonheidssalon hebben doorgebracht en hun haar en make-up niet met een post-coïtale douchebeurt willen verknoeien.[269]

Veel mensen denken dat je seks buiten het huwelijk hebt als je condooms koopt, en dat is haram – ook dat schrikt kopers af. 'Alstublieft, God, splijt de aarde in tweeën, gooi me erin en doe hem gauw weer dicht', lachte een eenentwintigjarige Egyptische condoomverkoper, terugdenkend aan de eerste keer dat hij in een apotheek in Caïro condooms kocht en de vernietigende blik van de apotheker zag. De ironie wil dat de meeste mannen voor zina juist geen condooms gebruiken. Overal waar ernaar gevraagd werd – bijvoorbeeld in Egypte, Marokko, Tunesië, Syrië, Libanon en Jemen – toont onderzoek hetzelfde beeld: Arabische mannen (en vermoedelijk vrouwen eveneens, ondanks hun onmededeelzaamheid) hebben seks buiten het huwelijk, en als ze dat doen, gebeurt dat zonder condooms.[270] De gevolgen hiervan zijn in klinieken overal ter wereld te zien. Gezondheidsexperts in de regio maken zich zorgen over seksueel overdraagbare ziekten, en de kans is heel groot dat ze veel vaker voorkomen dan de beschikbare statistieken laten zien, want maar weinig landen houden die in het hele land systematisch bij. In de leeftijd van vijftien tot vierenveertig zijn soa's en hiv in de regio na infectieziekten vermoedelijk de belangrijkste doodsoorzaak.[271] En terwijl hiv over het algemeen nog steeds weinig voorkomt, behoren het Midden-Oosten en Noord-Afrika tot de weinige regio's van de wereld waar het aantal infecties en het aantal aan aids gerelateerde doden nog altijd stijgt. Meer dan de helft van de hiv-infecties die in een meerderheid van de Arabische landen wordt gerapporteerd, is het gevolg van seksuele overdracht, waardoor nietsvermoedende echtgenotes hard worden getroffen.[272]

In Egypte heeft men op creatieve doch discrete wijze geprobeerd het condoomgebruik te stimuleren. Sommige van de meest innovatieve pogingen waren van DKT International, een vooraanstaande leverancier van gesubsidieerde middelen voor geboorteplanning en bescherming tegen hiv in ontwikkelingslanden. DKT, die voor het promoten van condooms in Egypte gebruikmaakte van sociale marketing, verkoopt felgekleurde, aangenaam geurende 'luxe' condooms voor bodemprijzen. De leverancier heeft ook slimme campagnes gevoerd om condooms los te koppelen van zina, door ze getrouwde mensen aan te praten, door in de geest van de door de opstand ontstane onderlinge solidariteit in Egypte te proberen de verantwoordelijkheid voor de gezinsplanning van vrouwen op mannen over te dragen, en door condooms in verband te brengen met hoe het is om een 'echte' man te zijn.

Maar het is lastig ze te verkopen. Volgens sommige schattingen is de Egyptische condoomconsumptie minder dan eenderde van het marktpotentieel. In de periode van stagnatie na de opstand zag DKT de verkoop samen met de rest van de economie instorten, en het bedrijf heeft weinig hoop dat de markt op korte termijn weer zal aantrekken, gezien de beperkingen voor het adverteren met condooms en nieuwe regels die grenzen stellen aan de komst van nieuwe merken op de markt. Hoewel het in de hand houden van de bevolkingsgroei in Egypte een dringend probleem blijft, leidde de opkomst van het islamitische conservatisme in de periode kort na de val van Moebarak tot andere officiële uitingen over anticonceptie. 'De overheid houdt er niet van om genot te bevorderen', verzuchtte een leidinggevende van DKT. Deskundigen op het gebied van geboortebeperking hoopten dat er in de nieuwe politieke orde weer snel prioriteiten zouden worden gesteld.

Elders in de Arabische wereld hebben verschillende groepen rechtstreeks contact gezocht met jonge mensen, met de condooms in de hand. In Tunis, de hoofdstad van Tunesië – de Jasmijnrevolutie daar deed de opstand in Egypte ontvlammen, waarna politieke uitbarstingen in de hele regio volgden – werd ik bijgepraat door enkele enthousiaste mensen die op een terrein achter een technische opleiding condooms aan het promoten waren. Vier aantrekkelijke jonge vrouwen in een stijlvolle zwarte jas, strakke spijkerbroek, en met hooggehakte laarzen aan, werden omgeven door een menigte jongemannen. Een van de vrouwen opende een pakje en haalde er voorzichtig een condoom uit, dat ze omhooghield zodat iedereen het kon zien. 'We gaan een demonstratie van een condoom geven', sprak een andere vrouw in een microfoon, en haar stem galmde over de campus. 'Hij gaat over het topje van een penis in erectie. Het reservoir komt op de top. Na het contact, de ejaculatie, moet je hem er voorzichtig vanaf halen en meteen in de vuilnisbak gooien.' Een derde vrouw deelde condooms uit in de menigte.

In Egypte wordt een vrouw met een condoom in haar hand als iemand beschouwd die het gereedschap van haar beroep vasthoudt. Maar deze vrouwen in Tunesië hadden een ander beroep, het waren allemaal studenten geneeskunde en vrijwilligers aangesloten bij Y-Peer, een internationaal programma vallend onder het Bevolkingsfonds van de Verenigde Naties, gericht op het bevorderen van de reproductieve en seksuele gezondheid van jongeren, door jongeren. De verrassende aanblik van vier jonge vrouwen – engelen werden ze genoemd – die mannen laten zien hoe ze een condoom moeten gebruiken (dat vrouwen aan mannen uitleggen hoe iets moet, is sowieso al opmerkelijk) werd nog opmerkelijker door de daaropvolgende 'condoomrace', waarin de vrouwen de mannen onderverdeelden in twee teams, die ze op een rij zetten, en waarvan alle leden het condoom dat ze hadden gekregen, moesten openen, het op de gestrekte wijs- en middelvinger van hun buurman moesten doen, en vervolgens zonder te scheuren moesten verwijderen, de een na de ander, de hele rij door.

Het spel is bedoeld om de jongeren met condooms bekend te maken, zodat ze die minder associëren met schimmige contacten en meer met plezier en spelletjes. Ik vroeg Meryam Guedouar of ze ooit verlegen was. 'Ja, soms een beetje', zei ze. Bij aanvang van het project voelde ze zich ongemakkelijk, maar na verloop van tijd begon ze zekerder te worden, net als haar publiek. 'Er is charme voor nodig. Ze leren het beter als het een vrouw is. Ze stellen zich voor … maar ze leren ervan.' Ze lachte.

Guedouar en haar collega's gaan in op vragen uit het publiek. 'Oppervlakkige relaties? Nee, dat helpt beslist niet [tegen hiv en soa's]. Zelfs niet zonder penetratie', reageerde ze op een vraag van een student. Ze adviseerden hen ook om zich gratis en vertrouwelijk op hiv te laten testen, over welke soorten condooms er beschikbaar waren en wat ze kostten, en hoe ze de houdbaarheidsdatum op de verpakking konden lezen. En heel handig gingen ze in op wat een van de grootste zorgen van de studenten leek. 'Wat betreft de maat, ik zal jullie tonen wat een condoom aankan', zei een van de engelen, waarna ze haar arm in een condoom stak. 'XXL!'

Hoewel de universiteit zelf gemengd is, bestond de menigte voornamelijk uit mannen. Eromheen hingen wel enkele vrouwelijke studenten rond, allemaal muhajjabat, maar ze leken weinig geneigd mee te doen. 'Ze durfden ons niet te benaderen', zei een engel, die informatiebijeenkomsten met jonge vrouwen leidt. 'Dat is jammer, want ze hebben onvoorstelbaar veel te vragen', vervolgde ze. 'Laatst meende er eentje dat je zwanger kon worden door naar een openbaar toilet te gaan, omdat de mogelijkheid bestond dat er vlak daarvoor een man was geweest die, hoe zal ik het zeggen, ejaculeerde. Binnen de familie zou je zo zwanger kunnen worden, pas op.' Haar collega kwam tussenbeide. 'Ja, we doen de wedstrijd wel met meisjes, maar dan met alleen meisjes. Zij moeten er natuurlijk ook van weten. Maar het probleem is dat ze een jongen niet durven vragen een condoom om te doen. Dus moeten we haar bijbrengen dat het haar goed recht is om zichzelf te beschermen.'

Die noodzaak is des te dringender, zeiden de engelen, omdat men vaak voor het huwelijk met elkaar naar bed gaat. 'Ach, de mannen, ja, allemaal', antwoordde een van de engelen toen ik haar vroeg of relaties voor het huwelijk gebruikelijk zijn. 'Nee, niet allemaal', corrigeerde haar collega. 'Sommigen zijn religieus geworden – die kun je niet buiten beschouwing laten.' 'Maar toch zeker 80 procent of meer', bracht de vriendin ertegen in. Over vrouwen en seks voor het huwelijk waren ze het wel met elkaar eens. 'De mannen scheppen op. Die zijn trots als ze een seksuele relatie hebben. Maar vrouwen kunnen het niet zeggen', zeiden ze. 'Sommige jonge vrouwen durven het, maar zeker weten we het nooit, omdat je altijd te maken hebt met de manier waarop de maatschappij tegen je aankijkt. Je kunt gewoon niet zeggen: "Ik heb vriendjes gehad." Zelfs als dat zo is, zou ze het niet zeggen.'

Dit is in tegenspraak met de al lang bestaande reputatie van Tunesië als een land waar men niet zo zwaar tilt aan religie en los is over relaties. Nadat Tunesië in 1956 onafhankelijk werd van Frankrijk, wilde de president van het land, Habib Bourguiba, het land ontwikkelen – ook de vrouwen. Tunesië was er vroeg bij met het verbieden van polygamie en het verstoten van vrouwen, en gaf vrouwen onder meer het recht om te scheiden. In de jaren tachtig weerde het land hijabs uit openbare gebouwen en onderwijsinstellingen, terwijl president Zine El Abidine Ben Ali gedurende meer dan twee decennia aan de macht wist te blijven door de reikwijdte van de politieke islam te beperken. Vandaar de losse reputatie van Tunesië in de Arabische regio.

Maar de werkelijkheid is anders. Zelfs voor de opkomst van de politieke invloed van Ennahda, de 'gematigde' islamitische partij, en de toegenomen zichtbaarheid van hun salafistische broeders, was Tunesië nog altijd een over het algemeen patriarchale samenleving, waarin vrouwen worstelen met wettelijke, economische en sociale obstakels, juist omdat ze vrouw zijn – een strijd die aanhoudt nu het land verwoed probeert zichzelf opnieuw vorm te geven. Zo had de open benadering van de reproductieve gezondheid meer te maken met een na de onafhankelijkheid gekozen beleid om het geboortecijfer te beperken omwille van de economische ontwikkeling, dan met seksuele bevrijding. In Tunesië waren onder Ben Ali seks voor het huwelijk, buitenechtelijke relaties en homoseksualiteit allemaal verboden, net als in de ogenschijnlijk meer conservatieve Arabische buurlanden.

En dus gaan de regionale regels voor vrouwelijke seksualiteit in Tunesië nog steeds op. 'De mannen kunnen het maar moeilijk accepteren als een vrouw geen maagd meer is', merkte een engel op. 'Een minderheid is anders, niet hoog opgeleid, maar vrij van geest. Het is geen kwestie van opleiding. De man heeft recht op een seksleven, maar de vrouw, die moet maagd zijn. Vandaar dat veel van hen hun toevlucht zoeken tot een operatie voor het herstel [van het maagdenvlies].' Al zijn er alternatieve strategieën. 'Anale seks komt veel voor', aldus haar collega. 'Dat is eerlijk gezegd omdat dit voor de meisjes een manier is om maagdelijk te blijven. De mannen willen dat ze maagdelijk is, dus lossen de meisjes dat zo op. Daarom maken we hen daarvan bewust. Als we het over seks hebben, dan behoort anale seks daar ook toe.'

Ik vroeg de engelen of ze meenden dat de invloed van Europa en de seksuele cultuur de oorzaak waren van de forse seksuele activiteit voor het huwelijk. 'Dat is wat de religieuze mensen beweren', zei Guedouar spottend. 'Die komen altijd met hetzelfde verhaal. Ikzelf denk dat het komt omdat de leeftijd waarop men trouwt is toegenomen. Vrouwen zijn beter opgeleid dan vroeger. Ze gaan naar de universiteit, voltooien op hun vierentwintigste hun studie. Dan moeten ze werken. Dus trouwen ze als ze dertig zijn. Ze hebben recht op een seksleven [voordat ze trouwen].'

Ondanks al hun uitbundigheid verwachtten de engelen niet dat het huidige seksuele landschap grote veranderingen zal ondergaan. 'De bevrijde generatie behoort tot de minderheid, niet tot de meerderheid', stelde een van de engelen vast. 'Er bestaat een verschil tussen het noorden en het zuiden, waar men een andere mentaliteit heeft. Het zal niet overal veranderen. In bepaalde families zal het veranderen, bij een bepaald soort mensen. De vrouwen worden steeds opener, maar de mannen veranderen niet.' Guedouar knikte instemmend. 'Die bevinden zich nog in een prehistorisch stadium.'

DRIE MAANDEN OPZEGTERMIJN

Als de evolutie van mannen te veel tijd kost, hebben vrouwen in Tunesië een alternatief. In de Arabische regio is hun land het enige waarin abortus (*ighad*) op verzoek mogelijk is, zodat vrouwen van achttien jaar en ouder, gehuwd of alleenstaand, hun zwangerschap kunnen laten afbreken, tot het eind van de eerste drie maanden, om verschillende redenen, zonder daarvoor toestemming van een echtgenoot nodig te hebben. Tunesië is hier meer dan veertig jaar geleden mee begonnen, toen het abortus in bepaalde omstandigheden voor het eerst legaliseerde, als onderdeel van breed opgezette plannen van Bourguiba voor de ontwikkeling van het land.[273]

Twee generaties later waren de vruchten van deze aanpak duidelijk zichtbaar, tijdens mijn rondgang door een jongerenkliniek in Bardo, een buitenwijk van Tunis. Zoals de condoomengelen laten zien, hebben Tunesische autoriteiten een verhoudingsgewijs gedurfde aanpak gekozen voor de delicate materie van het voorzien in een seksuele en reproductieve gezondheidszorg voor jonge, voornamelijk alleenstaande mensen. Een benadering waarvan velen hopen dat die eventuele bezuinigingspogingen van islamitische conservatieven overleeft. Vanaf het jaar 2000 heeft de Nationale Dienst voor Gezin en Bevolking, het departement van de overheid dat zich met voortplantingszaken bezighoudt, overal in het land centra opgericht om jonge mensen te helpen de begintijd van hun seksleven gemakkelijker door te komen.

Op de dag dat ik er een bezoek bracht, gonsde het in de kliniek van de cliënten, voornamelijk vrouwen van in de twintig. Er zat een groep rond een televisie, kijkend naar een video over borstkanker. Anderen liepen spreekkamers in en uit, waar ze gynaecologen, vroedvrouwen of psychologen troffen, die zorg verleenden en hen adviseerden over allerlei zaken, van acné tot diëten en anticonceptie, wat daar allemaal niets kostte. Deze verscheidenheid, in plaats van het alleen gericht zijn op de seksuele en reproductieve gezondheid, is niet alleen om klinische redenen handig. Vooral in centra op het platteland, waar jonge vrouwen onder streng toezicht staan, is het goed als ze kunnen langskomen onder een dekmantel van iets anders, omdat het bezoek door vrienden of familieleden opgemerkt kan worden. Zelfs in de hoofdstad is het Bardo jongerencentrum discreet weggestopt achter de hoofdkliniek, die zich op gehuwde vrouwen richt, met een eigen ingang.

In Egypte en in enkele andere Arabische landen neemt het aantal op jongeren gerichte klinieken toe – wat vaak met veel ophef gepaard gaat.[274] Hoewel ze worden geconfronteerd met veel dezelfde sociale en culturele hindernissen, zijn de openbare klinieken van Tunesië in een belangrijk opzicht uniek, namelijk vanwege de abortusvleugel. De afdeling die ik bezocht, was onberispelijk. Een gynaecoloog en twee in chirurgisch groen gehulde verpleegsters rondden in de kleine operatiezaal een ingreep af, en in enkele verduisterde kamers ernaast zag ik de toegedekte gedaanten van drie of vier vrouwen. De vleugel heeft een capaciteit van negen patiënten, maar is zelden vol, zo kreeg ik te horen. Tegenwoordig komen operatieve abortussen niet vaak voor, voor een deel omdat vrouwen veel eerder langskomen voor het afbreken van een zwangerschap. En de ingreep zelf is veel veiliger geworden door abortus met medicijnen, waarbij gebruik wordt gemaakt van een combinatie van synthetische hormonen, in plaats van een mechanische ingreep. Het is niet alleen zo dat de met medicijnen opgewekte abortus de chirurgische heeft vervangen. Sinds eind jaren zeventig is het totale abortuscijfer dramatisch gekelderd, wat een einde maakt aan de vrees dat de algemene beschikbaarheid ertoe zou leiden dat iedereen zijn gang maar zou gaan, vooral ongehuwde vrouwen. Het aantal abortussen in de openbare gezondheidszorg van Tunesië is van twintigduizend per jaar eind jaren zeventig gezakt naar een geschatte vijftienduizend tegenwoordig, hoewel het aantal personen dat ervoor in aanmerking komt ondertussen met eenderde is gegroeid. Vermoedelijk wordt 15 procent van de ingrepen verricht bij ongehuwde cliënten, aldus sommige schattingen.[275]

Ondanks de succesvolle ervaring met legale abortus dreigen er problemen, zegt Selma Hajri, een in Tunesië wonende en vooraanstaande onderzoeker van abortustrends in haar land. 'Er is niet veel verzet tegen abortus, nog niet, [maar] dat zou kunnen komen. We kunnen er niet mee stoppen [met abortus]. Het is de praktijk en het is wettelijk toegestaan. Maar je kunt het moeilijker maken', legde ze uit. 'Zo hebben alle vrouwen in de ziekenhuizen en de gezinsplanningsklinieken toegang tot abortus. Maar alleen tot in de achtste week [van de zwangerschap]. Daarna moeten ze naar het ziekenhuis. En daar bestaat een strengere controle. Als een vrouw alleenstaand is, vragen ze om haar papieren. Er wordt moeilijker over gedaan. De barrières nemen toe.'

Hajri is een typisch voorbeeld van de hoogopgeleide vrouwen die ik in Tunis ontmoet – zo stijlvol gekleed en zich in zulk vloeiend Frans uitdrukkend, dat ik me tijdens onze gesprekken vergiste en vergat dat ik in Tunis was, niet in Parijs. Ze weet heel goed waar deze nieuwe bezwaren vandaan komen. 'Dat houdt verband met de toegenomen invloed van de religie. Vroedvrouwen, zelfs artsen, willen niet langer bij abortus betrokken worden. Anticonceptie vinden ze prima, maar abortus niet. Ze denken dat het haram is.'

De islam stelt zich tot op zekere hoogte flexibel op met betrekking tot abortus. Hoewel de Koran de gelovigen tegen kindermoord waarschuwt – in het bijzonder tegen het doden van meisjesbaby's, dat in het voor-islamitische Arabië de gewoonte was – spreekt het zich niet uit over abortus an sich.[276] Het islamitische denken over deze zaak berust op verzen in de Koran over de oorsprong van het menselijk leven en het moment waarop de foetus wordt 'bezield'.[277] Alle scholen van de islamitische jurisprudentie verbieden abortus na honderdtwintig dagen zwangerschap, behalve als het leven van de moeder gevaar loopt. Maar ondertussen nemen de scholen niet alleen uiteenlopende standpunten in, het is zelfs zo dat er binnen de scholen variatie optreedt, van het meest strikte standpunt, dat abortus volledig verbiedt, tot het meest vrije, dat abortus om verschillende redenen toestaat.[278] Toch wordt er tegenwoordig veel hel en verdoemenis gepreekt door verschillende plaatselijke religieuze leiders, vooral in de afgelopen decennia, met de opkomst van het islamisme, dat abortus volledig veroordeelt. Met als gevolg dat veel vrouwen er vast van overtuigd zijn dat abortus hoe dan ook haram is.

Hajri krijgt veel bezoek uit het Afrika ten zuiden van de Sahara, waar men graag meer wil weten over de aanpak van Tunesië, maar er komen zelden delegaties uit de rest van de Arabische regio. 'We hebben geprobeerd mensen uit Arabische landen hiernaartoe te halen', zei ze. 'Daar zeiden ze: "Heel goed, erg interessant, maar deze ervaring kunnen we niet naar ons land overbrengen. Daarvoor ontbreken de wetten en de structuren." Het is alsof ze iets volledig nieuws zouden bezoeken. Die indruk hebben ze altijd, dat Tunesië geen echt Arabisch land is, geen echt islamitisch land.' Hoewel Tunesië op het politieke vlak met de 'Arabische bewustwording' een inspiratie bleek te zijn voor landen in de regio, zijn de wetten van het land, het genderbeleid en het beleid voor reproductieve rechten, die het product zijn van het eigen verleden, lastiger na te streven. Maar de opkomst van de Tunesische islamitische conservatieven heeft het land iets nader tot zijn meer religieus ingestelde buren gebracht, die nu wellicht meer geneigd kunnen zijn om de daar opgedane ervaringen in ogenschouw te nemen – goed nieuws als de progressieve politiek en praktijk doorzet. Hajri geeft grif toe dat het lastig is om met de aanpak van haar land de boer op te gaan. 'Een van de belangrijkste punten is de wil van de macht, van de overheid', zei ze. 'Als die wil ontbreekt, als ze de keuze voor abortus niet aan vrouwen zelf willen overlaten, dan is het heel lastig om het zover te laten komen.'

Voor vrouwen in de hele Arabische wereld kan die wil er niet gauw genoeg komen. In Egypte heeft bijna elke gehuwde vrouw die ik ken – en verschillende van mijn ongehuwde vriendinnen – minstens één abortus gehad. Over wat dit voor de landelijke cijfers betekent, kan alleen maar gespeculeerd worden, omdat er maar weinig officiële statistieken zijn. Een berekening van midden jaren negentig stelt het aantal opgewekte abortussen in Egypte op 15 procent van het aantal zwangerschappen, ongeveer gelijk aan de cijfers in West-Europa.[279] Het valt niet mee om aan dergelijke cijfers te komen, omdat abortus in Egypte niet is toegestaan, alhoewel de wet enige speelruimte biedt door het in een beperkt aantal 'noodzakelijke' gevallen toe te staan – in het bijzonder als het leven van een vrouw gevaar loopt. En de straffen, in elk geval op papier, zijn fors: gevangenisstraf voor zowel de patiënt als de arts.[280]

Dit houdt in dat zeker duizenden Egyptische vrouwen en hun doktoren ieder jaar de wet overtreden. Hoe ze dat doen, hangt af van hun sociale positie. Rijke vrouwen kunnen een particuliere gynaecoloog 3000 EGP (330 euro) voor een veilige ingreep betalen, meestal dilatatie en curettage, de medische termen voor het uitschrapen van de baarmoeder. Abortus met medicijnen wint langzaam terrein, zoals we in Tunesië al zagen. Die levert voor artsen weliswaar niet zo veel op als een chirurgische ingreep, maar heeft als voordeel dat die valt te ontkennen, omdat het medicijn dat voor deze behandeling nodig is ook voor andere behandelingen gebruikt kan worden en er hoe dan ook zonder recept aan te komen is. Voor de minder gefortuneerden zijn er artsen die voor ongeveer 200 EGP een *tandiif* (reiniging) willen uitvoeren. Het zal niet verbazen dat dit een onaangename ervaring is, met een twijfelachtige hygiëne, een ontoereikende pijnbestrijding en een plichtmatige behandeling door voornamelijk mannelijke artsen, die, als het meezit, de patiënten weer zo snel mogelijk de deur uit willen werken, of, als het helemaal tegenzit, weigeren ongehuwde vrouwen te behandelen, of hun seksueel gedrag actief veroordelen, ook al nemen ze het geld tegelijkertijd wel aan. Chantage of ongewenste intimiteiten behoren eveneens tot de dienstverlening.

Ondertussen moeten arme vrouwen het doen met eigen methoden, waaronder het drinken van kokende uienthee of frisdrank met zwarte peper, of door het in de baarmoeder inbrengen van de steel van een *mulukhiyya*, een groot soort kruid waarvan de bladeren meestal worden gebruikt voor het maken van soep – een organische versie van de spreekwoordelijke kleerhanger. Sommige van deze traditionele benaderingen worden vervangen door modernere varianten. Dus in plaats van gebruik te maken van een steel van een plant, gaat de vrouw die vermoedt dat ze zwanger is naar een kliniek om een spiraaltje te laten inbrengen, waardoor de innesteling van het bevruchte eitje wordt tegengegaan. En in plaats van een plantaardig brouwsel te slikken, kunnen vrouwen improviseren door enkele pakjes anticonceptiepillen te slikken om een bloeding op te wekken – een doe-het-zelfpoging voor een noodanticonceptie die in Egypte beschikbaar is, maar die weinig door vrouwen en artsen wordt toegepast. Veel akeliger is de methode waarbij de vrouw met een injectie in slaap wordt gebracht en er op haar rug en buik geslagen wordt totdat er een abortus op gang komt. In veel gevallen wordt er niet van uitgegaan dat deze ruige aanpak – in particuliere klinieken of zelf uitgevoerd – het werk afrondt. Eerder hebben ze als doel een bloeding op te wekken, waardoor een vrouw een openbaar ziekenhuis kan opzoeken en op erkende wijze behandeld kan worden voor een 'spontane' miskraam of bloedvloeiing.[281]

Hoewel de wet het ondergaan van een abortus een gecompliceerde en dure ingreep maakt, lijken noch vrouwen, noch artsen zich daardoor erg te laten afschrikken. Alleen als een patiënt overlijdt, of als er een ander schandaal ontstaat, treden de autoriteiten op, maar verder gaat de clandestiene abortuspraktijk gewoon in stilte door. Zo is het niet altijd geweest. De huidige wet in Egypte dateert van het eind van de jaren dertig van de vorige eeuw, maar toen mijn oma in de jaren veertig een jonge gehuwde vrouw was, maakte abortus gewoon deel uit van het leven. De daya, de traditionele vroedvrouw, kwam dan naar de woning van mijn familie, in een kleinburgerlijk deel van Caïro, waar de koffie klaarstond en de laatste roddels werden doorgenomen, alsof het de gewoonste zaak van de wereld was. Mijn vader, toen nog een klein jochie, herinnert zich dat hij naar buiten werd gestuurd om te spelen, om bij terugkomst te zien dat de daya een geaborteerde foetus samen met andere afvalresten weggooide.

Deze laisser-fairebenadering van abortus past bij een lange traditie in Egypte. Net als al het andere dat met seks te maken heeft, was abortus niet iets wat je rondbazuinde, maar ook weer niet iets wat koste wat het kost verborgen moest blijven. Dat zie je ook terug in het uitgebreide advies over abortus in de boeken over Arabische erotiek door de eeuwen heen.[282] Tegenwoordig is abortus een meer gecompliceerde zaak. Dat geldt nog wel het meest voor alleenstaande vrouwen. Door het taboe op seks voor het huwelijk moet het aborteren, dat zich toch al niet in het openbaar afspeelt, nog meer in heimelijke sferen gebeuren, terwijl we al zagen dat alleenstaande vrouwen een grotere kans hebben een abortus te moeten ondergaan vanwege het ontbreken van goede voorbehoedsmiddelen. En onderzoek wijst uit dat velen zwaar gebukt gaan onder religieuze schuldgevoelens.[283]

Het gros van de landen in de Arabische regio neemt met abortus min of meer dezelfde positie in als Egypte: het is formeel verboden, maar wordt in de meeste omstandigheden stilzwijgend toegestaan. Alle landen staan abortus toe als het leven van de moeder in gevaar is. Enkele landen, waaronder Saoedi-Arabië, staan het toe als de gezondheid van een vrouw wordt bedreigd. Algerije voegt daar problemen met de geestelijke gezondheid aan toe. In Koeweit en Qatar vormen ook gebreken van de foetus een geldige reden. De wetgeving in veel van deze landen is gebaseerd op die van de voormalige koloniale bezetters en is geneigd de westerse opvattingen uit die periode uit te drukken en niet die van de plaatselijke tradities.[284] Maar waar Engeland, Frankrijk en Italië hun abortuswetten in de jaren zestig en zeventig hebben versoepeld, is de wetgeving in het merendeel van de Arabische landen heel wat minder veranderd. Daardoor woont 80 procent van de vrouwen in de regio in een land waar abortus op een of andere manier aan banden is gelegd.[285] Van tijd tot tijd komt de politie binnenvallen om een aborteur te arresteren, en varen religieuze figuren uit tegen het gebruik, waarna weer tot de orde van de dag wordt overgegaan.

Als, zoals in Egypte, vrouwen er hoe dan ook toch in slagen het werk gedaan te krijgen, maakt het dan werkelijk uit of abortus grotendeels door de wet wordt verboden? Natuurlijk maakt dat uit, zeggen gezondheidsexperts en advocaten voor reproductieve rechten. Los van argumenten voor het zelfbeschikkingsrecht over het lichaam, gaat het strafbaar stellen van abortus in de praktijk gepaard met veel negatieve bijverschijnselen, zo gaat het bovenal ten koste van de veiligheid. Vooral arme vrouwen zijn het slachtoffer van onveilige abortus. Volgens sommige schattingen is tot 10 procent van de doden door zwangerschap het gevolg van abortus, zowel natuurlijke als kunstmatig opgewekte abortus.[286] En dan zijn er nog de kosten van de gezondheidszorg voor het genezen van de complicaties die ontstaan na de vele wrede zwangerschapsonderbrekingen. Die komen niet alleen in Egypte voor. In het Midden-Oosten en Noord-Afrika worden volgens de Wereldgezondheidsorganisatie jaarlijks 1,2 miljoen onveilige abortussen gepleegd.[287]

Gezien het feit dat er zo veel vrouwen zijn die veel risico lopen, kun je je afvragen waarom er in Egypte en omringende landen zo weinig openbaar debat over abortus is. De grote invloed van het patriarchaat, gesterkt door de toename in de afgelopen jaren van het islamitisch fundamentalisme, vormt geen stimulans voor een open discussie over vrouwelijke seksualiteit. Veel vrouwenorganisaties moeten zich nog over vragen over seksuele en reproductieve rechten buigen, waaronder over abortus. Dat is enerzijds omdat ze druk bezig zijn met het leveren van strijd op andere fronten en anderzijds omdat sommige het op een 'patriarchaal akkoord' gooien, door de vooruitgang op het ene vlak te ruilen tegen concessies op het andere, zoals seksualiteit.[288] En dan zijn er nog de gevestigde belangen van een machtige medische beroepsgroep, die aarzelt om een aanhoudende bron van inkomsten kwijt te raken uit een clandestiene, en dus lucratieve, praktijk.

Als Egypte de abortuswetten zou willen veranderen als onderdeel van een algemener politiek programma van politieke en sociale hervormingen, dan is er een land dat die route al heeft verkend: Marokko. De bestaande wet staat alleen een zwangerschapsonderbreking toe als de gezondheid of het leven van een vrouw gevaar loopt, en vereist instemming van de echtgenoot, of, als die ontbreekt, van een provinciale medische autoriteit. Net als in Egypte kunnen de straffen voor overtredingen streng zijn. En net als in Egypte komen illegale abortussen veel voor – volgens sommige bronnen minstens zeshonderd per dag.[289]

Er is iemand die daar verandering in wil brengen, Chafik Chraibi. Als hoofd gynaecologie en obstetrie van een groot vrouwenziekenhuis in Rabat heeft hij voor de rest van zijn leven genoeg complicaties vanwege verknoeide abortussen gezien. 'Je kunt je niet voorstellen hoeveel vrouwen een abortus ondergaan', zei hij. 'Elke dag opnieuw, elke dag opnieuw komen hier vier, vijf maanden zwangere vrouwen langs, gehuwd of niet, met een gescheurde baarmoeder, terwijl ze grote problemen hebben en niet weten wat ze moeten doen. Toch willen ze dat niet toegeven. Maar wij weten het ... dat ze iets gedaan hebben.'

In 2007 besloot Chraibi het roer om te gooien. Hij wilde niet langer puinruimen, maar de aanval inzetten. Hij is voorzitter en oprichter van de AMLAC, de Marokkaanse Vereniging ter Bestrijding van Clandestiene Abortus. De naam zegt veel over de manier waarop sociale veranderingen in de Arabische wereld plaatsvinden. 'Het zou shockerend zijn [voor de samenleving] als ik zou zeggen dat het een vereniging was die zich richt op de legalisering van abortus', zegt Chraibi. 'Voor een volgende generatie misschien, niet voor de mijne.'

Het huidige doel is al ambitieus: een 'verzachting' van de Marokkaanse abortuswetgeving, die in bepaalde gevallen zwangerschapsonderbreking zou moeten toestaan tot acht of tien weken, bij verkrachting, incest, minderjarigen, gebreken van de foetus, voor vrouwen met psychiatrische stoornissen of vrouwen in 'dramatische' sociale omstandigheden (bijvoorbeeld een huishoudelijke hulp die door een lid van de familie waar ze werkt is verleid en op straat is gezet). Maar Chraibi bepleit ook seksuele voorlichting op school en een eenvoudiger toegang tot anticonceptiemiddelen, niet alleen uit principe – het zal allereerst de noodzaak verminderen om tot abortus over te gaan – maar ook om praktische redenen. De connectie tussen seksuele voorlichting en anticonceptie wordt sociaal namelijk beter geaccepteerd als men ervan uitgaat dat die de preventie moet bevorderen en niet abortus.

De groep van Chraibi is niet de enige die op verandering aandringt. Marokko heeft een actieve burgermaatschappij en verschillende organisaties die zich voor deze zaken interesseren. Maar het is Chraibi die het herkenbare gezicht van deze specifieke strijd is geworden – en de man die journalisten in eigen land en in het buitenland bellen als ze over abortus willen spreken. Dat is goed te begrijpen. Chraibi is vriendelijk, zelfverzekerd en werelds, met een indrukwekkende stem en een levendige manier van doen. Dit is niet iemand die het leven passief ondergaat. Toen ik hem ontmoette, moest hij ook tijd zien te vinden voor een operatie van baarmoederkanker, vergaderingen met medewerkers, een instructieve bijeenkomst voor politici, en enkele interviews met de plaatselijke pers, en Franse en Italiaanse televisiezenders.

Chraibi heeft een rondreis door het land gemaakt om mensen bewust te maken van de problematiek en om de steun van het publiek te verwerven. Wat hem betreft is het eerder de politiek die verandering in de weg zit dan de religie. 'Iedere maand breng ik een bezoek aan een of twee steden in Marokko, waar ik word uitgenodigd door een vereniging van artsen, vrouwen, enzovoort. Altijd zijn er twee of drie sprekers: een religieuze leider, een advocaat – de lokale magistraat – en ik. Ik begin, leg het probleem uit, en we discussiëren. De religieuze man stelt zich altijd flexibel op. Hij zegt dat de foetus tot veertig dagen geen ziel heeft, en dat abortus zo nodig toegestaan is. Hij maakt een onderscheid tussen veertig dagen en vier maanden als het noodzakelijk is. De meerderheid van de religieuze leiders zit op die lijn. Maar de advocaat, de plaatselijke magistraat, die heeft het alleen maar over de wet. Religie is veel flexibeler dan de wet.'

Anders dan veel andere landen in de regio is Marokko erin geslaagd aan te zetten tot een publiek debat over abortus. Dat er ruimte ontstaat voor zo'n debat komt door de grotere vrijheid van expressie en van de burgermaatschappij in dit land. Deze vrijheid schept ook een klimaat waarin het mogelijk is om onderzoek naar seksualiteit te doen. Door dit onderzoek komen feiten en cijfers beschikbaar, hoe globaal ook, die de schaal van het probleem aangeven en een beter onderbouwde discussie mogelijk maken. Dankzij Chraibi en anderen is er op het gebied van abortus zichtbaar vooruitgang geboekt. Zo vindt hij de vrijer ingestelde media aan zijn kant, die sowieso graag over seks praten, stemmen belangrijke religieuze figuren met hem in, wordt er in het parlement en op nationale conferenties over gedebatteerd, en heeft een voormalige minister publiekelijk verklaard dat hij wettelijke hervormingen steunt zoals die door Chraibi en zijn medestanders worden bepleit.

De winden die de Arabische Lente aanwakkerden hebben ook Marokko bereikt, waardoor in de nasleep van 2011 de 'gematigde' partij van de islamisten in het land, de Partij voor Gerechtigheid en Ontwikkeling (ook bekend als PJD, naar de Franse afkorting van de naam), bij verkiezingen aan de macht kwam. Hoewel sommige leden van de partij tegen het toestaan van abortus zijn, heeft Chraibi er alle vertrouwen in dat er voldoende momentum is om de hervorming door te zetten, vooral als koning Mohammed VI, de hoogste politieke en religieuze autoriteit, aangeeft ermee in te stemmen. En volgens hem zal het daarbij niet blijven. 'Als we er in Marokko in slagen [de abortushervorming erdoor te krijgen], dan zal het ook in Algerije, in Egypte en andere landen in de regio lukken', voorspelde Chraibi. Al moet er zelfs met de wettelijke veranderingen jarenlang hard worden gewerkt om vrouwen bewust te maken van de nieuwe mogelijkheden die ze hebben en om ze af te helpen van religieuze en sociale gewetensangst.

In Egypte is het vergaren van de basale bouwstenen voor abortus zwaar werk. Sinds het eind van de jaren negentig van de vorige eeuw is het onderzoek ernaar vrijwel stilgevallen, en de afgelopen jaren hebben degenen die zich met abortus bezighielden veel persoonlijke en beroepsmatige belemmeringen ondervonden. 'Het probleem met abortus is dat er voor de huidige beleidsmakers geen statistieken beschikbaar zijn', vertelde een gezondheidsexpert in Caïro me. 'De autoriteiten beweren dat de abortuscijfers erg laag zijn. Als je iets wilt veranderen, zul je met cijfers moeten komen en die hebben we niet.' Ze zuchtte. 'De autoriteiten willen het niet over abortus hebben. Ze willen geen confrontatie met religieuze leiders, die duidelijk zeggen dat het verboden is en het nooit hebben over [wat] andere gezindten [toestaan]. Religieuze figuren zeggen dat er altijd vrouwen sterven. Wat maakt abortus anders?'

In het verleden zijn nu en dan pogingen ondernomen om de Egyptische abortuswetgeving te versoepelen, zodat het wel zou worden toegestaan bij verkrachting (waar sommige religieuze autoriteiten zich achter schaarden) en op grond van andere sociale of medische gronden (wat op felle religieuze tegenstand stuitte). Al dergelijke inspanningen zijn ergens onderweg naar vertaling in wetgeving gestrand, en zolang de Egyptische tak van het islamitische conservatisme het beleid beïnvloedt, is het onwaarschijnlijk dat er bij abortus voortgang wordt geboekt. Of komende regeringen de moed zullen hebben om abortus aan te pakken, een probleem dat miljoenen burgers raakt, zal de komende jaren nauw samenhangen met de betrokkenheid van Egypte bij vrouwenrechten.

Ondertussen zijn de gevolgen van slechte informatie, anticonceptie op goed geluk en illegale abortus duidelijk te zien in het Huis van Moslimmeisjes, een hoog gebouw in een van de meer welvarende wijken van Caïro. Het is een *dar al-aytam* (weeshuis), een van de honderden van dergelijke verblijven in de hoofdstad. In het weeshuis wonen iets meer dan honderd meisjes (jongens gaan naar een ander weeshuis). Ze blijven daar tot ze achttien zijn, wonen met hun vieren op een kamer en met hun twaalven op een verdieping, delen een keuken, eetkamer en een badkamer. Het is een vrolijke plek – de kamers van de jongere kinderen zijn onberispelijk, licht, en fris, met felgekleurde beddenspreien en vol met allerlei knuffeldieren.

'De meeste kinderen komen hier na een onwettige relatie tussen een man en een vrouw. Dat gebeurt omdat twee partijen af willen van het kind, dat er het bewijs van is wat er zich heeft afgespeeld', zei Mona Sayed Mohamed, directrice van het weeshuis, die er al meer dan twintig jaar werkt. Mohamed is een statige vrouw, gekleed in een gewaad dat even sober is als haar toon ernstig: een lang zwart mantelpak en een bijpassende *isdal*, een hoofddoek die ook haar lichaam afdekt. De kinderen in het weeshuis zijn voornamelijk vondelingen (*laqiit* in het Arabisch) die op straat zijn achtergelaten, in het ziekenhuis zijn verlaten of voor een moskee zijn neergelegd. Uit de politierapporten die ze ontvangt als de kinderen worden afgeleverd, leidt Mohamed met vrij grote zekerheid af dat de meesten van hen nakomelingen van ongehuwde moeders zijn.[290] Het zijn er nu zo veel, zegt ze, dat het weeshuis geen nieuwe meer opneemt – daarvoor ontbreekt gewoonweg de ruimte.

Er bestaan geen officiële statistieken over onwettige geboorten in Egypte, omdat het hebben van een buitenechtelijk kind iets is wat de meeste mensen proberen te verbergen. Alleen al het Egyptisch-Arabisch woord voor een onwettig kind – *ibn haram* of *ibn zina* (kind van zonde) – geeft een idee waarom. Zoals we hebben gezien, is seks buiten het huwelijk in de islam en de christelijke kerken in de Arabische regio verboden. In veel landen is seks voor het huwelijk en met wederzijds goedvinden ook strafbaar volgens de wet, al is dat op papier en vaak niet in de praktijk. Volgens de recente *World Values Surveys* was een overweldigende 98 procent van de Egyptenaren die ernaar werd gevraagd tegen alleenstaande moeders.[291] Los van wettelijke beperkingen, keurt de Egyptische samenleving ongehuwde moeders af, ook moeders die een van de vele vormen van een onofficieel huwelijk zijn aangegaan, zoals 'urfi. Onderzoek heeft aangetoond dat deze veroordeling voor sommige mensen zelfs aanleiding is om het vermoorden van de vrouw die buiten het huwelijk zwanger raakte door de vingers te zien.[292]

Mohamed denkt dat weeskinderen in Egypte een groei-industrie zijn: 'Als ik ongehuwde stellen op straat zie, realiseer ik me meteen dat de situatie zal verslechteren, en dat er meer wezen zullen komen.' Volgens haar worden meisjes ertoe aangezet om voor het huwelijk een relatie aan te gaan door een combinatie van slecht onderwijs, losse zeden en financieel gebrek.

Mohamed denkt dat deze achteruitgang mede mogelijk is geworden door de moderne techniek: 'Ik zie dat elk meisje het slechte pad op kan gaan. Met een mobieltje op je kamer en met internet, kun je doen wat je wilt.'

Het weeshuis ziet streng toe op de kinderen die aan hun zorg zijn toevertrouwd. Geen mobieltjes of internet, en het televisiekijken wordt streng op inhoud gecontroleerd. Dat wil niet zeggen dat ze geen plezier hebben. Ze kunnen vrienden bezoeken, in het weeshuis worden feestjes georganiseerd, en er komen vaak mensen langs om hen een dagje mee uit te nemen. Dan worden ze even opgenomen in een gezin, al is adoptie in de islam verboden.[293] Het weeshuis geeft hun een naam, schrijft ze in zodat ze een geboortebewijs krijgen, geeft ze op voor school en probeert ze in de gewone samenleving te integreren, ondanks alle sociale bagage die ze met zich meedragen. 'Kinderen stellen veel vragen over hun ouders, en wij zeggen hun dat ze bij een ongeluk zijn omgekomen', zei Mohamed. 'Maar sommige kinderen geloven ons niet.'

Ik vroeg Mohamed of de meisjes in hun latere leven minder kansen hebben als ze in een weeshuis zijn opgegroeid, met de blijvende verdenking van onwettigheid. Integendeel, zei ze, in elk geval voor wat betreft een huwelijk. Veel mannen komen langs om naar hun hand te dingen. 'Deze bruidegoms komen uit een arme familie en komen hier voor een vrouw, omdat wij geen mahr [een betaling van de bruidegom aan de bruid] en shabka [sieraden en geschenken] vragen.' Toch heeft ze weinig hoop dat hun moeders in de samenleving kunnen integreren: 'We weten in de samenleving niet hoe we ongehuwde zwangere vrouwen moeten accepteren. Ik ken een meisje aan de universiteit, en ze kreeg een kind uit een verhouding, en ze wilde het kind niet omdat ze haar familie niet aan haar fout wilde herinneren.'

ALLEEN

Maar zo hoeft het niet te gaan. Faiza, een jonge vrouw die ik in Marokko ontmoette, vormt het levende bewijs dat het met ongehuwde moeders ook anders kan lopen. We kwamen elkaar tegen in Casablanca, waar ik belandde na bijna twee jaar op pad te zijn geweest. Ik had met een gigantische tas vol onderweg opgepikte boeken heen en weer gependeld door de Arabische regio, mijn schouders deden er pijn van. Toen ik in Marokko aankwam, nam ik even vrij om naar een hamam te gaan, het toppunt van oriëntalistische fantasieën, om me te kunnen ontspannen. De gedachte aan zo veel naakt vrouwenvlees, gebaad, goed verzorgd, en geparfumeerd, had tot de verbeelding gesproken van generaties westerse schrijvers en acteurs. Maar ik was meer geïnteresseerd in het vinden van een orthopeed dan een odalisk, behalve als ze ook goed kon masseren. Waar ik echt behoefte aan had, was iemand die mijn gammele spieren weer kon veranderen in lange soepele vezels, van het anatomische equivalent van *basbousa*, een compacte griesmeelcake die mijn oma altijd maakte, in de gouden plukken van *kunafa*, een van haar andere stroperige specialiteiten. Ik bofte, en na een uur masseren was ik er veel beter aan toe.

Een paar weken later keerde ik terug om met Faiza te praten, die achter de kassa zat. Ze is begin twintig en doet hoofden omdraaien met haar katachtige groene ogen in een bleek, hartvormig gezicht, gehuld in koperkleurige, weelderig vallende krullen. Haar zeldzame schoonheid stamt van haar ongebruikelijke komaf. Ze is Amazigh, Berber, een van Marokko's inheemse inwoners. Faiza is goedgemutst en praat graag, vooral als ze haar zoon beschrijft. 'Meteen bij ons eerste contact waren we verliefd op elkaar ... Weet je, mijn baby en ik communiceren met onze ogen met elkaar.' Ze vertelde me over de bevalling – zestien uur onverdoofde pijn, zei ze. Ze voegde eraan toe: 'Ik ben maagd. Ik heb twee [medische] certificaten die mijn maagdelijkheid bevestigen.'

Welkom in het hedendaagse Midden-Oosten, waar twee millennia later nog altijd maagdelijke geboorten plaatsvinden. De mededeling van Faiza was niet slechts wishful thinking. Ze ontmoette de vader van haar zoon, een twintig jaar oudere man, terwijl hij voor een waterbedrijf werkte die huizen op de hoofdleiding aansloot in het dorpje waar ze woonde, in het zuiden. Daar werden ze door een gemeenschappelijke kennis aan elkaar voorgesteld. 'Ik had hem altijd als een vriend gezien. Maar op een dag nodigde hij me uit [op de plek waar hij verbleef]. Hij zei dat hij ziek was. Ik zei dat ik naar hem toe zou komen, omdat hij daar alleen was. Eenmaal daar vroeg hij me of ik met hem naar bed wilde. Ik stemde daarmee in, maar hij mocht alleen tussen mijn benen [klaarkomen].'

Een maand later werd Faiza niet ongesteld, maar daar stond ze nauwelijks bij stil. Na nog eens twee maanden stuurde haar moeder – gealarmeerd door de duizeligheid, slapeloosheid en hoofdpijn van haar dochter – haar naar de dokter in Agadir, 250 kilometer uit de buurt. 'De dokter vertelde me dat ik zwanger was. Ik geloofde het niet. Ik huilde veel en wist niet wat ik moest doen', zei ze. 'Het was de eerste keer dat ik zwanger was, dus meende hij dat ik een abortus wilde, want hij zag dat ik huilde. Maar ik huilde omdat ik mijn situatie kende ... Ik was nog maagd en werd zwanger. Het was het ergste wat me ooit was overkomen.'

Toen ze met het nieuws thuiskwam, kregen alleen haar moeder en zus het geheim te horen. Faiza slaagde erin om nog vier maanden bij haar familie te blijven, tot haar toestand niet langer te verhullen was, waarna haar moeder haar geld gaf om naar Casablanca te gaan om de vader van het kind op te zoeken. Vroeg in de ochtend ging ze ervandoor, de familie in het duister achterlatend, letterlijk en figuurlijk. 'Mijn vader wist van niks. Ik was bang dat hij me wat zou aandoen. Hij zou me kunnen slaan, doden ... net als mijn broers', zei ze.

Faiza slaagde er niet in de vader van haar kind te vinden, maar ze hoorde wel van een ziekenhuis waar ze haar met INSAF (Nationaal Instituut voor Vrouwen in Nood) in contact konden brengen, een ngo die ongehuwde moeders bijstaat tijdens de zwangerschap, de bevalling en de begintijd van het moederschap. 'Zodra ik in het ziekenhuis kwam, was er een man van de beveiliging die zei: "Ik ken het nummer van INSAF." Hij pakte mijn tas aan en ik volgde hem [naar een gebouw om de hoek van het ziekenhuis]. Het voelde niet goed. Ik was een beetje bang, en op dat moment duwde hij me een kamer in en sloot de deur', zei Faiza, met een opmerkelijk kalme stem, gezien wat volgde. 'Een uur lang heeft hij geprobeerd me te verkrachten ... Hij gaf me naaktfoto's van hem. Hij gaf me foto's – meisjes uit Agadir die aan het vrijen waren.[294] Allemaal om met me te kunnen slapen. Ik was perplex. Ik was bang voor mijn baby. Hij kuste me. Ik sloeg hem, ik heb hem echt geslagen, dus sloeg hij me in mijn gezicht. Maar hij heeft me nooit aangeraakt, want ik ben nog altijd maagd. Hij sloeg me met een riem ... Hij zei: "Ik zal je vermoorden. Ik stop je in een vuilnisbak." Toen ik aan het bevallen was, moest ik de hele tijd aan hem denken. Ik kon hem niet uit mijn hoofd krijgen – een angst die ik nooit eerder had gevoeld.'

Gelukkig slaagde Faiza erin om met behoud van haar zo gekoesterde maagdelijkheid te ontsnappen. Vanaf dat moment verliep het allemaal verhoudingsgewijs gemakkelijk. Ze maakte contact met INSAF, dat gedurende de rest van haar in andere opzichten ongecompliceerde zwangerschap en bevalling voor haar zorgde. Een paar maanden later vond ze een plek bij Solidarité Féminine, ook wel SolFem genoemd, een Marokkaanse ngo die erop gericht is ongehuwde moeders een band met hun kinderen te laten krijgen en hen weer door de samenleving te laten opnemen.

SolFem heeft rond de vijftig moeders en hun kinderen onder haar hoede, voor een drie jaar durend programma verspreid over drie locaties in Casablanca. Voor veel mensen die door SolFem worden opgevangen, begint dit programma achter witgeverfde muren op een bedrijfsterrein, Ain Sebaa. Buiten raast het verkeer, en er lopen rijen mannen voorbij, op zoek naar werk. Achter de poort ligt een heerlijke binnenplaats met palmbomen en kleurrijke bloembedden. Aan een kant van deze vrijplaats bevindt zich een crèche, waar een stuk of tien peuters spelen en kinderen her en der een dutje doen. Aan de andere kant ligt een keuken, waar jonge vrouwen druk aan het koken zijn, bergen groenten snijden en kleine houtskoolstoven aanblazen waarop aardewerken tajines staan te sudderen. Op het middaguur beginnen de tuin en de eetzaal zich te vullen met jonge zakentypes met stropdas en hemdsmouwen, en middelbare vrouwen, met een keurig door een hijab afgedekt hoofd en met kinderen bij zich. Ze zijn gekomen voor het eten, en dat hoeft niet te verbazen, want mijn stoofschotel van lam en wortelen, en een kruidige aubergine erbij, smaakt verrukkelijk.

Het Ain Sebaa-gebouw is zowel een restaurant als een revalidatiecentrum. De bedoeling is dat ongehuwde moeders er vaardigheden aanleren waarmee ze geld kunnen verdienen dat ze kunnen gebruiken om een nieuw leven op te bouwen. Er moet veel gebeuren. De vrouwen die hier beginnen, zijn de meest kwetsbare van de mensen die SolFem onder haar hoede heeft. Ze zijn jong, voornamelijk jongere en al wat oudere pubers, en komen uit arme plattelandsfamilies. Veel van hen zijn analfabeet en vaak hebben ze gewerkt als hulp in de huishouding, *bonnes*, uitbesteed voor kinderarbeid bij vermogender families. Hun verlegen, bijna gekrenkte gedrag is het gevolg van de moeilijkheden die ze hebben ondervonden.

Het moeilijkst is dat hun kinderen soms op een gewelddadige manier zijn verwekt – door seksueel misbruik, in hun eigen familie of door de mensen bij wie ze werkten.[295]

Het is rustig in Ain Sebaa, ver weg van het leven dat de meesten van deze jonge moeders hebben gekend. Terwijl ze samen met hun kinderen in groepen van twee of drie in nabijgelegen, door SolFem geregelde appartementen wonen, brengen ze de dag door in de voorziening. Naast de beroepsmatige vaardigheden leren ze ook lezen en schrijven. Bovendien zijn er een maatschappelijk werker, psycholoog, arts en advocaat aan het werk. Evenals iemand die hun leert hoe ze voor hun kind kunnen zorgen, wat niet eenvoudig is. Toen ik een bezoek aan de crèche bracht, mondde mijn poging om vijf, zes peuters met prachtige krullen te vermaken uit in een oorverdovend gehuil. 'Het komt wel goed', verzekerde een van de begeleidsters me. 'De kinderen zijn niet zo goed met vreemden. De moeders zijn bang en dragen die onzekerheid over op hun kinderen. Daar proberen we hen overheen te helpen.'

Na een jaar promoveren moeders die meer op hun gemak zijn met hun kinderen naar een andere voorziening in het centrum van Casablanca, bestaande uit een restaurant, een patisserie en een naaiatelier. Enkele jaren geleden opende de organisatie ook de hamam waar ik Faiza ontmoette. Deze levert steeds meer schoonheidsspecialistes en manicures af van een ander type ongehuwde moeder, want bij SolFem kloppen ook studentes of pas afgestudeerden aan, die vaker wel dan niet bij de man sliepen met wie ze meenden te gaan trouwen, waarna ze zwanger raakten en verlaten werden.

Met al hun inspanningen bereiken SolFem, INSAF en andere ngo's niet meer dan een fractie van de ruim vijfentwintigduizend alleenstaande vrouwen per jaar die in Marokko moeder worden.[296] Wie niet onder de bescherming van een van deze organisaties valt, heeft het veel zwaarder. Zo is er tijdens de zwangerschap geen medische begeleiding, waardoor er tijdens de bevalling veel grotere problemen kunnen ontstaan. Een vrouw die onder de paraplu van een ngo valt, heeft het in het ziekenhuis veel gemakkelijker dan een vrouw alleen, die met de veroordeling van de personeelsleden te maken kan krijgen, zelfs met misbruik.

En de moeilijkheden blijven komen, vooral bij ongehuwde moeders die er alleen voor staan. Volgens de Marokkaanse wet staat op seks buiten het huwelijk een straf van maximaal een jaar, waarover de afgelopen jaren veel gedebatteerd is. Maar de politiek is geneigd een oogje dicht te doen bij de vrouwen die onder de hoede van een van de ngo's vallen. INSAF, SolFem en dergelijke zijn ook van levensbelang voor het registreren van pasgeborenen bij de staat, in Marokko even belangrijk als in Egypte. Door aanpassing van de wet mogen alleenstaande moeders nu een geboortebewijs voor hun kinderen halen.[297] Hoewel de wet op papier is veranderd, moet er nog veel gebeuren voordat de praktijk zal veranderen, een klus die bemoeilijkt wordt door de tegenwerking van rijksambtenaren die afkerig zijn van ongehuwde moeders, van vrouwen die in een zo trieste situatie verkeren dat een van hen zich in de nasleep van de Arabische Lente in brand stak.[298]

Nadat ze deze hindernissen had overwonnen, liep Faiza tegen een volgende reeks hindernissen op. Ook al had ze de vader op de hoogte gebracht van de geboorte van zijn zoon, toch weigerde hij het kind te erkennen, wat vaak gebeurt, ondanks tussenkomst van experts van SolFem. Tot grote opluchting van Faiza verliep de verzoening met haar familie eenvoudiger: 'Een meisje met dit probleem vergeet haar ouders nooit. Dat is de ellende. De vader van de baby is ervandoor gegaan. In die omstandigheden denkt een meisje veel aan haar familie.' Volgens maatschappelijk werkers van SolFem is het opnieuw opnemen in de familie het afgelopen decennium een van de grootste veranderingen in de situatie van ongehuwde moeders geweest. Waar de familie hen eens botweg afstootte, worden de betrekkingen tegenwoordig steeds vaker hersteld.

Faiza heeft haar zoon zelfs op bezoek mee naar huis genomen. Aanvankelijk verliep het contact nog wat stroef, vooral met haar vader, maar dat is goed gekomen, zodanig dat hij nu onder de indruk is van haar doelgerichtheid. 'Ik vond dat er veel was veranderd', zei ze. 'Voorheen was ik onverantwoordelijk, wist ik niet wat verantwoordelijkheid was. Ik wist niet wat het was om sterk te zijn. Je hebt een probleem, maar daar ontleen je kracht aan. Ik viel en viel en viel, maar ik heb er veel van geleerd.'

Hoewel onderzoek laat zien dat veel ongehuwde moeders het gevoel hebben door de samenleving genegeerd te worden, is Faiza trots op haar nieuwe verplichtingen. 'Van jong tot oud word ik gerespecteerd. En waarom? Omdat ik goed voor mijn baby zorg. Ik kleed hem goed, ik neem de verantwoordelijkheid op me. Daarom respecteren ze me. Nooit zeggen ze: "Je bent een ongehuwde moeder."' Wat Faiza betreft, is er al veel veranderd. 'Vandaag de dag is het anders dan vroeger. Nu begrijpen ze wat een alleenstaande moeder is. Het is lastig in Marokko, maar men weet dat het kan als je met je baby wilt leven, echt.' Volgens haar komt dat door het ingrijpen van organisaties als SolFem en INSAF. 'Deze organisaties weten mensen te bereiken. Via de kranten, zelfs via de televisie spreken ze de mensen rechtstreeks aan. Ongehuwde moeders zijn niet iets bizars in Marokko. Ze zijn er altijd al geweest, maar er lag een taboe op. Maar nu er meer over ons bekend wordt, raken we in gesprek.'

De nieuwe openheid is voor een groot deel te danken aan Aicha Ech-Chenna, een heel bijzondere grootmoeder en oprichter van SolFem. Een kwart eeuw geleden, toen ze met de organisatie begon, kostte het veel moeite om ongehuwde moeders in het openbaar te laten spreken, zozeer schaamden ze zich over hun positie. 'Luister, jullie hebben geen misdaad begaan, meisjes van me', is haar boodschap. 'Je bent het slachtoffer van een vergissing, je bent het slachtoffer van een belofte om te trouwen, of van verkrachting – wat niet allemaal. Als iemand respect voor jullie zou moeten tonen, dan is dat de samenleving die jullie eerst uitspuugde, omdat jullie de moed hebben om jullie kinderen te houden.'

Ech-Chenna's gedrevenheid ten aanzien van de situatie van alleenstaande moeders heeft te maken met haar eigen achtergrond. Haar moeder was gescheiden en voedde haar dochter in haar eentje op. Ech-Chenna zelf volgde een verpleegstersopleiding en werd vervolgens maatschappelijk werker. Bij haar werk kwam ze in aanraking met ongehuwde moeders in wanhopige omstandigheden, die hun kinderen bij weeshuizen afgaven. 'Ik ben geloof ik de eerste vrouw die op televisie en radio over deze taboes sprak. Ik heb de knuppel in het hoenderhok gegooid', zei ze. In de jaren negentig begon ze erover te spreken. Tegenwoordig is ze een onvervalste beroemdheid. Koning Mohammed VI is een fan van haar, en de hogere kringen hebben de deuren, en portemonnees, voor haar zaak geopend. Ik ontmoette Ech-Chenna op de terugweg van een rondreis door Amerika, waar ze een prijs van een miljoen dollar had gekregen voor 'op geloof gebaseerd ondernemerschap'. Haar telefoon ging voortdurend over, en ons gesprek moest tussen radio en televisie-interviews door plaatsvinden.

Ondanks al het succes, is het niet van een leien dakje gegaan. Marokko voerde substantiële hervormingen door aan zijn *Mudawwana*, de wetsteksten over de persoonlijke status, die enkele traditionele voorrechten van mannen afzwakte. Tot de veranderingen behoort dat mannen volgens de hervormde wet expliciet toestemming van hun huidige vrouwen moeten hebben voordat ze er een andere bij kunnen nemen (de wet staat huidige echtgenotes ook toe om deze mogelijkheid uit te sluiten, als voorwaarde voor hun huwelijkscontract). Verder legt de wet het gebruik aan banden om vrouwen te verstoten en valt scheiding nu onder de wet. Bovendien is in de wet opgenomen dat het voogdijschap van de man afloopt zodra zijn vrouw meerderjarig wordt. Tegen deze veranderingen heeft de PJD zich hevig verzet, maar met de steun van de koning werd de wet aangenomen, waarmee een ontwikkeling naar meer rechten voor vrouwen werd vastgelegd – in elk geval op papier. Toch kwam Ech-Chenna in die periode zwaar onder vuur te liggen van islamisten, die haar steun voor dergelijke vrouwvriendelijke hervormingen beschouwden als een afglijden in de richting van zina. Maar zoals wel vaker als haar iets in de weg werd gelegd, had Ech-Chenna haar antwoord voor haar islamitische opponenten klaar: 'Ik ben de kleindochter van een religieus geleerde. Tegen mijn tante zei hij altijd: "Je moet nooit zeggen: 'kind van zonde'." Het is een volwassene die een zonde begaat, een zonde van de geest en het lichaam, iemand die een ander iets aandoet. Als praktiserend moslim hou ik van God en respecteer ik hem. Het is niet aan mij om iemand te veroordelen. Alleen God kan oordelen.'

Ech-Chenna is oud genoeg om zich te herinneren hoe dergelijke zaken in Marokko en Egypte vroeger geregeld werden. Onwettige kinderen werden naadloos opgenomen in de uitgebreide familie of stilletjes op de stoep van buren gelegd, waar ze als een geschenk van God werden geaccepteerd. 'Heel lang geleden hebben onze grootmoeders een eigen slimheid ontwikkeld, zoals alle opgesloten vrouwen dat deden. Omdat ze er niet op uit konden gaan, ontwikkelden ze een innerlijke intelligentie die hen in staat stelde op discrete wijze met hun problemen om te gaan.' Maar met de onafhankelijkheid van Marokko in 1956 kwam daar verandering in, met wat Ech-Chenna de 'sociale explosie' noemt, een snelle verstedelijking, economische onrust, het uiteenvallen van de familie. Seks, eens een vanzelfsprekend onderdeel van het leven, werd weggemoffeld. 'In de religie schaamde men zich niet [om over wat voor onderwerp dan ook te praten], zo zei men in de Koranschool. Zelfs in de familie werd er in elk geval over menstruatie gesproken – door de moeder, de tante of een nicht', herinnert Ech-Chenna zich. 'Maar na die explosie kwamen er cliënten naar de vereniging die niet eens wisten wat seksualiteit is. Zelfs als ze voor de eerste keer ongesteld worden, weten ze niet wat er aan de hand is – terwijl dat lang geleden in onze samenleving de gewoonste zaak van de wereld was.'

Ech-Chenna is ervan overtuigd dat het model dat ze met SolFem heeft geschapen ook elders in de regio kan werken, waaronder in Egypte. Haar advies is eenvoudig. Begin klein, blijf discreet en blijf uit de buurt van de politiek. Al is het van het allergrootste belang om de juiste leiders te kiezen. Volgens haar is ego beslist geen pluspunt: 'Het is werk waar veel geduld en zelfverloochening voor nodig is. Als je graag op de voorgrond treedt, moet je gaan zingen [op een talentenjacht voor de televisie]. De burgermaatschappij is de enige omgeving waarin je geen ster moet zijn. Als je een ster wordt, als mensen je herkennen, zou dat moeten zijn om het werk dat je doet.'

Dat werk is allesbehalve gedaan. Er is weliswaar iets meer waardering voor de positie van alleenstaande moeders in Marokko, maar dat houdt nog niet in dat ze algemeen worden geaccepteerd. SolFem hoedt zich ervoor om degenen voor wie ze zich inzetten als ongewilde slachtoffers van seksuele 'ongelukjes' neer te zetten. Over het algemeen aarzelt de Marokkaanse samenleving tot nu toe om vrouwen het recht op seksuele en reproductieve zelfstandigheid te verlenen – om naar eigen keuze seks te hebben, en kinderen.[299] 'We zijn niet op alle problemen van alleenstaande moeders ingegaan', zei Ech-Chenna tegen mij. 'Overal zijn veel verlaten kinderen. Als de samenleving zich helemaal ontwikkeld had, zouden er geen verlaten kinderen bestaan. Dat kost twee, drie generaties, die zich daar op een transparante en bescheiden wijze voor zullen moeten inzetten.' Ze vergelijkt de snelheid van sociale en wettelijke veranderingen in het Marokko van na de onafhankelijkheid met water in de woestijn. 'Wat het Westen in twee eeuwen heeft gedaan, deden wij in vijftig jaar. Het is als een werkelijk droge lap grond die niet van mensenrechten heeft geprofiteerd. Als je daar ineens veel water op gooit, wat gebeurt er dan? Dan volgt er een overstroming. Je moet de samenleving de tijd geven de veranderingen te absorberen.'

In Egypte, dat zich in een overgangsperiode bevindt, klinken de woorden van Ech-Chenna na. Na het snelle afzetten van Moebarak heeft het land de fase bereikt van de veel langzamere veranderingen van de politieke cultuur, een periode die tientallen jaren, misschien wel eeuwen kan duren. Sociale veranderingen, op het niveau van het dagelijks leven, duren zelfs nog langer. Maar nu hoor ik enkele stemmen in Egypte opgaan die zich, na generaties van teleurstelling en gelatenheid, een land durven voor te stellen waarin op een dag in elk geval voor een deel van de aan de randen levende groepen mensen – waaronder ongehuwde moeders – een plek midden in de samenleving vrijkomt. 'Met het verstrijken van de tijd zal de schaamte veranderen. Elke dag gaan we een stapje vooruit, daarvan ben ik overtuigd', vertrouwde een ongehuwde moeder in Caïro me toe. 'We worden allemaal één wereld … Anders zullen we uitgeroeid worden, zullen we niet meer bestaan. De hele wereld verandert. Noord-Afrika verandert, zelfs Saoedi[-Arabië] verandert … Wie zegt dat alles zo zal blijven als het is?'

5

Seks te koop

Ik ben geen prostituee, en mijn man geeft me geen geld, dus hoe zou ik aan geld moeten komen?
– Mijn oma, over het beperkte aantal mogelijkheden van een vrouw

Toen mijn vader aan het eind van de jaren veertig een tiener was, gingen hij en zijn beste vriend vrijdags vaak met een tram door Caïro om in Al-Azhar te bidden, in het historische centrum van wijsheid van de moslimwereld. Tegenwoordig wordt de Al-Azhar moskee, als een fort gelegen naast Khan al-Khalili, de beroemde soek van Caïro, belaagd door het hedendaagse leven, omringd door het bulderende verkeer. Maar in de tijd van mijn vader domineerde de moskee het landschap, zowel fysiek als geestelijk. Toen er nog geen satellietpredikers en online fatwa's waren, had Al-Azhar het laatste woord voor Egyptenaren en grote delen van de islamitische wereld daarbuiten.

Na afloop van het gebed werden mijn vader en zijn vriend gewaarschuwd door de vader van de laatste, een medewerker van de moskee, dat ze niet te ver voorbij de moskee mochten lopen, en vooral niet in de richting van de nabijgelegen buurt Al-Batniyya, waarvan de kronkelende duistere steegjes bekendstonden om de zedeloosheid die er heerste. Daaronder viel ook prostitutie (*da'ara* in het alledaagse Egyptisch, *bagha'* in het klassieke Arabisch). In Al-Batniyya waren *sharamiit* – wat in het Egyptische Arabisch 'vodden' betekent, maar ook straattaal is voor prostituees – bereid om aan de behoeften van hun cliënten te voldoen. Tot die behoeften behoorde ook het ontlasten van het geweten van de studenten van Al-Azhar die erom bekendstonden de omgeving vaak te bezoeken. *'Mallaktuka nafsi'*, zeiden de vrouwen dan, als ze met hun meer religieus ingestelde cliënten begonnen. 'Ik geef je het recht om mij te bezitten.'[300]

Deze formulering kent een lange traditie. Ondanks de huidige seksuele complexen van Egypte werd het vleselijke in het land vroeger niet ontkend, en de bekering tot de islam, die in de zevende eeuw begon, heeft daar weinig aan veranderd. In wezen erkent de islam de kracht van seks – bovenal het verlangen van de vrouw – zozeer dat er regels en wettelijke voorschriften zijn gekomen om die in goede banen te leiden, al staat de mannelijke bevrediging daarbij voorop. Een van de instituties die daaruit voortkwamen, was het concubinaat, in wezen seksuele slavernij – een kenmerk van het leven uit de voor-islamitische tijd dat onder de nieuwe religieuze orde werd gehandhaafd.[301] De Koran is duidelijk over de aanvaardbaarheid daarvan. 'Het zal de gelovigen welgaan, die in hun salat deemoedig zijn, die geklets mijden, die de zakaat opbrengen en die hun schaamstreek kuis bewaren, behalve bij hun echtgenotes of slavinnen waarover zij beschikken, dan valt hun niets te verwijten, maar zij die meer dan dat begeren, zij zijn het die overtreden',[302] vermaant een van de verzen over dit onderwerp. Waar veelwijverij beperkt wordt tot vier vrouwen tegelijkertijd, is het concubinaat een open kwestie, vandaar de grote harems in de Arabische geschiedenis, een eindeloze bron van fascinatie voor westerse waarnemers.

In Egypte bestaat allang geen geïnstitutionaliseerd concubinaat meer. Officieel werd slavernij aan het eind van de negentiende eeuw afgeschaft, en tegen de tijd dat mijn vader in de jaren dertig een jongetje was, hadden families die slaven bezaten, zoals de onze, hun onmisbare helpers allang geleden vrijgelaten. Maar ook al is de letter van de wet in Egypte veranderd, toch leeft de geest van het concubinaat voort in het werk van de meiden van Al-Batniyya, die gebruikmaken van een islamitische bepaling om hun werk te kunnen doen en die het toestaan dat ze tijdelijk door hun cliënten worden bezeten – in meerdere opzichten.

Tegenwoordig dienen sommige vormen van de echtelijke staat vrijwel hetzelfde doel, verlenen ze religieuze respectabiliteit aan wat je reinste betaalde seks is. Een voorbeeld daarvan is Samia, een vriendelijk pratende vrouw van begin twintig. Ze komt uit een plaats ten zuiden van Caïro en had in de zomer juist enkele weken in de grote stad doorgebracht. 'We verbleven in Zamalek, in een voorname buurt. Ik bleef meestal thuis en ging niet uit winkelen of naar de bioscoop', zei ze. Dat lijkt misschien een saaie vakantie bij de familie, maar Samia had niet vrij, noch was ze bij haar ouders, al bracht ze de tijd door met een man die oud genoeg was om haar opa te zijn.

'Hij was zestig, zeventig jaar. Hij kwam mee met de tussenpersoon. Ik zag hem, en de volgende dag kwam hij langs en trouwde met me', zei ze. 'Ik wist dat hij in Saoedi-Arabië getrouwd was en een vrouw heeft. Elke dag zouden we samen ontbijten, waarna we praktiseerden [seks hadden]. Ik wilde niet met hem naar buiten omdat ik niet samen met hem gezien wilde worden. Ik heb hem naar zijn persoonlijke leven gevraagd, maar daar gaf hij nooit antwoord op, wat ik niet zo'n punt vond, omdat ik zo gauw mogelijk een einde aan de relatie wilde maken. Na twee weken ben ik naar mijn familie teruggekeerd.'

Toeristen uit de Golfstaten komen naar Caïro om de zomerhitte en de vochtigheid van hun land te ontvluchten. De afgelopen jaren heeft Egypte zichzelf aangeprezen als een vakantiebestemming voor goed bij kas zittende Arabische bezoekers, die wonderen doen voor de plaatselijke economie. Maar een deel van de zaken is van seksuele aard. In Egypte bestaat een vast netwerk van tussenpersonen en advocaten die jonge vrouwen werven voor deze bezoekers, die overgaan tot een zawaj misyaf, een huwelijk voor een vakantieganger, een 'handelshuwelijk', zoals het ter plekke heet. Tot zo'n verbintenis, die enkele dagen tot een paar weken duurt, behoort meestal ook een geschreven contract en een getuigenis, waardoor die *shar'i* wordt, islamitisch correct. Al blijven die relaties onofficieel, want ze worden niet door de overheid geregistreerd. Hoewel het de bedoeling is om de verbintenissen tijdelijk te laten zijn, wordt de termijn eigenlijk zelden opgeschreven, wat betekent dat ze de kwestie van zawaj mut'a uit de weg gaan, van een genotshuwelijk, dat door de sjiitische islam wordt toegestaan en voor soennitische moslims verboden is. Los van het dunne laagje religieus fatsoen zijn de stellen door deze contracten enigszins ingedekt als de zeldzame situatie zich voordoet dat de politie vragen stelt aan een rijke bezoeker. Betaalde seks is in Egypte verboden, met tot drie jaar gevangenisstraf en een geldboete van 300 EGP (33 euro) voor 'eenieder die geregeld lichtzinnig gedrag vertoont of aan prostitutie doet', evenals een straf voor degene die deze praktijk mogelijk maakt of ertoe aanzet, al glippen er cliënten door dit net.[303]

Veel van de bij dergelijke zomerhuwelijken betrokken vrouwen komen uit een speciaal gouvernement, Giza, dat naast Caïro ligt. Samia leeft in Hawamdiyya, een van de drie plaatsen die erom bekendstaan vrouwen voor zomerhuwelijken te leveren. In het verleden stond Hawamdiyya bekend om zijn suikerraffinaderij, maar de afgelopen jaren is het een belangrijke bestemming voor ouwe snoepers geworden. Ik vroeg Samia of de reputatie van haar woonplaats het gevolg is van de aantrekkelijkheid van de dochters. Met haar knappe gezicht, gevat in een chique van rode en zwarte spikkels voorziene zilveren hijab, keek ze me aan alsof ik gek was. 'Nee', zei ze met een bedenkelijke blik. 'Het is omdat we zo arm zijn.'

Samia is een van vijf kinderen – twee jongens en drie meisjes. Het gezin woont samen met haar grootouders in een groezelige steeg in een driekamerappartement in Hawamdiyya. Haar vader is conciërge, maar goed betaald werk is er lastig te vinden, net als in de rest van Egypte. Hun maandelijkse inkomen ligt rond de 700 EGP, afkomstig van het werk van haar vader, het groentetuintje en enkele kippen. Dus toen er enkele jaren geleden een man aanbelde met een 'bruidegom' voor de negentienjarige Samia en 20.000 EGP, nam haar vader het geld aan. Samia kreeg 500 EGP om wat nieuwe kleren van te kopen. 'Ik was bang omdat het de eerste keer was. Ik wist niet wat ik ervan kon verwachten', zei ze. 'Het duurde een week en hij woonde met me in Caïro, [in een buurt genaamd] Mohandeseen. Hij interesseerde zich voornamelijk voor seks. Na een week keerde ik terug naar mijn familie en ging hij er weer vandoor. Toen ik weer thuis was, voelde ik me bedroefd, omdat er iets in me was veranderd, [maar ook] gelukkig omdat mijn familie het hele jaar genoeg geld had. Ik sprak met mijn moeder over wat er was gebeurd, maar ik wilde er niet met mijn zus over praten, want ik wil voorkomen dat zij het eveneens gaat doen. [Hoe dan ook] het is zulke gevoelige materie, dat we het er maar weinig over hebben en er ook niet echt open over zijn.'

Mahmoud heeft daarentegen geen gewetensbezwaren. Hij is een *simsar*, een tussenpersoon. Eigenlijk is Mahmoud een pooier. Hij werkt samen met Amir, een advocaat in een verwaarloosd kantoor in een rommelige, ongeplaveide zijstraat in Caïro. Ze zijn allebei halverwege de veertig en zien eruit om door een ringetje te halen. Mahmoud is een beetje een patser, met een gouden ketting om en een flinke bos borsthaar die uit de wijd openstaande kraag van zijn sportshirt komt. Bij Amir zijn de knoopjes keurig dicht, en hij heeft een brandschoon grijs overhemd aan, een modieuze groene das om, en wordt omringd door zijn juridische diploma's. Boven zijn bureau hangt een reusachtige vergulde lijst met de negenennegentig namen van God.

Toen ik hen voor het eerst ontmoette, voor de opstand, moesten Mahmoud en Amir nog door de wereldwijde recessie geraakt worden. Mahmoud en de met hem bevriende tussenpersonen – zowel mannen als vrouwen – regelden minstens tweeduizend 'huwelijken' per jaar. Voor het juridische schrijfwerk krijgt Amir 1000 EGP per verbintenis. Mahmoud, die de meisjes vindt, de appartementen regelt, en verder zorgt dat alles goed verloopt, ontvangt 2000 tot 3000 EGP. In de jaren zestig van de vorige eeuw kwamen dergelijke huwelijken niet vaak voor, zegt Mahmoud, maar de veranderingen sinds de jaren zeventig – de hoge vlucht van de olie in de Golfstaten, de Egyptische *infitah* (de opengestelde economie), het toenemende consumentisme en de opkomst van het islamitische conservatisme – luidden dit sekstoerisme met een religieuze draai in. De afgelopen jaren hebben de zaken zich naar andere delen van de Arabische regio uitgebreid, waar Syrische vrouwen verzeild zijn geraakt nadat ze de bloedige opstand in hun land waren ontvlucht.

Mahmoud heeft zich voor zijn beroep op de ideale plek gevestigd, in beide werelden tegelijk. Hij is geboren in Hawamdiyya en kent de families daar, maar werkt nu als chauffeur in een van de grote vijfsterrenhotels in Caïro, beroemd vanwege het uitzicht, en, zo gaat het gerucht, de *hafalat khassa* – privéfeestjes waar rijke gasten uit de Golf komen en waar wijn en vrouwen vrijelijk verkrijgbaar zijn. 'Ik ken veel Saoedische mannen in het hotel, en ze willen met Egyptische meisjes trouwen ... soms gedurende tien dagen en soms veertien. Het begint er [meestal] mee dat ik een Saoedi bij de luchthaven oppik en dat hij me vraagt hem een vrouw te bezorgen, een "jong" meisje. Nu en dan wil zo iemand een maagd hebben, maar die is duurder', zei Mahmoud. 'Ik ken de meisjes via hun ouders, die me vertellen dat ze willen dat hun dochters trouwen. Zo ken ik [een gezin met] twee dochters aan de universiteit. Hun moeder is weduwe en ze hebben geld nodig. Ze kwamen langs om kennis te maken met de bruidegom, en de moeder zei me dat de meisjes geld nodig hadden om de kosten te kunnen betalen. De moeder vertelde me dat de bruidegom met hen alle twee kon trouwen, maar dat weigerde hij. Hij zei: "Ik ben oud en dat wordt me te veel."'

Bij deze regelingen gaat het zo ongeveer op dezelfde manier als sommige van de 'informele' huwelijken die in hoofdstuk 2 zijn besproken, maar anders dan de geheimzinnigheid waarmee deze verbintenissen zijn omgeven, is een zomerhuwelijk een familiegebeurtenis. De ouders komen naar de 'ceremonie', al is het een eenvoudige aangelegenheid vergeleken met de toeters en bellen waarmee een echte Egyptische bruiloft gepaard gaat. Centraal in de gebeurtenis staat het ondertekenen van een huwelijkscontract – 'in de naam van God en in de traditie van de Profeet, vrede zij met hem' – waarin beide partijen beloven hun huwelijkse plichten te vervullen, inclusief de financiële steun van de echtgenoot, de gehoorzaamheid en het echtelijk gebruik van de dochter. Anders dan bij een officieel huwelijk, dat wordt voorgezeten door een *ma'dhun* en geregistreerd door de overheid, houden bij deze overeenkomsten beide partijen en de advocaat een exemplaar van het contract, dat weer wordt verscheurd als de partijen uit elkaar gaan. De verbintenissen worden zonder aanvullende voorwaarden ontbonden. Het enige wat er gebeurt, is dat de vrouw vertrekt met het geld dat haar van tevoren door haar partner was beloofd.

In de loop van twee jaar heeft Samia drie zomerhuwelijken gehad. Voor wat in Hawamdiyya gebruikelijk is, zijn dat er niet veel. Mahmoud kent jonge vrouwen die elk jaar vijf of zes van deze huwelijken hebben, wat formeel een schending van hun huwelijkscontract inhoudt, omdat ze de *'idda* niet in acht hebben genomen – de door de Koran voorgeschreven periode van drie maanden die vrouwen moeten wachten tussen twee huwelijken, zodat ze hun voormalige echtgenoten ervan kunnen overtuigen niet zwanger te zijn. Hoe dan ook, voor een vrouw als Samia spelen er meer fundamentele rechten. Het contract stelt duidelijk dat ze er uit eigen vrije wil aan begint, maar Samia heeft de indruk dat ze weinig keuze heeft: 'Mijn vader dwong me te trouwen omdat hij me kwijt wilde.'

Het is niet alleen armoede die families ertoe aanzet, maar ook de toenemende behoefte om te consumeren. 'Van de meisjes die ik in het dorp ken, doet 70 procent aan dit soort huwelijken. Twee goede vriendinnen van me doen het ook', zegt Samia. 'Als ik het met ze over dit huwelijk heb, beginnen ze over de financiële kant ervan. Zelf wilde ik dat mijn zus doorgaat met haar opleiding, dat is de reden dat ik me in het huwelijk schik. Ik wil niet dat mijn zus met dezelfde problemen geconfronteerd wordt.' Maar dat geld heeft wel een prijs. Samia slaat haar ogen neer en begint te fluisteren als ze haar echtgenoten beschrijft: 'De meeste doen aan anale seks en maken gebruik van medicijnen [Viagra]. Een van hen bekeek video's en seksscènes, om vervolgens met me te gaan vrijen. Een ander wilde de hele tijd met me vrijen, weer een ander was lui en wilde niet zo vaak seks. Door de derde ben ik een keer geslagen.' Het gebeurt zelden dat meisjes van dit soort relaties zwanger raken, zegt Samia, omdat ze allemaal een anticonceptiemiddel gebruiken. Maar condooms horen daar niet bij, waardoor deze jonge vrouwen het risico lopen een seksueel overdraagbare aandoening op te lopen. Samia zelf had na een van haar huwelijken 'schoon genoeg van seks'.

Mahmoud beschrijft zijn werk eerlijk als prostitutie. 'Ik weet dat het haram is, maar dat is niet mijn probleem.' Hij vertelt zijn familie niet wat zijn echte baan is. Zijn vrouw denkt dat hij voor een reisorganisatie werkt. Toch blijft advocaat Amir nota bene volhouden dat deze verbintenissen eerlijk zijn. 'Ik beschouw dit huwelijk niet als prostitutie', zegt hij, 'omdat het wettelijk toegestaan is en shar'i.' Formeel heeft hij een punt. Het huwelijk van Samia voldoet aan alle formele regels van de islam, afgezien van de twijfelachtige bedoelingen. Maar zelf is ze daar niet van overtuigd. 'Toen ik klein was, ging ik altijd naar de moskee. Ik ben een religieus meisje, maar ik weet dat ik door dit huwelijk te accepteren iets doe wat haram is.' Voor haar familie is dat eveneens een probleem. In Hawamdiyya zijn zomerhuwelijken dan misschien gebruikelijk, maar men schaamt zich er ook voor. De moeder van Samia zegt dat ze geen vrienden in de stad heeft, een isolatie die ze toeschrijft aan het heen en weer reizen van mensen naar Caïro op zoek naar werk. Maar Mahmoud neemt aan dat het meer met een soort uitsluiting te maken heeft dan met migratie. '[Sommige] families verbreken hun contact met families die aan deze zaken doen, die zijn conservatief en religieus … Om een slechte reputatie te vermijden, gaan ze niet met deze families om.'

Als haar naar haar toekomst gevraagd wordt, zegt Samia dat ze om te beginnen met de huwelijken wil stoppen. In haar intelligente ogen licht iets op als ze haar ambities beschrijft. Na op twaalfjarige leeftijd van school te zijn gegaan, wil ze haar opleiding vervolgen en Engels leren. Voor wat betreft het huwelijk heeft ze weinig hoop. In de stad woont een jongeman die ze aardig vindt, maar die ze nu mijdt. 'Ik heb mijn relatie met hem beëindigd omdat hij anders te weten komt wat ik doe en dat niet leuk zal vinden', zegt ze, met een spijt over zich die niet bij haar leeftijd past. Samia staat in tweestrijd tussen het haten van mannen en het wachten op iemand die haar uit deze omstandigheden haalt. 'Ik zie wel. Misschien laat ik me opereren om weer maagd te worden, als de man die met me wil trouwen wil dat ik dat doe. Ik droom ervan in de toekomst een goede man te vinden.'

De afgelopen jaren is geprobeerd beperkende maatregelen te nemen tegen zomerhuwelijken door ze te koppelen aan een algemener offensief tegen verbintenissen met minderjarigen, want uit onderzoek is gebleken dat de meerderheid van de meisjes in deze vakantiehuwelijken nog geen zestien is.[304] Los van dwang of prostitutie zijn zulke verbintenissen illegaal, dankzij een amendement van de Egyptische Kinderwet dat de wettelijke leeftijd voor een huwelijk voor zowel mannen als vrouwen tot achttien jaar verhoogde. De Moslimbroederschap verzette zich in het parlement fel tegen deze verandering. De Broederschap stelt, onder meer, dat de leeftijd dat men verantwoordelijk is voor zichzelf, en waarop het huwelijk is toegestaan, volgens islamitische jurisprudentie aan de puberteit gerelateerd is. Een van de eerste wettelijke hervormingen die hun ultraconservatieve verwanten, de salafisten, voorstelden toen ze in het parlement kwamen, was het weer verlagen van de huwelijksleeftijd. Ingebed in vergelijkbare argumenten houdt dezelfde redenering vrouwenbesnijdenis in stand: meisjes zouden op elk moment seksueel kunnen ontsporen, vooral door de verleidingen van het hedendaagse leven, en hoe eerder dergelijke libidineuze energie in het huwelijk wordt gekanaliseerd, hoe beter.

Maar als Egyptenaren het over het trouwen van minderjarigen hebben, gaat dat niet over twee verliefde tieners die in het huwelijksbootje stappen. De overgrote meerderheid van de huwelijken van mensen onder de dertig wordt momenteel gesloten tussen een oudere bruidegom en een jongere bruid, met een gemiddeld leeftijdsverschil van vijf jaar.[305] Terwijl de huwelijken waar degenen die zich voor mensenrechten interesseren zich druk over maken de huwelijken zijn met een leeftijdsverschil tussen man en vrouw van een halve eeuw, niet van een half decennium. Dit soort huwelijken, van mensen in de lente en de herfst van hun leven, vormt ook in de Golfstaten in toenemende mate een punt van discussie. De afgelopen jaren was er in Saoedi-Arabië en Jemen veel ophef in de pers over kindbruiden die aan hun middelbare of bejaarde bruidegom probeerden te ontkomen. In deze twee landen is meer dan de helft van de vrouwen op achttienjarige leeftijd getrouwd, en recente pogingen om de huwelijksleeftijd te verhogen zijn op forse tegenstand van islamitische conservatieven gestuit.[306] De op een na hoogste religieuze autoriteit in Egypte, de grootmoefti, sprak zich ook uit tegen zomerhuwelijken op minderjarige leeftijd.[307] Maar de tegenstanders beweren dat deze huwelijken volledig toelaatbaar zijn, omdat ze het voorbeeld volgen van de profeet Mohammed en zijn favoriete vrouw, Aisha, die, naar verluidt, zes was toen ze trouwden en negen toen hun huwelijk werd geconsummeerd – al hebben sommige religieuze geleerden hier tegenwoordig hun twijfels over.

De aanval van het regime van Moebarak op de zomerhuwelijkindustrie was ook gekoppeld aan de wereldwijde campagne tegen mensenhandel. Jarenlang heeft Egypte onder vuur van internationale kritiek gelegen, omdat het als een belangrijk doorvoerland voor de hedendaagse slavenhandel fungeerde. Een groot deel van de huidige eeuw is Egypte volgens het Amerikaanse ministerie van Buitenlandse Zaken 'een bron, doorvoerland en eindbestemming van vrouwen en kinderen die worden verhandeld, vooral voor dwangarbeid en seks'. Dat label had niet alleen betrekking op de zomerhuwelijken, maar ook op het sekstoerisme waarbij de horden straatkinderen van het land betrokken zijn, seksuele uitbuiting van Afrikaanse migranten die via de Sinaï op weg naar Israël zijn, en misbruik van huishoudelijke hulpen en andere arbeiders.[308]

Suzanne Moebarak, toen de first lady en de drijvende kracht achter enkele nationale raden voor vrouwen en kinderen, sprak zich zeer publiekelijk uit tegen mensenhandel, in eigen land en in het buitenland. Het regime van Moebarak richtte een speciale eenheid op tegen mensenhandel en nam verschillende wetten aan die het zomerhuwelijk verboden, waaronder een wet tegen uitbuiting van kinderen, waarop maximaal levenslang staat. De regering gaf hoog op over de vooruitgang, over het opleiden van rechters, politieagenten en ambtenaren van het ministerie van Toerisme om mensenhandel te leren herkennen, over speciale telefoonnummers en de geheime opvang van slachtoffers, en over aanhoudingen van hooggeplaatste lieden bij huwelijksregisters die kindhuwelijken mogelijk maken. (Bij één gelegenheid werd de hele keten van het zomerhuwelijk – ouders, tussenpersoon, advocaat en de Saoedische cliënt – opgerold, waarbij de cliënt bij verstek tot tien jaar gevangenisstraf werd veroordeeld.)

Ondanks alle officiële tamtam hebben dergelijke maatregelen weinig invloed op de zaken van Mahmoud en Amir. Voor vastbesloten ouders heeft het verhogen van de leeftijd nauwelijks gevolgen gehad. Voor het tevredenstellen van huwelijksbureaus volstaat een bezoekje aan de plaatselijke kliniek, wat geld onder de tafel voor een arts die de verstandskiezen van het meisje controleert (die als een teken van lichamelijke volwassenheid gelden), waarna er een certificaat wordt verstrekt waarop staat dat het meisje meerderjarig is. In feite leidt dit alomtegenwoordige bedrog ertoe dat zelfs sommige progressieve activisten het verlagen van de huwelijksleeftijd stilletjes goedkeuren, met als argument dat families het toch doen, in sommige gevallen door dochters een informeel 'urfihuwelijk te laten sluiten en zodra ze achttien worden over te stappen op een geregistreerd huwelijk. Maar ondertussen worden deze jonge vrouwen vaker wel dan niet heel vroeg moeder, zonder de rechten die officiële vrouwen hebben. Het is beter om een wet te hebben die deze werkelijkheid erkent, zei een mensenrechtenadvocaat uit Alexandrië tegen me, dan ervan uit te gaan dat de wet het gedrag van mensen zal veranderen.

Voor wat betreft aanhoudingen, is er ook weinig gebeurd om cliënten af te schrikken. 'Het is allemaal propaganda', snoof Amir. 'Misschien dat er een paar mannen opgepakt zijn, maar dat heeft geen invloed op het totaal aantal gevallen.' En er is weinig dat erop wijst dat de maatregelen tegen mensenhandel meer effect sorteren, zo hoorde ik van een voormalige medewerker van de eenheid van de overheid die de mensenhandel moest bestrijden. Ze deed de meeste projecten af als een hype. Ze lachte bij de gedachte dat de wetgeving tegen mensenhandel een eind aan de zomerhuwelijken zou maken. 'Als we het hebben over mensenhandel in het dorp, dan zegt iedereen in deze gemeenschap dat niemand dat met onze meisjes doet. Voor hen is het geen probleem, het is een manier van leven', merkte ze op. 'Egyptenaren zijn heel slim in het vinden van mazen in de wet.'

Maar plaatselijke ngo's hebben wat meer succes gehad, door in bepaalde gemeenschappen te werken, waar ze mensen bewust maken van de medische en psychische risico's waarmee deze huwelijken worden geassocieerd, en door het onderwijs van meisjes te bevorderen, zodat ze op de lange termijn mondiger worden. De oplossing voor het beëindigen van de handel is in de economie te vinden. Er zijn initiatieven om gemeenschappelijke spaarprojecten op te zetten, waarvan vrouwen in zware tijden gebruik kunnen maken, evenals beroepsopleidingen en andere inkomen genererende alternatieven – al is het moeilijk voor te stellen dat handarbeid evenveel oplevert als handkarren. Degenen die streven naar het beëindigen van de zomerhuwelijken hopen dat ze het beetje vooruitgang kunnen handhaven dat ze de afgelopen jaren hebben geboekt.

De opstand was van rechtstreekse invloed op de handel in zomerhuwelijken, voornamelijk omdat de stroom bezoekers uit de Golfstaten vrijwel opdroogde, vanwege geruchten over wetteloosheid in de straten van Caïro. In de zomer na de opstand had Amir nauwelijks meer dan tien cliënten, minder dan eenderde van het gebruikelijke aantal. Toch verwachtte hij heel optimistisch dat de recente gebeurtenissen op termijn goed zouden uitpakken. 'Het zal wel even duren voordat de zomerhuwelijken er weer bovenop komen. Als de veiligheid weer is teruggekeerd, zal er veel worden getrouwd. Veel Arabieren zijn na afloop van de revolutie, in een land dat nu een democratie is, benieuwd naar wat er is gebeurd, en willen langskomen, waardoor de kans op cliënten toeneemt. Zelfs als Egypte democratisch is, zelfs als de economie verbetert, blijft deze handel bestaan', concludeert Amir vol vertrouwen.

Voor Samia en haar leeftijdgenoten, uitkijkend naar een ander leven, voorspelt dit allemaal weinig goeds. Al zou de wet waterdicht zijn, dan nog zou het weinig uitmaken. Omdat Samia ouder dan achttien is, heeft de wet ter voorkoming van kindhuwelijken geen betrekking op haar. Net zomin als de wetten over prostitutie van toepassing zijn, omdat haar verhouding wordt gedekt door een door de islam geaccepteerd huwelijkscontract. En hoewel ze volgens de letter van de wet wordt verhandeld – door niemand minder dan haar vader – bestaat er weinig kans dat ze zich als slachtoffer meldt, of haar vader zal aangeven. Het gaat net zo als bij elk familieschandaal, of het nu gaat om het slaan van een vrouw, incest, verkrachting of een van de ontelbare andere persoonlijke tragedies: de overgrote meerderheid van de vrouwen lijdt in stilte, zoals de directrice van een dagcentrum voor de zorg voor mishandelde vrouwen in de binnenstad van Caïro me vertelde, en zal dat blijven doen totdat de prijs van het er openlijk over spreken niet langer groter is dan de kosten van het lijdzaam verdragen. Het is lastig om de banden waarmee Samia aan haar zomerbaan vastzit – financiële zorgen, familieplichten en een op de islam gebaseerde berusting in haar lot – te verbreken. En zolang Egypte een aanhoudende stroom bezoekers uit de Golfstaten ontvangt, die met geld blijven smijten, zal er waarschijnlijk behoefte blijven aan haar diensten.

'HET HELE LAND DOET AAN PROSTITUTIE'

Zomerhuwelijken vormen maar één kant van de prostitutie in Egypte. Sekswerk is in de Egyptische intifah een aantoonbaar succesverhaal, een triomf van particulier ondernemerschap dat een hele reeks diensten aanbiedt, passend bij alle smaken en budgetten – al heeft het een zware menselijke prijs. Sekswerk is een van de duidelijkste uitingen van de voortdurende macht van het patriarchaat in Egypte en de rest van de Arabische wereld, en laat zien hoezeer individuen en samenlevingen in tweestrijd verkeren over seks. Enerzijds prijzen ze hun islamitische geloofsbrieven, anderzijds maken ze zich door instemming of onderdrukking schuldig aan het exploiteren en misbruiken van degenen die in deze handel zitten. In de Arabische regio dragen vrouwelijke sekswerkers een drieledige last met zich mee: als vrouw, die niet alleen seks buiten het huwelijk heeft, maar daar ook nog eens in handelt. Dit stigma, dat door de wet wordt versterkt, leidt ertoe dat ze zich rustig houden. Waardoor sekswerk zowel de meest duidelijke, als de meest verborgen dimensie is van het seksleven in Egypte en de rest van de Arabische wereld, en de kans des te kleiner is dat deze vrouwen eerlijk zullen meedelen in de verwachte politieke, sociale en economische winst van de opstand in de regio.

Hoeveel sekswerkers er in totaal in Caïro zijn, laat staan in Egypte, is een kwestie van gissen. Maar een korte blik op de International Sex Guide, 'De grootste seksreiswebsite van het internet', waar mannen op zoek naar actie tips uitwisselen, laat een verenigde naties van sekswerkers zien: Russische en Midden-Europese gezelschapsdames, Chinese masseuses die ook nog iets anders bieden, Soedanese vluchtelingen en Marokkaanse migranten die op de dansvloer werken, Egyptische vrouwen die van de straat geplukt kunnen worden of per mobiele telefoon zijn te bestellen, op een speelvloer die zich uitstrekt van de beruchte bars en clubs van de hoofdweg naar de piramides, huurappartementen in Mohandeseen, massagesalons in het lommerrijke toevluchtsoord voor expats van Maadi, tot een markant vijfsterrenhotel aan de Nijl, waar betaalde sekswerkers – mannen en vrouwen – niet alleen door het management worden getolereerd, maar discreet aan de gasten worden aangeboden, als een niet op het menu staande service. Volgens één schatting zijn er alleen al in Caïro minstens achthonderd plekken waar vrouwelijke sekswerkers zich verzamelen.[309]

'Het hele land doet aan prostitutie', lachte Jihane, een mollige, montere vrouw van halverwege de twintig. Zij kan het weten. Jihane verkoopt seks om haar drugsverslaving te kunnen betalen. We kwamen elkaar tegen in een particulier verslavingscentrum in Caïro – een van de weinige die maaltijden verzorgt voor de goed gevulde gelederen van vrouwelijke verslaafden, die een nog groter stigma met zich meedragen dan hun mannelijke collega's. Jihane komt uit de meer bevoorrechte kant van het sociale spectrum van Caïro, uit een goed geschoolde familie uit de middenklasse – haar Arabisch is doorspekt met Frans. In haar vroege tienerjaren begon Jihane samen met schoolvrienden drugs te nemen, eerst *bangu* (een soort hasj), toen pillen en vervolgens heroïne. Deze trapsgewijze ontwikkeling hing voor een deel samen met de economie. De afgelopen jaren is de straatprijs van heroïne gezakt, na de opstand nog sneller, tot op het punt dat acht gram ongeveer 60 EGP kost – een van de weinige goederen waarvan de prijs in de jaren met een inflatie van boven de 10 procent niet als een raket bleef stijgen.

Jihane raakte via haar vrienden op school aan de drugs verslaafd. Aanvankelijk gebruikte ze daarvoor het zakgeld van haar nietsvermoedende ouders, die, om te voorkomen dat de familie wegzakte op de economische ladder, te hard werkten om de kinderen goed in de gaten te houden, zoals bij veel Egyptische stellen uit de middenklasse. Uiteindelijk maakte Jihane haar opleiding niet af, verliet ze het huis en trok in bij haar dealers. Met handel in natura – seks voor drugs – wist ze haar verslaving een poosje vol te houden, maar daarna deed ze het, samen met haar vrienden, alleen nog maar voor geld.

De groep van Jihane brengt een cliënt 100 EGP in rekening voor volledige vaginale gemeenschap. Volgens Jihane verdienen haar meer succesvolle collega's zo tot 4000 EGP per dag. Maagden – van wie sommigen kind van een prostituee zijn – hebben bij hun debuut zelfs uitzicht op meer. Toch belanden de meeste vrouwen in het sekswerk na hun maagdelijkheid in het huwelijk te hebben verloren, na een gestrande liefdesrelatie, of na seksueel misbruik. Velen in de kring van Jihane werken voor pooiers – *mi'arrasiin* in de Egyptische omgangstaal – echtgenoten of vriendjes, maar vaak ook voor andere vrouwen, zelf voormalige sekswerkers, van wie het pensioenplan bestaat uit een appartement en een cliëntenbestand dat wordt doorgegeven aan jongere vrouwen, die de flat voor hun werk gebruiken. Het is een bekend patroon van opvolging: 'Als de hoer berouw krijgt, wordt ze madam', aldus het Egyptische gezegde, verwijzend naar degenen van wie de belofte iets te veranderen uitloopt op meer van hetzelfde – denk aan politici in het tijdperk na Moebarak.

Vanwege alle hindernissen voor seks voor het huwelijk, nam ik aan dat ze voornamelijk alleenstaande mannen als cliënt had, maar Jihane vertelde me hoe het werkelijk in elkaar zat. In ieder geval bij haar waren het merendeels gehuwde mannen, op zoek naar seksuele opwinding waaraan het hun in de huwelijksrelatie ontbrak. 'In Amerika kan een meisje voordat ze trouwt seksfilms bekijken en ervaring opdoen. Ze kan met een jongen vrijen, zodat ze geen meisje [maagd] meer is. Maar in Egypte verhuist het meisje als maagd naar de woning van haar echtgenoot. En ze ziet geen seksfilms. Als ze trouwt, heeft ze geen idee wat ze moet doen. De meisjes die in de prostitutie werken hebben meer ideeën en meer ervaring. Als een vrouw er wel ervaring mee heeft, zal de echtgenoot zijn twijfel hebben over haar gedrag. En stel dat de echtgenoot zijn vrouw iets zou willen bijbrengen, dan zal ze hem zeggen dat het 'ayb [schandelijk] is.'

Ik vroeg Jihane wat zij en haar vriendinnen te bieden hadden wat een echtgenote niet te bieden had. Ze dacht even na. 'Een meisje [sekswerker] kent verschillende posities, terwijl zijn vrouw misschien te zwaar is en dat niet kan. Ze weet niet hoe ze met hem moet meebewegen.' Ook anale seks – waarover, zoals we gezien hebben, veel meningsverschillen bestaan – staat op het menu, voor 300 EGP per keer, volgens de prijslijst van Jihane. En dat is niet het enige extraatje. 'De meisjes in de prostitutie kunnen bijvoorbeeld ook pijpen. Dat doet een echtgenote niet. Er zijn wel mannen die aardig voor hun vrouw proberen te zijn en eraan doen, maar het zou heel vreemd zijn als de man er bij zijn vrouw om vraagt. En als de vrouw haar man toch afzuigt, dan heeft ze niet de ervaring van iemand die het de hele dag doet.' Het komt dus neer op ervaring en enthousiasme, zegt Jihane, of het nu gefingeerd is of niet. 'Als de sekswerker er geen plezier in heeft,' redeneerde Jihane, 'is ze net zoals degene thuis [de vrouw], dus dan verdient ze niks.'

Zoals bij veel toeristische attracties in Egypte hanteert Jihane verschillende tarieven – eentje voor Egyptenaren en een hoger tarief voor buitenlanders. Het grote geld komt van de toeristen uit de Golfstaten, maar anders dan Samia en haar gelijken biedt de groep rond Jihane ook een meer gespecialiseerde service: seks met mensen van hetzelfde geslacht. 'Sommige meisjes weten dat er Saoedische vrouwen zijn die hiervan houden en gaan naar hotels, waar ze de Saoedische vrouwen ontmoeten, die meer betalen dan de mannen', stelde Jihane vast. 'Ik weet dat een vriendin van me een Saoedische vrouw als cliënt heeft, die ze in haar verblijfplaats opzoekt, en die voor twee uur drieëntwintighonderd euro betaald krijgt.' Volgens Jihane hebben sommigen van haar collega's hun professionele ontwikkeling in deze werkkring aan het regime van Moebarak te danken. 'Hier in Egypte kan een meisje dat in een café zit door de zedenpolitie gearresteerd worden als ze te bloot gekleed is. De eerste keer zullen ze haar, als ze gearresteerd is, weer vrijlaten, maar als het zich vaker voordoet, kan ze de tweede keer drie jaar achter slot en grendel belanden. Eenmaal in de gevangenis heeft ze seks met andere vrouwen. En als ze weer vrijkomt, maakt ze gebruik van de aldus opgedane ervaring. Dus nadat ze een keer is opgepakt, als ze contact met de politie gehad heeft, werkt ze met lesbiennes.'

Saoedi's die de voorkeur geven aan seks met mensen van hetzelfde geslacht zijn niet de enige vrouwelijke bezoekers die op zoek naar actie naar Egypte komen. Betaalde seks is in het land en elders in de Arabische regio een van de weinige werkomgevingen waar gelijke kansen bestaan. Zelfs heteroseksuele mannen hebben hun eigen plek in de business, of *bezness*, zoals het in Tunesië genoemd wordt. Van Agadir tot Aqaba, waar westerse vrouwen op vakantie gaan, zijn plaatselijke mannen te vinden die hun hun diensten aanbieden. Nu de werkloosheid oploopt, begeven jongemannen uit heel Egypte zich naar Dahab, een vakantieoord op het schiereiland van de Sinaï, en andere toeristische bestemmingen nabij de Rode Zee, op zoek naar een redelijk loon voor zichzelf en voor hun familie – en het meeste nog valt te verdienen in plaatsen waar vrouwelijke gasten op zoek zijn naar enige aandacht en avontuur. Hoewel het traditionele beeld bestaat van een dame van vijftig plus die uit is op een veel jongere man, komen er ook steeds meer vrouwen van in de twintig en dertig op af. En niet alleen vanwege de lichamelijke aantrekkingskracht. 'In een romantische woestijnsfeer … geven de meeste vrouwen de voorkeur aan romantiek boven seks', merkte Anne Cumming op, een Engelse huisvrouw die in de jaren vijftig van de vorige eeuw overal in de Arabische wereld met mensen de koffer in dook. 'Het gaat ze om de sfeer en de vele kleine attenties. Ze houden meer van de bijproducten van seks dan van de seks zelf.'[310]

Voor mannen zijn de bijproducten van seks al even aantrekkelijk, geschenken variërend van mobiele telefoons tot hele huizen, voldoende geld om een motor te kopen of een bedrijf te beginnen. Voor sommigen, die officieel met hun buitenlandse geliefden trouwen, betekent het bijna letterlijk een ticket naar een andere wereld. Sinds 2005 is het aantal huwelijken tussen Egyptische mannen en buitenlandse vrouwen bijna verviervoudigd.[311] In een andere tak van de business wordt Mahmoud, van de zomerhuwelijken, ook door vrouwelijke Arabische bezoekers benaderd die met een Egyptische man willen trouwen. De vrouwen beginnen eraan voor een paspoort, dus moet het huwelijk officieel zijn en bij de overheid geregistreerd. En goedkoop is het niet. Deze vrouwen betalen tot 60.000 EGP voor een echtgenoot. Ondanks al het geld, vindt Mahmoud dat hij er hard voor moet werken. 'Het is lastiger om een bruidegom te vinden dan een vrouw', verzuchtte hij.

Voor mannen die het erop wagen zijn er ook andere voordelen aan verbonden. Met het stijgen van de kosten van het huwelijk, en dus van de leeftijd waarop getrouwd kan worden, en daarbij nog het taboe op seks voor het huwelijk, kan een deel van de jonge Egyptische mannen maar moeilijk libidineuze uitlaatkleppen vinden. Door seks te hebben met buitenlanders zijn ze in de gelegenheid om een wezenlijk aspect van hun mannelijkheid – seksuele potentie – tot uiting te laten komen, in een context buiten de sociale normen. De plek speelt hierbij een rol. Badplaatsen zijn in de Arabische regio meestal pas aangelegde oorden waar de 'plaatselijke bewoners' – hotelmedewerkers, rondleiders, winkeliers, duikinstructeurs – voornamelijk mannen uit andere delen van het land zijn, die ver weg van huis werken. 'In Dahab heb ik veel meer vrijheid dan toen ik in het zuiden woonde, waar die vrijheid ontbrak … Als iedereen seks buiten het huwelijk heeft, kan ik daar ook aan doen', merkte een kelner uit Boven-Egypte op. 'Er zijn geen beperkingen van de familie, en de samenleving is anders hier. Hier hebben we onze eigen cultuur.'[312]

Als het op seks aankomt, vormen westerse vrouwen op zichzelf al een heel andere wereld. Ze zijn zozeer anders dan Egyptische vrouwen, qua gewoonten (orale seks), persoonlijke hebbelijkheden (of ze zich ontharen en zich na de gemeenschap ritueel wassen – verplicht voor islamitische vrouwen – lijken buitenlandse vrouwen zelf te kunnen bepalen) en seksueel gedrag, dat de normale omgangsregels niet van toepassing zijn. Een man uit Beneden-Egypte, met veel ervaring met buitenlandse vrouwen, legde het uit: 'Als je eenmaal video hebt gezien, kun je nooit meer terug naar het luisteren naar de radio … Je kunt Egyptische vrouwen (radio) niet vergelijken met buitenlandse (video). De verschillen zijn levensgroot. Egyptische vrouwen drukken hun seksualiteit niet uit. Zo lijken ze geen lang durende geslachtsgemeenschap nodig te hebben. Misschien komt dat door de besnijdenis. Terwijl buitenlandse vrouwen er langer mee door willen gaan en zelfs om meer vragen.'[313] Nog onwerkelijker is de omkering van de conventionele genderrollen in deze relaties. Waar mannen nog steeds de eerste zetten doen, is het, als de relatie eenmaal aan is, de vrouw die over de financiën gaat.

Het is beslist zo dat sommige van deze relaties standhouden en gelukkig zijn. Maar een korte blik in vrouwentijdschriften en op websites, met alle verhalen van vakantiegangers over gebroken harten en geleegde beurzen, laat zien dat het vaak niet goed afloopt. 'Mijn dromen van geluk zijn aan flarden', 'Na de bruiloft liet hij zijn masker vallen', en 'Was het allemaal een leugen?' zijn nou niet bepaald stof voor de Bouquetreeks.[314] Al hebben vrouwen teruggeslagen. Het internet staat vol zwarte lijsten met namen, adressen en andere persoonlijke details van Egyptische mannen die vrouwelijke toeristen in meer dan een opzicht genaaid hebben. Deze persoonlijke ontboezemingen zijn ook uitgekristalliseerd in georganiseerde campagnes. Zo heeft Evelyn Kern, een Duitse journaliste die zichzelf door een vakantieliefde in Tunesië had laten meeslepen en in de steek was gelaten, in 2003 de Community of Interests Against Bezness opgericht (later heeft ze haar ervaringen in een autobiografische roman opgeschreven: *Sand in der Seele* [Zand in de ziel]). De groep geeft informatie en steun aan vrouwen met problemen, zoekt contact met de media om mensen te waarschuwen en lobbyt bij de Duitse overheid om vrouwen te helpen die hun spaargeld aan de bezness zijn kwijtgeraakt.[315]

Het leed is niet volledig eenzijdig, want ook mannen kunnen een gebroken hart oplopen. Ghassan is een hotelmedewerker in Luxor, een grote, waardige man van halverwege de vijftig. 'In Egypte hebben we een gezegde', zegt hij op een ochtend als ik in zijn hotel aan het ontbijten ben. 'Het enige wat je nodig hebt om gelukkig te zijn, is water, wat land en een mooi gezicht. Dus ben ik gelukkig.' Hij zuchtte, en staarde me aan terwijl hij met een arm richting de rivier gebaarde. Met zo veel talent voor vleierij verbaasde het me niet te horen dat Ghassan viermaal getrouwd was geweest. Een van zijn vrouwen was Linda, een gescheiden Schotse, tien jaar ouder dan hij, en die hij ontmoette toen hij op een cruiseschip in Beneden-Egypte werkte. Het was ware liefde, zei hij, en ze trouwden onofficieel met elkaar, middels een shar'i (islamitisch deugdelijk) huwelijk. Hoewel Ghassans moeder en zus ervan wisten, vertelde hij het liever niet aan zijn Egyptische vrouw. 'Ik wilde haar geen pijn doen, omdat dit niet voor het geld was. Dit was vanwege de liefde.'

Ghassan en Linda zochten elkaar enkele malen per jaar op als hij vrij had en zij per vliegtuig op bezoek kon komen. Hij vertelde me het geheim van zijn succes: 'Egyptische mannen zijn emotioneel. Ze zeggen aardige dingen tegen een vrouw, ze zijn open, weten haar te raken. Westerse vrouwen zijn heel onbehouwen, direct, altijd aan het werk.' Hij en Linda konden het uitstekend met elkaar vinden, vooral in bed. 'Ze [was] gelukkig. Egyptische mannen [zijn] op seksueel vlak tot veel in staat, zo vertelde ze me. Ze [was al eerder] getrouwd geweest, maar had zich nog nooit zo gevoeld. Ik behandelde haar als een troetelkind, drukte haar dicht tegen me aan.

Volgens mij is ze van me gaan houden door mijn gevoelens. Ze begreep alles, genoot overal van en het [was] geweldig met haar om te gaan. Haar eerste man in Engeland deed alleen maar ...' Ghassan keek verveeld, en het plotseling verslappen van zijn gezicht gaf een veelzeggend commentaar op de seksuele vaardigheden van de voormalige echtgenoot van Linda, in overeenstemming met de onder zijn vrienden algemeen gehuldigde opvattingen over de seksuele zwakte van de westerse man. 'Misschien omdat het er zo koud is', suggereerde hij vriendelijk.

De romance van Ghassan duurde drie jaar, waarna Linda naar het Verenigd Koninkrijk terugreisde, om nooit meer terug te keren. Ghassan belde en schreef, maar er kwam geen antwoord. 'Ik weet niet wat er is gebeurd. Misschien [is] ze dood, al heeft niemand me iets gezegd.' Hij zuchtte. Ghassan is daarna nog tweemaal getrouwd, maar verlangt nog altijd naar zijn buitenlandse vrouw. 'Ik hou van haar, tot op de dag van vandaag. Overal hoop ik mijn Linda tegen te komen. Een buitenlandse vrouw is goed voor mij. Ik zou het zo weer doen.'

Belangrijke religieuze leiders zijn voorstander van maatregelen om interculturele verbintenissen als deze tegen te gaan. Joesoef al-Qaradawi, de bekende islamitische prediker, is van mening dat dergelijke huwelijken verboden zouden moeten worden, ook al staat de Koran het toe dat islamitische mannen met christelijke en joodse vrouwen trouwen (of zo'n vrouw als concubine nemen). Al-Qaradawi stelt dat deze bepaling ongeldig is door de sociale teloorgang die deze huwelijken veroorzaken. Want doordat de hoeveelheid beschikbare mannen afneemt, zouden plaatselijke vrouwen minder kans hebben om te trouwen, waardoor het risico toeneemt dat ze op het verkeerde pad raken. En sommige in kustplaatsen wonende mensen kunnen het steeds minder goed verkroppen dat buitenlandse vrouwen, die door de toenemende werkloosheid in eigen land steeds moeilijker aan werk kunnen komen, niet alleen hun goede mannen voor zich opeisen, maar, zodra ze eenmaal met een Egyptenaar getrouwd zijn en een werkvergunning hebben, ook de felbegeerde banen in hotels en restaurants.

Maar niet iedereen is tegen deze verbintenissen. Sommige Egyptische families – zelfs vrouwen die anders hun mannen langdurig kwijt zijn aan werk in de Golf – zijn bereid een oudere buitenlandse partner te accepteren als een lokaal alternatief om geld te verdienen.[316] Als puntje bij paaltje komt, wordt er bij sekswerk nog altijd met twee maten gemeten. Als Egyptische vrouwen, zoals Samia, geld aannemen voor seks in een toeristenhuwelijk, wordt dat als uitbuiting gezien en komen de autoriteiten in touw om, laat, daarmee de strijd aan te binden. Als mannen hetzelfde doen (weliswaar onder druk van de economie en niet van de familie), dan knijpt de samenleving een oogje dicht voor wat als alledaags werk wordt beschouwd.

REGELS EN REGLEMENTERING

Voor de meer algemene kwestie betreffende de toekomst van sekswerk in Egypte zijn er enkele mensen die aandringen op een alternatief voor de ontkenning of het openlijk aan de kaak stellen. Een van de meest openhartige is Inas al-Degheidy, een regisseuse die beroemd is vanwege haar films over liefde en seks voorbij de grenzen van de conventionele moraal. In 2008 riep Al-Degheidy veel boze reacties op door haar Egyptische landgenoten een korte geschiedenisles te geven. 'Overal in de wereld komt prostitutie voor. In Egypte was het voor de revolutie [van 1952] een erkend beroep en waren de buurten waar het werd uitgeoefend heel bekend', stelde ze vast in een praatprogramma op de televisie, tot grote woede van de conservatieven. 'Maar tegenwoordig is het een geheim, terwijl de meisjes tegenwoordig ernstige ziekten bij zich kunnen dragen, die ze aan anderen kunnen doorgeven.' Haar oplossing: door de staat goedgekeurde sekswerkers. 'Toen ik beweerde dat er een vergunning voor het beroep van prostituee in Egypte moest komen, eentje die jaarlijks moet worden vernieuwd, zei ik niet dat er veel vrouwen werkzaam zijn in dit beroep. Maar tegelijkertijd zijn het er ook niet weinig. We moeten de werkelijkheid onder ogen zien en onze blik niet afwenden, en de eerste stap is het beschermen van de samenleving, los van hoe tevreden of ontevreden we zijn met het bestaan van het beroep.'[317]

Eeuwenlang was prostitutie een gereguleerde zaak. Daar was een eenvoudige reden voor: belastingheffing. In het vroeg-islamitische Caïro, van de tiende tot de dertiende eeuw, bijvoorbeeld, waren er vaste delen van de stad waar vrouwen hun vak uitoefenden, in ploegen zittend voor de winkelpui en met hun kenmerkende rode wijde broek aan, allemaal onder de hoede van een strenge opzichter, die hun zaken bijhield en namens het regime belasting inde. Aan het begin van de zestiende eeuw, na de annexatie van Egypte door het Ottomaanse Rijk, werd de reglementering van prostitutie onderdeel van het imperiale bureaucratische apparaat, zodat werkende vrouwen (samen met dansers, slangenbezweerders, hasjverkopers en andere leveranciers van plezier) onder het inhalige belastingsysteem van het rijk vielen.

Net als in grote delen van Noord-Afrika was het de kolonisatie die de georganiseerde prostitutie in de hoogste versnelling zette. Kort na in 1882 het land binnengemarcheerd te zijn, vaardigden de Britse autoriteiten regels uit die van alle prostituees verlangden zich bij de politie te melden en zich wekelijks op geslachtsziekten te laten onderzoeken. De resultaten daarvan werden genoteerd in certificaten die de vrouwen verplicht bij zich moesten dragen. Deze medische aandacht was er niet in eerste instantie voor hun eigen bestwil, maar vooral voor het beschermen van de talloze Britse soldaten die het land binnenstroomden.

Aan het begin van de twintigste eeuw werd geregistreerde prostitutie in Caïro officieel beperkt tot bepaalde buurten, terwijl de ongeregistreerde variant (en dus illegaal) zich aan geen enkele beperking hield. De meest bekende van deze door de staat erkende stadsgebieden was Clot Bey. Begin jaren veertig sprongen mijn vader en zijn vrienden soms stiekem op een tram die hen via de hoofdverbinding van het district, de Clot Bey-straat, naar een wat minder spirituele plek bracht dan Al-Azhar. Die straat was toen een brede, met bomen omzoomde laan, met aan beide kanten witgekalkte, twee verdiepingen hoge gebouwen in de koloniale stijl, met schaduwrijke galerijen van winkels en cafés op de begane grond, en daarboven openslaande deuren die uitkwamen op een balkon.

Het was hier, in de kleine, kronkelige straatjes links en rechts van de hoofdstraat, dat veel van de ongeveer duizend geregistreerde prostituees werkten, voor tot vijftien piaster per keer. 'Een wandeling door de smalle en drukke straatjes deed je aan een dierentuin denken, met de opgemaakte hoeren als roofdieren achter het stalen traliewerk van hun op de benedenverdieping gelegen bordelen', aldus de weinig sentimentele beschrijving van Thomas Russell, beter bekend als Russell Pasha, hoofd van de politie van Caïro en de man die een groot deel van de eerste helft van de twintigste eeuw verantwoordelijk was voor de ordehandhaving in het bordeeldistrict.[318]

Als negenjarige die zich aan de zijkant van de tram vastklemde, keek mijn vader als het jongetje dat hij was naar alle activiteiten in de Clot Bey straat. Hij wist, min of meer, wat er gaande was, uit flarden van gesprekken tussen mijn grootouders. Net als tegenwoordig was prostitutie nou niet iets waar keurige gesprekken van stellen onderling over gingen, maar de belangstelling van mijn opa had een professionele achtergrond. Hij was rijksambtenaar, administrateur bij de Dienst voor het Behoeden van de Zeden, en Russell Pasha was zijn baas. Ik heb de vader van mijn vader maar kort gekend – hij stierf toen ik nog een kind was – maar ik kan me een vriendelijke, met zachte stem pratende oude man herinneren die erg in de schaduw van mijn geweldige oma stond. Daarom kan ik me hem maar moeilijk voorstellen als iemand die ruw soldatenvolk het bordeel uit joeg en de bewoners een fikse uitbrander gaf – wat toch dagelijkse kost was voor iemand die nauw samenwerkte met de Britse militaire politie.

Maar tegen de tijd dat mijn vader op die tram zat, waren de dagen van de legale prostitutie in Egypte geteld. Vanaf het begin van de jaren veertig werd er bevolen de bordelen te sluiten, en tegen het einde van het decennium werden door de staat erkende huizen van luiken voorzien. In de jaren vijftig en zestig werden meerdere wetten uitgevaardigd die alle prostitutie verboden – zonder veel succes. Er waren al vaker campagnes tegen prostitutie geweest. De ene eeuw na de andere, elke keer als er een plaag of hongersnood uitbrak en religieuze mannen het wijdverbreide verlies van moreel besef aanwezen als reden voor de wraak van God en de ellende in het land verscherpten Egyptische heersers de maatregelen tegen publieke genoegens, waarna als de problemen voorbij waren de bloemetjes weer vrolijk buitengezet werden.[319] Maar ditmaal hing de roep om bordelen uit te roeien samen met de wil om Egypte te bevrijden van de Britse bezetting. Net zoals bij de huidige verwerping van homoseksualiteit als westerse import, werd voor het gemak over het hoofd gezien dat het georganiseerde sekswerk al lang voordat de Engelsen kwamen deel uitmaakte van het Egyptische leven.

Als Egyptenaren willen weten hoe gereguleerd sekswerk er zou kunnen uitzien, hoeven ze de klok niet een halve eeuw terug te draaien, een drie uur durende vlucht naar Tunesië volstaat. Hoewel de Tunesische wet betaalde seks even hard veroordeelt als die van Egypte – tot twee jaar gevangenisstraf en een boete van 200 TND (ongeveer 90 euro) voor zowel de sekswerker als de cliënt – bestaat er een opvallende uitzondering. Om die te zien, moet je over de Avenue Habib Bourguiba lopen, een centrale as door het centrum van Tunis. De boulevard is weliswaar genoemd naar de vrijheidsstrijder die na de onafhankelijkheid van Tunesië president werd, maar is een onmiskenbaar Franse creatie. De centrale promenade staat vol kiosken met uivormige koepels en gietijzeren lantaarnpalen, en wordt geflankeerd door gesnoeide buxusbomen, die als wervels langs een stedelijke ruggengraat staan opgesteld. Als ribben strekken zich aan beide kanten kleinere straten uit, waartussen zich een levendig pulserend bindweefsel bevindt van tafeltjes met zinken bladen, rieten stoelen en grote parasols, zoals bij het Café de Paris en tientallen andere gelegenheden.

In de winter van 2011 werd deze boulevard bekend bij miljoenen overal op de wereld, toen de beau monde in de cafés plaatsmaakte voor gevechten tussen demonstranten, die de jarenlange alleenheerser Ben Ali wilden afzetten, evenals het leger. Tegenwoordig fungeert de Avenue Bourguiba weer als voorheen, en als je langs de art nouveau van Théâtre Municipal aan je linkerhand en de Cathedral de St. Vincent de Paul aan je rechterhand loopt, ben je eenvoudig geneigd te vergeten dat je in Tunis bent, niet in Toulouse – totdat de boulevard eindigt bij een massieve vrijstaande arcade. Hij lijkt op een kleine versie van de Arc de Triomphe, en werd door de Fransen de Porte de France genoemd, maar eigenlijk gaat het om een overblijfsel van de middeleeuwse stadsmuren van Tunis – een poort, beter bekend, in het Arabisch, als Bab el Bhar (Poort naar de zee).

Achter de poort ligt de medina, de oude stad, als hersenen boven op de ruggengraat van de boulevard, waarbij de in alle richtingen kronkelende en diep de stad in reikende steegjes de hersenkloven zijn. Vergeleken met de kaarsrechte orde van de boulevard, met zijn internationale hotels en de winkels van Zara en MAC, biedt de medina een overvloed aan onverwachte handel – vogelkooien van filigrein, veelkleurige waterpijpen, goedkope tulen huwelijksdecoraties – waarbij de deals in de kleine winkeltjes en provisorische kraampjes zo gloedvol worden gesloten dat ze veel weg hebben van de manier waarop in hersenen middels flitsende zenuwpulsen signalen worden doorgegeven.

Volg een van de zijstraten van Bab el Bhar, door overdekte passages en langs felblauwe sleutelvormige deuren, en je stuit op een heel ander soort handel. Rue Sidi Abdallah Guech is de officiële hoerenbuurt van Tunis – eigenlijk is het geen buurt, maar een straat. De ongeveer vijfentwintig bordelen hier en in een naastgelegen steeg zijn door de overheid erkend, en de bewoners staan als sekswerkers geregistreerd. Nu is het zo dat de medina een verboden oord kan lijken – de massieve deuren, hoge witgekalkte muren en kleine ramen zijn ontworpen om het publiek bij het privéleven weg te houden. Maar dat is niet het geval in de Rue Sidi Abdallah Guech, waar je voortdurend wordt gevraagd binnen te komen. De deuren staan wijd open en laten keurige hallen zien, bekleed met blauw geglazuurde tegels, met enkele kamers op de begane grond en steile trappetjes die naar vergelijkbare kamertjes boven leiden. Zelfs op de frisse winterdag dat ik daar kwam, zaten er vrouwen op de stoep of stonden ze in de deuropening – in g-string of Spandex-legging, met ontblote borsten of zonder beha in nauwsluitende topjes, met geverfd haar en felgekleurde oogschaduw – pratend met elkaar en flirtend met voorbijgangers, dat alles badend in een van binnen komend roze licht.

Rue Guech is alles wat er over is van een eens uitgebreid netwerk van officiële prostitutie in Tunis. Net als in Egypte liep wat ooit begon als een bron van openbare financiën uit op een systeem van volksgezondheidzorg. Tijdens de Ottomaanse periode in Tunesië inden ambtenaren belasting van prostituees, die werd berekend op basis van wat het best te omschrijven is als een 'schoonheidsafhankelijke progressieve' schaal: hoe mooier de vrouw, hoe meer ze moest betalen, al was niet duidelijk welke esthetische criteria er precies gehanteerd werden.[320] Toen Tunesië in 1881 nog onder Franse 'protectie' viel, had de belasting plaatsgemaakt voor het bevorderen van de volksgezondheid. Prostituees moesten eens per twee weken medisch onderzocht worden om syfilis tegen te gaan. In de loop van de twintigste eeuw kregen de door de staat erkende prostituees met steeds meer regels te maken over waar ze konden werken. Het was een systeem dat de Fransen introduceerden in die delen van Noord-Afrika waar ze belangen hadden. Dit systeem bereikte een hoogtepunt in de daarvoor aangewezen stadsdelen van Casablanca en Algiers: uitgestrekte prostitutiegetto's met streng toezicht van de politie, door een Franse historicus omschreven als 'seksueel Taylorism', de wetenschap van het management van het libido.[321] Gelukkig bleef Tunesië dit soort bedrijventerreinprostitutie bespaard. Onder druk van abolitionisten werden in de jaren dertig van de vorige eeuw plannen voor een gigantische bordeelstad geschrapt. Toch introduceerde de staat op het Franse systeem geïnspireerde *maisons closes* (bordelen) en vaardigde deze in 1942 een verordening uit waarin de regels voor legale prostitutie waren vastgelegd.[322] Dergelijke door de staat erkende activiteiten overleefden in Tunesië pogingen om prostitutie te verbieden, wat resulteerde in het huidige tweesporenbeleid, waarin 'clandestien' pooien en tippelen illegaal zijn, terwijl 'publieke' (dus door de staat erkende) activiteiten van de Rue Guech worden toegestaan.[323]

Vandaag de dag is legaal sekswerk in Tunesië een soort grijs gebied. De ironie wil dat het meer verborgen is dan de 'clandestiene' activiteiten die om de hoek van Avenue Bourguiba plaatsvinden. 'Het is geen geheim, maar het wordt hier ook niet overal toegegeven', zegt Abdelmajid Zahaf, een kleine grijsharige medicus gespecialiseerd in de openbare gezondheidszorg in Sfax, de tweede stad van Tunesië. Zahaf kent de weg in het bordeel, beroepsmatig dan – zijn beroep, niet dat van hen – en beschreef me hoe het systeem is geregeld. Voor de recente opstand waren er bijna driehonderd legale sekswerkers, verspreid over een stuk of tien steden in Tunesië, weggestopt in de kronkelige straatjes van Sousse, Sfax, Gabès en zelfs Kairouan, de 'heilige stad' van Tunesië en de geboorteplaats van de Noord-Afrikaanse islam.[324] In Tunis alleen al werkten meer dan honderd vrouwen, eenderde daarvan als freelancer die een kamer in de straat huurt, en de rest georganiseerd in bordelen, met twee tot vijf vrouwen per huis. De vrouwen zijn voornamelijk twintigers en dertigers. Ze zijn verplicht op hun vijftigste uit actieve dienst terug te treden. Al blijven velen van hen er hangen, als *badrona*, hoerenmadam, terwijl ze een huis in de straat huren (of soms kopen).

Een badrona – die anders dan haar drie medewerksters bij het seizoen passende kleding droeg: een blauwe wollen boernoes – legde het systeem aan me uit. Een cliënt betaalt de badrona 7 tot 10 TND, die ze deelt met de sekswerker. In ruil daarvoor krijgt de sekswerker kost en inwoning. Daar lijk je niet echt rijk van te worden, maar een van de werkende vrouwen legde me in de privacy van haar kamer uit dat wie een klein beetje extra wil doen, zoals anale seks, het basistarief kan verdubbelen met fooien, die wel in eigen zak gestoken worden. De cliënten zijn een mix van voornamelijk jonge, alleenstaande Tunesiërs uit de arbeidersklasse, nu en dan afgewisseld met iemand die kantoorwerk doet en uiteenlopende bezoekers, waarvan het type per locatie verschilt. Zo onthaalt Tunis internationale gasten, onder wie Afrikaanse cliënten uit landen ten zuiden van de Sahara. In Sfax, dat zuidelijker aan de kust gelegen is en bekendstaat om zijn ziekenhuizen en doktoren, komen veel Libanezen, die oversteken voor een medische en seksuele toer – een toestroom die zelfs in stand bleef toen er in dat land een burgeroorlog woedde. En hoeveel bezoekers komen er per dag? De madam floot, 'O, veel, veel.' Een jonge, aantrekkelijke vrouw kan het onvoorstelbare aantal van honderd cliënten per dag hebben, vertelden verschillende sekswerkers me, maar het gemiddelde ligt op een kwart daarvan. Seks is hier puur een kwestie van erin en er weer uit, maximaal tien minuten. Aan tijdrovende zaken als kussen en knuffelen wordt niet gedaan.

Rue Guech is geen plek voor langdurige gesprekken. Tijd is geld en met huren van meer dan 3000 TND per maand willen de madammen de toestroom van cliënten gaande houden. De vrouwen zelf zijn al even gericht op het werk. Veel van degenen in Rue Guech zijn gescheiden en moeten een familie onderhouden. Sommigen beginnen als clandestiene sekswerker, maar stappen over naar het legale bedrijf als de financiële druk toeneemt. Ook al kom je in de legale bordelen van Tunesië een enkele keer een afgestudeerde academica tegen, toch heeft de meerderheid van de vrouwen van de Rue Guech niet meer dan de basisschool gevolgd. Het is duidelijk financieel aantrekkelijk werk: in een land waar van de mensen onder de vijfentwintig ongeveer 30 procent werkloos is – een van de belangrijkste aanleidingen voor de Tunesische Jasmijnrevolutie – levert het als je keihard werkt een gegarandeerd inkomen op.

Hoewel er in de Rue Guech voornamelijk mensen uit de buurt dienstdoen, zijn vrouwen elders in het land als ze in een legaal bordeel willen werken geneigd naar een andere stad te gaan. Hun familie denkt dat ze ander werk verrichten, en geen enkele vrouw wil bij het uitoefenen van haar werk door een vriend of familielid herkend worden, of andersom. Veel is er niet voor nodig om je bij de plaatselijke autoriteiten in te schrijven voor een plek: je moet ongehuwd zijn, twintig jaar of ouder, er op vrijwillige basis aan beginnen, en een gezondheidsverklaring hebben. Meestal blijven vrouwen drie tot vijf jaar in een huis, waarna cliënten genoeg van ze beginnen te krijgen en de zaken teruglopen. Er zijn geen vaste contracten, maar de regels van het werk zijn duidelijk: met een verklaring van een dokter mogen vrouwen zich ziek melden, en als ze menstrueren krijgen ze een week vrij. Daarnaast zijn ze een dag per week vrij om naar de kapper of een hamam te gaan. Dat zijn ook echt vrije dagen, want wie in die periode bij het verdienen van neveninkomsten door de politie wordt betrapt, kan zwaar worden gestraft.

'Eerlijk waar, volgens mij is het legale systeem het beste alternatief voor deze mensen – voor cliënten en vrouwen', zegt Zahaf. De vrouwen worden eenmaal per twee weken onderzocht – een korte blik onder een felle lamp en een speculum om op symptomen van seksueel overdraagbare ziekten te controleren – en maandelijks op hiv getest. Weliswaar zegt de meerderheid van de vrouwen condooms te gebruiken, maar in de praktijk valt dat vaak tegen.[325] Steden bieden condooms gratis aan en stimuleren sekswerkers om er gebruik van te maken, maar als cliënten bereid zijn flink te betalen voor condoomvrije seks, is het lastig om te weigeren.

Zahaf wijst op andere voordelen van het systeem: de vrouwen krijgen gegarandeerd betaald, hebben een dak boven hun hoofd en lopen minder kans in elkaar te worden geslagen dan buiten op straat.[326] Desondanks is het een zwaar leven. 'Velen hebben psychische problemen', zegt Zahaf. 'Bijna 80 procent slikt kalmerende middelen – om te slapen, om te kalmeren. Ze drinken veel, ze roken veel. Het loopt allemaal slecht met ze af. Tot nu toe ken ik niemand die er ongedeerd van af is gekomen – wat zowel geldt voor de badrona als voor de prostituees.'[327]

Zahaf is pessimistisch over de toekomst van de legale handel. Het aantal legale sekswerkers is de afgelopen tientallen jaren met meer dan de helft afgenomen. 'Als je het mij vraagt, zal er over vijf tot tien jaar geen legale prostitutie meer zijn', voorspelt hij. Het is het oude verhaal van de economie. Als het op service aankomt, wint het vrije ondernemerschap het altijd. Cliënten geven de voorkeur aan clandestiene sekswerkers, zegt Zahaf. Hoewel ze duurder zijn, kunnen ze meer zelf bepalen wat ze willen. Ondertussen hebben de sociale en economische veranderingen ertoe geleid dat het aantal bereidwillige leveranciers sterk is toegenomen, denkt hij. En er is geen tekort aan afnemers. Volgens een onderzoek onder meer dan twaalfhonderd Tunesiërs onder de vijfentwintig jaar had ongeveer eenderde van de seksueel actieve mannen het voorgaande jaar geld betaald voor seks.[328] 'Net als op de markt geldt de wet van vraag en aanbod. Nu is er legaal sekswerk, erkend door de staat, maar meer en meer mensen gaan naar de ander. We kunnen nou niet bepaald gaan adverteren.'

Maar Zahaf heeft andere ideeën: 'Als we het net zoals in Nederland konden doen, met ramen, in een prettige omgeving, zou dat reclame voor de legale prostitutie zijn.' Hij wil dat er splinternieuwe huizen komen, gebouwd door de gemeente, waardoor niet alleen de omstandigheden zouden verbeteren, maar ook de huur omlaag zou gaan, zodat er meer geld voor de sekswerkers zelf overblijft. Andere verbeteringen zijn meer vrije tijd, documenten die de vrouw recht geven op kosteloze medische en psychische behandeling, en sociale zekerheid, evenals leningen waarmee ze hun eigen kleine zaak kunnen beginnen en aan scholing kunnen doen. 'Ze willen stoppen [met dit leven], maar hebben daar geen geld voor. Wat voor zin heeft het om hun een baan aan te bieden waarmee ze honderd dinar per week kunnen verdienen als ze met dit werk vier- tot vijfhonderd kunnen verdienen?' Zahaf is weinig optimistisch over de mogelijkheid om te veranderen. 'Niemand wil erover praten. Hij zucht. 'Het doet me altijd pijn als ik over deze situatie nadenk.'

Na de Jasmijnrevolutie werd het leven voor de officiële sekswerkers van Tunesië veel moeilijker. Toen in 2011 het regime van Ben Ali viel, kwam er ook een einde aan tientallen jaren politieke onderdrukking, en net als in Egypte ging dat gepaard met de opkomst van de islamisten in het land. Gezien de grote hoeveelheid problemen met de wederopbouw van Tunesië, zou je denken dat het gelegaliseerde sekswerk laag op de lijst van nationale prioriteiten staat, maar sommige islamitische conservatieven hebben de door de staat erkende bordelen in het vizier. Door straatprotesten tegen en aanvallen op legale bordelen is het personeel overal op zijn hoede en komt er in provinciale steden een einde aan hun werk. Met onmiddellijke ingang kregen de vrouwen die nog wel bleven werken een extra dag in de week vrij – in de Rue Guech maakt de vrijdag niet langer deel uit van de werkweek. 'Geen prostitutie in een islamitisch land', was de slogan, waarbij religieuze argumenten zich met feministische verenigden tegen het verkopen van het vrouwelijk lichaam. Anderen hebben het systeem verdedigd, zich verzettend tegen wat zij het voortsluipend islamisme noemen.

De vrouwen zelf zien de toekomst met vrees tegemoet. In de nasleep van de opstand waren de zaken minder gegaan omdat de mensen minder geld hadden. 'Wat gebeurt er als we moeten sluiten?' vroeg een badrona aan mij. 'Wat moeten we dan doen? We kunnen niks anders.' Dat het geweld toenam, droeg aan hun vrees bij. Een onafhankelijk werkende vrouw, die zo vriendelijk was me haar keurige kamertje te tonen, liet me het ijzeren hek zien dat ze had laten aanbrengen om zich tegen mannen van buiten te beschermen. 'In de tijd van Ben Ali was het beter', zei ze. 'Er was hier politie. Maar gisteren kwamen de mannen van buiten, zeventien, achttien jaar oud, de boel vernielen. Ze maakten er een puinhoop van. Daarom wil ik hier 's nachts niet langer slapen, want het is niet veilig meer.'

VERDEROP

Het is nog de vraag of de Tunesische bordelen de komende golven van constitutionele en wettelijke hervormingen overleven. Maar ter plekke is duidelijk dat de ouderwetse koloniale benadering van gereguleerd sekswerk onder het mom van ziektepreventie zijn langste tijd heeft gehad. Ook al blijft de openbare gezondheidszorg in de eenentwintigste eeuw in de gelegenheid – geld, stilzwijgende sociale acceptatie en de politiek die een oogje dichtknijpt – om sekswerkers te bereiken, dan nog zal het minder lopendebandwerk zijn.

In naam van de preventie van hiv zijn onderzoekers in de gelegenheid om het leven van degenen in de Arabische wereld die beroepsmatig aan seks doen aan een nader onderzoek te onderwerpen. Zo laat onderzoek in Egypte zien dat de ervaring van Jihane met drugsgebruik, geweld en andere beroepsrisico's al te vaak voorkomt.[329] Vooralsnog is het aandeel van de sekswerkers die aan hiv lijden in Egypte, en in de meeste andere delen van de Arabische regio waar onderzoek is gedaan, significant lager dan bij hun collega's elders in de wereld.[330] Maar gezien de riskante aard van hun werk – waaronder seks met mensen die tot de groep behoren met de meeste risico op besmetting, onder wie spuitende heroïnegebruikers en mannen die ook seks met mannen hebben – valt aan te nemen dat hiv zich in Egypte verder onder sekswerkers zal verspreiden, en daarmee ook onder hun cliënten (en de vrouwen van hun cliënten). Vooral omdat de strijd voor het gebruik van condooms zo moeizaam verloopt. Bij een recent onderzoek bleek dat niet meer dan een kwart van de sekswerkers in Caïro aangaf een condoom te hebben gebruikt bij de laatste keer dat ze seks hadden.[331] Hoewel condooms beschermen tegen besmetting, kunnen ze Jihane en haar vriendinnen wel andere problemen bezorgen. Ze kunnen erom gearresteerd worden. 'Als een meisje op straat loopt en met condooms in haar tasje wordt aangehouden,' lichtte Jihane toe, 'zal [ze naar het politiebureau worden meegenomen, waar] er een proces-verbaal tegen haar zal worden opgemaakt, waarna ze [als ze geen strafblad heeft] de volgende dag door de openbare aanklager zal worden vrijgelaten. Maar als ze wel een strafblad heeft, wordt ze beschuldigd van prostitutie. Dan zal ze tot een gevangenisstraf worden veroordeeld.'

Egyptenaren die het leven van sekswerkers proberen te verbeteren, onder meer willen dat ze minder kans lopen op hiv, kijken westwaarts, naar Marokko. En met reden. Want bij de aanpak van hiv is Marokko de regionale leider, met een uitgebreid netwerk voor het gratis vertrouwelijk testen op hiv en een distributiesysteem van gratis virusremmende medicijnen.[332] Hoewel hiv-infecties in de Arabische wereld gestigmatiseerd worden, is men er in Marokko opener over en meer bereid erover te praten, ondanks alle netelige kwesties die dan aan de orde komen. Egyptenaren zijn de afgelopen jaren zonder meer in staat geweest de straat te laten spreken, maar ik kan me niet voorstellen dat er in Egypte veel mensen de straat op gaan voor een mars met als doel de kennis over en de tolerantie voor hiv te vergroten, zoals gebeurde toen ik in Casablanca was, met spandoeken als: 'Ik ben hiv-positief'.

Maar het is niet alleen de proactieve houding van Marokko waarvan de landen in de regio wat kunnen leren. Zoals ik al zei, barst het in de Arabische wereld van de seksuele stereotypen, en een van het meest algemeen verspreide is dat Marokkaanse vrouwen er een wat lichtzinnige seksuele moraal op na houden. Of, zoals een vooraanstaand Marokkaans tijdschrift het tamelijk bot op de omslag zette: 'Marokkaanse vrouwen zoals Arabieren ze zien. In twee woorden: heksen en hoeren' – tovenarij is niet meer dan het zoveelste verleidingsmiddel van de sekswerker, zo wordt gedacht.[333] Marokkaanse vrouwen zeggen je dat waar ze ook in de Arabische regio heen gaan, over het algemeen wordt aangenomen dat ze sekswerkers zijn totdat het tegendeel bewezen is. 'Marokkaan ... dat is geen nationaliteit, maar een beroep', stelde het tijdschrift vast. Deze reputatie is er niet op vooruit gegaan door veel aandacht trekkende incidenten als de veroordeling van de voormalige Italiaanse premier Silvio Berlusconi voor betaalde seks met een minderjarige Marokkaanse 'danseres' uit Milaan. Dergelijke indrukken vertalen zich in concrete discriminatie. Zo weigerde de Saoedische regering in 2010 visa te verstrekken aan ongehuwde Marokkaanse vrouwen van achttien tot tweeëntwintig jaar voor een bezoek aan de heilige steden Mekka en Medina. Als reden werd aangevoerd dat deze vrouwen eerder (als prostituee) wat zouden bijverdienen dan dat ze rondjes om de Ka'aba zouden lopen. Het was te voorspellen dat de Marokkanen woest waren over deze belediging van hun vrouwen.

Toch gaat er in Marokko veel geld om in het sekswerk. Volgens een ruwe schatting zijn in het land honderdduizenden vrouwen op een of andere manier bij sekswerk betrokken. Het is zo'n populair beroep dat sommige waarnemers het over de 'prostitutie-economie' van het land hebben, op papier illegaal (als zoethoudertje voor islamitische conservatieven), maar stilzwijgend toegestaan (om werkloosheid tegen te gaan, de plaatselijke bestedingen aan te moedigen, en ontevreden jongeren eerder aan seks te laten denken dan aan politiek, aldus critici).[334]

Rima en Najma zitten wat betreft deze handel in de frontlinie. Ze werken voor de ALCS (de Vereniging voor de strijd tegen aids), een vooraanstaande ngo, en het is hun taak om de boodschap van veilige seks aan het leger van sekswerkers in Casablanca over te brengen, een van de meer dan twintig van dit soort programma's in het land.[335] Overdag lopen ze een ronde over de markten van de stad, waar 'incidentelen' zich verzamelen – vrouwen die op zoek zijn naar werk als schoonmaakster, maar bereid zijn opgepikt te worden voor een vluggertje, om wat bij te verdienen. 's Nachts gaat het tweetal – de ene met witblonde dreadlocks en de andere in een hijab – de straat op in de binnenstad, waar ze gratis condooms uitdelen en uiterst populaire zakjes met glijmiddel. ('Aan het eind van de avond worden de vrouwen droog van zo veel cliënten', lichtte Lima toe.) De twee hebben hun werk uitgetekend voor zich liggen: een kaart van de stad, zoals die op het plaatselijke hoofdkwartier hangt, staat vol met rode stippen die aangeven waar sekswerkers actief zijn.[336]

Ik ging met ze mee voor een avond in de stad, en we liepen uren over straat. Die avond was er weinig te doen in Casablanca, kort na Eid al-Adha, een van de belangrijkste feesten op de islamitische kalender, en de meeste vrouwen waren naar hun steden en dorpen teruggekeerd om op familiebezoek te gaan. 'Je had net iets eerder moeten komen', zei Rima. 'We hadden zeventig mensen per nacht aan wie we wat verstrekten, allemaal aan het werk om geld te verdienen om cadeautjes te kopen, of schapen voor de slacht.' Toen we een hoek om liepen, kuierde een vrouw van middelbare leeftijd, gekleed in een rondborstige beige boernoes, op ons af en knoopte een praatje met ons aan. Ik dacht dat het gewoon een vriendin van het stel was, tot ik haar zag weglopen en ze een jongeman aansprak. 'Een geroutineerde dame', aldus Najma. Het duurde even voor ik begreep waarin ze zo geroutineerd was. 'Jonge mannen vinden oude vrouwen fijn', zei Rima, die uit mijn verwilderde blik afleidde dat ik wel enige toelichting kon gebruiken. 'Ze houden van hen na de menopauze. Dan hebben ze geen last van ongesteldheid en zijn minder veeleisend.' Najma lachte. 'Ja, vooral als de mannen hun ding niet kunnen doen.' Jongemannen dragen sterk bij aan de zaken. Volgens een onderzoek onder Marokkanen van onder de vijfentwintig maakt bijna 40 procent zijn seksuele debuut bij een sekswerker, en bijna tweederde brengt hun nu en dan een bezoek.[337]

Vervolgens liepen we een zijstraat in en belandden in een neonverlicht souterrain. Twee meisjes, vergelijkbaar gekleed in strakke spijkerbroek, kort dik jack met bont gevoerde capuchon en roze hoofdband, nipten in een hoek aan een drankje terwijl enkele jongemannen vanaf de bar en de pooltafel toekeken. Toen Najma en Rima arriveerden, werden de meisjes wat nerveus, maar de beide dames wisten hen al gauw op hun gemak te stellen. 'Wij zijn van de ALCS, een organisatie die zich bezighoudt met de gezondheid van vrouwen', lichtten ze toe, en slaagden er al snel in het vertrouwen van de meisjes te winnen. Hun verhaal kwam op het volgende neer: allebei waren ze begin twintig en hadden een opleiding tot kapster gevolgd, maar ze kwamen uit een arme familie en hadden te weinig geld om hun meer modieuze klasgenoten bij te benen. Om een beetje zakgeld te verdienen, waren ze naar de Atlantische kustweg van Casablanca gegaan, om opgepikt te worden door in auto's voorbijrijdende mannen, aan wie ze voor 300 MAD (25 euro) seks aanboden, zesmaal zoveel als de vrouw die we zojuist op haar hoekje van de straat waren tegengekomen.

Voorzichtig ging het team na wat de meisjes wisten over de manier waarop hiv werd overgedragen en hoe ze zichzelf konden beschermen. Nee, ze gebruikten nooit condooms, zeiden ze, en daar hadden ze een goede reden voor. Ze waren namelijk gespecialiseerd in anale en orale contacten, waardoor die hun niet nodig leken, omdat ze toch niet zwanger konden worden. Van vaginale gemeenschap was absoluut geen sprake, want allebei wilden ze trouwen, en daarbij was maagdelijkheid – een ongeschonden maagdenvlies – essentieel. Als ze dat zegel hadden verbroken en hun echtgenoten boos werden, dan zouden hun blijkbaar nietsvermoedende familieleden vervelende vragen kunnen gaan stellen. Najma vertelde hun over het gebruik van condooms en drong erop aan een bezoek te brengen aan de vestiging van de ALCS waar ze terecht konden voor een gratis hivtest en andere zaken. Ze overhandigde hun een naamkaartje om hen eraan te herinneren, en op weg naar buiten vroeg de eigenaar van het café er ook een paar. 'Sommige eigenaren zien ons graag komen. Ze weten dat we proberen de meisjes te beschermen en gezond te houden', zei Najma. 'Maar anderen moeten niets van ons hebben. Volgens hen veroorzaken we problemen met de politie en stimuleren we de prostitutie.'

Het valt niet mee om het vertrouwen van de vrouwen te winnen. Ze hebben al veel tegenslagen te verwerken gehad. Door het geweld, de nu en dan voorkomende pesterijen van de politie, de financiële onzekerheid en het algemene stigma van hun werk, zijn ze geneigd een handreiking te wantrouwen, want ze hebben ervaren dat een dergelijke hand eerder geneigd is hun een klap te verkopen dan uit de problemen te halen. 'Ik zeg tegen de meisjes dat ze jong zijn, en mooi, en dat ze zichzelf moeten beschermen', zei Rima. 'Het gaat erom dat ze leren trots te zijn op zichzelf.' De ALCS biedt veel diensten aan, waaronder juridisch advies, voorlichtingsbijeenkomsten over seksuele en reproductieve gezondheid, gespreksgroepen, en soms een klasje met een schoonheidsspecialiste, om de vrouwen te helpen meer eigenwaarde te krijgen, en feestjes, door de vrouwen zelf georganiseerd, om ze enig gemeenschapsgevoel te geven en de niet-aflatende routine te doorbreken. 'Van de vrouwen die dit werk doen, wil 80 procent ermee stoppen', zei Najma, maar het valt niet mee om dat voor elkaar te krijgen, om geld en andere ondersteuning te krijgen waarmee ze een eigen zaak kunnen beginnen.

Elders was de boodschap van de ALCS condooms te gebruiken duidelijk aangekomen. Onze volgende stop was in een vol café waar mannen een voetbalwedstrijd op de televisie aan het kijken waren. Volledig genegeerd door de mannen zaten in een afgelegen hoekje vijf, zes vrouwen in een fluwelen boernoes thee te drinken en een sigaretje te roken. Het leek wel een theekransje van huisvrouwen, maar de werkelijkheid was toch wat anders. Alle aanwezige vrouwen, van achttien tot vijfentwintig jaar oud, waren sekswerkers, die tussen twee cliënten door even een pauze namen. Ze pakten de door het team aangeboden condooms gretig aan en vertelden me dat ze erop stonden dat hun cliënten die gebruikten. Veel van deze vrouwen zaten krap bij kas, ze hadden nauwelijks een opleiding gevolgd en hadden weinig andere mogelijkheden. De meesten van hen waren gescheiden en waren met het sekswerk begonnen om te kunnen rondkomen en hun kinderen te kunnen onderhouden nadat ze zonder middelen door hun man waren achtergelaten. En als een cliënt weigerde een condoom te gebruiken, vroeg ik, konden ze het zich dan veroorloven nee te verkopen? '"Ga naar je moeder!" zeggen we dan.' De vrouwen lachten. Zolang de groep vasthoudt aan het condoomgebruik, zullen de cliënten die dat weigeren in die omgeving moeilijk seks kunnen hebben. Ook al is het condoomgebruik in het sekswerk in Marokko duidelijk hoger dan in Egypte, het is allesbehalve regel. Veel vrouwen geven er de voorkeur aan vrouwencondooms te gebruiken, maar die zijn duurder, en er is lastiger aan te komen. Hoewel de meeste sekswerkers zich bewust zijn van de voordelen van condooms voor mannen en weten hoe ze eraan moeten komen, gebruiken ze ze niet om verschillende redenen, waaronder de bezwaren van de cliënten en de vrees dat alleen al de suggestie van bescherming erop duidt dat ze zelf geïnfecteerd zijn, wat de zaken geen goed zou doen.[338]

Waar het rechtstreeks uitreiken aan cliënten ingewikkeld blijft, is het van groot belang de vrouwen te leren hoe ze het gebruik van condooms middels onderhandeling kunnen afdwingen. 'Als ze voldoende zelfvertrouwen hebben, willen ze zich beschermen en hun gezondheid sparen. In dat geval kunnen ze de boodschap op de cliënten overdragen', legde Rima uit. Er zijn ook andere manieren om mensen te overtuigen. Nadat we weer waren teruggekeerd op de plek waar we met de wandeling waren begonnen, werd mij een reeks felgekleurde plastic pennissen getoond waarmee sekswerkers oefenen om de condooms met hun mond om te doen – waarmee cliënten overgehaald kunnen worden. Bij conservatieven kan deze geavanceerde methode echter verkeerd vallen. Toen een instructrice van de ALCS – nog wel in hijab – op een Franse satelliettelevisie het oraal omdoen van een condoom demonstreerde, wekte dat in eigen land grote verontwaardiging en kon ze zich een poos niet meer in haar wijk vertonen. Maar de publiciteit die erop volgde, zorgde wel voor een toegenomen bewustzijn van het publiek, en sinds die tijd was het condoomgebruik enigszins toegenomen, aldus de ALCS.

Er wordt in alle rust geprobeerd de in Marokko opgedane kennis elders in de regio toe te passen, ook in Caïro. Meer dan zestig jaar nadat mijn vader die tram naar de Clot Bey straat nam, bevond ik me op diezelfde plek en zag de meisjes aan het werk. In een café boven aan een smalle trap waren enkele op banken gezeten vrouwen in een druk gesprek verwikkeld. Verderop in het café doodden enkele klanten de tijd, terwijl ze aan een waterpijp zogen en backgammon speelden. Het was een klassieke scène – al vele eeuwen in Caïro te zien – op de ringtones van de mobiele telefoons en het gespreksonderwerp na: hoe de vrouwen zich tegen HIV en andere beroepsrisico's konden beschermen.

Dit welzijnsprogramma, waarbij 'lotgenoten' (voormalige sekswerkers) de goede boodschap verspreiden, verloopt in Caïro nog moeilijker dan in Casablanca. In Caïro en Alexandrië zijn er maar een paar ngo's die zich om sekswerkers bekommeren, en ze hebben voortdurend gebrek aan geld. Het meeste werk gebeurt achter gesloten deuren, door in dagcentra voor welzijnszorg juridische, medische en psychische steun te verlenen. De opstand zorgde ervoor dat de zwaarte van het werk enige tijd nog verder toenam. Voor de gebeurtenissen van 2011 ondervonden ngo's die met groepen in de marge van de samenleving werkten veel hinder van het grote Egyptische veiligheidsapparaat. Niet alleen sekswerkers werden geregeld door de politie aangehouden, en seksueel uitgebuit, maar ook de hulpverleners werden vaak gearresteerd, mensen van wie de overheid graag wilde dat ze hun werk in de luwte deden, maar aan wie ze in het openbaar liever geen schriftelijke toestemming verleende. 'De politie ging heel ruw met alle mensen om – met sekswerkers, gewone burgers, iedereen', vertelde een van de hulpverleners, terwijl ze de verschillende arrestaties beschreef die ze had meegemaakt. 'Ik hoorde bang voor ze te zijn, te huilen en te smeken: "Vergeef me alstublieft", maar dat weigerde ik, omdat ik niets verkeerd had gedaan. Hij [de politieman] stoorde zich daaraan, waardoor ik een vreselijke nacht op het politiebureau doorbracht.' Al hadden ze haar, vergeleken met de gruwelijke verhalen over de beestachtigheid van de politie, nog poeslief behandeld. Door het brute gedrag van de Egyptische ordehandhavers kwam de politie bij het uitbreken van de opstand dan ook onder vuur te liggen.

Dit leidde ertoe dat de politie in Caïro in de periode die volgde veel passiever was, wat weer nieuwe problemen voor hulpverleners opleverde. 'Voor die tijd [de opstand] zaten de meisjes een of twee uur op hun plek op een klant te wachten, waardoor we de tijd hadden om te werken', legde een ander lid van het hulpverleningsteam uit. '[Maar erna] zitten ze rustig in openbare ruimtes en nemen cliënten rechtstreeks aan, veel cliënten, die zich ook nog eens veel vrijer voelen. Er is geen politie, geen veiligheid. Voor de vrouwen is dat veel gemakkelijker, maar voor ons is het moeilijker, omdat ze geen tijd meer voor ons hebben.' Nu er minder invallen van de politie zijn, kunnen sekswerkers hun werk ook eenvoudiger naar particuliere appartementen verplaatsen, waar *baltagiyya* (misdadigers) en pooiers het verlenen van hulp tot een riskante onderneming maken.

Wat de zaak nog verder compliceert, is de invloed van de islamisten. Sommige sekswerkers die na de val van Moebarak in het dagcentrum voor welzijnszorg kwamen, waren duidelijk het slachtoffer van hun meer openlijk religieuze buren. 'Een van de mensen die we hielpen, kwam op een dag hier aan in een nikab, omdat de vrouwen van de salafisten druk op haar hadden uitgeoefend. Ze zeggen: "Als je niet in je religie gelooft, zullen de christenen aan de macht komen en Egypte gaan leiden." Ze proberen hen dus met religieuze argumenten te overtuigen, maar eigenlijk is het politiek.' Bij de ngo's vroeg men zich bevreesd af hoe ver deze druk zou gaan en hoezeer hun werk zou worden beïnvloed door islamitische conservatieven. In de maanden die op de opstand volgden, werd een van de dagcentra voor welzijnszorg belaagd door zowel salafisten, eropuit om een einde te maken aan wat volgens hen een immorele activiteit was, als criminelen die meisjes wilden oppikken. Het leidde ertoe dat de twee partijen met elkaar op de vuist gingen – een scène die de staat van het Egypte in het tijdperk na Moebarak goed samenvat.

Ondanks het huidige klimaat dromen sommige hervormers van verandering. 'Ik hoop echt dat het uit de criminele sfeer wordt gehaald', vertelde een jonge advocaat die bij een ngo werkte. 'Want de revolutie was op twee pijlers gebaseerd, op sociale gerechtigheid en mensenrechten, wat een erg goede omgeving voor verandering is. We kunnen gebruikmaken van het bestrijden van hiv, vooral als het strafbaar stellen het welzijnswerk beïnvloedt.' Bij discussies over de toekomst van sekswerk elders in de wereld gaat de voorkeur van mensen die zich richten op gezondheid, veiligheid en mensenrechten voor sekswerkers in toenemende mate uit naar de optie van het uit de sfeer van de criminaliteit halen van sekswerk – het intrekken van het strafrecht rondom alle aspecten van betaalde seks en het vervangen ervan door het burgerlijk recht, net zoals bij alle andere zakelijke aangelegenheden, met een apart strafrecht voor mensenhandel, gedwongen seks en seks met minderjarigen. Het legaliseren, waarbij de staat een centrale rol speelt bij het reguleren van sekswerk, zoals in Tunesië en een handvol andere zuidelijke landen, schept evenveel problemen als het oplost – zelfs met de verbeteringen die Zahaf voor ogen heeft. Met de opkomst van het islamitisch conservatisme in Egypte in de afgelopen jaren lijkt geen van beide opties haalbaar, en het zal tijd kosten voordat er weer ruimte is voor het pragmatisme dat het geloof van mijn voorouders kenmerkte en dat een manier vond om de vleselijke behoeften te verzoenen met het uitoefenen van het geloof.

Ondertussen zou de meest geschikte maatregel een de facto decriminaliseren zijn, waarbij de autoriteiten het gebruik stilzwijgend goedkeuren, geen sekswerkers meer arresteren en de langzame uitbreiding toestaan van de pogingen om deze vrouwen medische, juridische en sociale zorg te verlenen. Zo hebben enkele ngo's in Caïro geprobeerd de invloed van de wet op de praktijk te verminderen door sekswerkers bij te brengen wat hun rechten zijn en hun te vertellen wat ze moeten doen als ze worden gearresteerd. Men hoopt dergelijke diensten ook naar andere delen van Egypte uit te breiden en daaraan een krachtiger stem te geven door er andere ngo's bij te betrekken, denk aan de ngo's die zich met vrouwenrechten bezighouden, die zich momenteel niet met zulke controversiële begunstigden bemoeien.

Er is niets uitzonderlijks aan de situatie waarmee sekswerkers in Egypte en hun collega's in de rest van de Arabische regio worden geconfronteerd. Als lid van de Global Commission on HIV and the Law heb ik verhalen van sekswerkers uit alle uithoeken van de wereld aangehoord, en het is ontnuchterend om te merken dat bepaalde zaken in al hun verhalen terugkomen: tot de dagelijkse uitdagingen van dit werk behoren economische onzekerheid, stigmatisering, discriminatie, geweld, pesterijen en wreedheden door de politie, slechte toegang tot gezondheidszorg en juridische dienstverlening, en medische en psychologische problemen. Een verschil tussen sekswerkers in Caïro en, zeg, Kolkata, is wel dat de laatsten georganiseerd zijn in belangengroepen, terwijl sekswerkers in Egypte en elders in de Arabische wereld nog altijd in het schemerduister leven. Voor de opstanden was het natuurlijk lastig om in Egypte een ngo op te richten voor wat voor op rechten gebaseerde zaak dan ook, laat staan als het om sekswerk gaat. Maar nu er verandering in de lucht hangt, hoezeer ook een zaak van de lange termijn, zal het voor sekswerkers van doorslaggevend belang zijn om zich te organiseren, te mobiliseren en contact te maken met andere vormen van op sekswerk gericht activisme. Alleen dan kunnen ze meeprofiteren van de beloofde vooruitgang in de nieuwe orde, van onder meer werkgelegenheid, scholing en voorspoed.

Maar in Egypte lijkt dit allemaal nog ver weg. 'Je kunt de cultuur van een heel land niet in vijf of tien jaar veranderen', vertelde een hulpverlener toen we in de Clot Bey straat bij elkaar zaten. 'Het is de manier waarop we zijn grootgebracht, opgevoed. [Neem nou de opvatting] dat een meisje dat niet is afgedekt geen goed meisje is, terwijl dat alleen maar iets over het uiterlijk zegt.' Juist op dat moment kwam een sekswerker met een Saoedisch uitziende hijab en een abaja overeind, en liep vlak langs ons heen naar de deur, met een veel jongere cliënt achter zich aan. De hulpverlener keek naar haar en vervolgens naar mij toen ik vroeg of hij in de nieuwe orde enige verbetering in de omstandigheden van de sekswerkers verwachtte. ‘De komende vijf jaar niet, ook de komende tien jaar niet’, zei hij zakelijk. ‘Al dit werk zal heimelijk blijven doorgaan.’

6

Durf anders te zijn

Zolang ze niet aan mijn reet zitten, heb ik er geen bezwaar tegen.[339]
– Mijn grootmoeder over hoe belangrijk het is om je ergens buiten te houden.

Dit is het verhaal van twee steden, in evenveel huizenblokken. Ongeveer een jaar voor de opstanden was ik, lopend door de straten rond het Tahrirplein, op weg naar een feest in een besloten club. Mijn gastheer was Nasim, een uiterst charmante en gecultiveerde man van in de veertig en docent aan een taalopleiding voor de elite. Het krioelde er die avond van de mensen. Aan de gammele tafeltjes zat het vol kunstenaars, schrijvers, doktoren, advocaten en andere deskundigen – moslims en koptische christenen, zoals Nasim, ontspannen bij elkaar. Er werd vrijelijk alcohol geschonken en in de gesprekken schakelde men moeiteloos tussen het Arabisch, Engels en Frans. Het was een levendig, beschaafd tafereel – en onmiskenbaar, ongegeneerd gay.

Van dat woord maak ik niet zomaar gebruik, omdat 'gay' buiten het Westen een zwaarbeladen term is. Enkele jaren geleden veroorzaakte Joseph Massad, een in Amerika wonende Palestijnse intellectueel, veel ophef door te suggereren dat 'Gay International' – een alliantie van westerse ngo's die opkomt voor de belangen van homoseksuele, biseksuele en transgendermensen – in de Arabische wereld stiekem een westers strategisch plan uitvoerde en de natuurlijke seksuele orde verstoorde, waarin mannen seks hebben met mannen, vrouwen met vrouwen, zonder zichzelf als 'gay' te beschouwen.[340] In het boek van Massad brengt deze vorm van seksueel imperialisme de levens in gevaar van degenen van wie de voorkeuren en activiteiten de heteroseksuele norm overschrijden, door dergelijke verlangens te koppelen aan een verachtelijke westerse agenda van gayrechten, en het inperken van het seksuele domein van Arabieren door de indeling in starre seksuele categorieën met specifieke labels, terwijl hun eigen voorkeur vrijelijk wisselt tussen de ene en de andere sekse. Massad stelde het als volgt:

> Als Gay International in de niet-westerse wereld tot discussie over homoseksualiteit aanzet, beweert deze organisatie dat de 'bevrijding' van degenen die zij verdedigt met evenwicht te maken heeft. Maar door dit bevrijdingsproject te omhelzen, vernietigt Gay International sociale en seksuele configuraties van verlangen, in het belang van het scheppen van een wereld naar het eigen beeld, waarin de seksuele categorieën en verlangens niet in twijfel worden getrokken.[341]

In de club waren deze 'configuraties van verlangen' onderweg naar het parket van de dansvloer, fitte lijven in strakke T-shirts en nauwsluitende spijkerbroeken, ronddraaiend op de klanken van Dalida, een gay-icoon. In de ruimte waren groepjes mannen, met hun armen over elkaars schouder geslagen, druk met elkaar in gesprek. Zo op het eerste gezicht was er niets vreemds aan te zien. Intens sociaal contact tussen homo's onderling, waaronder nauw fysiek contact en hechte emotionele banden tussen mensen van hetzelfde geslacht, zijn in Egypte zonder signalen van seksuele verleiding te tonen volledig geaccepteerd. Dit contact kan verward worden met het contact dat zich in het Westen voordoet, waarbij over het algemeen wordt aangenomen dat het een uit het andere volgt. Ik kan me herinneren dat ik als kind door mijn moeder moest worden tegengehouden als een van de vrienden van mijn vader zijn hand vastpakte terwijl we in Luxor aan het wandelen waren. Let wel, dit was geen vroege uiting van homofobie, maar pure jaloezie omdat iemand anders dan mijn moeder en ik een dergelijke intimiteit claimde. Tegenwoordig, zelfs na jaren in de Arabische regio te hebben gewerkt, wrijf ik eerst mijn ogen uit als ik berichten als het volgende ontvang: 'Mijn lieve Shereen, wat mis ik je, ik kan niet wachten tot ik je weer zie, als God het wil. Liefs en kusjes' – en dat van een gelukkig getrouwde vriendin die zo hetero is als maar kan.

Maar nog voordat ik aan de vrienden van Nasim was voorgesteld, kon ik aan de blik van afschuw van de kelner aflezen dat dit van een heel andere orde was. 'En jij?' Ik draaide me om zodat ik antwoord kon geven op een vraag die naar ik aannam aan mij was gericht, omdat er een vrouwelijk voornaamwoord in het Arabisch was gebruikt. Het bleek een man te zijn die een vraag aan een andere man had gesteld. Duidelijk afkerig van dit soort grammaticale genderverbuigingen, schudde Nasim zijn hoofd. 'Het is grappig bedoeld, maar ik haat het. Sommige jongens gedragen zich behoorlijk verwijfd. Waar het vooral om gaat, is hoe je eruitziet. Je mag je gerust vermaken, maar vermijd een schandaal.'

Een paar weken later, en een paar straten verderop, werd nog een andere kant van Caïro zichtbaar. Ik was samen met Moenir en zijn vrienden in een *ahwa*, een traditionele koffieshop, waar mannen rond een tafel stonden en al nippend aan sterke koffie en stroperige thee met elkaar praatten en lachten. Op een klein, hoog in een hoek bevestigd televisietoestel was een voetbalwedstrijd te zien, het geluid schetterde door de ruimte, en de enige vrouwen daar waren een collega en ik, en enkele vrouwelijke sekswerkers achterin, die met enkele mannen aanpapten. De ahwa is een uiterst mannelijke ruimte – je zou zweren dat ze er testosteron in de *shisha* doen – waar Moenir en zijn vrienden zich duidelijk thuis voelden, ook al hadden ze allemaal seks met andere mannen. Het was heel anders dan de chique wereld van Nasim. Moenir en zijn vrienden komen allemaal uit een arbeidersmilieu – voorzover ze werk hebben. Sommigen van hen ontvangen andere mannen om de eindjes aan elkaar te kunnen knopen.[342]

Net als heteroseksuelen in Caïro begeven Nasim en Moenir zich zelden onder mensen uit andere sociale lagen. 'We zijn allemaal goed opgeleid, rijk', merkte Nasim op, terwijl hij om zich heen keek in de club. 'Het probleem is dat de homogemeenschap erg in afzonderlijke groepen is verdeeld, in klassen. Klopt het idee dat binnen een minderheid sociale verschillen verdwijnen omdat het een minderheid is? Ik dacht het niet.' Nasim is geen snob, maar wel op zijn hoede voor mensen buiten zijn eigen kring. 'De rijken leiden hun eigen leven, en de armen leiden hun leven, en als ze met elkaar mengen is dat echt gevaarlijk. Je kunt je niet voorstellen wat voor opluchting het is als ik een man vind die me niet wil beroven, slaan of verkrachten. Als je zo iemand vindt, pak je hem met beide handen beet.'

Wat deze verschillende sociale lagen bindt, is wantrouwen. Nasim is uiterst voorzichtig bij de keuze van de plaatsen en feesten die hij bezoekt, en als de scene 'al te gay' wordt, gaat hij er niet naartoe. Dat hij zo voorzichtig is, komt door een beslissend moment, het van een toepasselijke naam voorziene incident in 2001 met de Queen Boat, waarbij een levendig feest op de Nijl door de politie werd overvallen, waarna meer dan vijftig homoseksuele mannen werden aangehouden, die in staat van beschuldiging werden gesteld, werden veroordeeld en in de media te schande werden gemaakt.[343] Zelfs de opvattingen en daden van mannen die indertijd nog kinderen waren, te jong om de aard van het incident te kunnen bevatten, zijn erdoor gekleurd. Hoewel Nasim voorzichtig doet, is de gevangenis niet zijn grootste zorg. 'Als ze [de politie] me zien, zien ze mijn sociale identiteit, dus arresteren ze me niet. Dat is een kwestie van macht', legde hij uit. 'Als [iemand] wordt gearresteerd en hij kent iemand die belangrijk is, belt hij hem op, en dan laten ze [de politie] hem gaan. Op de plekken waar homoseksuelen uit de hogere sociale kringen elkaar ontmoeten, kan de politie niet komen. Op zulke dure plekken maakt het niemand uit of ze homoseksueel zijn of niet.' Maar buiten deze glimmende sfeer geeft men daar wel degelijk om. Waar Nasim zich vooral zorgen om maakt, is het schrikbeeld van openbare onthulling aan familie en buren, als ze van officiële zijde een of andere inval zouden doen.

Ook in de ahwa houden Moenir en zijn vrienden in de gaten met wie ze omgaan. 'Sommige mensen zijn bang en ongerust. Ze spreken niet vrijuit met iedereen', aldus Moenir. 'We zijn niet veilig. Er zijn verschillende plekken waar we niet naartoe durven te gaan. Ik blijf nooit hangen op een plek waar veel homo's zijn. Dat is erg gevaarlijk. De meeste homoseksuelen zijn jong. Die zijn nog snel opgewonden en niet erg veilig.' De dreiging komt hier van de politie. Voor Moenir is de gevangenis geen abstract gevaar. In de Arabische wereld bestaat een uitgebreide en ingewikkelde reeks wetten die activiteiten van mensen van hetzelfde geslacht strafbaar stellen. Geen daarvan maakt letterlijk melding van 'homoseksualiteit', maar ze slagen er wel in die te omvatten, door het strafbaar stellen van sodomie, vaag omschreven als 'homoseksuele handelingen' en andere vaag geformuleerde overtredingen.[344]

Net zoals Jordanië en de Westelijke Jordaanoever, heeft Egypte niet echt een wet tegen sodomie of handelingen van mensen van hetzelfde geslacht, maar wel al lang bestaande wetten over openbare aanstootgevendheid en prostitutie, waaronder de beschuldiging van 'herhaalde losbandigheid'. Daar is Moenir tweemaal van beschuldigd, evenals enkele verzonnen beschuldigingen die met drugs te maken hadden. 'De politie kan je meenemen ... gewoon omdat je hier zit. Als ze over ons horen, als iemand hun zegt dat ik hiv heb, kun je worden gearresteerd.'[345] Op de avond dat we elkaar ontmoetten, waren Moenir en zijn vrienden duidelijk gespannen. In de buurt was net een moord gepleegd, en de groep had zich erbij neergelegd dat ze als mogelijke daders zouden worden opgepakt.

Het zou interessant zijn om te weten waarom autoriteiten zo happig zijn op het arresteren van mannen die seks hebben met mannen, eigenlijk zonder dat er een specifiek artikel is dat dergelijke met wederzijds goedvinden plaatsvindende handelingen strafbaar stelt. Ik leg het voor aan verschillende advocaten en hun cliënten. Ze waren het er met elkaar over eens dat de politie-inzet niet zozeer een kwestie was van morele bezwaren, stiekeme homoseksuele verlangens of zelfs afpersing, maar eerder van het uitoefenen van macht, los van de vraag of het nu een gecoördineerde campagne van de top was of een persoonlijk initiatief, in een autoritair systeem dat de onderwerping in de hand werkt van mensen op een lager niveau. Maar toen ik dergelijke theorieën aan een voormalig hoofd van de politie in Caïro voorlegde, was hij eenvoudigweg verbijsterd. 'Maar er bestaat een wet die sodomie en homoseksualiteit strafbaar stelt', hield hij vol. 'Geen prostitutie – vooral geen sodomie. Dat is opgenomen in de wet en wordt aan de politieopleiding gedoceerd.' Hij was duidelijk over de betekenis ervan. 'Ze straffen deze mensen omdat het in de wet staat. We stellen zaken strafbaar als ze tegen onze religie zijn gekeerd en aids veroorzaken. We kunnen ze het beste achter slot en grendel zetten. Ja, ik denk dat dit het aantal van deze incidenten zal verminderen en dat het in overeenstemming is met de sharia.' Zijn beangstigende bekentenis bewees wat de advocaten me hadden gezegd: voor degene die aan de macht is, betekent de wet wat hij wil dat hij betekent. Deze straffeloosheid werd des te gemakkelijker gemaakt door de drie decennia geleden, in 1981, ingevoerde Noodwet, die de autoriteiten het recht gaf om vrijwel zonder er verantwoording over te hoeven afleggen arrestaties te verrichten, mensen op te sluiten en te verhoren, waardoor de politie het recht kreeg om Moenir en zijn vrienden op te pakken, op elk moment, waar en om wat voor reden dan ook.

Moenir is een kleine, vriendelijke man, met de jukbeenderen van Nefertiti, grote ogen en het soort wimpers waar verkopers van mascara van dromen. Hij vertelde me met een zachte, luchthartige stem over zijn ervaringen, waardoor dat geweld nog afschuwelijker aandeed. Moenir was gearresteerd in een appartement dat hij met zes vrienden deelde. Ze waren verraden door een kamergenoot die nadat hij op straat gezet was de politie had ingelicht. 'Toen ze ons arresteerden, namen ze ons mee naar een arts om na te gaan of we aan sodomie deden', legde Moenir uit. 'Ja, anale testen', zei hij toen ik hem verbaasd aankeek, verwijzend naar een populaire forensische techniek. Anaal onderzoek vond vaak plaats bij 'CSI Caïro', waarbij onder andere wordt nagegaan of de anus op een bepaalde manier vervormd is. Al waren buitenlandse experts al even weinig onder de indruk van deze methoden als Moenir, wiens bezwaar zich niet zozeer richtte op de grove schending van de mensenrechten die ze inhielden, maar meer op wat hij beschouwde als algehele nutteloosheid.[346] Volgens Moenir testte hij negatief, maar dat maakte niet uit, want hij werd alsnog veroordeeld tot zes maanden gevangenisstraf, wegens losbandigheid.

Terwijl de mannen aan hun waterpijp trokken en wij flesjes 7Up wegwerkten, bleven de verschrikkelijke verhalen maar komen: elektrocutie, pakken slaag, verkrachting, en gedwongen bekentenissen tijdens voorarrest, waarbij getuigenissen en competente juridische vertegenwoordiging blijkbaar optionele extra's waren. Nog erger waren de perioden in de gevangenis, gevolgd door maandenlang toezicht, vaak opnieuw in voorarrest. 'Iemands blik breken' is de Egyptische uitdrukking voor het vernederen van iemand, en daarbij is voor machthebbers in de Arabische regio door de eeuwen heen gedwongen sodomie het middel geweest dat de voorkeur geniet. Moenir schudde zijn hoofd over de absurditeit van de situatie. 'Soms als we op het politiebureau slapen, heeft de politie seks met ons. Waarom arresteren ze ons voor homoseksualiteit en stoppen ze ons in de gevangenis, waar het weer gebeurt? Zijn we niet meer dan vermaak, genot voor een ander?'[347]

EEN MANNENWERELD

Als ze over deze intimiteiten vertellen, hebben Moenir en Nasim het geregeld over zichzelf als 'gay' of 'homo' – woorden die uit het Engels en

Frans afkomstig zijn. Er zijn alternatieven in het Arabisch, maar geen enkel woord slaat de spijker op z'n kop. In het verleden was er geen gebrek aan Arabische woorden die beschrijven dat mannen en vrouwen iets met iemand van hetzelfde geslacht krijgen, maar die waren, zoals sommige geleerden stellen, verbonden met handelingen, niet met seksuele voorkeuren – het hebben van geslachtsgemeenschap met iemand van hetzelfde of het andere geslacht, zo beweren ze, is meer een kwestie van activiteit dan van identiteit. Dit onderscheid is terug te vinden in de klassieke termen *luti* (een man die een jongere man penetreert) en *suhaqiyya* (een vrouw die tegen een andere vrouw 'schuurt').

In de afgelopen eeuw zijn de woorden veranderd die mensen gebruiken als ze het over relaties van mensen van hetzelfde geslacht hebben, wat wijst op het veranderen van de tijd – een transformatie die ik binnen mijn eigen familie heb zien gebeuren. Als mijn vader het over homoseksualiteit heeft, maakt hij gebruik van *khawal* en *'ilq*, woorden die refereren aan de actieve en passieve mannelijke partner, vaak gebruikt als belediging of voor de grap. Een generatie later hebben mijn neven en nichten het over *shadh* (uit te spreken als *shaz*), een term die 'anders geaard' betekent, een gebruik dat halverwege de twintigste eeuw ingang vond.[348] Aan de andere kant maak ikzelf, vanwege mijn werk in de samenleving en voor de Verenigde Naties, gebruik van het Arabische equivalent van de hiv/aids-terminologie, bijvoorbeeld van 'mannen die seks hebben met mannen', wat in het Arabisch net zo'n mond vol is als in een andere taal. Dit maakt deel uit van een terminologie die zo ongeveer het afgelopen decennium is ontwikkeld, en afkomstig is van de internationale LGBT-beweging*: *mithli* en *mithliyya*, mannelijke en vrouwelijke afgeleiden van het woord voor 'hetzelfde', die betrekking hebben op mannen en vrouwen die een relatie hebben met mensen van hun eigen geslacht; *ghairi* en *ghairiyya*, van het woord voor 'verschillend', voor heteroseksuele mannen en vrouwen; *thuna'i* en *thuna'iyya*, van het woord voor 'dubbel', voor mannelijke en vrouwelijke biseksuelen; *mutahawwil* en *mutahawwila*, van het woord voor 'veranderen', voor transseksuele en transgendermensen. In Egypte zijn deze termen nog

* LGBT is een afkorting van *Lesbian, Gay, Bisexual, Transgender/Transsexual.* (vert.)

altijd voorbehouden aan gespecialiseerde kringen. En uit eigen ervaring weet ik dat andere woorden dan shadh, ofwel perplexe blikken oproepen, of lachsalvo's.

Maar 'gay' is niet voor iedereen. In de club beschreef Anwar, een kunstenaar, zijn drukke werk, heen en weer jakkerend tussen Caïro, Parijs en Amsterdam. In mijn naïviteit nam ik aan dat het leven als homoseksuele man in Europa veel eenvoudiger voor hem zou zijn, maar die ervaring had hij niet. 'Ik vind het hier vrijer. Ik ben uit de kast gekomen – mijn ouders en mijn collega's weten dat ik van mannen houd. In Europa wordt mijn kunst als "homoseksuele kunst" gezien. Maar hier ben ik een performer die toevallig van mannen houdt. Ik ben niet op dezelfde manier in een hokje gestopt.'

In de ahwa voelt Hisham, een van de vrienden van Moenir, zich even ongemakkelijk met de term 'gay'. Op het eerste gezicht is Hisham een keurige burger uit de middenklasse – vijftien jaar getrouwd, met een stel kinderen en een vaste baan in de immer populaire business van de airconditioning. Maar hij heeft ook seks met mannen, relaties die maanden of jaren duren – in een geval met iemand die vervolgens met een van zijn nichten trouwde. Voor Hisham houdt 'gay' een bezigheid in waarmee je voltijds bezig bent, waarbij seks centraal staat, terwijl hij zijn relaties met andere mannen als 'een kleine uithoek van ons leven beschouwt, waar we heen kunnen gaan of niet, zonder dat het een obsessie is'. Hij houdt zijn sociale werelden gescheiden. 'Mijn vrouw weet er niet van. De buren weten er niet van. Mijn karakter thuis of op mijn werk verschilt van mijn karakter bij mijn [mannelijke] vrienden', vertelde hij, waaraan hij trots toevoegde: 'Zie mij – ik heb een snor, ik ben mannelijk.' Met termen als 'gay' of 'biseksueel' heeft hij niks. Niet dat Hisham ze niet begrijpt – zo is hij via Moenir uitstekend op de hoogte over hoe de gay scene eruitziet, in eigen land en in het buitenland – maar de etiketten zijn gewoon niet op hem van toepassing. Ja, hij leidt een dubbelleven, maar dat vindt hij heel gewoon, los van met welk geslacht het bed wordt gedeeld. Voor hem zijn het nuttige compartimenten, geen ongewenste kasten.

Nasim, Moenir en hun vrienden vertegenwoordigen een klein, kosmopolitisch fragment van verlangen naar mensen van hetzelfde geslacht in het uitgestrekte Egypte. Maar de wijze waarop ze zichzelf en hun seksualiteit zien, werpt een klein beetje licht op de enorme complexiteit van hoe het is om in de Arabische wereld van de eenentwintigste eeuw buiten het heteroseksuele standaardmodel te vallen. Een deel van deze complexiteit wortelt in het verleden. Ondanks hun hedendaagse houding lijken de gesprekken die deze mannen over hun seksleven voeren op een pagina uit de grote boeken van de Arabische erotische literatuur, waaronder *A Promenade of the Hearts in What Does Not Exist in a Book.*[349] De schrijver ervan, Ahmad ibn Joesoef al-Tifashi, was een Tunesische geleerde die acht eeuwen geleden aan de andere kant van de stad leefde en stierf.

In veel opzichten lijkt Nasim op de *la'ita* (beoefenaar van sodomie) uit de beschrijving van Al-Tifashi – een redelijk welgestelde en uiterst verfijnde man, verzot op jongens, soms om hun jeugdigheid en schoonheid, en soms vanwege hun intellectuele gezelschap, soms zonder seks met ze te hebben en soms ervoor betalend. Moenir, met zijn trippelpasjes en opzienbarende wimpers, is precies het type baardloze jongeman dat over de pagina's van Al-Tifashi zweeft. De trots van Hisham over zijn krachtige mannelijkheid weerspiegelt de houding ten opzichte van actieve en passieve homoseksuele activiteit door de eeuwen heen, die ook valt te herkennen in de reactie van Nasims vader op de bekentenis van zijn zoon. 'Ik zei: "Vader, ik zal nooit trouwen. Ik hou van mannen"', aldus Nasim. 'Mijn vader, die professor is, zei: "Oké, maar je moet het nooit aan je moeder vertellen." Waarna hij me vragen begon te stellen. "Hoe heb je seks?" Op dat moment was ik nog nooit de ontvangende [passieve] partij geweest, wat ik hem dan ook vertelde. Waarna hij zei: "Aha, dus je bent geen hómo!"'[350]

In het boek van Al-Tifashi is niet alles even mooi en glamoureus. Ondanks alle vermakelijke anekdotes kent zijn beschrijving van mannen die seks met mannen hebben ook een duistere kant. De minderbedeelde voorgangers van Nasim moesten een dikke huid hebben om een aframmeling te overleven als ze vanwege hun activiteiten voor de rechter moesten verschijnen, en riskeerden het om bestolen en in elkaar geslagen te worden door vreemden die hen oppikten – waar ook Nasim bang voor is. Tegelijkertijd waren sommige van hun eigen activiteiten volgens de huidige opvattingen over de mensenrechten minder wenselijk, zoals het gebruik om stiekem jongens te verkrachten.

Dit homoseksuele verleden in de Arabische wereld is grotendeels vergeten. Zo had Nasim, die uiterst belezen is, nog nooit gehoord van Al-Tifashi en de enorme hoeveelheid literatuur die er in de loop van de eeuwen op eigen bodem is verschenen over relaties tussen mensen van hetzelfde geslacht.[351] 'Wat, is er meer dan Abu Nuwas?' vroeg hij me, refererend aan de beroemde dichter uit het achtste en negende-eeuwse Bagdad die seks in alle uitingsvormen bejubelde. De afgelopen eeuw is de homoseksualiteit bij het herschrijven van de Arabische seksuele geschiedenis verdrongen – zozeer dat de hedendaagse intolerantie wordt gezien als de oorspronkelijke stem van de traditie, terwijl die (zoals in zo vele andere zuidelijke delen van de wereld) aantoonbaar eerder een echo is van de koloniale overheersers van de regio en zeker minder vergevingsgezind is dan andere perioden in de geschiedenis.

Tegenwoordig lijkt het heel wat gecompliceerder om met iemand van je eigen geslacht naar bed te gaan dan in de tijd van Al-Tifashi, nu is het veel meer een geopolitieke zaak dan een persoonlijk genoegen. De houding tegenover homoseksuele mannen en vrouwen is lang een lakmoesproef geweest, die de 'beschaafde' wereld van de 'achtergebleven' wereld onderscheidde. Maar waar je tolerantie of afkeuring van relaties tussen mensen van hetzelfde geslacht positioneert, is in de loop der eeuwen in het Oosten en het Westen veranderd. De status van relaties tussen mensen van hetzelfde geslacht is de afgelopen jaren het waarmerk van de vrije democratie geworden – waardoor de vraag hoe Egypte en zijn tumultueuze buren omgaan met de rechten van burgers die afwijken van de heteroseksuele norm, politiek beladen is geworden. Homoseksualiteit heeft lang deel uitgemaakt van de kloof tussen enerzijds Europa en Amerika, en anderzijds de Arabische wereld, waardoor die zelfs bij het conflict tussen Palestina en Israël betrokken is geraakt.[352]

Vanwege dit soort internationale belangstelling wordt er in Egypte en bij zijn Arabische buren meer onderzoek verricht naar het intieme leven van mannen die seks hebben met mannen, dan naar bijna elke andere groep in de samenleving. In officiële onderzoeken, rapporten van ngo's, proefschriften en populaire boeken worden deze levens blootgelegd: in aantallen (waaronder schattingen om hoeveel mensen het gaat), de harde feiten van het seksuele gedrag (hoe vaak, met wie, in welke posities, en voor hoeveel), en de nuances van hoe deze mannen zichzelf en hun relaties in de samenleving buiten de slaapkamer zien. Volgens sommige uiterst ruwe schattingen bestaat het aandeel van mannen die seks met elkaar hebben in het Midden-Oosten en Noord-Afrika uit enkele procenten van de mannelijke bevolking, vergelijkbaar met cijfers elders in de wereld. Al zijn de percentages in sommige groepen aanzienlijk hoger, onder meer bij straatkinderen, gevangenen of studenten, in wier werelden het moeilijker is om een relatie met de andere sekse te krijgen.[353]

Net als bij andere aspecten van seksualiteit in de Arabische regio, zorgt hiv in naam van de volksgezondheid voor meer informatie, een grotere toegankelijkheid en meer financiering. Maar de gevolgen ervan zijn verwarrend. Zo blijkt uit onderzoek in Egypte, in Caïro, Alexandrië en Luxor, onder mannen die seks hebben met andere mannen, dat het percentage met een hiv-infectie rond de 5 procent ligt, waardoor ze hoog op de landelijke infectielijst belanden. Elders in de Arabische wereld kunnen de percentages wezenlijk hoger liggen.[354] Ondertussen zijn in Egypte en veel Arabische buurlanden condooms en het testen op hiv bijna even onpopulair bij mannen die seks hebben met mannen als bij ieder ander. Deze informatie is een zegen, in die zin dat die autoriteiten ervan heeft overtuigd ngo's toe te staan hulp te verlenen in de naam van hiv-preventie (zoals we in het vorige hoofdstuk ook bij sekswerkers zagen), maar de informatie is ook een soort vloek, want als er zo veel bekend wordt over het seksleven van een specifieke bevolkingsgroep, zonder even waardevolle inzichten over de rest, dan bestaat het risico dat mannen die seks hebben met mannen nog meer gemarginaliseerd worden en dat hun impopulaire imago als oversekst en vergeven van ziekten nog wordt versterkt.

Deze stereotypen zijn hardnekkig. In Egypte wordt homoseksualiteit vaak gezien als het gevolg van een jeugdtrauma – zoals seksueel misbruik of ernstige problemen tijdens de opvoeding. Het is heel lastig om koppige Egyptenaren ervan te overtuigen dat het anders is. Nasim was zich er bijvoorbeeld al heel jong van bewust dat zijn voorkeur naar mannen uitging. 'Vanaf mijn zesde of zevende wist ik dat ik gay was', zei hij. 'We woonden in Irak. Het was in de jaren zeventig. Mannen hadden bakkebaarden en strakke broeken. Ik was altijd gek op hun broeken.' Hij wijst populaire opvattingen over de oorsprong van homoseksualiteit van de hand. 'Ik heb veel vrienden en die zeggen allemaal dat ze het als kind al wisten. Geen van ons is als kind misbruikt.'

Moenir daarentegen ontdekte zijn liefde voor mannen pas op latere leeftijd. 'Ik was drieëntwintig toen ik gay werd. Voor die tijd had ik relaties met vrouwen, vele.' Maar zijn leven veranderde na een ontmoeting met een familielid met wie hij samen achter de meisjes aan had gezeten. 'Op een avond stond hij ineens bij mij in huis, en ik nam een douche. Hij klopte aan, dus zei ik dat hij binnen kon komen. Hij zei: "Het is te warm, ik wil ook douchen." En toen raakte hij opgewonden. Ik zei: "Wat is er aan de hand?" Ik vond het vreselijk, maar diep in mijn binnenste ook prettig. Ik vond het leuk omdat het een onbekend soort genot was, allemaal onbekende gevoelens. Daarom wilde ik weer naar hem toe, om na te gaan wat voor gevoelens dat waren.'

Met een glimlach op zijn gezicht vertelde Moenir verder. 'Wij bleven twee jaar bij elkaar. Behalve hij was er niemand anders in mijn leven. Overal waar je je kunt voorstellen deden we het, op het dak, onder de trap, bij mij thuis, bij hem thuis, in de bioscoop', zei hij. 'We hielden van elkaar, niet als vrienden of familieleden, maar als mannen. Ik heb me er nooit schuldig over gevoeld dat ik gay ben. Daar had ik een goede reden voor: ik deed het uit liefde.'

Dat argument wordt echter zelden door ouders geaccepteerd. In veel families leidt de ontdekking dat een familielid lonkt naar mensen van hetzelfde geslacht meteen tot een bezoek aan de dokter, om na te gaan of er iets aan te doen valt. Aangezien medische opleidingen grotendeels stilzwijgend aan de elementaire aspecten van seksualiteit voorbijgaan, laat staan dat ze ingaan op de meer ingewikkelde kwestie van de seksuele voorkeur, heeft de gemiddelde arts hier weinig over te zeggen. De gebruikelijke medische reactie is een rondje antidepressiva, vergezeld van een ernstige preek over de zonde van de homoseksualiteit.

Waar religieuze bekering in Egypte een zaak van leven en dood is, wordt seksuele bekering, van homoseksueel tot heteroseksueel, over het algemeen niet alleen aanvaardbaar gevonden, maar ook uiterst wenselijk. De in de Arabische wereld bekendste beoefenaar van de 'heroriëntatie'-therapie woont inderdaad in Caïro. Awsam Wasfy, een psychiater, denkt dat homoseksualiteit een ontwikkelingsstoornis is. 'Homoseksualiteit is geen natuurlijke keuze in het leven. Het is noch de zonde die niet zal worden vergeven, noch is het de schandvlek die niet kan worden genoemd. Maar het is een verstoring van de seksuele ontwikkeling van het kind, die bij kinderen en pubers kan worden vermeden en op latere leeftijd kan worden behandeld, al is dat bijzonder moeilijk', stelt hij.[355] Volgens Wasfy zullen jongens die op jonge leeftijd geen band krijgen met hun vader en meisjes die op jonge leeftijd geen band krijgen met hun moeder een gebrek aan identificatie met hun eigen sekse krijgen, en dus met hun eigen gevoel voor mannelijkheid of vrouwelijkheid.

Van nature verlangen kinderen naar liefde van mensen van hetzelfde geslacht, zegt Wasfy, maar in de puberteit verandert dit meestal in aantrekkingskracht van de andere sekse – een transformatie die in sommige Arabische samenlevingen nog moeilijker wordt gemaakt dan ze al is, door de strenge scheiding van jongens en meisjes. Hij wijst op onderzoek dat homoseksuele mannen vaker depressief, suïcidaal, verslaafd aan drugs zijn en andere psychische storingen hebben, dan hun heteroseksuele gelijken. 'Is dat omdat homoseksualiteit een ziektebeeld is waarbij er geen contact met het zelf is, of komt het door de vervolging in de samenleving?' vraagt hij. 'Volgens mij is het een ziektebeeld, waarbij de sociale vervolging zeker niet helpt. Zelfs in San Francisco zie je deze uitkomsten, en overal waar men toleranter is tegenover homoseksualiteit.'

Wasfy maakt gebruik van groepstherapie, waarin hij homoseksuele cliënten met heteroseksuele mengt. Hij wil mannen op een emotioneel, maar niet seksueel niveau contact met elkaar laten maken, een contact dat homoseksuele cliënten vanwege de ervaringen in hun jeugd moeilijk tot stand kunnen brengen. Hij werkt toe naar een 'helend moment', zoals Wasfy het zegt, 'waarbij een homoseksueel tegen de hetero over zijn homoseksualiteit vertelt, en de hetero van hem houdt en hem accepteert.'

Veel mensen in het Westen zullen deze ideeën en technieken bekend in de oren klinken, vooral in de Verenigde Staten, waar de meest enthousiaste voorstanders zitten van pogingen om de seksuele voorkeur te veranderen. Daartoe behoren conservatieve christelijke bewegingen, die 'bevrijding van homoseksualiteit door de kracht van Jezus'[356] beloven. Wasfy, een evangelisch christen, is inderdaad via zijn religieuze connecties met de heroriëntatietherapie in aanraking gekomen.

In het Westen is de hersteltherapie, zoals die ook bekendstaat, uiterst controversieel. Pogingen om homoseksualiteit te behandelen – anders dan de psychiatrische problemen die homoseksuele mannen en vrouwen zouden ervaren – waren vóór de jaren zeventig van de vorige eeuw heel gewoon. Maar in 1973 koos de American Psychiatric Association ervoor homoseksualiteit van de lijst met stoornissen te schrappen uit de bijbel van deze vereniging: de *Diagnostic and Statistical Manual of Mental Disorders* (DSM). Na in de jaren zeventig en tachtig te zijn weggekwijnd, maakte de behandeling in de jaren negentig weer een comeback, in de vorm van 'heroriëntatietherapie', die werd omarmd door psychiaters die beweerden dat homoseksuele mannen en vrouwen die hun voorkeur wilden veranderen daarmee geholpen zouden moeten worden.

Het is de vraag of zoiets mogelijk is. De meeste medici hebben er grote twijfels bij. Na het door vakgenoten beoordeelde onderzoek naar de hersteltherapie te hebben doorgeworsteld, concludeerde de American Psychological Association recentelijk dat 'pogingen om de seksuele voorkeur te veranderen waarschijnlijk niet succesvol zullen zijn en er een kleine kans bestaat dat ze schade zullen aanrichten'. De American Psychiatric Association is al evenmin overtuigd.[357] Wasfy is zich zeer bewust van deze discussie. Terwijl voorstanders van seksuele rechten volhouden dat de hersteltherapie alleen kan gedijen in een cultuur van intolerantie tegenover homoseksualiteit, stelt hij omgekeerd dat het de culturele intolerantie in de vorm van de westerse politieke correctheid is die verhindert dat er genoeg geld beschikbaar komt om het soort grootschalig onderzoek te verrichten waarmee de hersteltherapie bevestigd kan worden. Ook is hij het oneens met het schrappen van homoseksualiteit van de lijst met stoornissen, en waar de druk vandaan komt, weet hij eveneens: 'De beweging die opkomt voor gayrechten verzet zich tegen de opvatting dat het een stoornis is en is tegen verandering. Ze houden er dubbele maatstaven op na. Ze willen vrijheid, maar laten anderen niet aan het woord.'

Hoewel hij geïnspireerd is door zijn geloof, wijst Wasfy er meteen op dat de therapie die hij uitoefent niet openlijk christelijk is, en dat meer dan driekwart van zijn cliënten moslim is. Wel denkt hij dat het voor christenen eenvoudiger is om met deze benadering te slagen. 'Ik zie dat de christelijke theologie veel ruimte biedt voor verandering en wonderen, heling', zei hij. 'Ze geloven meer in verandering, en hebben een krachtiger opvatting van genade en onvoorwaardelijke acceptatie. Daarom denk ik dat christenen er meer baat bij hebben. In de cultuur van het christendom is het voor christenen eenvoudiger om over hun problemen te spreken en die zonder veroordeling te accepteren.'

Wasfy beweert dat hij met zijn benadering enig succes gehad heeft. Ik ontmoette zijn favoriete patiënt in een appartement in Madinat Nasr, een bruisend deel van Caïro, schuin tegenover een gigantische moskee, waarvan de bulderende oproep tot gebed ons gesprek onderbrak. Rashad is een grote, goed uitziende man van in de dertig, met een open, innemende houding en een levendig gevoel voor humor. Je zou niet zeggen dat hij problemen met zijn seksualiteit had. Maar de eerste jaren van het leven van Rashad waren moeilijk geweest. Hij was verlaten door zijn vader en groeide op in een weeshuis, waar hij door jongens die er woonden was misbruikt.

In de daaropvolgende jaren had Rashad om de paar dagen seks met mannen, waarbij hij voornamelijk de passieve partner was. Het vinden van een man was nooit het probleem, maar hij had veel moeite met de beledigingen en grapjes: 'Ze beledigden me, zeiden *abu shakha* [zoon van een klootzak], *multi* [sodomiet]. Al deze beledigingen droeg ik met me mee. Als iemand me zei dat ik goed was, meende ik dat hij seks met me wilde hebben.'

Op zijn twintigste, zegt Rashad, begon hij vragen te stellen bij zijn manier van leven. 'Ik kreeg het gevoel dat ik ermee moest stoppen [met seks met mannen]. Eerst begon ik naar gewone mensen om me heen te kijken, terwijl ik niet gewoon ben. Ik vroeg me af of ik zo geschapen was en of God wilde dat ik zo in elkaar zat, of dat het misschien zo was dat ik tussen beide in zat?' Aanvankelijk raadpleegde hij een reeks vijandige artsen. De kerk bood evenmin veel soelaas: 'In de kerk vertelde ik iemand dat ik een probleem had. "Waar zit je mee?" vroeg hij. Ik wilde het hem vertellen, maar ik was bang. Hij vertelde me dat het door Satan kwam en dat ik het niet moest doen. Bij een volgende ontmoeting gedroeg hij zich anders. Hij keek me boos aan, en toen hij me in de buurt van een jongetje zag, zei hij: "Blijf bij hem uit de buurt!"'

Via vrienden kwam Rashad in contact met Wasfy. Eerst zag hij erg tegen de groepsgesprekken op, maar uiteindelijk durfde hij het aan om over zijn seksuele verlangens te praten. ‘Ik kwam erachter dat er zoiets als onvoorwaardelijke liefde bestaat, dat iemand mij kan accepteren zoals ik ben. In de Egyptische samenleving komt zoiets niet voor. Als ze horen dat iemand steelt, wordt hij de rest van zijn leven als dief gebrandmerkt. Als iemand wordt gebrandmerkt als overspelig, is hij een overspelige. Als hij wordt gebrandmerkt als homoseksueel, is hij zijn leven lang homoseksueel, en komt niemand bij hem in de buurt.’

Nadat hij in de groep vertrouwen had opgedaan, deed Rashad zijn verhaal bij vrienden elders, van wie sommigen homoseksueel waren, anderen heteroseksueel. Dat zijn de familieleden die hij nooit heeft gehad, zegt hij. En door de band die ze met elkaar hebben, kunnen ze zowel heel eenvoudig samen televisie kijken, als ingewikkelde discussies voeren die volgen op het delen van geheimen. ‘Sommigen van hen zeiden: “Als je bij iemand thuis wilt eten, kun je altijd bij me langskomen.”’ Hij glimlachte. ‘Daardoor ben ik me open gaan stellen. Dit was de liefde waarnaar ik zocht. Daardoor zag ik in dat er naast de liefde voor mensen van hetzelfde geslacht een ander soort liefde bestaat.’ Rashad merkte dat door deze uiteenlopende contacten met mannen zijn gevoel voor mannelijkheid toenam. Volgens hem ging hij stapje voor stapje op een niet-seksuele manier over mannen denken. Critici van de hersteltherapie beweren dat degenen die van voorkeur veranderen waarschijnlijk toch al tot heteroseksueel gedrag geneigd waren, maar Rashad bestrijdt dat onmiddellijk: ‘In seksueel opzicht zat ik er niet tussenin. Voorheen interesseerde ik me niet voor meisjes. Maar daarna waren er meisjes!’

Rashad is meer dan tien jaar in therapie geweest. Hij is getrouwd met een vrouw die zijn achtergrond kent, maar die de strijd met haar familie aanging om toch met hem te kunnen trouwen. Rashad geeft toe dat het niet eenvoudig was om aan seks met vrouwen te wennen. ‘Ik wist niet dat je van voren seks met een vrouw had [vaginale gemeenschap]. Ik dacht dat je een vrouw van de achterkant nam [anale seks]. Er was niemand die mijn opvattingen hierover corrigeerde. De enige die dat deed, was een dokter, maar dat was jaren later. Het duurde even voordat ik het fijn vond. Voor ik mijn vrouw ontmoette, heb ik het verschillende keren met vrouwen geprobeerd. Ik vond het minder prettig dan homoseksuele seks. Dat weet ik wel.' Maar tegenwoordig, zo zegt hij, heeft hij een goede seksuele relatie met zijn vrouw, en hebben ze een zoon en een dochter.

Hoewel Rashad blijkbaar gelukkig is geworden door hersteltherapie – zozeer zelfs dat hij nu contact zoekt met mannen in een vergelijkbare situatie om ze als lekentherapeut te helpen – geeft Wasfy toe dat het niet voor iedereen werkt, en dat niet alle homoseksuele mannen het nodig hebben. Er zijn fans van zijn werk, maar ook veel critici, van allerlei slag. Zo wordt Wasfy er door moslimfundamentalisten van beschuldigd dat hij in zijn kliniek een verhulde ontmoetingsplek voor homo's creëert. Aan de andere kant heb ik homo's uit Tunesië en Libanon gehoord die hem voor 'instrument van [president] Bush' uitmaken, waarna ze bij een presentatie wegrenden uit protest tegen zijn suggestie dat homoseksualiteit een stoornis is.

Sommige deskundigen in de regio zijn al even afwijzend. Dorra Ben Alaya, hoogleraar sociale psychologie aan de universiteit van Tunis El Manar, heeft onderzoek gedaan naar de sociale representatie van homoseksualiteit en hoe de karakterisering ervan zou kunnen bijdragen aan de verspreiding van aids. Ze is oprecht ontsteld over de gedachte een poging te doen homoseksuelen om te vormen tot heteroseksuelen: 'De hersteltherapie is absurd. In de DSM wordt homoseksualiteit niet langer als een ziekte beschouwd. Als een dokter zegt dat hij je seksuele voorkeur kan veranderen, dan moet dat betekenen dat je seksuele voorkeur niet normaal is. Waar ik bij al dit soort zaken problemen mee heb, is dat als iemand niet in de samenleving past, er altijd pogingen worden ondernomen om hem te herstellen. Op die manier zal de wereld nooit vooruitgaan. Dan zullen we in de prehistorie blijven hangen. Dan zullen we er allemaal hetzelfde uitzien, dezelfde kleren dragen, hetzelfde gedrag vertonen. Als de natuur iets geschapen heeft, dan heeft dat een functie.'

Ben Alaya is in Frankrijk gepromoveerd, wat blijkt uit haar chique kleren en de manier waarop ze over seksuele voorkeur praat. Ze is een voorstander van de zogenaamde affirmatieve therapie, waarin homoseksuele mannen en vrouwen geholpen worden zich prettiger te voelen over hun voorkeur. 'Als deze mensen depressief zijn, komt dat niet omdat ze homoseksueel zijn, maar omdat ze niet accepteren dat ze homoseksueel zijn. De psychiater wil dit in hun identiteit integreren. Iemand die een hand mist, is bijvoorbeeld depressief, en mensen staren hem op straat na. Doe je er dan goed aan hem een plastic hand aan te meten, of zorg je ervoor dat hij als vanzelfsprekend denkt dat het niet uitmaakt wat mensen ervan vinden? In reactie op een inperkende situatie moet je mensen niet veranderen, maar je moet ze helpen met de beperkende situatie om te gaan.'

Er zijn in Egypte therapeuten die de affirmatieve therapie beoefenen. Anders dan Wasfy zijn ze geneigd geen aandacht op zich te vestigen, omdat hun benadering erg tegen de aard van de samenleving ingaat. 'Mijn collega's hebben me erom veroordeeld', zegt Nabil Elkot, die in Caïro met homoseksuele cliënten werkt. '"Zij [homoseksuele mannen] verdienen het niet dat jij de tijd voor ze neemt, hoe kun je hier toch achter staan?" of: "Het zijn homoseksuelen, geloof ze niet, ze proberen misbruik van je te maken."' Aldus karakteriseert hij de huidige houding van de medici. Elkot kwam toevallig met affirmatieve therapie in aanraking toen hij zich aan het einde van de jaren negentig in een particuliere praktijk met drugsverslaving ging bezighouden. Veel van zijn patiënten waren homoseksueel, waardoor hij meer over dat onderwerp te weten wilde komen. Tegenwoordig heeft hij een handvol patiënten in gewone therapie en gaat het er bovenal om hen ervan te overtuigen dat ze zich inderdaad tot andere mannen aangetrokken voelen: 'De meesten zeggen dat ze dit doen omdat ze geen kans hebben bij vrouwen, of dat ze een vriend hebben omdat ze geen nee kunnen zeggen. Ze kunnen het niet geloven dat ze naar mannen verlangen. Als eerste stap moeten ze ervan worden overtuigd dat ze dit verlangen hebben.' Want als ze dat niet toegeven, zegt Elkot, is het moeilijk om hun problemen op te lossen, en blijven ze angstig, blijven ze een hekel hebben aan zichzelf, en blijven ze als de dood dat er een enorm schandaal zal losbreken als hun vrienden of familie achter hun activiteiten komen.

Elkot krijgt veel patiënten die eerst, vergeefs, een religieuze genezing hebben geprobeerd. Hij benadert het op een andere manier, met een maandenlange psychotherapie en medicijnen, zodat de patiënten met hun angsten, depressie en paranoia leren omgaan. Het idee is, zegt hij, dat een patiënt niet te horen krijgt dat hij homoseksueel is, maar dat ze 'samen tot die conclusie komen'. Dit besef en de gevolgen ervan – dat patiënten anders zijn dan anderen en ermee zullen moeten leren leven dat ze bij een minderheid horen – gaat bij sommigen gepaard met opluchting, maar er zijn ook mensen bij wie het hard aankomt en die meer therapie nodig hebben om de situatie te accepteren. Verwijzend naar zijn werk betreffende drugsverslaving zegt Elkot: 'Het is moeilijk om het [homoseksuele] verlangen onder controle te houden, dus bestaat de oplossing eruit de schade te beperken.' Dit houdt in het verminderen van de risico's waarmee het geheimhouden van de homoseksualiteit gepaard gaat, waartoe ook vrouwen behoren die worden gebruikt als dekmantel voor de homoseksualiteit van hun man, en heimelijke, haastige en meestal onveilige seks waar en wanneer dat mogelijk is. Elkot dringt er bij zijn patiënten op aan hun verlangen te accepteren en ermee te leren omgaan: 'Ik vertel hun dat als ze het moeten doen, ze het veilig moeten doen, thuis, bij iemand die ze kennen, langdurig en niet op straat … Uiteindelijk probeer ik hen aan een meer stabiele relatie te helpen.'

Maar dat is niet eenvoudig in een samenleving die slechts één seksuele context accepteert: man, vrouw, huwelijk, kinderen. Zoals we hebben gezien, staat er een niet-aflatende druk op alleenstaande Egyptenaren om te trouwen, al helemaal als de familie het zich kan veroorloven. Het feit dat de huwelijksleeftijd de afgelopen jaren is gestegen, vooral voor mannen, heeft geen speelruimte opgeleverd voor mannen en vrouwen die de voorkeur geven aan hun eigen sekse – het houdt alleen maar in dat ze nog langer door hun ouders aan hun hoofd worden gezeurd. Mijn oma kende, zoals altijd, een gezegde waarin de wijsheid van de gewone man over dit onderwerp vervat was, en dat ze aan iedereen schreef die niet zo leefde als van hem of haar verlangd werd: 'Als er iets goeds aan de *'ilq* [flikker] was, zou hij kinderen gehad hebben.'

Nasim, nu halverwege de veertig, heeft tientallen jaren onder dit juk moeten leven. 'De druk om te trouwen is het moeilijkst.' Hij zuchtte. 'Tot nu toe heeft mijn moeder die druk op me uitgeoefend. Elke keer als ze me ziet, heeft ze het over trouwen.' Hoewel Nasim zijn vader over zijn seksuele voorkeur heeft verteld, is het niet-stichten van een gezin tussen hen in komen te staan. 'Telkens als in de familie het huwelijk ter sprake kwam, keek hij bedroefd en deed zijn mond niet meer open. Ik maakte mezelf wijs dat ik aan de ongelukkigheid van mijn vader had bijgedragen. Tot aan zijn dood heeft hij gehoopt dat ik zou trouwen. Ik vertelde hem [over mijn seksuele verhoudingen] en dat deed me goed, maar hem deed het geen goed.' Met zijn moeder volgde Nasim een andere aanpak. 'Kijk mama, ik zal nooit trouwen. Ik kan een vrouw op seksueel gebied niet gelukkig maken, dat zou op een scheiding uitlopen', legde hij uit, waarbij hij vertelde over zogenaamde bezoeken aan de dokter en de medische gronden voor zijn veronderstelde impotentie. 'Ik kon haar de waarheid niet vertellen. Daar wil ze niet aan. Ik was bang dat ze een hartaanval zou krijgen. Als haar iets overkomt, zal ik het mezelf nooit vergeven. Ik moet het zeggen, maar op een luchtige manier.'

Hoewel Nasim met succes een beroep uitoefent en een eigen woning heeft, viel het niet mee om met een andere man te gaan samenwonen. De buren zijn weliswaar nieuwsgierig, maar vele malen minder opdringerig dan wanneer hij met een vrouw zou samenwonen, aldus Nasim, want als je discreet bent, kun je wel een smoes verzinnen waarom je bij elkaar woont. Maar voor Walid, sinds vier jaar zijn geliefde, was dat niet voldoende om zich te laten overtuigen. 'Ik herinner me dat ik Walid vaak heb gevraagd om bij me in te trekken. Maar dat kon hij niet. Zijn ouders zouden het niet begrijpen. Hij had er al moeite genoeg mee een nacht per week bij me te logeren.'

Nasim sprak in de verleden tijd over Walid, want die had het net met hem uitgemaakt. Zijn geliefde had enkele maanden eerder een jonge vrouw ontmoet, waarmee hij Nasim compleet had overvallen: '"Ik ga me verloven, en ik wil dat jij erbij bent. Je bent zo belangrijk in mijn leven. Ik kan me niet voorstellen zonder jou verder te gaan, maar ik wil haar om een heel andere reden"', aldus herinnerde Nasim zich de onverwachte aankondiging van Walid, terwijl hij vol ongeloof zijn hoofd schudde. Het is een al te bekend verhaal. Van Casablanca tot Beiroet heb ik een spoor van gebroken harten gezien van mannen die hun mannelijke geliefden aan een heteroseksueel huwelijk kwijtraakten. Sommige partners vertrokken omdat ze dat wilden, andere onder druk van de familie, en weer andere deden dat om zichzelf en de buitenwereld ervan te overtuigen dat ze helemaal niet homoseksueel waren.

Wat de reden ook was van de beslissing van zijn vriend, het heeft Nasim wel aan het denken gezet. 'Ik zal je iets zeggen, Shereen', zei hij bedroefd. 'Walid is net bij me weg. Ik verwacht niet meer dat ik iemand anders zal ontmoeten, hij was de liefde van mijn leven. Ik denk dat het heel moeilijk is om met een man te leven en een stabiele relatie met een man te hebben.'

Zijn midlifecrisis begon zich af te tekenen. 'Ik ben het zat', vervolgde Nasim. 'Ik ben bang om eenzaam oud te worden. Vanochtend pakte ik mijn mobiel en vroeg me af wie mijn homoseksuele vrienden waren. Wie zijn degenen die mij bellen? Ik vond er maar twee. En als ik uitga, zijn het er veertig, maar dan ben ik het die bel, die hun vraagt om te gaan stappen. Ik ben de chauffeur. Als ik dat initiatief niet zou nemen, als de dag komt dat ik daar de energie niet voor heb, dan ben ik alleen.'

VEROORDELEN OF VERGEVEN?

Het dilemma van Nasim wordt er door de religie niet gemakkelijker op. Als Egyptenaren en hun Arabische buren hard op homoseksualiteit afgeven, leunen ze daarbij zwaar op de Heilige Schrift. De Koran verwijst op verschillende plaatsen naar het 'volk van Lot', wegens schanddaden vernietigd door God. Lot [of Loet], die ook in het bijbelboek Genesis voorkomt, was een deugdzaam man die werd bezocht door goddelijke gezanten op vernietigingsmissie.

> En toen Onze gezanten tot Loet kwamen was hij bezorgd over hen en maakte zich ongerust over hen. Hij zei: 'Dit is een hachelijke dag.' En zijn volk kwam op hem toegesneld; zij hadden voordien al slechte daden begaan. Hij zei: 'Mensen, hier zijn mijn dochters, zij zijn reiner voor jullie. Vreest dan God en maakt mij niet te schande om mijn gasten. Is er onder jullie geen verstandige man?' Zij zeiden: 'Jij weet wel dat wij op jouw dochters geen recht hebben en jij weet best wat wij wensen.'[358]

Volgens de Koran waren degenen die vernietigd moesten worden naar behoren gewaarschuwd dat ze hun leven moesten beteren. Lot probeerde het telkens weer: 'En Loet, toen hij tot zijn volk zei: "Zullen jullie een gruweldaad begaan die nog niemand van de wereldbewoners vóór jullie heeft begaan? Jullie komen vol begeerte tot mannen in plaats van tot vrouwen. Ja, jullie zijn overmatige mensen."'[359] Deze 'gruweldaad' – het Arabische woord is *fahisha* – wordt in deze context meestal geïnterpreteerd als homoseksuele anale gemeenschap. In wezen zijn de klassieke Arabische woorden voor mannelijke sodomie (*liwat*) en de man die een dergelijke handeling verricht (*luti*) van de Arabische naam van Lot afgeleid. Andere Koranverzen, die het hebben over fahisha, dat op allerlei zonden kan slaan, worden ook vaak zo opgevat dat ze relaties tussen mensen van hetzelfde geslacht duidelijk veroordelen, zowel bij mannen als bij vrouwen:

> Als er onder jullie vrouwen iemand is die een gruweldaad begaat, roept dan uit jullie midden vier getuigen op tegen haar. Als zij dan getuigenis geven, geeft haar dan huisarrest, totdat de dood haar wegneemt of God haar een uitweg biedt. En de twee uit jullie midden die dat begaan, moeten jullie beiden straffen. Maar als zij berouw tonen en zich beteren, laat hen dan met rust. God is een genadegever en barmhartig.[360]

Behalve uit de Koran putten degenen die homoseksualiteit veroordelen ook uit de Hadith. Er zijn veel berichten over zegswijzen en handelingen van de Profeet die relaties van mensen van hetzelfde geslacht afkeuren, waarvan meerdere de vloek van God, een veroordeling tijdens dit leven en een straf in het hiernamaals afroepen. Een voorbeeld daarvan is deze onbuigzame, aan de Profeet toegeschreven bewering:

> Als de man met een andere man copuleert, schrikken de engelen op en richten een schreeuw tot hun Heer. Op hen [deze mannen] zal de wraak van de Almachtige neerkomen, over hen zal de vloek worden uitgestort, en ze zullen door duivels worden omgeven. De aarde vraagt haar Heer toestemming om hen te verzwelgen, en de goddelijke troon wordt een last voor degenen die hem dragen, terwijl de engelen de grootheid van God verkondigen en het hellevuur hoog oplaait.[361]

Koren op de homofobe molen dus. Zelfs minder schrille stemmen – waaronder die van de bekende geleerde Joesoef al-Qaradawi, die bereid is moslims nog wat ruimte te geven bij andere controversiële gebruiken als fellatio en masturbatie – zijn bikkelhard als het aankomt op de kwestie van homoseksuele geslachtsgemeenschap. 'De verspreiding van dit verderfelijke gebruik in een samenleving verstoort het plan van het natuurlijke leven en maakt degenen die eraan doen tot slaven van hun lust, die hen ontdoet van goede smaak, goede seksuele normen en een goede manier van leven', vindt Al-Qaradawi in zijn leidraad voor het geloof.[362] 'De juristen van de islam hebben er een uiteenlopende mening op na gehouden over de straf voor dit afschuwelijke gebruik. Zou die hetzelfde moeten zijn als de straf voor overspel, of moeten zowel de actieve als passieve deelnemers ter dood worden gebracht? Hoewel dergelijke straffen wreed kunnen lijken, wordt verondersteld dat ze de zuiverheid van de islamitische samenleving bewaren en deze vrijhouden van verdorven elementen.'[363]

Met deze zwaarwegende bewijzen uit de Schriftuur lijken de islam en homoseksualiteit elkaar in wezen uit te sluiten. Toch zijn er mensen die daar zo hun twijfels bij hebben. Enkele van de meest uitgesproken geluiden komen van buiten de Arabische wereld, maar ook binnen de regio gaan er enkele stemmen op. Een daarvan is Olfa Youssef, hoogleraar in de linguïstiek en psychoanalyse, en voormalig directeur van de Tunesische Nationale Bibliotheek. In 2008 publiceerde Youssef een dun boekje *Hayrat Muslima* (De ontsteltenis van een moslima). Daarin stelt ze een reeks rake vragen: 'Wat is er tegenwoordig met moslims aan de hand? Waarom staat de islam gelijk aan bekrompenheid en starheid? Waarom beschadigen we deze briljante islam, de islam van de vrijheid van geloof en overtuiging, liefde en vergevingsgezindheid, en vervangen we die door een vreemde en angstwekkende islam? Waarom presenteren we [het aangezicht van] de islam aan het Westen als een moslim in een gesloten samenleving, die alleen aan het martelaarschap denkt, die zichzelf en andere mensen doodt, wat God verbiedt, en die vanwege een verschil van mening of geloof in zijn recht zegt te staan?'[364]

Ik ontmoette Youssef in een café in Sidi Bou Said, een schilderachtig dorpje even buiten Tunis, waar eens Michel Foucault woonde, de beroemde filosoof en denker over seksualiteit – wat ons gesprek in een aangename maar onbedoelde historische context plaatst. Met haar zwarte pijpenkrullen en levendigheid is Youssef als een metalen springveer, opgewonden en barstend van energie. Ze wijt de huidige droevige staat aan de hedendaagse fuqaha' – de uitleggers van de islamitische jurisprudentie – die hun opvattingen als harde waarheid presenteren en aan degenen die hen blind volgen. Als moslim twijfelt Youssef niet aan de Koran, in plaats daarvan richt ze zich op de bekrompen uitleggers. 'Op zich is de Koran in alle tijden en op elke plek perfect, als enige, maar de interpretatie ervan door de mens is betrekkelijk en hangt af van de aard van de uitlegger, de historische omstandigheden waarin hij leeft en zijn psychologische complexen', stelde ze vast.[365] Degenen die beweren dat ze hun uitleg moeten volgen of anders beter kunnen vertrekken, begeven zich volgens haar op gevaarlijk terrein: 'Iedereen die beweert de enige juiste uitleg van de Koran te kennen, spreekt in de naam van de almachtige God en plaatst zichzelf in de positie van iemand die alles weet.'[366]

Om haar punt te illustreren, gaat Youssef in op enkele onderwerpen die voor veel moslims zonneklaar lijken, gebaseerd op conventionele interpretaties van de Koran, maar die haar verbijsteren, door haar eigen lezing en door alternatieve lezingen door de eeuwen heen. Een daarvan betreft homoseksualiteit. Youssef zet vraagtekens bij de uitleg van de Koranverzen die worden gebruikt om sodomie te veroordelen, waaronder: 'En Loet. Toen hij tot zijn volk zei: "Jullie begaan een gruweldaad die nog niemand van de wereldbewoners vóór jullie heeft begaan. Zullen jullie tot mannen komen, struikroverij bedrijven en in jullie samenkomst het verwerpelijke begaan?"'[367] Is deze gruweldaad sodomie, zo vraagt ze zich af, of gaat het hier gewoon om struikroverij en andere gewelddadige praktijken waar het volk van Lot berucht om was? In een ander voorbeeld voert de Koran de buren van Lot op als ze op het punt staan de bezoekende engelen aan te randen. En dus vraagt Youssef zich af: 'Welke zonde heeft het volk van Lot begaan? Hadden ze seks met mannen, of dwongen ze mannen seks te hebben zonder dat ze daarmee instemden?' waarmee ze een van hun belangrijkste gedragscodes – gastvrijheid – schonden en schande brachten over Lot.[368]

Volgens Youssef heeft de patriarchale aard van de islamitische samenleving in de loop van de eeuwen de uitleg in de hand gewerkt dat de Koran sodomie veroordeelt, een uitleg die passieve partners tot vrouwen degradeert, door mannen in een positie te brengen dat ze andere mannen genot bezorgen, 'tegen de regels van de natuur en niet overeenkomstig de wijsheid van God', zo menen de uitleggers.[369] Dit verklaart ook de aanhoudende populariteit van Hadith waarin de Profeet zegt dat hij sodomie en degenen die daaraan doen veroordeelt, Hadith waarvan al eeuwenlang bekend is dat ze van twijfelachtige oorsprong zijn.

Omdat de Koran geen straf voor liwat vermeldt, heeft de soennitische jurisprudentie op verschillende manieren geprobeerd een straf voor mannelijke sodomie af te leiden, onder meer door die te vergelijken met zina (seks buiten het huwelijk). De pogingen leidden bij drie van de vier belangrijkste scholen tot dood door steniging, of zweepslagen. Deze haddbestraffing, zoals hij in de islam bekendstaat, is in meerdere Arabische landen in de wet terechtgekomen, onder andere in Soedan, Jemen en Saoedi-Arabië, landen die de sharia rechtstreeks toepassen. Onder juristen is er echter een debat gaande over de vraag of dergelijke straffen inderdaad op betrouwbare bronnen berusten, waaraan ook Youssef twijfelt.

Homoseksualiteit is niet het enige onderwerp dat ze opvoert. Ze gaat ook in op kindhuwelijken, masturbatie, polygamie (voor mannen en vrouwen), heteroseksuele anale geslachtsgemeenschap, mut'a-verbintenissen en minder sexy onderwerpen als mahr en vererving. Maar het zijn haar argumenten betreffende homoseksualiteit die de meest venijnige reacties hebben opgeroepen. 'Volgens de kranten zou ik gezegd hebben dat homoseksualiteit geoorloofd is, dat het homohuwelijk niet verboden is ... Dat heb ik niet gezegd, al denk ik het wel', lichtte Youssef toe. Voor haar zijn homoseksualiteit en seksualiteit in het algemeen ingangen waarmee het heilige boek van de islam beter kan worden begrepen, en vormen ze een vruchtbare basis voor *ijtihad*, dat ze heel toepasselijk beschrijft als 'een nooit eindigend avontuur van de zoektocht naar de ware betekenis van de Koran, die alleen bij God bekend is'.[370] Jammer genoeg is een groot deel van de reacties op haar boek gericht op de seks, vooral op islamitische websites, en in mindere mate op die diepere bedoeling. 'Dat begrijp ik wel, want seks is heilig en religie is heilig.' Youssef lachte. 'Samen vormen ze een molotovcocktail, zeker als er ook nog een vrouw bij [betrokken] is.'

Ze wees er vlug op dat haar argumenten op meer dan een millennium Koraninterpretatie berusten – al zullen de vroegere denkers die ze citeert naar aanleiding van hun intellectuele inspanningen waarschijnlijk niet voor slet zijn uitgemaakt, zoals Youssef is overkomen. 'Waarom is de nieuwe oelama [gemeenschap van islamitische geleerden] zoveel geslotener en onbuigzamer over seksualiteit dan voorheen?' aldus haar retorische vraag. 'Dat is merkwaardig. De oude denkers hadden er geen moeite mee om uitvoerig bij homoseksualiteit stil te staan.' Dan, als altijd docerend, komt ze zelf met een antwoord. 'Er zijn verschillende redenen waarom we van een open naar een gesloten interpretatie zijn gegaan. Allereerst zijn de moslims sterk beïnvloed door een christelijk standpunt. In het christendom is seks niet alleen maar een taboe, maar is het weggestopt', stelt ze. 'Een andere reden is het wahabisme. [De Wahabi] zijn mensen die een heel andere kijk op het wezen van de islam hebben. Om macht te hebben, moet je mensen onderwerpen. Waarin zijn de mensen het meest vrij en wat hebben de meeste mensen gemeen? Seksualiteit. Dus zou al het verlangen om individueel te zijn, anders te zijn, maar beter geblokkeerd kunnen worden. We zijn allemaal gelijk, en dus zijn mensen daarmee onder controle te krijgen.' Tot slot is er nog, aldus Youssef, de algemene achteruitgang van het religieuze onderwijs. 'De andere reden is onwetendheid', zegt ze, waarbij de frustratie van haar ogen valt af te lezen. 'Mensen lezen niet meer – ze kijken televisie, ze luisteren naar Al-Qaradawi, Amr Khaled [televisiepredikers], ze lezen niet wat Al-Tabari, Al-Razi [twee vroege islamitische geleerden] beweerden. Ze lezen het leven van Mohammed niet eens meer.' Bij het uitspreken van de naam van de Profeet gaat haar verontwaardiging plotseling over in een glimlach. 'Ik mag die man. Hij had nooit problemen met seksualiteit.'

In het licht van het opkomende islamitische fundamentalisme en de religiositeit van de afgelopen decennia doet deze achteruitgang van het individuele religieuze denken – een soort spirituele en intellectuele malaise – misschien vreemd aan. Maar Youssef en anderen voeren aan dat het uiterlijk van de religie bij velen de plaats heeft ingenomen van de spirituele essentie ervan. 'Als je in een islamitisch land iemand op straat tegenhoudt en vraagt: "Wat is haram?" dan zullen ze het hebben over overspel en alcohol, zaken die de buitenkant betreffen. Maar over al het andere praten we niet: het liefhebben van je naaste, eer – helemaal niet. We gooien rommel op straat, geen probleem. We zeggen nare dingen over onze naasten, geen probleem. Religie [gaat nu] over seks. Maar dit gaat over de regels van de religie, niet over de religie [zelf].' Door vraagtekens te plaatsen bij islamitische interpretaties van homoseksualiteit en andere zaken probeert

Youssef het denken weer op gang te brengen, zelfs als dat proces met een boze reactie begint. 'Ik zou er graag voor willen zorgen dat mensen denken dat er andere manieren zijn om te reflecteren. Maar er zijn al mensen door geraakt, er is iets mee op gang gebracht. En dat is een goede zaak, want het is tijd om te gaan praten. Zonder te praten, kunnen we op seksueel gebied niets veranderen. Dat praten verandert de dingen niet rechtstreeks, maar het is door het praten dat de dingen zullen veranderen.'

Toch zal er heel wat gesproken moeten worden om zelfs de meest ruimdenkende religieuze leiders in de regio mee te krijgen. 'Nee, nee, nee, met God de almachtige [als mijn getuige].' Sjeik Ahmed, imam van een van de grootste moskeeën in Damascus, schudde zijn hoofd en lachte toen ik deze alternatieve interpretaties met hem besprak. 'Het volk van Lot, waarom wilden ze de engelen verkrachten? Omdat de engelen als jongens kwamen, en ze seks met de jongens wilden hebben. Daarover zijn we het eens. Volgens mij bestaat daar geen discussie over.'

Als iemand er nog eens naar zou willen kijken, dan is dat sjeik Ahmed wel. Hij is de voorman geweest van een netwerk van religieuze leiders en op het geloof gebaseerde organisaties dat door het Verenigde Naties-Ontwikkelingsprogramma is opgericht. De eerste stap daarvoor werd gezet door Khaija Moalla, een mensenrechtenadvocaat uit Tunesië, die bijna tien jaar lang heeft geprobeerd de status van mensen met het hiv-virus in de Arabische regio te verbeteren – hoe lastig dat ook is. Al te vaak werd religie gebruikt als excuus om geen actie te ondernemen, vooral politici deden dat, omdat groepen die de meeste kans liepen geïnfecteerd te raken – mannen die seks hebben met mannen, vrouwelijke sekswerkers, spuitende drugsgebruikers – ook de groepen waren die in de huidige religieuze discussie onomwonden werden veroordeeld. Dus begon Moalla in 2004 bij islamitische en christelijke religieuze leiders, mannelijke en vrouwelijke, langs te gaan om een doorbraak te forceren, door de angst, de onwetendheid en het stigma te doorbreken die hun houding kenmerkte tegenover hiv en de mensen die erdoor zijn geïnfecteerd.

Onder deze hoede hebben religieuze leiders de gelegenheid gekregen om aan tafel te zitten met mannen die seks hebben met mannen. Dat is gebeurd tijdens workshops op verschillende plekken in de Arabische regio, onder andere bij een reeks jaarlijkse bijeenkomsten in Caïro. Als het niet vanwege de hiv was, dan zouden sjeik Ahmed en de zijnen sowieso niet naar het overleg zijn gekomen, maar vanwege de gerichtheid op de volksgezondheid en bescherming tegen hiv, hebben ze een sociaal gerespecteerde dekmantel. Voor sjeik Ahmed en enkele van zijn meer ruimdenkende gelijken was het een echte eyeopener. 'Het woord "homoseksueel" wordt in onze beleving met allerlei viezigheid geassocieerd, zoals het molesteren van kinderen en verkrachten van meisjes. Het zouden vieze mensen zijn, oversekst, mensen die een verkeerd leven leiden', zo geeft hij openlijk toe. Maar na jaren samenwerken is zijn zienswijze veranderd. 'Het is net als met religieuze leiders: sommige zijn aardig en andere niet. Er is een zanger bij met een goede stem en een zanger met een slechte stem. Bij hen zijn alle soorten mensen vertegenwoordigd.'

Sjeik Ahmed is een zeer gelovig man, en zijn geloofsovertuiging dwingt hem ertoe zijn uiterste best te doen om alle uithoeken van zijn gemeenschap te bereiken. 'Het is niet de taak van de religieuze leider om te zeggen of een bepaald persoon naar de hemel of naar de hel gaat. Nee. Dat is niet mijn missie. Het is mijn missie om mijn best te doen en te zeggen: "Kom op, beste vrienden, laten we proberen jullie problemen op te lossen."' Ik vroeg hem of tot de 'oplossing' van de 'problemen' ook pogingen behoren om homoseksuele mannen hetero te maken, gezien de huidige trend bij sommige religieuze leiders om over behandeling te spreken, terwijl ze het vroeger over bestraffing hadden. Helemaal niet, zei hij begripvol. 'Als hij tot inkeer wil komen, als God het wil, zal ik helpen. Als hij niet tot inkeer wil komen, dan moet hij in elk geval geen andere mensen iets aandoen.' Daarmee doelt sjeik Ahmed op veilige seks en het verspreiden van hiv. Hoewel hij zelf het gebruik van condooms niet openlijk goedkeurt, raadt hij mensen in nood discreet aan om medisch advies in te winnen, waarbij hij zich er goed van bewust is dat condooms daar onderdeel van uitmaken.

Uit de gesprekken die ik in de loop van de jaren met sjeik Ahmed heb gehad, krijg ik de indruk dat hij zorgvuldig het evenwicht probeert te bewaren. Enerzijds is hij oprecht geïnteresseerd in het helpen bij het vinden van innerlijke vrede voor mensen van wie de seksualiteit voorbijgaat aan de heteroseksuele norm. Bij deze dialoog snijdt het mes aan twee kanten, omdat hij zich ook sterk bewust is van de gevaren van het verliezen van het contact met zijn gemeenschap. 'We hebben behoefte aan nieuwe, innovatieve manieren van denken. Anders gaat het bij ons net als bij de christenen, dan keren ze de religie de rug toe', zei hij. 'Als de islam levend wil blijven, moet die met de problemen van de samenleving kunnen leven. Het is niet per se nodig dat ik instem met jouw manier van leven, maar ik moet wel met jou omgaan. Het is niet goed als ik op een gefrustreerde en boze manier met je omga, ik zou met je moeten omgaan als ik gelukkig ben. Het is mogelijk dat ik een opening vind tussen hem en mijzelf, en [dat ik daardoor] meer ontvankelijk voor hem ben.'

Anderzijds heeft sjeik Ahmed vanwege zijn eigen religieuze opvattingen ook zijn grenzen bij het op hun gemak stellen van degenen die bij hem komen. 'Ik kan ze zeggen: "Ik hou van je. Je bent mijn broeder, en je bent welkom in de moskee." Maar ik kan hem niet zeggen dat het niet haram is.' En zo valt sjeik Ahmed terug op een oud onderscheid in de islam: het erkennen van de voorkeur voor mannen, maar het veroordelen van de seksuele handeling zelf – een benadering waarbij de zonde wordt gehaat en van de zondaar wordt gehouden. Meer kan hij in de huidige omstandigheden niet doen. En dat is een compromis dat hij aan zijn studenten en de bredere gemeenschap heeft proberen over te brengen. 'We zijn gaan verkondigen dat de seksuele oriëntatie één ding is, maar de daad zelf iets anders. En dat het verkrachten van kinderen iets anders is dan homoseksualiteit. De verkrachter is geen homoseksueel, waarmee we de definitie van een homoseksueel inperken. Misschien dat hij door zijn omgeving te beïnvloeden is. Het hoeft niet voor de volle honderd procent zijn eigen vrije wil te zijn. En dat degenen die in die wereld belanden uiteindelijk niet het pad van God verlaten. Ze zijn nog altijd onze broeders, met wie we nog steeds kunnen leven en samenleven.'

Veel mannen en vrouwen in de regio die ik ken, en die niet volgens de heteroseksuele normen leven, hebben een groot wantrouwen tegenover religieuze leiders. Zo beschuldigen ze hen onder andere van dubbelhartigheid. Imams en priesters die als ze uitzicht hebben op een volledig vergoede reis voor een werkgroep of op internationale fondsgelden maar al te graag over tolerantie en barmhartigheid spreken, terwijl ze op vrijdag of zondag, of tegenover de media, ineens weer een hard standpunt innemen. En in sommige gevallen gaat de hypocrisie nog verder dan woorden. Moenir beschreef een bezoek aan een imam: 'Ik wilde weten of homoseksualiteit slecht was of niet. Uiteindelijk wilde ik weten of ik naar de hel ging of niet.' Waarop een vier uur durende les over de zonden van liwat en zina volgde. 'Na dat gesprek wilde hij het met me doen. Hij zei dat het haram was en had vervolgens seks met me.' Moenir lachte.

Volgens hemzelf is Moenir 'geen religieus mens'. Ook al gelooft hij in God, een geloof dat hem een vrede heeft bezorgd die veel van zijn leeftijdgenoten niet hebben. 'Ik heb een broer, een heteroseksuele broer, die getrouwd is en kinderen heeft. Wij komen uit dezelfde schoot. Waarom voel ik me zo anders dan hij en verschillen wij zo ontzettend veel van elkaar? Wat is daar de reden voor?' vroeg hij zich af. 'Misschien weet God dat, is het een bevel van God: U hebt hiervoor gezorgd, U kent mijn zwakheden, U kent mij helemaal, ook de duistere kanten, waar ik niet bij kan. Wie weet word ik op de proef gesteld, wil Hij zien of ik deze last kan dragen, omdat ik hulpeloos ben, niet voor deze gevoelens gekozen heb. Dus als die gevoelens verkeerd zijn, en ze zijn door U, God, gemaakt, hoe kunt U mij dan veroordelen?'

Nasim houdt er vergelijkbare opvattingen op na. Bij het zoeken naar seksuele tolerantie in Egypte en de rest van de Arabische wereld is volgens hem een grote rol weggelegd voor religieuze figuren, als ze zich deze lessen aantrekken. 'Ze hebben hun religie niet goed bestudeerd', constateerde hij. 'God is liefde, en dat zeggen alle religies. En om die reden, omdat God liefde is, houdt hij van ons zoals we zijn. Zoals een vader, die zijn zoon kan vergeven ook al doet hij iets verkeerd, die nooit een mes zal pakken en zijn zoon zal ombrengen.' Het advies van Nasim komt voort uit zijn eigen worstelingen om zijn geloof met zijn seksleven te verzoenen. 'Als ze het beeld overdragen van een God die wetten maakt en op basis daarvan straft, dan zijn we heel ver van de kern van religie verwijderd. De kern van religie bestaat uit de liefde van God voor de mens. Ik beschouw mezelf als religieus. Aanvankelijk voelde ik me schuldig, maar toen ik dit begreep, kwam er een einde [aan dat gevoel].'

Net als Nasim moet Moenir niets hebben van de suggestie dat religie, en religieuze leiders, achterover moeten leunen om ervoor te zorgen dat homoseksuele mannen en vrouwen in de Egyptische samenleving worden geaccepteerd. 'De sjeiks kunnen alles veranderen, ze kunnen alles voor elkaar krijgen. Want iedereen houdt de religieuze leiders, sjeiks en priesters in de gaten. Ze hebben overal invloed op.' Moenir is voorstander van een geest van tolerantie. Hij is niet uit op instemming, noch verlangt hij van religieuze leiders dat ze kalmer aan doen dan hij zelf zou willen. Door al zijn ontmoetingen met mannen van God is Moenir zich bewust van de lastige situatie waarin ze zitten: 'Sjeiks durven niet goed te zeggen dat ze homoseksuelen steunen. Ze zijn bang voor het volk, dat hen zal doden, of zal denken dat ze zelf homoseksueel zijn.'

Op de lange termijn moet de oplossing volgens Moenir gezocht worden in het soort interacties dat deze werkgroepen hebben aangemoedigd, gelegenheden voor een dialoog, die de opvattingen van Moenir over religie en de mogelijkheid van een verzoening hebben veranderd. 'Toen ik met [de imam van een van de grootste moskeeën van Caïro] sprak, wist hij niet waarmee ik zat, wat mijn gevoelens waren. Toen ik hem alle verhalen vertelde, stond hij op het punt in huilen uit te barsten. Hij zei: "Ik kan me niet voorstellen dat deze groepen van u zozeer lijden. Ik dacht dat jullie alleen maar plezier met elkaar hadden en met elkaar sliepen, maar jullie worden gemarteld. Ja, ik heb er mijn bedenkingen over, en ik moet weinig hebben van wat jullie doen en het is haram. Maar ik heb de indruk dat jullie veel onrecht wordt aangedaan."' Moenir vindt dat er een rol voor hem en zijn gelijken is weggelegd bij het veranderen van de mentaliteit. 'Zelfs voor de wetenschappers en de sjeiks moeten we de situatie uit de doeken doen, omdat ze door de films zo'n slecht beeld krijgen en dat overnemen. Ik ervaar het probleem, dus ben ik degene die erover kan praten. Dus [als] ik jou vertel wat ik voel, zul je erdoor worden geraakt.'

HET OPENLIJK TONEN VAN GENEGENHEID

'Dat slechte beeld', zoals Moenir het stelt, is het stereotype van homoseksuele mannen en vrouwen in Egyptische films en op televisie: aanstellerig, kolderiek, in tweestrijd of verdorven – kies maar uit. Uit een onderzoek van Egyptische films tussen 1979 en 2009 waarin, hoe kort ook, homoseksualiteit aan bod komt, kwam naar voren dat nog geen 10 procent van de vertoonde homoseksuele karakters in een min of meer sympathiek daglicht werd gesteld.[371] Er zijn maar weinig mainstream filmmakers die het risico willen lopen om het publiek van zich te vervreemden, of geldschieters, door vanouds bekende verhalen te bestrijden, zoals homoseksuele mannen en vrouwen die tot hun voorkeur zijn gekomen door seksueel misbruik in hun jeugd, of homoseksuele mannen die alleen maar op seks gericht zijn.[372] Zelfs dergelijke oppervlakkige en weinig vleiende portretteringen wekken de woede van conservatieven op, die filmmakers alleen al door het verbeelden van dit soort gedrag ervan beschuldigen – onder invloed van Amerika of Israël – jonge kinderen naar de verdoemenis te helpen. De filmbewerking van het boek *'Imarat Ya'qubian* (*Het Yacoubian*) door Alaa Al Aswany, de bekendste Egyptische romanschrijver, is een goed voorbeeld. Een belangrijk personage is een homoseksuele redacteur van een krant, die (let op: hier wordt een deel van de plot prijsgegeven) door een van zijn geliefden wordt vermoord, tot groot enthousiasme van het publiek. 'Ik heb de film viermaal gezien', zei Nasim. 'Elke keer juichten er mensen [bij de moordscène]. Ik had het gevoel alsof ze me staken. Tijdens een van die keren dat ik keek, zei iemand toen het homoseksuele personage werd vermoord: "*Ahsan, ahsan* [Geweldig! Geweldig!]." Ik draaide me om en zag dat het een vrouw was, een ver familielid van wie de echtgenoot eens avances maakte en met wie ik wat heb aangerommeld.' Hij lachte.

Alleen al het idee om homoseksualiteit in een minder schandelijk daglicht te presenteren is genoeg om een storm van protest te doen oplaaien. *Tul Omri* (Mijn hele leven), geregisseerd door Maher Sabry, een in San Francisco wonende Egyptische filmmaker, is een met een krap budget gemaakte doe-het-zelfproductie, en een van de weinige films in de afgelopen jaren met een meer volwaardige beschrijving van het homoseksuele leven in Egypte, met verhalen en personages waarin de verhalen van Nasim en Moenir te herkennen zijn. Het is onwaarschijnlijk dat deze de komende tijd in een megabioscoop in Caïro getoond wordt, maar dat heeft niet kunnen voorkomen dat de fatwa's in het rond vlogen, zonder dat men de film gezien had. 'Verbrand hem meteen', oordeelde een voormalige grootmoefti van Egypte. 'Deze films leiden tot losbandigheid, tot het begaan van handelingen die Allah verboden heeft, en ze propageren afwijkend sociaal gedrag.'[373] En niet alleen religieuze leiders doen vreemde uitspraken. Een hoge ambtenaar van de Verenigde Naties in Egypte suggereerde dat de film zelfs het verspreiden van hiv zou kunnen bevorderen door ongeoorloofd gedrag te promoten.

De Egyptische film wacht nog op een doorbraak inzake homoseksualiteit als in *Brokeback Mountain*. Met de opkomst van islamitische conservatieven lijkt dit nog wel een poosje te gaan duren. Aan de andere kant is die doorbraak een minder onwaarschijnlijke gebeurtenis dan die onder de druk van de dictatuur eens was, vanwege de toename van het aantal onafhankelijke films en de nieuwe mogelijkheden voor alternatieve distributie (waaronder het vertonen bij particulieren en internetstreaming), en op termijn wellicht door een verlichting van de censuur als Egypte eenmaal de krampen van de post-Moebarakperiode te boven is. Er verschenen al enkele andere arthousefilms en documentaires over het homoseksuele leven in de Arabische wereld die een meer genuanceerd beeld tonen, al zijn die nog niet overal in de regio te zien geweest.[374]

In de Arabische literatuur is de situatie vergelijkbaar. De tijd van Al-Tifashi en zijn speelse omgang met relaties tussen mensen van hetzelfde geslacht is allang voorbij. In de afgelopen halve eeuw zijn er enkele werkelijk nare portretteringen van homoseksualiteit gemaakt, die symbool zijn komen te staan voor een gevoel van ontmanning van de Arabische samenleving door de koloniale bezetters, Israël, hun eigen regeringen en een wereldwijde consumentencultuur – volgens de 'we zijn genaaid'-school, waarin sodomie slechts een van de vele manieren vertegenwoordigt waarop de mensen in de regio in de afgelopen decennia zijn onderdrukt.[375] Uiteraard zijn er uitzonderingen – boeken, vooral romans, die recht doen aan de complexiteit van het homoseksuele leven in de regio zonder die in verband te brengen met alle rampspoed van de Arabische wereld. Zo dook de afgelopen jaren *The World of Boys* op, geschreven door Mostafa Fathi, een Egyptische journalist, en uitgebracht door een kleine onafhankelijke uitgever. Het is het verhaal van Essam, een van de vrienden van Fathi, een ongebruikelijk relaas over het volwassen worden, waarin de levens van homoseksuele mannen uit de middenklasse vrij uitvoerig worden uitgewerkt. Het is ook een pleidooi voor tolerantie ten opzichte van diversiteit – seksueel, etnisch en religieus. Aan het eind van het boek komt Essam met zichzelf in het reine, door de sprong te wagen, en op de brug over de Nijl die op het Tahrirplein uitkomt een bord te dragen met daarop: 'Ik ben homo, ik ben een mens.'[376]

Nasim en Moenir zouden dit niet aanbevelen. Maar dankzij het internet zijn er eenvoudiger methoden om stelling te nemen. Zo lichtte Nasim, hoe indirect ook, online een tipje van de sluier op. 'Ik heb op Facebook geschreven: "Ik hou van vrouwen en mannen." Mijn kinderen [studenten] zijn ook niet gek – ze lezen het. Ze gingen erover praten, en ik ging er ook over praten, en nu hebben we het er openlijk over.' Al gauw verspreidde het nieuws zich door de school. 'De directeuren weten het, de priesters weten het, alle leraren weten het. We maken er zelfs grapjes over. Uiteraard zijn er enkelen die er wat boos over zijn ... maar als ze me aanvallen, weet ik mezelf te verdedigen. Mijn privéleven is van mezelf. Ik vraag ook niet of jij je vrouw van voren of van achteren neukt, of links of rechts.'

Niet elk bericht online is even speels van toon. 'Als je homoseksueel bent, heb je een afschuwelijk leven. Je moet wennen aan neerbuigende blikken, grievende en spottende opmerkingen aanhoren ... zonder in staat te zijn je te verdedigen', schrijft een jonge Marokkaan op zijn blog, *Een vergeten leven*. De ellende gaat door: 'Je bent op zoek naar een relatie van je dromen in een maatschappij die jou en je bestaan weigert te erkennen en deze relatie weigert te accepteren, hoe goed en oprecht die ook is. Dat je homoseksueel bent, betekent dat je moet leven met duizend-en-een gezichten die laten zien wat je niet voelt en die je ware gevoelens verbergen. Dat je homoseksueel bent, betekent dat je in je eentje moet denken ... je in je eentje moet uitdrukken ... je in je eentje gelukkig moet voelen ... in je eentje ... in je eentje.'[377]

Sommige jonge mannen en vrouwen beseffen pas als ze toegang tot het internet krijgen, tot hun verbijstering, dat ze met hun verlangens echt niet de enige zijn. Sommige jongemannen beschrijven dat hun leven verandert door homoseksuele porno, die een wereld van relaties met mensen van hetzelfde geslacht onthult, waarvan ze dachten dat die alleen voor hen gold. Datingsites kunnen een al even transformerend effect hebben en een concrete kans bieden om contact te leggen. Op Manjam bijvoorbeeld staan meer dan honderdduizend mensen uit het hele Midden-Oosten (waaronder Iran en Turkije) – torso's, konten, en nog veel meer, inclusief keurig bijgesneden foto's van vitale delen, allemaal uit op actie. Deze websites zijn zelfs zo populair dat ze door ngo's die werken aan hiv-preventie worden gebruikt om een van hun belangrijkste doelgroepen te bereiken: mannen die seks hebben met mannen. Voor vrouwen is het internet een waardevol middel om potentiële partners te ontmoeten, want in de werkelijke wereld hebben ze daartoe zo veel minder gelegenheid dan mannen. En steeds meer websites in het Arabisch met nieuws, meningen en nauwkeurige informatie over homoseksualiteit – vanuit sociaal, psychologisch, medisch, juridisch en cultureel perspectief – verrichten wonderbaarlijk goed werk bij het leren leven met een afwijkende seksualiteit.

Deze onlinecontacten zijn des te belangrijker op plekken waar fysieke ontmoetingen riskant zijn. In de zomer die aan de opstand tegen Moebarak voorafging probeerde een in de werkelijke wereld bestaande discussiegroep in Caïro een website te lanceren, wat voor de deelnemers verontrustende gevolgen had toen hun buitenlandse internethost plotseling werd uitgeschakeld en ze in een onaangename situatie belandden, zich afvragend of zij de volgende zouden zijn waarop de staatsveiligheidsdienst zich richtte. Dit ontnuchterende verhaal benadrukt een van de belangrijkste risico's van onlinecommunicatie – de inhoud wordt snel bekend, met mogelijk schadelijke gevolgen – als er niet zorgvuldig met de vertrouwelijkheid wordt omgegaan. Ik ken verschillende mannen en vrouwen die per ongeluk uit de kast kwamen omdat ze hun screensaver vergaten aan te zetten en familieleden hun profiel op Facebook of GayRomeo tegenkwamen. Of erger, gezien de neiging van de politie om mensen via het internet in de val te lokken.[378] Desondanks veroorzaakte de val van het regime van Moebarak een opbloei van onlineactiviteiten, al was het voor Nasim en zijn vrienden nog maar de vraag hoezeer en hoe snel die ook tot activiteiten buiten het internet aanzetten.

VERLIEFDE VROUWEN

Om te begrijpen waar het internet, vastberadenheid en een gunstig klimaat Nasim en de zijnen op een dag zouden kunnen brengen, nam ik plaats op de voorste rij van een theater in de binnenstad van Beiroet. De zaal was uitverkocht, honderden mannen en vrouwen juichten de voorstelling op het podium toe, waar twee jonge vrouwen voorlazen uit een pas uitgekomen boek, *Bareed Mista3jil* (Exprespost). Een bundel korte verhalen over de levens van meer dan veertig jonge Libanezen, over de gebruikelijke kwesties van het volwassen worden – ruzie met ouders, spanning onder vrienden, druk om te trouwen, worstelingen met het zelfbeeld, problemen op school, gedachten over religie, dromen over en teleurstellingen van emigratie, en de eeuwenoude favoriet, het verliefd worden en het uitraken van de relatie. 'Ik word heel verlegen en zenuwachtig als ik op iemand verliefd ben. Ik word zelfs verlegen als ik over iemand fantaseer. Ik ben onhandig als ik met iemand uitga en zet nooit de eerste stap', bekende iemand in een van de getuigenissen, leidend tot de clou: 'Ik ben lesbisch.'[379]

De menigte ging uit haar dak. Ondertussen keek ik zenuwachtig om me heen, want ik had mijn angsten uit Caïro meegenomen, en verwachtte min of meer dat de politie elk moment kon binnenvallen. Maar daarvoor hoefde ik niet bang te zijn. In Beiroet bestaat vrijheid van vergadering en meningsuiting, die in Caïro en andere hoofdsteden voor de opstanden van 2011 ontbraken, vrijheden waarnaar in de nasleep van de Arabische Lente nog steeds wordt verlangd. Toch was het een opmerkelijke avond, zelfs volgens de plaatselijke normen, niet per se vanwege het praten over seks, maar vanwege de nadruk op een van de meest genegeerde aspecten van de seksualiteit: relaties tussen vrouwen.

Waar homoseksuele mannen in de Arabische regio vaak in de vuurlinie liggen, krijgen hun vrouwelijke tegenhangers nauwelijks enige aandacht. Hoe vaak heb ik op zichzelf wonende vriendinnen (voor mensen die de middelen hebben om dat te doen is het zelfstandig wonen in Beiroet wat minder beladen dan in Caïro) niet horen vertellen dat het blijven logeren van vrienden en mannelijke collega's ernstige vermaningen van buren uitlokt, terwijl vrouwelijke geliefden zonder commentaar kunnen komen en gaan. Over het algemeen begrijpen mensen niets van homoseksuele relaties tussen vrouwen – zelfs niet in het wereldlijke Beiroet. Met een op die van Clinton lijkende logica lijkt het alsof er geen sprake is van seks als er geen penis aan te pas komt.

Over seksuele relaties tussen vrouwen was niet altijd zo weinig bekend. In de gouden eeuw van de Arabische erotische literatuur begreep men heel goed wat liefde en seks tussen vrouwen inhield, het was geanalyseerd, in kaart gebracht en werd vaak gewaardeerd.[380] Er werden hoogstaande medische verklaringen ontwikkeld om het fenomeen 'heupwiegen' uit te leggen, en er werd over gediscussieerd of het aangeboren was of aangeleerd. De middeleeuwse verklaringen van de vorm van de vagina of voor irritatie van de schaamlippen zijn weliswaar wat achterhaald, maar de sociale rechtvaardiging waarop men zich beroept voor relaties tussen mensen van hetzelfde geslacht zijn voor sommige vrouwen tegenwoordig nog even geldig als duizend jaar geleden: het bewaren van de maagdelijkheid en het vermijden van overspel en onwettigheid.

Al-Tifashi was een commentator die begrip toonde, en hoewel hij in *A Promenade of the Hearts* het heupwiegen als een afwijking beschreef, worden zijn woorden door zijn bewonderende toon gelogenstraft. '[Deze vrouwen] houden evenveel van elkaar als mannen dat doen, zelfs met meer intensiteit', schreef hij. 'Ze zoeken de beste en mooiste meubels uit, het beste eten en de mooiste voorwerpen die ze zich kunnen veroorloven, hoe oud ze ook zijn en waar ze ook vandaan komen.'[381] De vrouwen in het boek van Al-Tifashi lijken een behoorlijke economische en sociale vrijheid te hebben – ze zijn doortastend, prachtig, onafhankelijk en heel wat slimmer dan de mannen om hen heen, die over het algemeen laatdunkend zijn over de vrouwen die het kunnen stellen zonder het door hen zo gekoesterde 'gereedschap'. Warda, een van de beroemde heupwiegers die door Al-Tifashi wordt aangehaald, had medelijden met mannen toen ze met steeds opwindender details toonde hoe een vrouw met een andere vrouw een extatisch orgasme kon bereiken. 'Als filosofen ons genot konden zien, zouden ze verbijsterd zijn. En de mensen die van plezier en muziek houden, zouden helemaal uit hun dak gaan', stelde ze vast.[382]

De eenentwintigste-eeuwse zusters van Warda zijn heel wat minder vrijpostig. Ze zijn in twee opzichten in het nadeel. Ze zijn zowel homoseksueel als vrouw, met alle problemen van dien. Zoals we hebben gezien, is het voor vrouwen in de Arabische regio lastig om voor het huwelijk wat voor soort seksuele activiteit dan ook te ontplooien, laat staan een relatie aan te gaan met iemand van hetzelfde geslacht. En ook los van hun seksuele voorkeur bevinden vrouwen zich in een lastige positie als ze niet passen in het door de patriarchale samenleving gevormde standaardmodel van de vrouw-moeder. Dan is er nog de eenzaamheid van de lesbienne op grote afstand, het probleem van het vinden van een partner waarmee veel vrouwen die ik ken te maken hebben, vanwege hun sociale isolatie. 'Het is lastiger om een lesbienne te zijn dan een homoseksuele man. Een homoseksuele man kan gaan en staan waar hij wil. Hij kan 's nachts over straat en vertrekken wanneer het hem uitkomt. Zelfs op hun zestigste kunnen ze nog een begerenswaardige vrijgezel zijn. Ze kunnen reizen. Ze hebben meer kans op het vinden van een baan. Het is een groot voordeel als je een man bent.'

Nadine M. maakte me wegwijs in de wederwaardigheden van de vrouwenliefde. Zij kan het weten, al is het maar omdat ze Meem heeft opgericht, in Libanon in 2007, een steungroep voor 'queer' vrouwen. In dit hoofdstuk heb ik moeite gedaan de juiste woorden te vinden om mannen en vrouwen te beschrijven die niet de heteroseksuele gedragslijn aanhouden – soms waren 'gay' en 'lesbienne' krenkend, soms niet. Maar bij Nadine is het eenvoudig, bij haar past 'queer' het best. 'Als queer vrouwen hebben we een homoseksuele kant, en dat was het dan. Maar we kijken ook naar andere dingen die ons raken, zoals hoe we uiting geven aan onze sekse, onder meer door wat we dragen, hoe we eruitzien. En denk aan de druk om te trouwen, aan ongewenste intimiteiten, waaronder verkrachting, aan de normen van hetero's en de familiestructuren, en aan sektarisme, religies en fundamentalisme. Zelfs de politiek van dit land en milieuactivisme hebben invloed op ons', vertelde ze. 'We begonnen te beseffen dat dit niet over lesbiennes ging. Het is breder. Als we queer worden, worden we politiek queer. Het volstaat niet om voor mezelf queer te zijn, of onder mijn vrienden. Ik verzet me tegen alle onderdrukkende systemen.'

Nadine is zich er zeer van bewust hoe lastig het is om een seksuele identiteit te laten opwegen tegen alle andere zaken waaraan Libanezen hechten, waaronder religie, etniciteit en klasse. En dan is er nog het meer fundamentele probleem om de individuele seksualiteit te verzoenen met de eisen en verplichtingen van de familie. 'Onze familieband is zo veel sterker [dan in het Westen]. Het is niet omdat we meer van onze familie houden dan een Amerikaan, maar omdat het onze familie is die voor ons zorgt, niet de staat. Ik krijg geen geld van de staat als ik geen baan heb. De staat zal me niet beschermen als ik op straat in elkaar word geslagen. Als je de politie belt, komen ze, zeg, twee uur te laat', zei ze. 'We kennen niet de bescherming zoals iemand in bijvoorbeeld Engeland die kent, de bescherming van de staat. Of neem Frankrijk, als je daar een paar maanden geen werk hebt, zorgt de staat voor je – daar besta ik als individu voor de staat. Dat hebben we hier niet, omdat we bestaan als dochters, zonen, echtgenoten van mensen. Zo leven wij. Bij de Libanese overheid bestaat geen archief waarin Nadine als individu is opgenomen. Ik sta in het archief van mijn vader. Als ik trouw, verhuis ik naar het archief van mijn echtgenoot. Wat houdt het voor mij in om in dit land te leven en af te hangen van de staat als ik inga tegen mijn familie?' Het is duidelijk wat Nadine wil zeggen: het valt niet mee om vast te houden aan een seksuele identiteit, van wat voor type dan ook, als je als individu nog niet eens een identiteit hebt. In de praktijk komt dit erop neer dat de familie grotendeels de baas is, wat het ingaan tegen de normen van de familie des te moeilijker maakt.

Bij het omgaan met deze complexe materie kunnen de ongeveer vierhonderd leden van Meem een helpende hand bieden. Dat doen ze in Womyn House, een gezellig appartement in Gemayze, een trendy wijk in Beiroet, waar lotgenoten uit heel Libanon een eigen kamer kunnen krijgen, een plek waar ze over hun problemen kunnen praten (zoals beschreven in *Bareed Mista3jil*), elkaar kunnen steunen, en vrede kunnen sluiten met hun seksualiteit. Het is ook een plek om gewoon met vrouwen om te gaan en de isolatie te boven te komen. 'Ik denk dat veel vrouwen niet activistisch worden omdat ze activistisch willen zijn, maar omdat het de enige manier is om andere mensen te ontmoeten die zichtbaar lesbienne zijn. Ik denk dat dit zo is omdat ik het zelf zo heb ervaren', zei Shahira, een queer activist van in de dertig. De Meems, zoals de leden worden genoemd, staan ook zeer nadrukkelijk in contact met elkaar via het internet, waar de groep als internetforum is ontstaan. Ze tweeten, bloggen, plaatsen berichten op Facebook en YouTube, en ze voeren campagne, organiseren en informeren op het internet. Daartoe behoort ook de wekelijkse publicatie van *Bekhsoos* (In verband met), een van de meest informatieve tijdschriften over seksuele diversiteit van Libanon en de rest van de Arabische wereld.[383]

Meem is een van een stuk of vijf organisaties die in het afgelopen decennium zijn ontstaan om mensen te helpen die zich identificeren met LGBTQ (*lesbian*, *gay*, *bisexual*, *transgender/transsexual*, *queer*). Daaronder vallen, al is het maar omdat ze op internet zijn: Kifkif (gericht op Marokko), Abu Nawas (Algerije), Bedayaa (Soedan en Egypte), Iraqi LGBT (gevestigd in Londen), en Aswat en Al Qaws (die met Palestijnen werken). En dan zijn er de tientallen ngo's die zich met hiv bezighouden, waarvan zich een handvol ook richt op mannen die seks hebben met mannen, met meer nadruk op de volksgezondheid dan op seksuele rechten op zich. Net als de meeste van deze groepen is Meem niet als ngo bij de overheid geregistreerd. In grote delen van de Arabische regio is de officiële registratie van een LGBT-groep vanwege het huidige culturele en politieke klimaat een waagstuk. Hoewel het in Libanon wel mogelijk is, ziet Meem er in elk geval de zin niet van in om de officiële route te volgen – 'om het gereedschap van de machthebber te gebruiken om het huis van de machthebber af te breken', zoals Nadine het stelt.

Meem brengt haar boodschap over middels een subtiel proces, het 'infiltreren' van organisaties die aan andere sociale kwesties werken, zoals geweld tegen vrouwen of drugsverslaving. Meem kan zich deze 'zachte' benadering veroorloven omdat vrouwen van wie de seksualiteit de grenzen van de heteroseksualiteit overschrijdt niet zo opvallen als hun mannelijke tegenhangers, die daardoor meer onder druk gezet worden. Die druk is in de wet vastgelegd. In Libanon (en Syrië, Bahrein en Marokko) is 'tegennatuurlijke geslachtsgemeenschap' strafbaar met maximaal een jaar gevangenis. Er kan ook een beroep gedaan worden op andere wetten, zoals een wet tegen rondhangen of 'schending van de openbare zedelijkheid'. Waaruit een seksuele handeling precies bestaat, laat staan een 'tegennatuurlijke', en welk bewijs daarvoor geleverd moet worden, is voornamelijk een kwestie van degene die de handeling waarneemt. Uit een onderzoek naar de Libanese wet blijkt dat homoseksuele mannen worden opgepakt en vervolgd, terwijl de politie andere potentiële overtredingen in wezen over het hoofd ziet, waaronder relaties tussen vrouwen en heteroseksuele sodomie.[384]

Het vervangen van deze wet – Artikel 534 om precies te zijn – is een van de doelen van Helem, de grootvader van alle LGBT-steungroepen in de Arabische wereld.[385] Helem begon als groep die per e-mail contact onderhield. Die veranderde in een sociale groep, vervolgens in een informele groep die zich richtte op individuele vrijheid, waaruit in 2004 Helem tevoorschijn kwam (en waaruit daarna Meem ontstond). Helem is de meest zichtbare LGBT-groep in de regio – er zijn maar weinig organisaties die openbare manifestaties houden om de Internationale Dag tegen Homofobie te markeren – en is betrokken bij veel uiteenlopende projecten, waaronder de advocatuur, onderzoek naar LGBT-kwesties, informatie en educatie voor LGBT-mannen, -vrouwen en hun families, hiv-hulpverlening (in samenwerking met de overheid), wekelijkse discussiegroepen en een telefonische hulpdienst. Helem richt zich in principe op mannen en vrouwen, ook buiten de hoofdstad, al bestaat de achterban voornamelijk uit homoseksuele mannen uit Beiroet.

Wat stijl betreft bestaat er een interessant verschil tussen Meem en Helem. Waar Meem nadrukkelijk op het internet aanwezig is, valt de organisatie in de wereld buiten het internet nauwelijks op. Het lidmaatschap is vertrouwelijk, en je moet ingewijd zijn om een bezoek aan de ontmoetingsplek te brengen. (Aan het optreden van *Bareed Mista3jil* was de naam van de meer publieke feministische zusterorganisatie Nasawiya verbonden). Daarentegen springt Helem er echt uit, met een luide en duidelijke stem – wat voor een deel de algemene seksuele normen laat zien: mannen kunnen pronken en van vrouwen wordt verwacht dat ze zich stilhouden. De ontmoetingsplek van Helem is Zico House, een onregelmatig oud gebouw in het centrum van Beiroet, met geelbruine muren, rode luiken en een weelderige plantentuin. Alle bezoekers zijn er welkom, ook beambten van de Hezbollah, die langskwamen om Helem persoonlijk te bedanken voor hun deelname aan een coalitie voor het steunen van vluchtelingen uit het zuiden van Libanon in 2006 tijdens het conflict met Israël. ('Ze zagen dit soort afbeeldingen', vertelde een vrijwilliger van Helem me, wijzend op een tekening boven een deuropening van twee kussende mannen. 'Ze zeiden: "Wat is dit hier?" Hij lachte. 'We hebben het uitgelegd en ze vonden het prima.')

Helem heeft zich ervoor ingezet om het publiek met artikel 534 bekend te maken, hing overal in Beiroet posters op en besprak de zaak in de media – die, vooral dankzij de inspanningen van Helem, nu politiek correcter zijn en het tegenwoordig vaker wel dan niet over 'homoseksualiteit' hebben in plaats van over 'afwijking'. Sommige journalisten hebben zich uitgesproken voor het intrekken van artikel 534. Verschillende bekende personen hebben zich ook geroerd. En enkele representanten van de overheid, onder wie een voormalige minister van gezondheid, hebben gezegd dat ze vinden dat de wet moet worden afgeschaft.[386] Maar in het ingewikkelde sociale en politieke veld van Libanon kost het tijd om iets te veranderen. Ondertussen nemen mensen de wet in eigen hand. In 2009 wees een rechter in Batroun, een kustplaats in het noorden van het land, een zaak af tegen een homoseksuele man die vanwege artikel 534 was aangeklaagd, niet alleen omdat het gepresenteerde bewijs weinig voorstelde, maar ook omdat 'tegennatuurlijk' een in deze context niet toepasbaar sociaal concept was. 'De mens behoort tot de natuur, maakt daar deel van uit, is een van de groepen daarin, en niemand kan stellen dat een handeling of een bepaald gedrag tegen de natuur ingaat, zelfs niet als het een criminele of een grievende handeling zou zijn, eenvoudigweg omdat het de regels van de natuur zijn', stelde de rechter filosofisch vast. 'Als het in de zomer regent, warm is in de winter, of er vreemd fruit groeit aan een boom, dan kan dat allemaal in overeenstemming zijn met de natuur en deel uitmaken van de regels van de natuur zelf.'[387]

Nog los van het bewonderenswaardige proza van het vonnis, is dit het soort juridisch gezond verstand dat LGBT-activisten in de hele regio zouden willen stimuleren – door informele gesprekken met en officiële scholing van rechters en advocaten – als een effectieve manier om de invloed van onderdrukkende wetten te verzachten, waar een grootschalige juridische hervorming nog geen realistisch streven is. Ondertussen houdt Helem workshops waar de mensen waarvoor ze zich inzetten kunnen leren wat hun wettelijke rechten zijn, en hoe ze op het ingrijpen van de politie kunnen reageren – beleefd, maar stellig. Ook zorgt Helem voor juridische vertegenwoordiging voor degenen die gearresteerd zijn, en wordt informeel contact onderhouden met de politie om te proberen het aantal arrestaties zo veel mogelijk binnen de perken te houden.

Het is nuttig om bezig te zijn met juridische hervormingen, maar niemand maakt zichzelf wijs dat het afschaffen van artikel 534 het leven van homoseksuele mannen en vrouwen zal veranderen zonder dat er op veel andere fronten werk moet worden verzet. Nadine schudde haar hoofd toen ik haar vroeg of het afschaffen van de wet voor haar een hoge prioriteit had. 'Stel dat [de premier] ons morgen rechten voor homoseksuelen geeft, en artikel 534 vernietigt. Wat gebeurt er dan? Helemaal niets. Zal dat ervoor zorgen dat mijn moeder mij accepteert? Zal dat ervoor zorgen dat mensen mij niet meer lastigvallen vanwege mijn uiterlijk? Als [de premier] zich uitspreekt en zegt: "Ik geef homoseksuelen het recht om te trouwen, mannen kunnen met mannen trouwen en vrouwen met vrouwen", dan zal ik iemand van mijn eigen gezindheid moeten trouwen, toch? Wat houdt het in om over dit soort zaken te praten? Wat houdt het in om te zeggen dat er in dit land een wet is die homoseksuelen beschermt als er geen wet is die vrouwen beschermt?'

Deze diepere breuklijnen in de Libanese samenleving tonen een andere kant dan de tolerante buitenkant van Beiroet. De hoofdstad van Libanon heeft lange tijd de naam gehad glamoureus en sexy te zijn, en wordt algemeen beschouwd als het bordeel van de Arabische wereld – waar de stad vaker om wordt benijd dan verguisd. De stad, die voor de vijftien jaar durende burgeroorlog bekendstond als het 'Parijs van het Oosten', is weer helemaal terug, en keurig gemanicuurd. In Solidere, de chique wijk in de binnenstad, bezocht ik hautecoutureboetieks met de laatste veel vlees blootgevende, vormen benadrukkende mode, en stond ik versteld van de vrouwen die voorbijwankelden op torenhoge stilettohakken, in de kortste rokjes die ik aan deze kant van de Bosporus heb gezien. De entertainmentindustrie van Beiroet – talkshows, soaps, tijdschriften en muziekclips – biedt een beeld van een samenleving die niet moeilijk doet over seks. Maar als je nagaat wat onderzoek naar het seksleven in deze zo diverse stad laat zien, dan krijg je de indruk dat het allemaal veel weg heeft van een injectie met botox in het publieke gezicht van de seksualiteit, die het uiterlijk gladstrijkt, zonder iets aan de krampen te veranderen die de samenleving doen rimpelen. In Beiroet, en elders in Libanon, leven vrouwen die op seksueel gebied evenzeer gehinderd worden als waar ook in de regio, zoals er ook ongehuwde vrouwen zijn die even bezorgd zijn over hun maagdelijkheid, en jonge mensen die even slecht geïnformeerd zijn over seks.

Het Beiroet dat zich als de speeltuin van de Arabische wereld presenteert, is een soort attractie voor homoseksuele toeristen geworden. En door het sprankelende nachtleven ben je gauw geneigd te denken dat homoseksualiteit in deze buitengewone stad geen probleem vormt.[388] Maar zoals inwoners al snel duidelijk maken, zijn deze plekken voor de nietwelgestelden grotendeels onbereikbaar, wat hun seksuele voorkeur ook is, en is het leven buiten deze vergulde kring voor homoseksuele mannen en vrouwen zwaar. 'Het is niet allemaal rozengeur en maneschijn', zei Shahira.

'Want er is nog steeds homofobie. Er worden nog steeds mensen uit huis gezet als hun ouders erachter komen, en ze worden nog steeds ontslagen. Er komt onderdrukking voor, en er zitten mensen in de gevangenis. Het is niet veilig hier.'

De werkelijke maatstaf voor de bereidheid van Beiroet om ruimte te maken voor seksuele diversiteit is niet Bardo, een van de beroemde 'homovriendelijke' ontmoetingsplekken, maar een kantoor twee verdiepingen erboven. Dit is Marsa, het eerste seksuele gezondheidscentrum in Libanon voor mensen aan de rand van de door de samenleving erkende seksualiteit. Marsa is ontstaan uit een project bij Helem om gezondheidszorg te verlenen aan mannen die seks hebben met mannen, een populatie met veel ervaring met vooroordelen van de medische beroepsgroep in de Arabische regio.[389] Onderzoek onder artsen in Libanon wijst uit dat nauwelijks 10 procent homoseksualiteit als 'aanvaardbaar' gedrag beschouwde, de meesten het als een stoornis zagen, die ofwel medisch, ofwel psychisch behandeld diende te worden, en dat de helft zei geen homoseksuele patiënten te willen behandelen.[390] Met een dergelijke houding trek je nou niet bepaald cliënten aan voor testen en behandeling – wat des te erger is omdat onderzoek aantoont dat mannen die seks hebben met mannen los van hiv meer kans hebben op verschillende gezondheidsproblemen.

Marsa betekent 'schuilplaats', en het is de bedoeling dat het centrum zijn naam eer aandoet door de patiënten een veilige plek te bieden. Daarvoor bleek veel belangstelling te bestaan – en niet alleen omdat de dienstverlening gesubsidieerd wordt en daardoor een fractie kost van andere particuliere voorzieningen. De jonge medewerkers bruisen van enthousiasme als ze de lijst doornemen, met onder meer hiv-testen, behandeling van genitale wratten, hepatitis B-behandeling, psychologisch advies, en andere wezenlijke aspecten van seksuele gezondheid. Ze laten me hun blinkende faciliteiten zien, waaronder een keurige gynaecologische afdeling – niet al te noodzakelijk voor homoseksuele mannen, dacht ik. Maar Marsa heeft een ruimere blik, en richt zich behalve op mannen die seks hebben met mannen, ook op vrouwen, los van hun seksuele voorkeur. 'We bieden een homovriendelijke en seksvriendelijke omgeving, zodat vrouwen over hun seksualiteit kunnen praten', vertelde een van de adviseurs van de kliniek me. Zoiets is voor geen enkele vrouw eenvoudig, zelfs niet voor degenen die binnen de magische kring van het huwelijk vallen. 'Ik herinner me dat ik gisteren nog [een vrouw] heb horen zeggen: "Ik had me nooit kunnen indenken dat ik met een man over seks zou kunnen praten ... Dat ik dat ooit zou doen, en nu kan ik het ... Geen discriminatie, geen veroordeling."'

Marsa is een concreet voorbeeld van een bredere aanpak zoals die in Libanon en elders in de Arabische regio wordt voorgestaan door veel LGBT-activisten, mensen die hun behoeften inkleden in de meer algemene strijd voor basale mensenrechten. Een vrouw die het overzicht heeft, is Rasha Moumneh, een met vriendelijke stem sprekende, maar uiterst welbespraakte analist van de opkomende LGBT-beweging in de Arabische regio. Moumneh heeft deze ontwikkeling, in naam van Human Rights Watch, een in New York gevestigde ngo, al meerdere jaren gevolgd. Door haar positie heeft ze er een uniek beeld van gekregen, niet alleen van wat er in eigen land gebeurt, maar ook hoe buitenstaanders tegen de situatie aan kijken.

Net als veel van haar collega's is Moumneh een fel tegenstander van 'identiteitspolitiek', die zich in dit geval verzamelt rond de regenboogvlag en die aandringt op specifieke LGBT-rechten. Ze wijst erop dat de situatie van in seksueel opzicht uiteenlopende groepen in Libanon en zijn Arabische buren deel uitmaakt van een breed spectrum van uitsluiting, al gaat het om het uiteinde van de regenboog: 'Ik heb geen goed gevoel bij dat dubbelleven van homoseksuelen. Het gaat echt veel verder. Zelfs als je heteroseksueel bent, moet je er op de meeste plekken een of andere vorm van dubbelleven op na houden. Dus wie de homoseksuele invalshoek afzondert, en zegt dat mensen een dubbelleven moeten leiden, die ziet het grote verband niet, die ziet het sociale netwerk als geheel niet en alles waarmee mensen in het algemeen te stellen hebben als ze laveren tussen persoonlijke verlangens, traditie en verplichtingen tegenover hun familie. Dit is geen homoseksueel vraagstuk, maar een sociaal vraagstuk. En ik weet zeker dat je dat in Egypte onder jonge [ongehuwde] hetero's hebt gezien. Iedereen heeft ermee te maken.'

Moumneh is ervan overtuigd dat men in Beiroet dankzij de inspanningen van Helem en Meem minder moeilijk is gaan doen over relaties tussen mensen van hetzelfde geslacht. 'Ik herinner me hoe het tien jaar geleden was, en ik kan zien hoe het er nu voorstaat. En dat er enorm veel veranderd is. De LGBT-kwesties zijn nu overal bekend. In allerlei uithoeken van de samenleving wordt erover gesproken, zowel positief als negatief', stelde ze vast. 'Omdat er steeds meer gelegenheden zijn waar men homoseksualiteit accepteert, of het nu in de sociale sfeer is of ergens anders, voelt men zich sterk genoeg – niet echt om het aan hun familie te vertellen, maar om wat meer ruimte voor zichzelf te maken. Er is meer ruimte voor hen om als homoseksueel of wat dan ook te leven. Dat geldt uiteraard voor de stad Beiroet, want buiten Beiroet is deze dynamiek nergens te bespeuren. De toenemende zichtbaarheid van homoseksuele mensen, de ruimte in Beiroet, heeft een geweldige invloed. Dat is niet per se een kwestie van acceptatie, maar van leven en laten leven.'

Er zijn echter gebieden waar deze tolerantie niet heerst. Lamia is een Libanese student die in Saoedi-Arabië is opgegroeid en nu in Beiroet studeert. Als tiener in Riad besefte ze dat ze zich tot vrouwen aangetrokken voelde. Anders dan veel vrouwen die ik heb ontmoet, vond ze het geen probleem om alleen te zijn – in elk geval niet toen ze in Saoedi-Arabië woonde. 'Er zijn veel homo's en lesbiennes in Riad, weet je. Soms omdat ze echt lesbisch zijn, soms omdat ze niet met mannen in contact komen en niet openlijk met hen kunnen communiceren. Het zijn er zo, zo, zo, zo veel.' En het leven is er verhoudingsgewijs gemakkelijk, vond Lamia. 'Ze hebben geen problemen. Ze voelen zich niet gediscrimineerd. Ze leven heel gewoon. Sommigen trouwen, anderen niet', vervolgt ze. 'Er is niemand die je zegt dat je homoseksueel bent of niet, omdat ze dat stadium allemaal doormaken. Ik heb daar nooit het gevoel gehad anders te zijn.'[391]

In plaats van haar geloof een hindernis te vinden, heeft Lamia het gevoel dat de islam haar geholpen heeft om haar seksualiteit te aanvaarden. 'In de Koran staat een passage over hypocrieten', lichtte ze toe. 'Ik zou heel gemakkelijk tegen iedereen kunnen zeggen dat ik hetero ben. Ik zou kunnen trouwen, kinderen kunnen krijgen, een gelukkig leven kunnen leiden. Maar dan zou ik liegen tegen mijn echtgenoot, liegen tegen mijn kinderen, liegen tegen God. Dan zou ik een vreselijke hypocriet zijn. En dat wil ik niet.' Het heeft haar ouders ook geholpen bij het accepteren, hoewel ze opzien tegen een toekomst voor haar zonder echtgenoot en kinderen. 'Mijn moeder is een devoot moslima', zei Lamia. 'Haar geloof in God is zo sterk dat ze alles aan Zijn wil overgeeft. Alles gebeurt omdat God het wil. Waardoor ze mijn homoseksualiteit niet in twijfel trok en zich er niet tegen verzette. Kort daarna heb ik het aan mijn vader verteld, en hij reageerde al net zo: "We kunnen de wil van God niet veranderen. Als hij wil dat je verandert, dan zul je vanzelf veranderen."'

Voor Lamia begonnen de problemen toen ze naar Beiroet terugkeerde – omdat ze een hijab draagt. 'Als ik over straat loop, betwist niemand mijn seksualiteit, maar ze vragen wel naar mijn kleding. Ik dacht dat Libanon toleranter was.' Ze zuchtte. 'Alles [in Saoedi-Arabië] gebeurt heimelijk. Maar hier is het open. Ik ben ook maar een mens. Ik hou van feesten. Maar dat begrijpt men niet. Het enige wat ze zien, is een gesluierd wezen op een feest. Ze begrijpen je niet, ze veroordelen je alleen maar.'

GENDER-BENDING

Randa, een Algerijnse migrant die ik in Beiroet ontmoette, weet hoe doorslaggevend snelle oordelen en eerste indrukken zijn. Ze is een grote, slanke, aantrekkelijke dame van halverwege de dertig, met een klein beetje make-up en glanzend steil zwart haar dat losjes op haar schouders hangt. Vergeleken met de hypervrouwelijkheid en hypermannelijkheid van de beau monde van Beiroet is Randa uitgesproken ingehouden, gekleed in een eenvoudig zwart bovenstuk, een ingetogen jasje en bruine hakken van heel redelijke hoogte. Randa deed behoorlijk haar best om zich aan te passen, omdat ze zich op seksueel vlak eigenlijk aan de uiterste rand van de Arabische samenleving bevindt.

Randa werd geboren als man, maar is bezig vrouw te worden. Van alle seksuele diversiteit in de Arabische regio hebben degenen aan wie te zien is dat ze de grens tussen de twee geslachten overschrijden – travestieten, transgenderisten en transseksuelen – het het zwaarst te verduren. 'De sociale positie van transseksuelen is lager dan die van homoseksuelen', zei Randa met trillende stem. 'Echt, het is heel erg, het is erbarmelijk.'

Dat wordt door haar eigen verhaal bevestigd. Opgroeiend in een middenklassefamilie in Annaba, aan de Algerijnse kust, leek Randa dezelfde weg te volgen als iedere andere man: leger, trouwen, kinderen. Maar al vanaf jonge leeftijd wist Randa dat ze anders was dan andere kinderen, en het leger bleek voor haar een vruchtbare omgeving om dat verschil te onderzoeken, door seksuele relaties met haar collega's. De bloedige burgeroorlog van Algerije in de jaren negentig wekte haar politieke bewustzijn, en tien jaar later was ze medeoprichter van het eerste LGBT-steunnetwerk, dat heel toepasselijk Abu Nawas heette.[392]

Ondertussen besloot Randa dat ze beter in haar vel zat als vrouw. 'Mijn transseksualiteit vond in de openbaarheid plaats omdat ik mijn hormoontherapie begon toen ik in Algerije was en de veranderingen snel verliepen.' Randa, die een opleiding tot verpleger volgde, had het geluk dat ze onder medische begeleiding aan de transitie begon, maar ze kent veel mannen en vrouwen die het op eigen houtje doen. 'Negenennegentig procent van de [man naar vrouw] transseksuelen die ik spreek, is in het wilde weg met hormoontherapie gestart, zonder enige medische begeleiding. Ze weten niet welke hormonen ze moeten nemen. Ze gingen aan de pil, die erg slecht voor hun gezondheid is.' Randa besprak tot in alle beangstigende details wat daar de gevolgen van zijn: onder meer diabetes, hartproblemen, leverfalen en borstkanker.

Met haar politieke strijdlust en seksuele non-conformisme had Randa in eigen land geen gebrek aan vijanden. Ze ontving veel haatmail, die in twee categorieën te verdelen was: 'officiële' dreigementen van degenen die een politiedossier over haar activiteiten beweerden te bezitten en haar verzekerden dat ze haar voorgoed in de gevangenis zouden krijgen, en religieuze intimidatie van degenen die haar een bedreiging voor de zedelijke beginselen van de islam noemden en haar keel wilden doorsnijden. Bij alle problemen kreeg Randa weinig steun van haar familie. Het was zelfs zo dat ze door een ultimatum van haar familie besloot Algerije te ontvluchten. 'Iemand stapte op mijn zwager af en zei: "[Randa] heeft dat en dat en dat gedaan. Je moet hem zeggen dat hij binnen tien dagen het land moet verlaten, zo niet dan zal het slecht voor jou en je familie aflopen', vertelde ze. 'Daar voegde mijn zwager zijn eigen dreigement aan toe: "Je kunt maar beter vertrekken. Als er een schandaal losbarst omdat je een militante LGBT'er en een transseksueel bent, zullen [de andere zwager van Randa] en ik je zussen verstoten." In Algerije, in de regio, is het verstoten van een vrouw een drama – dan is ze geen menselijk wezen meer. Voor mijn eigen veiligheid, voor de veiligheid van mijn zussen, voor hun geluk, moest ik ervandoor.'

Randa bofte, want dankzij Meem kon ze naar Beiroet vluchten. Maar als je je in de Arabische regio niet aan de gewone gendergrenzen houdt, is het leven allesbehalve eenvoudig. 'Hier en elders in de Arabische regio wordt transseksualiteit door de samenleving, door iedereen, gezien als een extreem soort homoseksualiteit. Ze kunnen geen onderscheid maken tussen homoseksualiteit en transseksualiteit. Maar homoseksualiteit is een kwestie van seksueel gedrag en transseksualiteit is een kwestie van genderidentiteit', legde Randa uit. De verwarring hierover strekt zich ook uit tot transseksuele mensen zelf. 'Ze zeggen: "Ik ben een meisje in het lichaam van een jongeman." Daarmee geven ze in hun eigen woorden een definitie van een transseksueel. Maar ze zeggen ook dat ze een homoseksueel achterste hebben [passieve homoseksuele partner zijn]. Maar dat is niet zo. Het zijn vrouwen. Maar ze weten gewoon niet beter.'

Er is een tijd geweest dat men het wel wist. Gender-bending heeft een lange geschiedenis in de Arabische wereld. In het zevende-eeuwse Medina bijvoorbeeld had de profeet Mohammed geregeld contact met mannen die de grens tussen de geslachten hadden overschreden. Dat waren de *mukhannathun*, mensen die anatomisch mannelijk waren en als jongen waren opgevoed, maar zich als vrouw gedroegen. Tegenwoordig zouden we ze als travestiet beschouwen of wellicht als transgender. Hoewel ze als vrouwen spraken, als vrouwen liepen en er als vrouwen uitzagen, werd aangenomen dat de mukhannathun zich niet tot mannen aangetrokken voelden. Al werd eveneens algemeen aangenomen dat ze zich evenmin voor vrouwen interesseerden, wat er de reden van was dat ze toegang hadden tot de vrouwen van de Profeet, en een erkende rol hadden als koppelaar en entertainer.

Degenen die het dragen van kleren van het andere geslacht als onislamitisch beschouwen, baseren zich op wat zij als een scherpomlijnde dualiteit van de schepping beschouwen, zoals die in de Koran wordt omschreven: 'Bij de nacht wanneer hij toedekt! Bij de dag wanneer hij verschijnt! Bij Hem die het mannelijke en het vrouwelijke heeft geschapen! Jullie streven is echt velerlei.'[393] En ze beroepen zich op menig Hadith waarin de Profeet naar verluidt mukhannathun veroordeeld heeft: 'De Profeet vervloekte verwijfde mannen en mannelijke vrouwen', is slechts een variatie op dit thema.[394] Maar er bestaat enige discussie over de vraag waarom de Profeet deze mening ten aanzien van juist deze mukhannathun was toegedaan, en of deze veroordeling ook kan worden gegeneraliseerd naar al dergelijke mensen. Volgens sommige geleerden zou het namelijk niet de travestie als zodanig zijn die de mukhannathun in de problemen bracht, maar zou dat meer het gevolg zijn van het vermoeden van de Profeet dat het gebrek aan belangstelling voor vrouwen bij een specifiek persoon niet onwankelbaar was, of van het vermoeden dat er een ander was die onwettige afspraakjes tussen mannen en vrouwen regelde – een individuele vermaning die uiteindelijk op alle vergelijkbare mensen van toepassing werd.[395] Na verloop van tijd nam de regel over de mukhannathun vaste vorm aan en werd hun gendergedrag geassocieerd met passieve sodomie – iets wat eerdere generaties Arabieren hadden kunnen onderscheiden – wat uitmondde in een alom aanwezige verwarring die tot op de dag van vandaag voortduurt.

Vaststaat dat homoseksuele mannen en vrouwen in de huidige Arabische wereld veel bagage meetorsen. Al hebben ze volgens Randa als ze daarvoor kiezen in elk geval een kast waarin ze die bagage kunnen opbergen. Maar het uit de kast komen als transseksueel is niet bepaald goed voor de gezondheid – los van het zelf uitvoeren van een geslachtsverandering. In een patriarchale samenleving is het voor mannen die zichzelf als vrouw zien nog erger. 'Meestal gaan ze al op jonge leeftijd van school, door discriminatie, problemen met de familie, in de maatschappij', aldus de macabere vaststelling van Randa. 'Als ze geen hormoontherapie hebben ondergaan, kunnen ze overdag als jongen leven en 's nachts in de clubs als meisje. Of ze zijn ineens aan de hormonen gegaan en worden door hun familie het huis uit gezet. Dan worden ze gedwongen zichzelf te prostitueren en worden een nachtmens. Wie uit de betere kringen komt en een eigen bedrijf heeft, eigen projecten, eigen vermogen, kan in vrede leven, zelfs als hij er door de familie en de samenleving uit is gegooid. Die mensen kunnen een waardig leven leiden.'

In sommige delen van de Golf, waar genderverschillen van een kleur zijn voorzien – vrouwen in het zwart en mannen in het wit – en travestie in toenemende mate een bron van sociale onrust is, bestaat er een groot gebrek aan die waardigheid. Zo werd er in 2007 in Koeweit een amendement in het wetboek van strafrecht aangenomen waarin stond dat 'het op enige manier imiteren van de andere sekse met maximaal een jaar gevangenisstraf en een boete van 1000 Koeweitse dinars [ongeveer 2700 euro] moet worden bestraft, of met een van deze twee straffen.'[396] Sindsdien zijn talloze van man naar vrouw veranderde mensen of transseksuele mensen gearresteerd, vaak omdat ze er wat anders uitzagen, omdat de wet in wezen niet goed omschrijft waaruit deze imitatie bestaat. Zelfs een medisch certificaat over een stoornis in de genderidentiteit, uitgegeven door de overheid, voorkomt niet dat ze worden gearresteerd. Zoals Moenir in Caïro merkte, kan een verblijf in een politiecel gepaard gaan met marteling, seksueel misbruik en afpersing door politieagenten. De wet heeft ook tot gevolg dat mannen in het algemeen achter ze aan zitten.

Het is de vraag waarom de regering van Koeweit er eigenlijk toe is overgegaan om travestie de kop in te drukken. Een Arabische verslaggever wees erop dat het niet zo is dat het land geen andere urgente problemen heeft: 'Wie zijn hier trouwens pervers? Zijn vergrijpen als het doen toenemen en verspreiden van omkoping, politieke corruptie in het Huis van Afgevaardigden, welig tierende corruptie in overheidsinstellingen, en het verval van de zeden in de samenleving van Koeweit ... meer of minder gevaarlijk voor de maatschappij dan het zogenaamde fenomeen van ... de derde sekse [transseksuele mannen die vrouw zijn geworden]?'[397]

Net als veel andere kleinere Golfstaten is Koeweit een extreem voorbeeld van de globalisering: meer dan tweederde van de bevolking bestaat uit buitenlanders. De afgelopen jaren zijn bij de overheid en bij bedrijven vrouwen op hoge posities beland, ondanks luidruchtig protest van islamitische conservatieven. De onrust over het behoud van de nationale identiteit en de lokale cultuur richt zich vaak op wat de meest zichtbare symbolen van de westerse aantasting lijken te zijn: degenen van wie men vindt dat ze de traditionele seksuele of genderrollen schenden, of het nu machtige vrouwen zijn, homoseksuelen of travestieten. Verdoezeld wordt het feit dat 'traditioneel' gezien vrouwen in de islamitische samenleving belangrijke posities innamen, en dat alternatieve seksualiteiten lang deel hebben uitgemaakt van het Arabische leven. Het innemen van een hard standpunt over een zo kwetsbare groep als de 'derde' sekse is een gemakkelijke manier om je islamitische geloofwaardigheid op straat te bewijzen, en de leden van deze groep vormen een veel eenvoudiger doelwit dat de vrouwenbeweging van het land, die veel connecties heeft.

Het zijn niet alleen non-conformistische mannen die voor een oplopende temperatuur in de Golf zorgen. *Boyat* is een Arabisch woord voor vrouwen die eruitzien als jongemannen en zich ook zo gedragen. Boyat zorgen ook in de samenlevingen van de Golf voor enige paniek. Zo worden in de Verenigde Arabische Emiraten winkelcentra en andere openbare gelegenheden tijdens georganiseerde acties door politieagenten op verdacht uitziende meisjes onderzocht. Wie voor het eerst wordt gearresteerd, wordt bij de ouders afgeleverd, maar wie vaker wordt opgepakt, moet zich voor het gerecht verantwoorden voor het 'overtreden van de openbare zedelijke normen'.[398] Boyat zijn beschuldigd van een psychische stoornis, het uitdagen van God, het verspreiden van morele corruptie door homoseksualiteit en het huwen van mensen van hetzelfde geslacht, om maar niet te spreken over het vereren van Satan en het bezeten zijn door djinn.[399]

Hoewel boyat tegenwoordig worden beschreven als een gevaarlijk soort buitenlandse import, is er eigenlijk niets nieuws aan vrouwelijke travestie in de Arabische regio. In het negende-eeuwse Bagdad zag het meest knappe meisje er net zo uit als een jongen. Dat waren de *ghulamiyyat*, een vrouwelijke afleiding van het Arabische woord voor jongeman. Deze vrouwen waren een eigenaardig mengsel van man en vrouw. De ghulamiyyat kleedden zich als man, maar droegen make-up. Terwijl ze hun wenkbrauwen uittrokken en hun lippen verfden, tekenden ze, met muskus, ook een snor. In een tijd waarin mannen en vrouw strikt gescheiden leefden, hielden ze zich op bij mannen, bij hondengevechten, jachtpartijen, paardenraces en schaakwedstrijden, waarbij ze vrouwelijke bijzonderheden als sieraden en haarvlechten meden. Ze namen zelfs een mannelijke naam aan. Toch probeerden ze hun borsten niet af te binden, ze waren overduidelijk heteroseksueel en verfden de naam van hun geliefden vaak op hun wang.[400]

De mode van de ghulamiyyat bereikte in Bagdad het hoogtepunt tijdens het kalifaat van de Abbasiden. Volgens sommige getuigenissen waren er tot wel vierduizend aanwezig in het hof van de meest beroemde sultan, Harun al-Rashid. Tijdens het bewind van zijn zoon Al-Amin verhevigde de mode nog, dankzij Zubayda, de vrouw van Al-Rashid. Aan het Abbasidische hof kwamen veel relaties voor tussen mensen van hetzelfde geslacht, en zoon Al-Amin stond bekend om zijn voorliefde voor jongens. Zubayda zat zozeer in over de afnemende kans op het produceren van een troonopvolger, dat ze een plan bedacht. Ze kleedde slavenmeisjes als jongens en knipte hun haar af, in de hoop dat haar zoon zich tot hen aangetrokken zou voelen. Het lijkt te hebben gewerkt. Al-Amin vond de ghulamiyyat aardig, en sommigen kregen een behoorlijk prominente positie. Zo was zijn favoriet 'Arib niet alleen bekend vanwege haar schoonheid, maar ook vanwege haar talenten als zangeres, dichteres, schaakspeelster en roekeloos paardrijdster.

Tegenwoordig is men minder tolerant tegenover vrouwen die kleren van het andere geslacht dragen, wat kan variëren van regelrechte veroordeling tot pogingen om ze te bekeren. Wat dat laatste betreft heeft Qatar een van de meest openlijke en georganiseerde pogingen ondernomen. In 2007 zette de overheid een speciaal 'rehabilitatiecentrum' op om problemen van jongeren te behandelen, onder meer verslaving, agressie, en 'seksuele afwijkingen', waaronder boyat vallen. Toen ik er een bezoek bracht, in de zanderige buitenwijken van Doha, wist eigenlijk niemand goed hoe vaak het fenomeen zich voordeed, wat hen werkelijk bezielde en of de meisjes eroverheen zouden groeien.

Veel mensen die ik in Doha ontmoette, spraken over boyat die ze in winkelcentra waren tegengekomen alsof ze het over een ufo-waarneming hadden. Maar volgens een psycholoog die zich met boyat bezighoudt, worden ze zelden in het openbaar waargenomen. Meisjes houden hun travestie voor zich en dragen die onder hun aba, die ze alleen op school afleggen of in privésituaties onder vrienden. Geheimhouding is de regel, kreeg ik te horen, omdat de familiebanden in Qatar sterk zijn en nieuws zich snel verspreidt. 'De Qatari maken maar 16 tot 18 procent [van de totale bevolking] van Qatar uit', zei de psycholoog. 'En ze zijn familie van elkaar. Veel families hebben dezelfde naam, misschien zijn er wel vijftig met dezelfde naam. Dus als je iets verkeerd doet, wordt de hele familie daardoor gebrandmerkt.'

De meeste tienermeisjes die er voor een consult worden gebracht, beschouwen zichzelf niet als iemand aan wie iets mankeert: 'Vrouwen ervaren het niet als een probleem. Ze vinden dat ze vrij zijn om het te doen. Ze vinden het niet verkeerd.' Op basis van observatie deelde de psycholoog de boyat in minstens drie groepen in: degenen van wie de genderidentiteit mannelijk is, degenen die zichzelf als vrouw zien maar zich tot hun eigen geslacht aangetrokken voelen, en degenen die zich als jongens gedragen om stoer te doen, modieus te zijn en populair bij de meest aantrekkelijke mensen op school. De practicus beschreef een patiënt, een zestienjarige, die zich als meisje ongemakkelijk voelde en haar tot rijpheid komende figuur met kleren, diëten en het platdrukken van haar borsten probeerde te verhullen. 'Thuis werd ze als jongen behandeld, en ze speelde met de andere jongens met een bal', zei de psycholoog, die de genderverwarring van het meisje aan haar opvoeding weet. 'Haar ouders hadden niet geprobeerd haar met poppen en in de keuken te laten spelen. Die familie heeft geen vrienden met jonge meisjes, maar daar hadden ze niet bij stilgestaan, en ze hadden niet geprobeerd vriendinnetjes voor haar te vinden.'

Na psychotherapie veranderde het uiterlijk van het meisje. 'Ze zat niet meer uren achtereen voetbal te kijken en hoefde er niet meer alles over te weten. Ze begon te accepteren dat ze make-up droeg en probeerde zich anders te kleden. Ze ging nadenken over haar toekomst ... "Uiteindelijk moet ik in deze samenleving trouwen, dus moet ik daar wel over gaan nadenken."' Maar zijn dit soort veranderingen niet alleen maar oppervlakkig? Als een boyat tevreden was met haar situatie, zou de psycholoog haar dan proberen te veranderen? 'Nee', was het antwoord, maar deze specialist betwijfelde of dergelijke gevallen goed zouden aflopen. 'Als je ergens tussen man en vrouw in zit, zul je nooit vrij zijn. Er zal altijd druk worden uitgeoefend. Dat is geen oplossing.'

Voor sommige mensen die transgender zijn, is het een oplossing om volledig van geslacht te veranderen. Dat is een dure zaak, 25.000 tot 30.000 euro, zegt Randa, voor de complete hormoonkuur, urenlange plastische en reconstruerende chirurgie, en jarenlange psychotherapie. Wie zich eraan waagt, moet vaak naar het buitenland, buiten de Arabische regio. Voor degenen die het zich kunnen veroorloven zijn Thailand en Singapore populaire bestemmingen. Het is weliswaar mogelijk je geslacht in de Arabische regio chirurgisch te laten veranderen, maar daar zijn veel beperkingen aan verbonden.[401] Haviken die tegen alle geslachtsveranderende operaties zijn, baseren zich op een zin in de Koran: 'Gods schepping is niet te veranderen.'[402] Maar voor mensen met een klinisch gedefinieerde genderidentiteitsstoornis ontstond er enige ruimte door een fatwa die werd uitgevaardigd door een voormalig grootmoefti van Egypte, wijlen sjeik Sayyid Tantawi.[403] Sommige sjiitische religieuze geleerden staan er flexibeler tegenover, van wie de meest prominente ayatollah Khomeini was, die in de jaren tachtig van de vorige eeuw een fatwa uitvaardigde waarin operaties voor geslachtsverandering werden toegestaan (onder meer voor transgendermensen) omdat deze procedures niet expliciet in de Koran worden verboden, omdat die de disharmonie tussen lichaam en geest herstelt, en omdat die voorkomt dat de van geslacht veranderde persoon zondige handelingen begaat – een relatie met mensen van hetzelfde geslacht aangaat.[404]

Maar in de Arabische regio kan het veranderen van geslacht op papier even moeilijk zijn als in werkelijkheid. Zo kunnen er in de Golfstaten jarenlange juridische procedures nodig zijn om toestemming van de overheid te krijgen voor geslachtsveranderende operaties en voor het veranderen van het geslacht op identiteitsdocumenten – een procedure met grote gevolgen voor bijvoorbeeld vererving, die afhangt van het geslacht. In Libanon is het iets minder formeel, zegt Randa. 'Voor Libanezen is het erg ingewikkeld, maar het is te doen. Het kost geld en tijd, maar het is mogelijk.' Maar niet voor haar. Randa was in Libanon een buitenlander, waardoor het aanpassen van de papieren niet mogelijk was, en gezien haar verleden in Algerije maakt ze in dat land al even weinig kans. Uiteindelijk ging Randa naar Europa voor een nieuw leven, dat ze als volwaardige vrouw kan leiden.

Op persoonlijk vlak had Randa geluk en zat ze zelden zonder mannelijk gezelschap. Al was het in beroepsmatig opzicht een heel wat lastiger tijd. Ze mocht niet werken in een particulier ziekenhuis in Beiroet, ook al was ze door haar ervaring als organisator in de gezondheidszorg wel geschikt voor de positie. Want hoe overtuigend ze er als vrouw ook uitziet, zonder juiste geslachtsaanduiding in haar officiële identiteitsbewijs, waarnaar toekomstige werkgevers vragen, kunnen vooroordelen over transgenders en transseksuelen ertoe leiden dat ze geen reguliere baan krijgt. Wie wel werkt, kan door de werkgever uitgebuit worden, moet lange dagen maken, krijgt minder loon en heeft minder voordelen dan andere medewerkers, waarbij de mogelijkheid van seksueel misbruik tot de deal behoort.[405]

Organisaties die voor andere in seksueel opzicht afwijkende groepen opkomen, hebben transseksuele mensen in de Arabische regio grotendeels over het hoofd gezien, al komen er nu enkele initiatieven van de grond die erop gericht zijn beter te begrijpen wat hun behoeften zijn en te proberen in die behoeften te voorzien. Toch valt het niet mee om hen te laten meedoen. 'Transseksuelen zijn zo desperaat over de samenleving, overal zo ziek van, dat ze niet meer willen', zei Randa. '"Wat zeg je? Wil je dat voor ons bereiken, wil je ons rechten geven?" Dat geloven ze niet.' Maar ze heeft er ook begrip voor dat de samenleving aarzelt zich met hen in te laten. 'Voor een deel komt dat door de transseksuelen zelf. Als je je overgeeft aan extreme vulgariteit, extravagantie en dergelijke, in hoeverre kun je dan verwachten dat je gerespecteerd wordt? Dat is een kwestie van de kip of het ei. Als jij me als een slet behandelt, goed, dan ben ik een slet, een extreme slet. Je moet een beetje je best doen om te begrijpen hoeveel leed er achter deze extravagantie zit.'

TOEKOMENDE TIJD

Dit soort ervaringen benadrukken de oproep van LGBT-activisten in de regio die hun strijd in een bredere context willen plaatsen. Een strategie die deels wordt ingegeven door de vrees voor een conservatieve reactie als de aandacht op de boeman van de 'homorechten' gericht wordt, maar meer nog door het inzicht dat mensen zich over het algemeen niet op hun gemak voelen bij non-conformisme en diversiteit – etnisch, religieus, raciaal en seksueel – en niet alleen in Beiroet, een stad die gegrondvest, verwoest en weer herboren is door sektarisme. Moumneh bevindt zich nadrukkelijk in het kamp van degenen die het zo breed mogelijk willen opvatten. 'Ik denk dat het voor LGBT-mensen in onze regio het beste is om niet langer in LGBT-termen te denken. Ik denk dat dit erg veel beperkingen oproept. Volgens mij zou het beter zijn als er gekeken wordt naar de onderliggende oorzaken van de problemen waarmee we kampen, en naar de relatie tussen deze problemen en andere problemen in de samenleving. Als we dat niet doen, komen we uiteindelijk uit op een situatie waarin de vooruitgang die we boeken slechts voor een kleine, bevoorrechte groep geldt.'

Ze sprak verder in de volgende geest: 'Ik vind het bijvoorbeeld erg lastig om te zien waartoe een dialoog over LGBT-rechten zal leiden in een cultuur waarin zo veel nadruk op de familie wordt gelegd. Ik zie niet in hoever je daarmee kunt komen zonder te werken aan de lichamelijke autonomie en de lichamelijke integriteit van vrouwen. En LGBT-organisaties hebben zich van oudsher nooit met deze kwesties beziggehouden, omdat ze voornamelijk door homoseksuele mannen werden geleid. Over het algemeen denk ik niet dat dit een passend model voor de regio is. Niemand zal homoseksualiteit uit de criminele sfeer halen terwijl vrouwen nog steeds gestraft worden voor overspel. Dat is absurd, dat zal niet gebeuren. Zonder de kwestie van seksuele autonomie als geheel aan te pakken, zal er geen enkele vooruitgang worden geboekt.'

Shahira sloot zich bij deze sentimenten aan. 'Als we gemeenschappen tot actie willen aanzetten, zullen we met iets anders moeten komen dan "we zijn allemaal homoseksueel", en dat is gedeeltelijk mijn probleem met identiteitspolitiek. Als we alleen de feiten in de regio onder ogen nemen, dan zie je dat LGBT-mensen niet zo zichtbaar zijn als we denken. Terwijl iedereen in de regio te lijden heeft onder de onderdrukking van de moraliteit – of het nu gebeurt door de overheid, de religie of de samenleving – iedereen. Dus waarom zou ik me inzetten voor de bevrijding van een subgroep, als ik kan investeren in het echte werk dat moet gebeuren, een zaak van de heel lange termijn?' vroeg ze me vastberaden. 'Toen ik jonger was, identificeerde ik me niet met L, B, G of T ... Ik was gewoon iemand die werd onderdrukt omdat ik vrouw was – een Arabische vrouw, een alleenstaande vrouw.' Voor Shahira komt het grote plan van de sociale gerechtigheid uiteindelijk neer op het persoonlijke. 'Ik wil erop uit kunnen gaan en in staat kunnen zijn een appartement te huren zonder een hoer genoemd te worden. Ik wil in staat kunnen zijn over straat te lopen zonder dat er iemand aan mijn kont zit. Het maakt niet uit wat ik in bed doe – omdat ik mijn deur kan sluiten.'

In veel opzichten is Libanon een uitzondering. Ik vroeg Moumneh wat er geleerd kon worden, als dat al mogelijk was, van de ervaringen van Meem en Helem bij het verkrijgen van meer ruimte voor seksuele diversiteit. Zonder een seconde te aarzelen, gaf ze me haar recept: 'Ik denk dat de centrale kwestie waarnaar we hier moeten kijken de vrijheid van vereniging is. In landen waar je een meer ontspannen wet voor de vrijheid van vereniging hebt, bestaat er meer ruimte voor mensen om zich te organiseren rondom wat voor zaak dan ook, waaronder seksualiteit of zaken die LGBT aangaan. Vandaar ook dat Libanon in de voorhoede was, omdat het, hoe gebrekkig ook, de instellingen van een democratisch land heeft. Er zijn dus meerdere politieke partijen, er is een actieve burgermaatschappij, en er is een heel, heel vrije wet van vereniging, waarvoor in wezen geen instemming van de staat nodig is – er wordt alleen verlangd dat je de overheid inlicht. Als dat niet zo zou zijn, zou je niet hebben wat er tegenwoordig in Libanon is, zou er dus niet aan seksualiteit en seksuele rechten gewerkt worden. En ik denk dat het daarom gaat als je naar andere landen kijkt.' Ze adviseert Nasim, Moenir en hun collega's om langzaam te werk te gaan. 'Het is nog niet zover dat je in Egypte kunt zeggen: "Ik wil een LGBT-organisatie oprichten." Eerst moet er een basis gelegd worden. Je hebt het over een samenleving die met een enorme ommezwaai bezig is, en eerst moeten de bouwstenen voor een meer open en democratische samenleving gelegd worden.'

Net zoals de opstanden, en wat daarop volgt, in verschillende landen verschillend verlopen, zullen de strategieën van de LGBT-groepen in de regio uiteenlopen – sommige roepen op tot volledige juridische hervormingen, en andere kiezen voor de langzame aanpak. Maar nooit vindt deze planning in afzondering plaats. Vergeleken met de fragmentatie van, en competitie tussen, groepen in de burgermaatschappij die ik in andere gebieden heb gezien – bij bijvoorbeeld vrouwenrechtenorganisaties van de oude stempel – zijn de LGBT-activisten uit de regio opmerkelijk goed georganiseerd en hebben ze goede connecties, zowel online als daarbuiten. Door een aanhoudende reeks bijeenkomsten van werkgroepen en conferenties over hiv in de hele Arabische regio, zoals eerder beschreven, komen ze geregeld met elkaar in contact, zodat ze verhalen kunnen uitwisselen en strategieën vergelijken. Met name Turkije is een handige kweekvijver gebleken voor activisten voor seksuele rechten in de dop in de Arabische regio, omdat dit land onderdak biedt aan werkgroepen en netwerken, waardoor die de kans krijgen om hun vaardigheden te verbeteren en te leren van het specifieke voorbeeld voor sociale en seksuele veranderingen in een islamitische context.[406] De meest vooraanstaande activisten in de regio worden maanden van tevoren geboekt voor internationale bijeenkomsten over seksualiteit. En door het toenemend aantal congressen over de Arabische Lente, waarin er steeds meer aandacht komt voor de status van homoseksuele mannen en vrouwen in de nieuwe orde, maken ze steeds meer vlieguren.

Deze mannen en vrouwen, meestal onder de veertig, zijn indrukwekkend – goed opgeleid, wijs en welbespraakt. Ze geven weinig om hiërarchie, en hun netwerken en organisaties worden op een verfrissende meritocratische basis geleid. Veel zijn het er nog niet – een minderheid van een minderheid – maar hun ambities zijn groot. Ze weten heel goed hoe de wereld in elkaar zit, en kunnen heel precies aangeven wat in het buitenland heeft gewerkt en wat in eigen land zal werken. 'Op het zuidelijk halfrond zijn talloze voorbeelden te vinden waarvan we kunnen leren, of het nu van Afrika is en de religieuze fundamentalisten, van Latijns-Amerika en de trans[transseksuele] beweging daar, of van wat er in India is gebeurd met het uit de criminele sfeer halen van de sodomie. Het zuidelijk halfrond is bijzonder rijk aan voorbeelden, geslaagde en niet-geslaagde', zei Shahira, die me een vele gebieden beslaand overzicht geeft van internationale ontwikkelingen in de seksuele rechten. 'Als je zegt dat het Westen perfecte oplossingen heeft, dan is dat uiterst imperialistisch en zeer aanmatigend. Dat is een soort kolonialisme, en dat is problematisch. Als we willen helpen, dan moeten we gebruikmaken van onze stem, onze computer, onze hersenen, en we weten hoe we vragen moeten stellen. Als het geen oplossingen op plaatselijk niveau zijn, zullen ze niet werken. Als we hulp nodig hebben, weten we waar en hoe we die moeten inroepen. Er zijn genoeg mensen onder ons die gestudeerd hebben, ervaring hebben opgedaan en al lange tijd in dit veld werkzaam zijn.'

Een van de meest interessante gelegenheden voor de LGBT-activisten uit de regio om te netwerken, en een maatstaf voor hun voortgang in de afgelopen jaren, is Mantiqitna Qamb (het kamp van onze regio).[407] Sinds 2010 hebben LGBT-mensen uit de regio elkaar eenmaal per jaar op een 'geheime' locatie ontmoet, voor werkgroepen over seksualiteit, gender en activisme, en voor het leren van levenslessen en het krijgen van advies op persoonlijk gebied. Shahira, een trouwe bezoeker van het evenement, legde uit dat het bij Mantiqitna bovenal gaat om het in contact komen, 'niet alleen met onze homoseksuele identiteit, maar met onze Arabische identiteit'.

En er zijn al resultaten geboekt. Hassan, een LGBT-activist uit Tunesië, was er vanaf het begin bij. 'Ik heb echt veel waardering voor dit initiatief. Ik heb al ervaring opgedaan en geleerd om een klein, regionaal netwerk [genaamd Khomsa] op te zetten en te coördineren. Dat was in het kamp van 2010, op de laatste dag, tijdens een bijeenkomst van groepen LGBT-activisten uit de Grote Maghreb – Marokko, Tunesië en Algerije. We hebben ervaring, maar kennen elkaar niet. Op dat moment drong tot ons door dat we vergelijkbare doelen hadden. We werken samen, wisselen ervaringen uit, houden telefonische vergaderingen met Skype.'

Voor Hassan als homoseksueel activist en als homoseksuele man was deze solidariteit van onschatbare waarde. 'Wat voor ons als LGBT werkelijk van belang is? We zijn niet veilig', zei hij. 'Zo leven we al jaren. We worden gediscrimineerd, gestigmatiseerd, genegeerd en niemand wil met ons praten. We worden afgewezen door de familie, geïsoleerd en uitgesloten. Het feit dat je een netwerk hebt dat je steunt, dat je er in deze wereld niet alleen voorstaat, dat biedt morele steun. En praktische steun, want je doet ervaring op, hebt meegedaan aan activiteiten die hun doel hebben bereikt en andere waarbij dat niet het geval was, mislukkingen waarvan je kunt leren.'

Hassan wist precies wat zijn doelen zijn: om te beginnen de afschaffing van het Tunesische artikel in het strafrecht dat relaties tussen mensen van hetzelfde geslacht strafbaar stelt (met tot drie jaar gevangenis) en de oprichting van een nieuwe ngo om de rechten te verbeteren van minderheden en gemarginaliseerde groepen, over de hele linie. Net als bij Meem bestaat de strategie in het zoeken van aansluiting bij andere organisaties, die aan vrouwenrechten werken, aan het welzijn van kinderen – eigenlijk aan alle mensenrechtenkwesties – om de belangen tot een algemeen belang te maken en de boodschap voorzichtig te verweven met het algemener debat over sociale rechtvaardigheid. 'Waar mogelijk proberen we de zaak van LGBT naar voren te brengen, zodat [de andere groepen] ermee sympathiseren. Als je een heteroseksuele vrouw vindt, gehuwd, die zich openlijk uitspreekt tegen stigmatisering of tegen het in de gevangenis [gooien] of bestraffen van mannen, alleen omdat ze een relatie met iemand van hetzelfde geslacht hadden, dan is dat minder riskant dan wanneer je rechtstreeks zegt: "Ik ben homo en daar ben ik trots op." Dat doen we niet – dat is provocerend. Het is onze taak om pleidooien te houden, bijeenkomsten te houden, aan te sluiten bij mensen die onze fakkel aan anderen kunnen doorgeven, anderen kunnen overtuigen.'

Net als zijn tegenhangers in veel andere delen van de regio, weet Hassan ook heel goed wat hij niet wil. 'Ik ken de Tunesische maatschappij. We zullen nooit om het homohuwelijk vragen, dat staat vast, want de meesten van ons willen de klassieke relatievorm, het huwelijk, niet, daar denken we niet aan. Nee, geen kinderen krijgen, nee, nee, nee. De meeste [mannen] zijn jong en willen een gewoon leven leiden, correct, zonder stigmatisering of discriminatie. Dat is ons doel voor de komende vijf jaar en zelfs daarna.' In het huidige klimaat is dat zeker geen makkelijke taak. 'Door de revolutie kunnen we openlijk over seksuele vrijheid discussiëren', zei hij. 'Maar het is ook mogelijk dat we vijf jaar in de tijd teruggaan. Het is een lastig moment. En we moeten goed opletten. We letten vierentwintig uur per dag en zeven dagen in de week op – het kan van het ene op het andere moment omslaan. Er zijn veel Tunesiërs die pleiten voor vrijheid van expressie, seksualiteit, et cetera, en anderen willen dat we terugkeren naar een samenleving waar de sharia en de islam de dienst uitmaken. Er zijn twee krachten, die elkaar in evenwicht houden. Als LGBT weten we precies wat we willen: zorgen voor een democratisch leven. Ik ben niet tegen de islamisten, ik ben tegen niemand. Ik wil dat er een echt debat komt, waarin we elkaars standpunten respecteren, elkaar niet proberen te veranderen. We leven in één land – Tunesië voor jou, voor mij, voor ons allemaal.'

In Caïro zijn er na de revolutionaire roes weloverwogen stappen gezet. Voor Moenir, die van begin tot eind op het Tahrirplein heeft gekampeerd, hebben die achttien dagen voor een wezenlijke verandering gezorgd. 'Ik kon me niet voorstellen dat Egyptenaren zo moedig waren', zegt hij met gloedvolle stem bij de herinnering. 'Het was prachtig, prachtig.' En een poosje waren de verschillen in opvattingen vergeten – in alle opzichten. 'Er waren veel homoseksuelen bij de revolutie aanwezig, maar niemand richtte zich daarop. Eerlijk gezegd was ik vergeten dat ik homoseksueel was. Ik was alleen maar Egyptenaar. Mensen die gewond raakten, stierven, dat waren allemaal Egyptenaren, niets anders. Geen verschil tussen homoseksuelen en hetero's. Niemand voelde een verschil.'

Voor Moenir was de periode kort na de opstand 'paradijselijk', onder meer door het respect dat hij van vrienden en buren kreeg. Waar hij eens geminacht werd vanwege zijn verwijfdheid, bewees een verblijf op het plein zijn mannelijkheid voor degenen die hem kleineerden. Maar ingrijpender was het verdwijnen van de politie en veiligheidsdiensten, zodat de binnenstad van Caïro een geliefde locatie werd. Er werden veel privéfeestjes gehouden, waardoor er in sommige bars en clubs een compleet roze economie ontstond. 'Homoseksuele mannen voelen zich tegenwoordig wat vrijer', merkte Moenir op toen we op een druk terras in Borsa plaatsnamen, waar het gonsde van leven. Alsof ze erop gewacht hadden, wandelden er twee onberispelijk uitziende, sexy geklede mannen van in de twintig hand in hand voorbij, terwijl ze in elkaar oren fluisterden. 'Als ik me onder deze mensen begeef' – Moenir gebaarde met zijn arm naar het hele café – 'dan zie ik dat ze allemaal gay zijn.'

De vraag is hoe ervoor gezorgd kan worden dat dit voorbijgaande gevoel van vrijheid voortduurt en zich verspreidt. Daar wordt Hossam Bahgat helemaal door in beslag genomen. Zijn ngo, het Egyptian Initiative for Personal Rights (EIPR), heeft jarenlang gestreden voor wettelijke erkenning van persoonlijke vrijheid op alle gebied – ook in de slaapkamer. Het EIPR is een van de weinige ngo's in Egypte die voor seksualiteit opkomt, bijvoorbeeld juridische steun regelt voor homoseksuele mannen die bij politieacties worden opgepakt, of de regering aanpakt vanwege gedwongen maagdelijkheidstesten.

Voor Bahgat was het Tahrirplein een realisering van alles waarvoor het EIPR heeft gestreden. 'Het was een moment waarop het zo vanzelfsprekend leek dat we een diverse samenleving zijn en dat mensen recht hebben om te doen waar ze gelukkig van worden, zolang ze maar niemand iets aandoen, in de ruimte van een ander komen', zei hij. '[Al] was het niet zo dat het wezen van de Egyptenaren aan het licht kwam', waarschuwde hij. 'Nee, dit was een moment, een goed moment – dat we alleen wel onder de aandacht moeten houden.'

Tegenwoordig zijn de mensenrechten een heet hangijzer, en Bahgat wordt voortdurend gebeld door groepen uit Europa en Amerika die met hem willen samenwerken. Hoewel buitenlandse belangstelling, en financiën, in principe welkom zijn, vreest Bahgat dat 'gayrechten' – waar westerse groepen erg op gericht zijn – het hogere doel ondermijnen van het bouwen aan een samenleving waarin persoonlijke vrijheid over de hele breedte wordt erkend en gerespecteerd. 'Er bestaat een wereldwijde strijd voor gelijkheid van homo's', merkte hij op. 'Die wereldwijde beweging heeft bijzonder veel belangstelling voor de Arabische wereld. Ze zijn veel machtiger en beschikken over veel meer middelen dan het groepje activisten dat wij zijn en dat zich meent te moeten inzetten voor respect, persoonlijke autonomie en sociale diversiteit. En ik ben er steeds meer van overtuigd dat hoe meer geld zij besteden, hoe meer geld ze hiernaartoe brengen en hoe meer ze hier ingrijpen, hoe minder ruimte we hebben voor een discussie over seksuele rechten als onderdeel van persoonlijke autonomie en diversiteit in een pluralistische samenleving.'

Wie daar een bewijs voor wil zien, zegt Bahgat, hoeft maar naar het opkomende landschap van seksueel activisme in de Arabische wereld te kijken. 'Als we in kaart zouden brengen wie in de regio aan deze vraagstukken werkt,' aldus Bahgat, 'zul je misschien zeven of acht projecten tegenkomen die naar MSM[mannen die seks hebben met mannen]/LGBT kijken, en een of twee spelers die aan breder gedefinieerde seksualiteit werken. Kom maar eens met de naam van een organisatie die zich inzet voor de seksualiteit van heteroseksuele vrouwen, seksualiteit van adolescenten, of seksuele voorlichting ... Dat zijn er maar weinig vergeleken met al het geld dat voor LGBT beschikbaar is.'

Als het op verandering aankomt, bevindt Bahgat zich volledig in het kamp van de partij die stelt dat het nu niet het juiste moment is om een openbare discussie te voeren over de rechten van mensen die de grens van de heteroseksualiteit overschrijden. Bahgat vreest dat dat alleen maar voeding zal geven aan wat hij een 'kunstmatige identiteitsstrijd' noemt, waarin het verdedigen of weigeren van 'homorechten' deel gaat uitmaken van de stelling dat Egypte een islamitische of seculiere staat moet worden, terwijl dat waar het werkelijk om gaat deze onderverdeling overstijgt. Ondanks zijn vrijzinnige opvattingen, is Bahgat er niet op uit om religie opzij te zetten. Hij ziet een constitutie voor zich die op veel pijlers rust: evengoed op de 'principes van de islam' als op de persoonlijke vrijheid die hij voorstaat.

Van doorslaggevend belang voor de balans is het recht op privacy – een basisprincipe in de islam. Keer op keer herinnert de Koran moslims eraan dat ze zich met hun eigen zaken moeten bemoeien: 'Jullie die geloven! Vermijdt vele vermoedens – sommige vermoedens zijn zonde – en spioneert niet en roddelt niet over elkaar', is een terugkerend thema.[408] Mijn oma deed een dringende oproep aan mijn familie om hetzelfde te doen, en ze stampte haar wijsheid erin met snedige gezegden, zoals die aan het begin van dit hoofdstuk. Deze regels belandden in een beroemd verhaal over een van de mensen uit het gezelschap van de Profeet, 'Umar bin al-Khattab, die na de dood van de Profeet kalief werd, leider van de zich uitbreidende islamitische gemeenschap. Op een nacht wandelde 'Umar door Medina, aldus het verhaal, toen hij iets hoorde. Hij wierp een blik over een muur en zag een verboden handeling – drinken of een andere duistere daad, afhankelijk van wie erover vertelt. 'Umar gaf de betreffende man een uitbrander, waarschuwde hem voor de woede van God. Dat liet de man echter niet over zijn kant gaan, en hij merkte op dat hij weliswaar een overtreding beging, maar dat 'Umar er wel drie beging, want God had hem verboden te spioneren, via de achterdeur het huis van iemand binnen te gaan en iemand te benaderen zonder hem te begroeten.[409]

Over het algemeen kun je stellen – al zijn er natuurlijk uitzonderingen, zoals Moenir zonder meer kan bevestigen – dat in seksueel opzicht afwijkende populaties in Egypte en elders in de regio zich wel weten te redden, al moeten ze hun seksuele gedrag wel voor zich houden, want de autoriteiten vallen over hen heen als ze het publieke domein opzoeken. Wat hier op het spel staat, is niet zozeer het 'uit de kast komen' – dat voor de meeste in de regio wonende mannen en vrouwen die ik ken weinig aantrekkelijk is – maar meer de vrijheid om in die kast te blijven en te doen wat ze willen. Deze behoefte om privézaken voor zich te houden is niet uniek voor homoseksuele mannen en vrouwen, maar betreft alle seksuele gedragingen – en levert een delicate evenwichtsoefening op voor de democratische vrijheid van expressie, vereniging en vergadering.

Het recht op privacy was in de oude grondwet (van voor 2011) en de Egyptische wet vastgelegd – maar het probleem zit hem in de handhaving. In onderlinge discussies blijken activisten en religieuze leiders het eens te zijn over de voorrang van de privacy, evenals over de bescherming tegen geweld, stigmatisering en discriminatie. Er zijn in Egypte stappen gezet om deze rechten elk afzonderlijk te verwezenlijken – kleinschalige inspanningen, om advocaten te leren mensen te verdedigen die gearresteerd zijn, en om zelfhulpgroepen op te zetten naar het voorbeeld van de beweging in Beiroet, om mannen en vrouwen te helpen bij het bespreken van hun problemen en het begrijpen van de rechten die ze momenteel hebben. Veel van de mannen en vrouwen die ik ken die op de sociaal geaccepteerde werkvloer van seksuele rechten in Egypte werken – aan bijvoorbeeld seksuele voorlichting voor jongeren en seksueel misbruik – en degenen die in feministische groepen, mensenrechtenorganisaties en nieuwe politieke bewegingen zitten, zijn zelf LGBT. Als de tijd rijp is, zullen ze zich in de goede positie bevinden om hun boodschap te verwerken in het bredere verband van sociale en politieke veranderingen.

Ondanks al deze welkome stappen is zowel Moenir als Nasim niet optimistisch over de vooruitzichten op de korte termijn. Voor Moenir is de persoonlijke veiligheid van groot belang. 'We zijn nu bang voor elkaar, niet alleen voor de overheid. Ik ben bijvoorbeeld bang als ik om twee uur 's nachts over straat loop, want iemand kan zijn wapen tonen. Dat gaat niet alleen over mij als homo, maar over mij als Egyptenaar.' Als een van de miljoenen die geregeld zonder werk zitten, denkt Moenir dat het voornamelijk een economisch probleem is dat mannen en vrouwen in groepen onderverdeelt en polariseert, wat weer extra spanning oplevert in een maatschappij die toch al zo verscheurd is. 'Tijdens de revolutie [waren] arm en rijk samen, meer dan je je kunt voorstellen', herinnerde hij zich. 'Nu is er een kloof tussen beide ontstaan, waarbij de ene homo zich vierentwintig uur per dag op straat verkoopt om te kunnen eten en drinken, en de andere homo als een koning leeft. Dus als de sociale en economische omstandigheden verbeteren, zullen er geen problemen meer zijn, dan zal niemand meer een rijk man doden en hem zijn geld afnemen. Als ik genoeg te eten en te drinken heb, en een productief leven heb, waarom zou ik dan doden? Waarom zou ik dan stelen?'

Als tweevoudige minderheid – homoseksueel en christen – is Nasim alert op de invloed van islamitische conservatieven. 'Voor [de revolutie] was het een slechte tijd ... overheersten diefstal en corruptie. Voor LGBT was dat vreselijk, voor iedereen was dat vreselijk', zei hij. Meteen na de opstand was er ruimte om te ademen, maar toen islamisten aan de macht kwamen, bereidde Nasim zich voor op een strafcampagne. Als rasechte optimist ging hij er echter van uit dat dit een tijdelijke fase van reactionaire politiek zou zijn. 'Er zullen moslims regeren, de islamieten zullen aan de macht zijn. En wie onder zo'n bewind leeft, zal het gevoel krijgen van zijn rechten beroofd te worden, waarna er een volgende revolutie zal zijn, en er een gematigde islam en een seculiere staat zal komen.' Die opstand kwam eerder dan Nasim, die actief was in de massale beweging die de katalysator was voor de val van de regering van Egyptische islamisten, ooit had verwacht. Maar de strijd is allesbehalve voorbij.

Allebei hebben ze er vertrouwen in dat het op de lange termijn beter zal gaan. Nasim, die eens overwoog te emigreren – zoals miljoenen Egyptenaren die door de opstanden 's nachts in bed liggen te woelen – heeft besloten te blijven. Door zijn contacten met studenten heeft hij goede hoop dat een jongere generatie, beter opgeleid en kansrijker, er op enig moment aan zal bijdragen om de door hem gehoopte verandering tot stand te brengen. 'Om te beginnen dat men niet bang meer is om uit de kast te komen. Dat je privéleven je privéleven is, geen selectiecriterium voor vriendschapsrelaties of beroepsmatige relaties. Dat het strafbaar zal zijn om iemand op basis van zijn privéleven aan te vallen. [En] dat religie bruggen tussen mensen zal slaan, vrede zal brengen voor wie homoseksueel is. Zodat het volgende beeld zal ontstaan: "Oké, zo ben jij – toch houden we van je."'

Maar dat gaat tientallen jaren duren. 'In mijn korte leven kijk ik niet naar de geschiedenis. Misschien zal ik [de verandering] niet meemaken.' Nasim zuchtte. Moenir zet evenzeer in op de lange termijn. Gezien alle pijn die hij heeft geleden, heeft hij alle reden om met het verleden te willen breken. Maar voor Moenir houdt die verandering een andere weg in dan een westerse manier van bevrijden van homoseksuelen. 'Ik wil mijn rechten,' benadrukt hij, 'maar alleen binnen het kader van de Egyptische en oosterse samenleving en de islam. Het punt is dat ik democratie of vrijheid niet verkeerd moet opvatten. Een man op straat een kus geven? Nee, dit is een islamitisch land. Ik, als gay, wil dat niet zien. Ik wil verandering, maar alleen binnen de grenzen die moslims, Egyptenaren en conservatieven stellen. Als ik voor deze gay pride ga, waar gaat het me dan werkelijk om?'

Moenir sprak voor velen die nu strijden voor gelijke behandeling van seksuele minderheden in Egypte en daarbuiten. 'Ik wil respect – meer niet. Respect voor mij als mens, niet omdat ik homoseksueel ben.' Maar dat ene kleine woord – respect – bevat een lange lijst met wensen: het recht op privacy; vrijwaring van willekeurige arrestaties, opsluiting en marteling;

het recht op een eerlijk proces; vrijheid van vereniging en vergadering; en vrijwaring van discriminatie. Als Moenir en de zijnen een rol kunnen spelen bij het bereiken van dergelijke veranderingen – voor iedereen – dan hebben we het echt over een revolutie.

7
Als de revolutie komt

Veiligheid is traagheid; spijt komt door haast.
– Mijn oma over evolutie boven revolutie

'Citadel! Citadel!' schreeuwde mijn taxichauffeur in het Arabisch, terwijl we elkaar via de achteruitkijkspiegel aankeken. 'Trek je kleren uit!'

Ik was onderweg naar een van de beroemde historische monumenten van Caïro: de Citadel, een massief fort, bijna duizend jaar geleden gebouwd door Salah al-Din, de beroemde kruisvaardervernietiger. We reden in een kleine, blikken Panda, een van de ouder wordende zwart-witte taxi's van Caïro, een bedreigd exemplaar, nu fraai gestroomlijnde witte sedans met de nieuwste snufjes (waaronder werkende meters en ramen die omlaagglijden in plaats van vallen) door het land dwalen. Gezien mijn ervaringen met ongewenste intimiteiten in de stad zou ik verontwaardigd moeten zijn over het voorstel van mijn chauffeur, of in elk geval opgelucht dat hij zich niet omdraaide om me er een handje mee te helpen. Maar in feite was ik hem dankbaar. 'Je hebt gelijk', lachte ik. 'Heel erg bedankt', voegde ik eraan toe, voor wat niet zozeer een voorstel was, maar meer een les in uitspraak.

'Citadel', zo noemen we dit bastion in het Engels. Maar in het Arabisch is het *Qal'a*, en zoals Egyptenaren het uitspreken een woord om over te struikelen. Ik bleef de letters verhaspelen, totdat mijn tot wanhoop gedreven chauffeur mij probeerde te helpen door me te wijzen op een vergelijkbaar woord met een vergelijkbare uitspraak – Egyptisch Arabisch voor 'uitkleden'. Aangezien het die dag steeds heter was geworden en het zweet me op de rug stond, was ik geneigd deze les in praktijk te brengen. Maar ondertussen hadden we onze bestemming bereikt.

De Citadel bevindt zich op een uitstekende rots in het oosten van Caïro. Totdat in de jaren zestig en zeventig televisiemasten en betonnen appartementen overal de lucht in begonnen te schieten, domineerde hij de skyline van de stad, die bekroond werd door de moskee van Muhammad Ali, gebouwd door de vorst die Egypte in de negentiende eeuw op het pad van de industrialisatie zette en een dynastie stichtte die tot de revolutie van 1952 bleef bestaan. Achter de reusachtige koepels en de torenhoge minaretten van de moskee bevinden zich brede trappen met een indrukwekkend uitzicht. Op een heldere dag – ik geef toe dat die met de luchtvervuiling in Caïro zelden voorkomt – kun je de hele stad overzien: via de kronkelende steegjes van Khan al-Khalili, de soek die eens het hart van de handel in de stad vormde, naar de glimmende wolkenkrabbers in het noorden, de eenentwintigste-eeuwse opvolgers daarvan; over de Nijl, naar de piramides in de verte, omgeven door luxe compounds met namen als Dreamland en Beverly Hills; tot een blik over de schouder richting een bouwvallige, niet op elektriciteit aangesloten *'ashwa'iyya*, Caïro's versie van een krottenwijk. Bij de Citadel begin je te beseffen hoe moeilijk het is om het meest intieme aspect van een cultuur ooit echt te kennen, want er zijn zo veel mensen, de diversiteit is zo groot en deze tijd is zo tumultueus. Geen wonder dat de grote schrijvers van de Arabische erotische literatuur de zegen van God afriepen voordat ze aan het werk gingen.

Als het op seksualiteit aankomt, kan de Arabische wereld op een citadel lijken, een ondoordringbaar fort, waarvan de muren elke waargenomen aanval op het bastion van het heteroseksuele huwelijk en de familie weerstaan. Maar in werkelijkheid, zo heb ik tijdens mijn reizen gemerkt, zijn er meer dan genoeg openingen – niet alleen daar waar vernieuwers werken aan grootschalige politieke, sociale en culturele veranderingen, maar ook waar gewone mensen zich beperken tot hun eigen leven en gelukkig proberen te zijn. Tijdens mijn reizen ben ik geen enkele keer afgewezen als ik vragen over seks stelde. Het was zelfs zo dat hoe armer en minder geschoold de mensen waren, hoe opener ze erover spraken, vaak op een heel aangename manier.

Dit gold vooral voor vrouwen, die meestal uitgesprokener over deze zaken waren dan hun echtgenoten, enerzijds omdat ze gemakkelijker met iemand van hun eigen geslacht spraken en anderzijds omdat ze een grotere last droegen. Als ze onder vriendinnen waren, lieten ze hun reserves graag varen. Men was opvallend open tegen me, zelfs mannen die ik kende zouden dergelijke zaken nooit met hun vrouw, zussen, moeders of dochters bespreken. Deze openhartigheid ontstond, volgens mij, mede doordat ze blij waren iemand te treffen die afkomstig was uit een wereld waar zonder afkeuring over seks gesproken kon worden en die tegelijkertijd uit hun eigen cultuur afkomstig was. Ik was zowel insider als outsider, en hoewel dat slecht had kunnen uitpakken, bleek het juist heel goed te werken.

Deze bereidheid om te praten, en te luisteren, naar iemand die het niet per se met je eens is, zal van groot belang zijn als Egypte vooruit wil komen. Het is een kenmerk van autoritaire regimes om naar conformiteit en consensus te streven, terwijl er in een democratie respect voor een andere mening en competitie zal moeten zijn. De opstand en de daaropvolgende politieke ontwikkelingen hebben diepe kloven in de Egyptische samenleving blootgelegd – onder meer tussen vooruitstrevende mensen en conservatieve. Het oude regime maakte korte metten met dergelijke verschillen, maar in het nieuwe politieke landschap ontstaan ze weer. Het zal een grote uitdaging voor de verrijzende politieke, sociale, economische en culturele orde zijn om deze groepen naast elkaar te laten bestaan.

Toen ze weinig politieke macht hadden, maakten islamisten zich vaak meester van seks als een gemakkelijke manier om het regime aan te vallen. Eenmaal aan de macht bleven ze zich daar veelal op richten, zoals religieuze conservatieven overal ter wereld in religie verpakte seks gebruiken om invloed uit te oefenen. Het is te hopen dat de nieuwe politieke krachten, van alle gezindten, meer tijd zullen besteden aan het bestrijden van de fundamentele problemen van de afgelopen zestig jaar dan aan het arresteren van mannen die seks hebben met mannen, het verbieden van films, het censureren van het internet, of het afschaffen van wetten voor het mondig maken van vrouwen, de hoeksteen van sociale verandering. Het is echter realistischer om ervan uit te gaan dat seks de komende jaren zijn opwindende rol zal blijven spelen in de strijd tussen progressieven en conservatieven.

De manier waarop Egypte omgaat met de seksuele kwesties die in dit boek zijn besproken, heeft ook gevolgen buiten het land. Hoewel de samenleving sterk beïnvloed is door buurlanden, met name door de Golfstaten, heeft Egypte op zijn beurt erg veel soft power in de regio. De cultuur van Egypte verspreidt zich in de Arabische wereld, via de media en de migratie van miljoenen arbeiders. Egypte bevindt zich in een unieke positie om lessen van buiten het eigen land te leren, ze aan de lokale omstandigheden aan te passen en aan anderen in de regio door te geven. Via de Verenigde Naties reikt zijn invloed zelfs nog verder. Gedurende bijna twee decennia hebben burgermaatschappijen en overheden overal op de wereld geprobeerd seksuele rechten in internationale verdragen onder te brengen, een ontwikkeling waarbij mensen aan de basis die zich inzetten voor verandering baat hebben, al heeft Egypte bij bijna al dit soort bewegingen tegengewerkt. Bij deze strijd staan Egypte en zijn Arabische buren niet alleen. Landen waar moslims in de meerderheid zijn, verenigd onder de paraplu van de Organisatie van de Islamitische Samenwerking (OIS), blijven bij hun eigen standpunt, gesteund door het Vaticaan, dat voldoende invloed heeft om elke maatregel te ontraden die de Heilige Stoel als ondermijnend beschouwt voor de waarden van het gezin. Ook conservatieve christelijke ngo's uit Amerika en Europa hebben geprobeerd aansluiting te vinden bij hun Arabische en islamitische tegenhangers, bij wat een ongemakkelijke afspraak moet zijn, gezien de achterdocht waarmee veel rechtse ideologieën de islam bekijken. Bovendien hebben overheden in het Afrika beneden de Sahara en in de Arabische regio de afgelopen jaren 'duivelse allianties' – zoals voorstanders van seksuele rechten ze beschrijven – gesloten om een standpunt in te nemen tegen relaties tussen mensen van hetzelfde geslacht.

Er zijn veel recente voorbeelden van de manier waarop Arabische overheden zich op het internationale podium tegen verbetering van seksuele rechten hebben verzet. Bij deze tegenwerking speelt Egypte een centrale rol. Ik zag hoe overtuigend het land daarbij te werk ging, bij een historische bijeenkomst van de Mensenrechtenraad van de Verenigde Naties in Genève over discriminatie en geweld tegen mensen vanwege hun seksuele oriëntatie en genderidentiteit – voor onder andere Arabische staten een pijnlijk punt, omdat ze niet willen dat dat soort bescherming expliciet in internationale mensenrechtenverdragen wordt erkend. Het was Egypte dat Arabische delegaties in de raad bijeenbracht en naar buiten leidde uit protest tegen wat ze beschouwden als een hellend vlak richting homohuwelijk, homo-ouderschap en het verval van familiewaarden. Een diplomaat van een Arabisch land vertelde me dat zijn delegatie aan de discussie had willen deelnemen, maar dat de druk vanuit Egypte niet te weerstaan was. 'Of je loopt de zaal uit, of je loopt naar de duivel', zei de diplomaat, terwijl hij zich het Egyptische ultimatum herinnerde. 'Ik denk dat ze een grapje maakten.' Maar de Egyptische delegatie nam haar politieke invloed uiterst serieus. 'Wij zijn de voorzitter van de Beweging van Niet-Gebonden Landen, we maken deel uit van de Arabische groep, de Afrikaanse groep en de OIS-groep', legde een van de Egyptische afgevaardigden uit. 'Ik wil niet opscheppen, [maar] we hebben invloed in alle verbonden. Nog steeds uit hoofde van Egypte.'

In het verleden lukte het Egypte om door over 'familiewaarden' te praten te scoren bij islamitische conservatieven thuis, zonder daarvoor in eigen land iets te hoeven doen. En hierdoor was het voor Egypte mogelijk om z'n mannetje te staan onder zijn Arabische en islamitische medestanders, als bastion tegen de vermeende aanval van 'westerse waarden'. In de praktijk levert een dergelijk verzet ook nuttig wisselgeld op bij de landen die ofwel het voortouw hebben genomen bij het bepleiten van seksuele rechten bij de Verenigde Naties of die zich hevig verzetten tegen dit soort stappen, waarbij medewerking op dit front concessies op politieke of economische fronten oplevert, zaken die voor Egypte en zijn bondgenoten van groter belang zijn. Hoewel de islamisten niet langer aan de touwtjes trekken, zijn conservatieve opvattingen diep geworteld in de samenleving. Het valt niet te verwachten dat Egypte en zijn buren in de internationale strijd voor seksuele rechten op korte termijn een ander standpunt zullen innemen.

In eigen land zal verandering – in alle opzichten – eveneens tijd kosten. Ik heb veel termen gebruikt om de gebeurtenissen te beschrijven waarmee dit decennium in Egypte en andere delen van Arabië begon – 'opstand', 'protesten', 'omwenteling', 'Arabische Lente', 'Arabische bewustwording' – maar het zijn alleen anderen die het een 'revolutie' noemen. Dat is omdat de dramatische weg naar democratie van Egypte – met grote omwegen, ommezwaaien, valse starten en noodstoppen – nauwelijks een forse breuk met het verleden is. Ja, de laatste – en, zo hopen de Egyptenaren, de hekkensluiter – in de reeks militaire dictators is afgezet, maar het leger blijft een machtige factor in het politieke leven. Ja, de islamitische conservatieven, eens vervolgd, zijn erin geslaagd om de politieke macht in handen te krijgen, maar hun stijl van regeren bleek vrijwel gelijk aan die van hun voorgangers, al hadden ze niet dezelfde krachtige middelen om hun beleid door te drukken.

In de loop van hun geschiedenis hebben Egyptenaren zich in moeilijke en onzekere tijden tot religie gewend, om weer losser te worden als de welvaart en stabiliteit terugkeerden. De salafisten, van wie de ideeën een buitenlandse ent op de stam van de Egyptische islam zijn, voelden meteen de reactie van hun gastheer toen ze op de politieke voorgrond traden. Toen ze plotseling in het felle en kritische licht van de openbare aandacht kwamen te staan, werden ook hun zwakheden onthuld. En het is niet waarschijnlijk dat ze er op lange termijn in zullen slagen om Egypte en vele buurlanden naar hun eigen beeld van de islam te hervormen. Het spectaculaire falen van de Moslimbroederschap om te profiteren van de historische kans in Egypte, heeft voor veel deining in de buurlanden gezorgd, hun tegenhangers elders onder druk gezet en de hele toekomst van de politieke islam op losse schroeven geplaatst. Hoe de komende paar jaren ook zullen uitpakken, de opkomst van deze groepen in een opkomend democratisch systeem heeft gewone mensen (de zogenaamde 'bankzitterspartij') er al toe aangezet de vorm en rol van de islam in de samenleving in twijfel te trekken en te bespreken, een essentiële publieke betrokkenheid die in de oude orde ontbrak. En de opkomst heeft mensen wakker geschud die tegen een vermenging van religie en politiek zijn, progressieven uit een tientallen jaren durende verdoving opgewekt om zich in te zetten voor hun visie op het land.

Sinds de laatste opstand zestig jaar geleden is Egypte een kokend vat vol corruptie, onrecht en incompetentie geweest. In 2011 leidden verschillende omstandigheden ertoe dat de hitte toenam en de deksel ervanaf knalde middels protesten die de regio op z'n grondvesten deden schudden. De stoom slaat er nog steeds vanaf en dat zal het komende decennium blijven gebeuren, waarbij de stoom uiteenlopende vormen zal aannemen, waardoor lastig valt uit te maken hoe de samenleving eruit gaat zien. Deze onzekerheid is terug te vinden bij de mensen die in de loop van dit boek aan het woord zijn gekomen, van wie sommigen de toekomst optimistisch tegemoet zien, en anderen vrezen dat er weinig zal veranderen, en dat als er al iets verandert, het niet zal verbeteren. Persoonlijk heb ik goede hoop dat

Egypte, als het stof eenmaal is neergedaald, een sterkere, rijkere basis heeft voor komende generaties.

Wat dit voor de seksuele cultuur van het land betekent, hangt af van een ingewikkeld samenspel van wetten, economie, religie en traditie. Generaties Egyptenaren hebben van degenen die het voor het zeggen hadden, uit en thuis, al te vaak te horen gekregen wat ze wel of niet moesten doen, en dankzij hun eigen moed is het nu aan henzelf om te beslissen hoe ze verder gaan. Als het eenmaal zover is dat Egyptenaren deze kwesties aanpakken – wat ze volgens mij gaan doen – dan zullen er meerdere veranderingen nodig zijn om ervoor te zorgen dat de seksuele cultuur een andere weg in slaat.

Sinds de omwenteling zijn alle ogen gericht geweest op het evenwicht van de politieke macht, op constitutionele en wettelijke hervormingen. Voor wat betreft gender en seksualiteit is de Egyptische wetgeving in positieve zin gematigder dan die van de andere landen in de regio. We hebben bijvoorbeeld gezien dat seks voor het huwelijk en relaties van mensen van hetzelfde geslacht formeel niet strafbaar zijn. En zoals activisten op deze pagina's terecht hebben beweerd, moet er eerst aan enkele basale voorwaarden worden voldaan voordat de juridische aspecten van deze meer beladen kwesties aangepakt kunnen worden. Op papier hebben Egyptische vrouwen veel meer rechten dan vrouwen elders in de regio – rechten die vrouwen van het schijnbaar open Libanon tot het schijnbaar gesloten Saoedi-Arabië nu met veel moeite proberen te verkrijgen. Maar in de praktijk blijven deze rechten voor Egyptische vrouwen lastig te realiseren – door armoede, door vooroordelen, door het patriarchaat.

In veel opzichten, of het nu om abortus gaat, huiselijk geweld of politieke, economische of sociale rechten, zijn het Egyptische strafrecht en de rechtspositie van het individu nog te verbeteren. Het echte probleem zit hem niet eens zozeer in de wetten zelf, maar in de manier waarop ze worden geïmplementeerd en uitgevoerd, of niet. Gedurende de vele, lange decennia van de dictatuur hebben de noodwetgeving en de macht van de staatsveiligheidsdienst, die willekeurige arrestaties, opsluiting en martelingen mogelijk maakten, een beangstigende invloed gehad op alle aspecten van de samenleving, ook op de seksualiteit. Het hele systeem moet worden hervormd om enige ademruimte te kunnen krijgen, al heeft de periode die op de val van Moebarak volgde aangetoond dat het niet meevalt om van autocratische neigingen af te komen. Het in bedwang houden van de lange arm van de wet – door onder meer het herorganiseren van de ordehandhaving en de rechterlijke macht – zal een volgende stap zijn. Het stimuleren en outilleren van advocaten om iedereen te verdedigen, los van wie iemand is of hoe hij of zij leeft, is eveneens van belang.

Maar de grootste uitdaging betreft het veranderen van de manier waarop gewone mensen over de wet denken. Generaties lang hebben Egyptenaren de wet gezien als een middel om controle uit te oefenen, niet om te beschermen, iets om bij weg te blijven en niet om hoog te houden, ten dienste van de elite, niet van de man op straat. Dit geldt eveneens voor wetten die met seksualiteit te maken hebben, of het nu om genitale verminking gaat of abortus. De invloed van een wet – goed of slecht – hangt af van het respect dat men ervoor heeft. Als mensen hun overheid vertrouwen, neemt de kans toe dat ze de wetten vertrouwen die de overheid aanneemt. Daarom moet niet alleen de wetgeving veranderd worden, maar ook de cultuur van de wetgeving. Om het zover te laten komen, in Egypte en bij zijn buren, zijn er verstrekkende veranderingen nodig, ver voorbij de overheidsgebouwen.

Onderwijs is het vertrekpunt. De taak is ontmoedigend – een complete revisie van een systeem dat even verstard, fantasieloos en corrupt is als de overheid die er verantwoordelijk voor is. Het onderwijs in Egypte functioneert zo slecht dat het vaak lijkt alsof de leerlingen er minder creatief en bekrompener door worden dan minder opgeleide leeftijdgenoten. En dat geldt niet alleen voor de basisschool. Geneeskundige opleidingen, juridische opleidingen en religieuze instituten, allemaal moeten ze met een schone lei beginnen. Een van de vele, vele hervormingen die nodig zijn, is dat er een omslag plaatsvindt naar een systeem dat rekening houdt met creativiteit, dat creatief denken beloont en niet inschikkelijkheid, wat voor alle vakgebieden geldt – vooral in de religie, en dan met name voor de islam. Als jonge mensen het gereedschap hebben om zelfstandig kritisch over religie na te denken, zouden ze weleens beter in staat kunnen zijn om de onlosmakelijk met hun geloof verbonden flexibiliteit te waarderen, en in te zien welke keuzes dat geloof biedt, waar ze eens alleen maar absoluutheden aantroffen.

Niet alleen God, maar ook geld zal een verschil maken. Veel van de seksuele problemen die Egyptenaren de afgelopen jaren hebben ervaren, hangen op een of andere manier samen met de economie. Niet dat de economie onder Moebarak zo hevig achteruit is gegaan. Eigenlijk is het omgekeerde het geval. De economische groei was een succes van zijn regime waarover veel werd opgeschept, en dat er aantoonbaar aan bijdroeg dat het voor zo lang als het duurde aan de macht bleef, terwijl de elite werd afgekocht met de kans om geld te verdienen. Voor ieder ander gold dat als ze in die jaren al niet armer werden, het beslist wel zo aanvoelde, doordat hen, door de economische liberalisering en de media wereldwijd, een flitsende nieuwe consumentencultuur werd voorgehouden die buiten bereik bleef. Miljoenen mensen hebben nog steeds te lijden onder de werkloosheid, die in de afgelopen decennia enorm steeg, mede onder invloed van de demografische explosie van Egypte, en doordat de publieke sector – die van oudsher veel mensen opnam – er niet in slaagde de toestroom van de steeds hoger opgeleide jongeren te verwerken. Jammer genoeg heeft hun opleiding hen niet voorbereid op een plek in een geglobaliseerde, competitieve economie, zodat het werk van mensen die boften dat ze wel een baan vonden, niet aansloot bij hun talenten.

Het doorvoeren van economische hervormingen is voor een nieuw en verbeterd Egypte een reusachtige onderneming – het verminderen van bureaucratische rompslomp, het bestrijden van corruptie, en het stimuleren van gewoonten, vaardigheden en houdingen die nodig zijn voor een ondernemende, banen scheppende cultuur. Er is geen gebrek aan grote plannen en slimme programma's, voorgesteld door internationale adviseurs en hervormers uit eigen land, maar dit project gaat jaren duren, zo niet tientallen jaren. Al kunnen ondertussen zelfs de kleinste oplevingen van de economie volstaan om het dagelijkse leven te veranderen. Door het afnemen van de economische onzekerheid zouden enkele van de strengere vormen van de islam weleens minder aantrekkelijk kunnen worden, stromingen die de afgelopen decennia tientallen miljoenen mensen materiële en spirituele steun hebben geboden. Deze invloed zou ook kunnen afnemen als het aantal banen in eigen land toeneemt en er hierdoor minder Egyptenaren naar de Golf emigreren, waardoor families wat minder zwaar belast zouden worden. Zelfs in de meest krachtige economieën floreert commercieel sekswerk, maar door mannen en vrouwen een goede kans op een betaalde baan te bieden, is het in elk geval aan henzelf of ze dergelijk werk willen doen. En het zal interessant zijn om te zien welke invloed het scheppen van werk op het huwelijk heeft. Zoals we hebben gezien, heeft men de zogenaamde huwelijkscrisis in Egypte – en zelfs in de hele regio – aan de economie geweten, en vooral aan de werkloosheid onder jonge mannen, waardoor het stichten van een gezin onbetaalbaar wordt. Zal de huwelijksleeftijd dalen als er meer banen komen?

Met meer uitzicht op werk zouden door economische zelfredzaamheid de keuzemogelijkheden voor vrouwen ook enigszins kunnen toenemen. Maar het kan er ook toe bijdragen dat de onzekerheid van mannen afneemt, waardoor ze zich minder nukkig gedragen tegenover vrouwen – thuis, op het werk, en op straat – wat weer meer ruimte voor seksuele expressie binnen het huwelijk zou kunnen opleveren, vooral voor vrouwen, en een afname van de ongewenste intimiteiten in openbare ruimten. Kort na de opstanden, en de zij aan zij gevoerde strijd van beide seksen, blijkt uit onderzoek dat Egyptenaren het principe van gelijke rechten van mannen en vrouwen onderschrijven. Maar deze opvatting wordt nog altijd door de islam gevormd, en gezien vanuit de islam houden gelijke rechten nog niet in dat de rollen of verwachtingen identiek zijn. Volgens mij zullen vrouwen lang voordat ze in de slaapkamer gelijke kansen hebben, of daar openlijk om willen vragen, al in de directiekamer aan de slag zijn.

Veel inspanningen om vrouwen in Egypte en de rest van de Arabische wereld mondiger te maken zijn, als vanzelfsprekend, op vrouwen gericht geweest – op hun stem, hun kansen en hun problemen. Maar om ervoor te zorgen dat de veranderingen blijvend zijn, wordt het tijd dat mannen, en vooral jongens, bij dit programma betrokken worden – te begrijpen hoe zij over verschuivende rollen van vrouwen denken, ervoor te zorgen dat ze de sociale veranderingen niet alleen accepteren, maar ook bevorderen. Wederom is hier een hoofdrol weggelegd voor de opvoeding, in de woonkamer evenzeer als in het klaslokaal. De manier waarop een nieuwe generatie ouders hun kinderen opvoedt – of meisjes en jongens wordt geleerd om open te communiceren en respectvol met elkaar om te gaan – zal in de daaropvolgende jaren bepalend zijn voor de genderverwachtingen, en huwelijken.

Dit roept de vraag op hoe het in de toekomst met het patriarchaat zal gaan. Alleen het feit dat Egyptenaren, en hun buren, tegen het staatshoofd in opstand zijn gekomen, houdt niet noodzakelijkerwijs in dat ze zich tegen het hoofd van de familie zullen verzetten. Ondanks alle verhalen over de door de jeugd geleide revolutie in Egypte, deden ze dat vaak met instemming en zelfs in het gezelschap van hun ouders. De boodschap dat de vader van de natie moest ophoepelen, kwam bovenal van de familie. Uiteindelijk zullen de jonge mensen in het land het moeilijker vinden om uit huis weg te komen dan om Moebarak, of zijn opvolgers, van zijn plek te krijgen. En zolang religie in het leven van mensen centraal blijft staan, zal, met God als ultieme vaderfiguur, het patriarchaat waarschijnlijk niet wankelen.

Toch waren de opstanden voor Egyptische jongeren echt een moment waarop ze volwassen werden, en daar is de oudere generatie zich van bewust. In de ogen van hun ouders veranderden jonge mensen in enkele korte, briljante perioden van leeglopers in leiders. Op een dag zullen ouderen bereid moeten zijn hun kinderen wat meer zelfstandigheid te gunnen, en dat, gecombineerd met een toegenomen economische onafhankelijkheid, zal jonge mensen meer speelruimte geven bij het nemen van persoonlijke beslissingen, onder meer over de manier waarop ze hun seksleven invullen. Maar totdat mensen erop vertrouwen dat de zich ontwikkelende staat hun politieke, sociale en economische rechten niet alleen erkent, maar ook verdedigt, zullen ze in het collectief bescherming zoeken, zodat de familie in hun leven van groot belang zal blijven – wat vooral voor vrouwen geldt. Het is niet waarschijnlijk dat er op korte termijn iets zal veranderen aan de positie van de man aan het hoofd – wat vooral vaders en echtgenoten betreft.

Maar uiteindelijk zou deze opstand de opmaat kunnen zijn voor een democratisering van persoonlijke relaties – die in een vermaarde uitspraak van een Britse socioloog de 'transformatie van intimiteit' wordt genoemd.[410] Vrije en gelijkwaardige relaties tussen mensen zijn niet alleen bepalend voor seksuele rechten, maar vormen ook de hoeksteen van een politieke democratie. Door hiërarchieën te nivelleren, verschillen te accepteren en individuele keuzes van de een te respecteren, draag je ertoe bij dat je datzelfde ook bij de ander gaat koesteren.

Deze transformatie wordt mede mogelijk gemaakt door de media – nieuw en oud. Er is al veel gezegd over de katalyserende werking ervan bij de Arabische Lente. Zoals we hebben gezien, vormden lang voordat de opstanden plaatsvonden, de door de media gevoede cultuur van onthullingen en de discussies over seksuele taboes – seks voor het huwelijk, relaties van mensen van hetzelfde geslacht, seksueel geweld – voor sommigen een relatief veilige omgeving (veiliger dus dan in de politiek) om zich tegen algemeen aanvaarde wijsheden af te zetten en verborgen levens onder de aandacht te brengen. Toen de massale opstand ten slotte om zich heen greep, weerstonden het internet, de satelliettelevisie en mobiele telefonie pogingen van regimes om informatie te blokkeren.

Ook schrijvers, filmmakers en artiesten, steggelend over de mogelijkheden van toegenomen politieke vrijheid, waaronder vrijheid van expressie, vragen zich nu af hoever ze kunnen gaan met het doorbreken van taboes. En na de opstand voelen mensen, onder wie ikzelf, zich beslist veel vrijer om te zeggen wat ze denken. De beperkingen van dergelijke uitingen zijn niet zozeer een kwestie van wat de wet toestaat, maar van wat de maatschappij in het nieuwe klimaat accepteert – en van hoe snel de jarenlange zelfcensuur zal wegvallen. Hoe dicht kunnen kunstenaars nu de spiegel voor het seksleven van hun land houden, en in hoeverre zouden deze publieke overwegingen het gedrag van afzonderlijke mensen kunnen beïnvloeden? Het gaat hierbij om meer dan artistieke vrijheid alleen, want het heeft reële gevolgen voor de gezondheid en het welzijn van Arabische samenlevingen. Als het gaat om seksueel overdraagbare aandoeningen, abortus, of seksueel geweld, zal het vinden van een prettige manier om over seks te praten – over de aangename en onaangename kanten ervan – populaire opvattingen en zedelijke aspecten veranderen.

Van oudsher hebben religie en cultuur mensen in de regio aangemoedigd om privézaken voor zichzelf te houden. 'Mijn hele volk zal worden vergeven, behalve degenen die opscheppen over hun zonden', merkte de profeet Mohammed in een bekende Hadith op. Voor wie dat nog een beetje vaag was, legde hij het uit: 'Tot de opscheppers behoort de man die 's nachts iets doet, en die 's ochtends, ondanks het feit dat hij door God [tegen het aan het licht brengen] was toegedekt, zegt: "Hé, man, afgelopen nacht heb ik dit en dat gedaan." Hoewel hij sliep, door God gesluierd, trekt hij Gods sluier van zich af.'[411]

In de Arabische wereld blijft er een behoorlijke kloof bestaan tussen het uiterlijk en de werkelijkheid, tussen wat er privé gebeurt en wat in het openbaar wordt toegegeven. Huizen weerspiegelen levens: er zijn onberispelijke salons om bezoekers te imponeren, terwijl allesbehalve aantrekkelijke achterkamertjes uit het zicht worden gehouden. Daar bestaat een woord voor, voor als je voor jezelf iets anders doet dan je in het openbaar toegeeft: 'hypocriet'. Mannen mogen voor het huwelijk seks hebben, maar van vrouwen wordt verwacht dat ze intact blijven; maagdelijkheid gedefinieerd in anatomische termen, niet in termen van kuisheid; sekstoerisme dat zich voordoet als het huwelijk; reizigers die het omstandig over hun trouw thuis hebben, maar die, als ze eenmaal in het buitenland zijn, ver uit het zicht van hun landgenoten, geen moment wachten met het doorbreken van elke regel; zo zijn er nog veel meer voorbeelden van het gat tussen publiek voorkomen en particuliere werkelijkheid.

In het Westen bestaat er – en uiteraard generaliseer ik hier – een grotere overlap tussen het publieke en private gezicht van het seksleven dan in Egypte en de buurlanden. Want wie reality-tv kijkt, rondklikt op Facebook of een blik op inkomende tweets werpt, vraagt zich zelfs af of dat onderscheid daar eigenlijk wel bestaat. Op vele plekken schijnt er een sterke behoefte te bestaan het seksuele zelf rond te bazuinen: het is veel beter om uit de kast te komen dan om betrapt te worden. In zijn beroemde geschiedenis van de westerse seksualiteit schreef Michel Foucault hierover: 'Tot de vele emblemen die onze maatschappij voert, behoort dat van de sprekende seks … kunnen we er maar niet genoeg van krijgen naar haar te luisteren en haar te horen spreken.'[412]

Foucault oppert als een mogelijkheid dat seks in de negentiende eeuw helemaal niet werd onderdrukt, maar juist springlevend was, in banen geleid en verspreid via een medisch en wetenschappelijk debat dat hij *scientia sexualis* noemde. Bij deze nieuwe manier van denken en praten over seks stond volgens hem een eeuwenoud gebruik centraal: de biecht. Bij de christelijke biecht, een plicht van het geloof, ging het vaak over seks, maar rond de zestiende eeuw, aldus Foucault, begonnen dat soort ontboezemingen langzamerhand uit de sfeer van het heilige te komen en belandden ze in een meer seculiere omgeving, in bijvoorbeeld de geneeskunde en psychiatrie. Foucault heeft Oprah of Youporn niet meer meegemaakt, maar het is duidelijk dat de geest van de biecht voortleeft in onze wereld met 24/7 media.

In de islam bestaat echter geen biechtcultuur. Zowel de Koran als de Hadith legt gelovigen op zich met hun eigen zaken te bemoeien en nergens over te praten. Het vastleggen en afdwingen van het recht op privacy zijn van groot belang voor de vooruitgang van de mensenrechten, vooral voor degenen die zich anders gedragen dan de sociale normen voorschrijven, onder wie commerciële sekswerkers en mensen die relaties hebben met mensen van hetzelfde geslacht. Zoals we hebben gezien, kan de islam – met zijn nadruk op privacy – een helpende hand bieden, en elke toekomstige regering die overweegt om de grondwet en wetten op de islam te baseren, moet hier nadrukkelijk op gewezen worden.

Respect voor privacy, en een islamitische plicht om de gemeenschap tegen 'kwaad' – hoe ook omschreven – te beschermen, moet in evenwicht zijn met vrijheid van expressie. Zoals we op de voorgaande bladzijden hebben gezien, zijn er in de regio beslist mensen die een weg weten te vinden tussen zwijgen en publiek maken. In de Arabische regio komen sociale veranderingen niet tot stand door confrontaties – een pak slaag, of inderdaad door het ontbloten van borsten – maar door onderhandeling. Zij hebben, zoals Abdelwahab Bouhdiba, die we in hoofdstuk 1 tegenkwamen, dat noemde, een manier gevonden om over seks te spreken 'volgens de normen van de Koran' – of die eigenlijk herontdekt. De lange geschiedenis van Arabische geschriften vormt een masterclass over het relatieve gemak waarmee de Arabische cultuur eens haar seksleven behandelde.

Dat gemak bestond voor een deel uit het creëren en communiceren van kennis over seks. Zoals we hebben gezien, wordt het bestuderen van seksualiteit – en sociologie in het algemeen – in Egypte en in grote delen van de Arabische regio gehinderd, zowel door de officiële censuur als door zelfcensuur. Uiteindelijk zullen de Egyptenaren zelf baat hebben bij een duidelijker zicht op het seksleven van hun volksgenoten: degenen die de verspreiding van hiv proberen te begrijpen en tegen te gaan, of tegen de publieke opinie over seksueel geweld ingaan; degenen die pleiten voor seksuele voorlichting of een vrijere omgang met abortus; degenen die pleiten voor meer tolerantie voor relaties tussen mensen van hetzelfde geslacht. In het Westen is men al bekend met de kracht van informatie over seks: de monumentale Kinsey-rapporten over mannelijke en vrouwelijke seksualiteit uit de jaren veertig en vijftig, waarvan de autoriteit zelfs door de islamitische aartsconservatief Sayyid Qutb onomwonden werd erkend. Deze onderzoeken boden een statistische inkijk in het privéleven van Amerikanen, zodanig dat ze de openbare opvattingen over het seksuele gedrag veranderden. Nadat het onderzoek van Kinsey onder duizenden van hun medeburgers had aangetoond dat seks voor het huwelijk, relaties tussen mensen van hetzelfde geslacht en masturbatie heel algemeen voorkwamen, kon men niet langer volhouden dat dit afwijkingen waren die zich in de marge van de samenleving afspeelden.

Kinsey was er hevig van overtuigd dat mensen door kennis zouden worden bevrijd van schuldgevoelens en ongelukkigheid die het gevolg waren van wat een van zijn tijdgenoten de 'zwijg-en-veins'-cultuur van de Amerikaanse samenleving noemde. Ondanks alle methodologische gebreken maakte zijn onderzoek het mogelijk dat de openbare discussie over seksualiteit een heel ander karakter kreeg, van schunnig of moraliserend, naar een nuchtere bespreking van wetenschappelijke feiten. Door Kinsey werd het praten over seks respectabel. Hoewel zijn bevindingen en conclusies op behoorlijke weerstand stuitten, effende zijn onderzoek het pad voor een verandering van mentaliteit. Een van zijn collega's beschreef het zo: 'De tijden veranderden toch al, maar ik denk dat hij aan het veranderen van de tijden heeft bijgedragen.'[413]

In het huidige Egypte zijn er voldoende onderzoekers die een dergelijke verandering in gang zouden willen zetten. Maar voor hen was het lastig om een officiële opleiding te krijgen, en toestemming van een universiteit of van de overheid voor het verrichten van grootschalig onderzoek. En zelfs als ze groen licht kregen, werden de uitkomsten vaak weggestopt. De gewoonte om te verhullen – en niet alleen bij seksuele kwesties – wordt gevormd door een onwil van mensen en organisaties om samen te werken, wellicht een bijproduct van het heersende achterdochtige en wantrouwende klimaat en de elke-familie-voor-zich-mentaliteit, ontstaan door tientallen jaren politieke onderdrukking. Als gevolg hiervan zijn onderzoekers en activisten het wiel opnieuw aan het uitvinden, zich niet bewust van het uitmuntende werk dat er al in de eigen regio is verricht, of zelfs in de eigen stad.

Het bevorderen van onderzoek en een open uitwisseling van informatie zijn van doorslaggevend belang voor nieuwe denkwijzen. Het begint met woorden – het weer terugwinnen van het Arabisch als een taal ook voor seksualiteit, zoals veel van de schrijvers en leraren in dit boek proberen te doen. Egypte en zijn Arabische buren komen er niet door bij vergaderingen van de Verenigde Naties weg te lopen, door zich af te zetten tegen westerse waarden of door de problemen thuis te ontkennen. 'Gewoon nee zeggen', is niet de manier om vooruit te komen. De Arabische regio heeft ontzettend veel behoefte aan een samenhangend, positief intellectueel kader voor seksualiteit. Eens hadden Arabische denkers een levensbeschouwing over seks die zowel religie als wetenschap omvatte, en die bij hun tijd paste, maar het is niet mogelijk om naar die tijd terug te keren. Hun eenentwintigste-eeuwse opvolgers moeten hoognodig op zoek naar een eigen levensbeschouwing, eentje die aansluit bij onze tijd.

Zo'n kader zou een meer systematische benadering van seksualiteit mogelijk maken. Momenteel is er alleen openbare aandacht voor seks als er iets vreselijks gebeurt of bij een schandaal. De medicalisering van seks, door ziekte of stoornissen, biedt een respectabel kader voor publieke discussie, maar ook die is beperkend, en laat veel kwesties en groepen buiten beschouwing die een algemenere opvatting van seksualiteit wel zou toestaan. Het is hier de uitdaging om seks van een op te lossen probleem te veranderen in een bron van genot en creativiteit.

Voor een verandering van houding tegenover gender en seksualiteit onder de mensen is een levendige en onafhankelijke burgermaatschappij van essentieel belang, een samenleving waarin men zowel vrijheid van handelen heeft als steun van de overheid en van gemeenschappen. In de Arabische regio wordt veel pionierswerk verricht, waarvan enkele initiatieven op de voorgaande pagina's zijn belicht. Maar het moeilijke is om deze projecten op te schalen zodat ze de invloed krijgen die ze verdienen. Hoewel het belangrijk is om voortdurend te netwerken, is het essentieel om voor een ruime en aanhoudende financiering te zorgen. Daarvoor zit de tijd echter niet mee, want westerse overheden en filantropische instellingen schroeven in veel opzichten hun bestedingen terug – bijvoorbeeld aan hiv en gezinsplanning – waardoor allerlei uitstekende projecten in de regio gevaar lopen. Zelfs als er geld uit het buitenland komt, stellen regeringen daar om de burgermaatschappij te regeren vaak paal en perk aan.

De zaak wordt er niet beter op door bepaalde voorwaarden die aan hulp worden gesteld, waarbij donoren, zoals Amerika en Groot-Brittannië, hun financiële hulp koppelen aan binnenlandse hervormingen van het beleid, aan hoe wordt omgegaan met LGBT-leden van de bevolking en aan andere seksuele rechten. Helaas werkt deze houding een versterking van het vooroordeel in de hand dat deze initiatieven gepaard gaan met een te grote invloed vanuit het buitenland. Er is veel behoefte aan nieuwe, plaatselijke financieringsbronnen, die het uitstekende werk dat er al is verricht, gaande kunnen houden en kunnen laten uitgroeien. Welvarende Golfstaten hebben zonder meer een goed gevulde portemonnee, maar ook hun eigen agenda. Het lijkt misschien wat te optimistisch om te proberen hen en anderen zover te krijgen dat ze programma's met, zeg, seksualiteit financieren, maar onvoorstelbaar is het niet. Zoals we bijvoorbeeld hebben gezien bij ongewenste intimiteiten en seksuele voorlichting, is het mogelijk om zelfs de meest pijnlijke zaken van een label te voorzien waardoor de financiering op een schenking lijkt, en niet op een last.

Ik geef toe dat dit een rooskleurige kijk op de zaak is, vanuit het perspectief van een progressieve moslima, over hoe het seksleven in Egypte en de rest van de Arabische regio zich de komende decennia kan ontwikkelen. Er zijn mensen, zo weet ik, die vrezen dat sommige landen, door de onverwachte omwenteling van de politieke orde, nog verder verwijderd zullen raken van vrijheid, aansprakelijkheid, openheid en gelijkheid, en er een met religieuze wetten bekrachtigde reactie zal komen, en dat de sociaal opgelegde beperkingen van de afgelopen tientallen jaren – vooral voor vrouwen en jongeren – nog aan kracht zullen winnen. Toch heb ik de indruk dat de Egyptenaren, als ze de vrije hand krijgen, uiteindelijk weer zullen toewerken naar een meer pragmatische, vergevingsgezinde en oprecht vreugdevolle interpretatie van hun religie – of ze nu islamitisch zijn of christelijk. Deze terugkeer bleek bij de protesten van 2011, toen het persoonlijke geloof duidelijk te zien was bij de miljoenen demonstranten die voor een openbaar gebed vooroverbogen, maar voor wie de opstand in wezen politiek was, niet religieus. Dat was ook duidelijk te zien bij de daaropvolgende verwerping van de Egyptische regering van islamisten, die een strenge interpretatie van religie als wet van het land probeerde door te voeren.

Met het aandringen van het Westen bij Egypte en de buren op democratie, bestaat de verleiding het eigen verleden van het Westen op de toekomst van de Arabische regio te projecteren, en ervan uit te gaan dat georganiseerde religie seksuele rechten in de weg staat. De opkomst van de seksuele revolutie in het Westen viel immers samen met een afnemende invloed van de kerk. In de Arabische wereld zijn de omstandigheden anders. Terwijl de invloed van de politieke islam afneemt, blijft het geloof even krachtig – maar meer een kwestie van persoonlijke overtuiging dan van publiek beleid, hoop ik, en meer gericht op het wezen van het geloof dan op de verschijning ervan. Ondanks de zorgen van mensen die opkomen voor de seksuele rechten denk ik niet dat het aanhangen van een geloof een soort achteruitgang is. Ik heb betoogd dat seksuele rechten binnen een islamitisch kader kunnen worden verwezenlijkt, en toegepast, mits de mensen de vrijheid hebben zelfstandig te denken en te handelen. Religie is niet zwart-wit, zoals conservatieven ons wilden doen geloven. Over seks heeft de islam ons minstens vijftig tinten grijs te bieden.

Er zijn nog veel mensen die zich sterk tegen deze opvattingen verzetten, die zeggen dat je je overgeeft aan het Westen als je over seks praat, de problemen ervan open tegemoet treedt en het genot ervan prijst, de innig met de islam verbonden flexibiliteit van het huwelijk in de islam overweegt, en voor een leven-en-laten-leven-benadering van seksuele diversiteit pleit. Daar ben ik het niet mee eens. Al meer dan twee eeuwen lang, vanaf Napoleons invasie in Egypte, tot de nederlaag in 1967 tegen Israël en de oorlog in Irak, heeft Egypte een fors rancuneus minderwaardigheidscomplex, waardoor conservatieve krachten de kans hebben gekregen om de zogenaamd westerse sociale mores vanuit een soort verzet te verwerpen. De ironie wil dat veel van wat zij als buitenlandse ideeën bestempelen lang voordat dat door het westerse liberalisme werd omarmd deel uitmaakte van de Arabisch-islamitische wereld.

Ik heb goede hoop dat de opstanden die in het huidige decennium begonnen uiteindelijk een einde maken aan die lichtgeraaktheid van de Arabische wereld. Degenen die gedurende die bevlogen dagen opstonden, of ze er nu al wel of niet in geslaagd zijn om hun aangetaste regimes af te zetten of te hervormen, zijn met recht trots op hun daden. Ondanks de paranoia na de opstand en de voorspelbare reflex om 'verdachte buitenlandse elementen' de schuld te geven van latere verwarring, zal dit zelfvertrouwen op lange termijn bijdragen aan het bezweren van een deel van die angst en argwaan voor het Westen, en mensen toestaan om andere manieren van leven minder bevooroordeeld tegemoet te treden. Jonge Egyptenaren en hun leeftijdgenoten in de regio zijn zich ervan bewust hoe het intieme leven van westerlingen eruitziet. Sommige aspecten daarvan bewonderen ze en streven ze na, aan andere hebben ze geen behoefte. In een wereld waar je overal meteen bij kunt, zijn hun keuzes gebaseerd op informatie, niet op onwetendheid – en het betaamt buitenstaanders, met grote visioenen over sociale, culturele en seksuele hervormingen in de Arabische regio, om respect te tonen voor de verschillende richtingen die de mensen er kiezen.

De wereld is veranderd sinds ik vijf jaar geleden aan mijn poging begon om het intieme leven van Egyptenaren beter te begrijpen, en al doende mijzelf beter te begrijpen. Mijn reis door de Arabische regio heeft mij zeker veranderd. De overweldigende emotionele generositeit van Egyptenaren heeft een einde gemaakt aan elke terughoudendheid of gereserveerdheid die ik ooit bezat, en ik merk dat ik er enthousiaster en opener door ben geworden. Na opgegroeid te zijn in een huishouden met één kind, ver van mijn wortels, weet ik nu wat het betekent om deel uit te maken van een uitgebreide familie, en hoeveel voldoening dat schept, ondanks alle verplichtingen. Ik heb veel meer respect voor mijn ouders dan ik ooit had toen ik opgroeide in een maatschappij die vooral de jeugd prijst. En ik begrijp de islam nu beter, waardoor mijn aanhankelijkheid ten aanzien van een geloof dat, denk ik, mij zowel vrijheid als richting in het leven geeft, alleen nog maar is toegenomen.

Bovendien ben ik de mensen in de regio die mij zo hartelijk in hun leven hebben verwelkomd niet alleen toegenegen en dankbaar, maar heb ik ook veel bewondering voor hen. Ze ontvingen me niet met de gebruikelijke gastvrijheid waarmee vreemdelingen worden onthaald, maar accepteerden mij als een van hen. Wat zo op het eerste gezicht niet eenvoudig is. Ik zie er namelijk totaal niet Arabisch uit (ik heb de blanke trekken van mijn moeder uit Wales en een figuur dat meer recht dan arabesk is), mijn Arabisch is verre van perfect, en ik ben heel anders opgevoed dan zij. Maar men was in staat zich over deze verschillen heen te zetten, en door ons gedeeld gevoel voor humor en door een onverwachte persoonlijke affiniteit slaagden we erin om in contact met elkaar te komen. Als ze het voor elkaar krijgen dat zelfs ík mij thuis voel, dan heb ik er alle vertrouwen in dat de regio een manier zal vinden om zich aan diversiteit aan te passen.

Je moet wel heel weinig aan introspectie doen als je langdurig met het onderzoeken van het leven van anderen bezig bent, zonder dat je nu en dan naar je eigen leven kijkt. Tot ik Azza ontmoette, en Amany, en de vele andere vrouwen in dit boek, had ik nooit goed beseft hoezeer ik met mijn eigen opvoeding heb geboft. Mijn ouders hebben me zo opgevoed dat ik kon doen en kon zijn wat ik wilde, en de mannen die ik later in mijn leven ontmoette – vrienden, collega's, mentoren en echtgenoot – hebben me nooit anders dan als hun gelijke behandeld, op alle terreinen. Door mijn jaren in Egypte heb ik de grote waarde leren inzien van het opgroeien in een vrije democratie, waar mij werd bijgebracht diversiteit te respecteren en tolerant te zijn tegenover anderen, hoezeer hun levens ook van het mijne verschilden.

Ik kijk uit naar een tijd waarin deze waarden niet alleen in de politiek van de Arabische wereld tot uitdrukking komen, maar ook in het particuliere leven. Er was een opstand voor nodig om de politiek in Egypte op te schudden, en dan nog verloopt de verandering allesbehalve gesmeerd. Ik betwijfel of er grote veranderingen in het seksleven zullen komen. Overal op de wereld zijn seksuele opvattingen en gedragingen via talloze draadjes met het heden en verleden verweven. Om een ander tapijt te weven, is een nieuw patroon nodig, en het zal nog tientallen jaren duren voordat dat zich ontvouwt. Er gaat iets veranderen in Egypte, maar ik denk niet dat er een seksuele revolutie komt. Wel zal seks worden heroverwogen, zodat de mensen op een gegeven moment de vorming, behoefte en vrijheid hebben om zonder oogkleppen op te zien wat ze waren, hoe ze zijn geworden wat ze zijn, en wat ze in de komende jaren zouden kunnen worden. Eens kwamen het zelfvertrouwen en de creativiteit van de Arabische beschaving tot uiting in haar benadering van het seksleven. Voor het eerst sinds lange tijd bestaat de kans dat dit opnieuw zal gebeuren – niet door naar ons verleden te staren, maar door naar onze toekomst te kijken.

Terwijl de zon in Caïro onderging, liep ik door een reusachtige poort de Citadel uit, de steile oprijlaan af. Toen ik in een taxi stapte, vroeg de chauffeur waar ik heen wilde. Ik gaf hem het adres, maar legde uit dat ik niet wist hoe je daar kon komen. 'Geen probleem', zei hij. 'We vinden onze bestemming wel, als God het wil.' Waarna we het voortsnellende verkeer en de stad onder ons in doken.

Dankwoord

Dit boek zou er niet zijn geweest zonder de medewerking van Gamal El Feki. Als gepensioneerd neurochirurg die onderzoeker werd, maakte hij me royaal deelgenoot van zijn kennis over de Egyptische geschiedenis en samenleving – uit eigen ervaring – en van zijn grote kennis en inzichtelijke interpretaties van de islam. Zonder zijn uitmuntende beheersing van het Arabisch, en zijn aanmoediging in elk stadium van dit project, zou er met de vertaling van alles verloren zijn gegaan. Een van de voordelen van het verrichten van onderzoek voor en het schrijven van dit boek is dat het me de gelegenheid heeft geboden om met hem samen te werken. Daarbij mag ik me uiterst gelukkig prijzen met het feit dat hij ook nog mijn vader is. Ik wil mijn moeder eveneens bedanken, Gwyneth El Feki, omdat ze zo goed is geweest jarenlange monomane gesprekken aan te horen als mijn vader en ik zelfs op de kleinste details van de Arabische seksualiteit ingingen. Het was mijn moeder die, toen ik nog een kind was, vol vertrouwen voorspelde dat ik ooit een boek zou schrijven. Je had gelijk, mama, al weet ik niet zeker of je daarbij dit boek in gedachten had.

Ik ben ook de rest van mijn familie dankbaar, bij wie ik tijdens mijn reizen door de Arabische regio kon logeren (en die mij tolereerde). Ik wil vooral Abdel Fatah en Zizi El Feki en hun kinderen in Caïro en Dubai bedanken; Leila El Feki en familie in Alexandrië; Ahmed Warda en familie in Jeddah; en Bakr en Soheir Nour in Doha. Mijn oom waarschuwde me altijd dat ik niet met anderen over politiek en religie moest praten. Het is mij een genoegen hem te kunnen verzekeren dat ik me grotendeels aan zijn advies heb gehouden. Gelukkig heeft hij me nooit gevraagd niet over seks te praten.

Mijn agent Toby Eady en zijn voormalige collega's Jamie Coleman, Zaria Rich en Samar Hammam waren onmisbaar bij het schrijven van dit boek. Ik ben hen erg dankbaar voor hun professionele kennis en persoonlijke vriendschap. Ook wil ik mijn redacteuren bij Pantheon en Chatto & Windus bedanken, Dan Frank en Becky Hardie. Tim Rostron en collega's van

Penguin House Canada verdienen veel lof voor hun geweldige hulp toen het manuscript onderweg naar New York 'kwijt' was (dat is een heel ander verhaal) en weken werk hals over kop moest worden overgedaan. Ook wil ik hun tegenhangers in Australië bedanken, Nikki Christer en collega's. Mijn publiciteitsagenten Sue Amaradivakara, Joanna Bennett, Michiko Clark, Fenella Davidson en Sharon Klein waren onvermoeibaar bij het verspreiden van het goede woord, en Chris Elkerton was zeer behulpzaam bij het tot stand komen van sexandthecitadel.com. Wissam Shawkat en Fadila Hannouf hebben eveneens een waardevolle bijdrage aan de laatste stadia van dit boek geleverd.

Bovendien wil ik iedereen bedanken die *Seks en de citadel* middels vertaling elders in de wereld heeft uitgebracht, onder wie: Marco Vigevani, Anne Maizeret, Thorsten Schmidt, en Ludger Ikas, Thomas Rohde en collega's van Hanser Berlin, Marie-Pierre Lajot en collega's van Autrement, Nele Hendrickx en het team van De Geus, en Zulkifli Al-Humami van Alvabet. Ik wil vooral Elisabeth Ruge bedanken, die me al in een vroeg stadium bijzonder enthousiast gesteund heeft.

Zonder de mensen die er veel van hun tijd en expertise aan hebben gegeven, had ik de eindstreep niet kunnen halen. Naast degenen die al in het boek genoemd zijn, ben ik veel dank verschuldigd aan Dennis Altman, Pinar Ilkkaracan, Michael Kirby, Tewodros Melesse, Stephen Lewis, Doug Saunders, Kamal Al-Solaylee, Jeffrey Weeks en Naomi Wolf voor hun commentaar in een vroeg stadium. Verder ben ik veel dank verschuldigd aan Khadija Moalla en Ehab El Kharrat, voorheen van het UNDP HIV/AIDS Regional Program in Arab States, van wie het werk aan de epidemie de weg voor mijn onderzoek geplaveid heeft. Ook in Egypte wil ik de volgende mensen bedanken: Montasser Kamal van de Ford Foundation; Nahla Abdel Tawab, Ali Rashed, en collega's van de Population Council; Ghada Barsoum aan de American University in Caïro; Chafik El-Chazli van de Alexandria University; Mahmoud Fathalla van de Assiut University; Sany Kozman van Friends of Life; Mervat Nesseim en collega's op CDS; Ahmed Ragab, Gamal Serour, en collega's op de Al-Azhar University; Hamidreza Setayesh, voorheen van UNAIDS Cairo; Viola Shafik; Cherif Soliman en het team van Family Health International; en Mamdouh Wahba van de Egyptian Family Health Society. Mijn dank gaat ook uit naar Iman Ahmed,

Carol Ann Clouston, Ismail El Mokadem, Mawaheb El-Mouelhy, Amel Fahmy, Fatma Geel, Abeer Heider, Amal Zakaria Mattar, en Khaled Samy, voor hun inzichten en vriendschap.

In Tunesië waren Sénim Ben Abdallah, Sara Ben Amarra, Monia Arfaoui, Wahid Al Farchichi, Saloua Ghrissa, Selma Hajri, Ridha Kamoun (bij ATL), Ramy Khouili, Aida Robanna (bij UNDP), Mongia Souahi, en Abdelmajid Zahaf (van ATUPRET) mij bij mijn onderzoek behulpzaam. Ook wil ik Hoda Romdhani en haar familie bedanken voor hun gastvrijheid en een werkelijk memorabele Eid al-Adha. In Marokko wil ik mijn dank uitspreken aan Hafida Al Baz (van SolFem); Abdessamad Benalla; Amal Chabach; Azzouz Ettoussi (van OPALS); Soumaya Naamane Guessous; Hakima Himmich, Othman Mellouk, Nadia Rafif, en collega's bij de ALCS; Hoda Maimona Jabarri; evenals Nadia Kadri en Soumia Berrada (van het Ibn Rochd University Hospital). Ook Chafik Chraibi en Abdessamad Dialmy ben ik bijzonder dankbaar.

Ik wil mijn waardering uitspreken voor Sally Shalabi en Mohammed El Nasser in Jordanië; Scander Abdelkader Soufi (bij ANIS) in Algerije; Shireen Assaf op de Westelijke Jordaanoever; en Sanaa Felemban en Abdoo Khal in Saoedi-Arabië. In Qatar dank ik Laith Abu-Raddad en Ghina Mumtaz van de Weil Cornell Medical School, evenals Yassir en Sufia Khan. In Libanon zou mijn werk onmogelijk te doen zijn geweest zonder de assistentie van Georges Azzi van de AFE; Jocelyn DeJong, Faysal El Kak en Brigitte Khoury van de American University van Beiroet; Asma Kurdahi, bij UNFPA; en Charbel Maydaa, Rabih Maher en collega's bij Helem. Ook wil ik de volgende mensen bedanken: Chaza Akik, Azza Baydoun, Jad Choueiri, Claire Damaa, Lina Khoury, Nina Lahham, Marwan Nahle, Nour Nasr en Nizar Saghieh.

Tot de vrienden en medewerkers verder weg behoren Muhammad Abdel Haleem bij SOAS; Janet Afary aan de University of California, Santa Barbara; Bidisha; Edwige Fortier; Robin Gorna; Leila Hessini bij IPAS; Rafiq Jumabhoy; Eszter Kismodi; Parag Khanna; Tanya Kisserli, die voorheen bij de International HIV/AIDS Alliance zat, en collega's; Mansoor Moaddel aan de Eastern Michigan University; Daniel Newman aan de Durham University; David Patterson van de IDLO; Lawrence Pintak aan de Washington State University; Farzaneh Roudi-Fahimi aan het PRB; Everett Rowson aan de New York University; Hanaan as-Sjaikh; Elif Shafak; en Diane Singerman aan de American University. Er zijn nog veel meer vrienden en collega's aan wie ik dank ben verschuldigd. Op sexandthecitadel.com staat een complete lijst.

Ten slotte mijn man. Toen ik aan dit boek begon, was hij mijn verloofde. Na alle zorgen en problemen waarmee een eerste boek gepaard gaat, en het van grote afstand verlangen naar elkaar terwijl ik onderweg was, was hij man (of wellicht gek) genoeg om nog steeds met me te willen trouwen. Het ontbreekt me, voor deze ene keer, aan woorden om mijn grote liefde, dankbaarheid en waardering voor hem uit te drukken.

Bibliografie

Abdalla, Mustafa: *Beach Politics: Gender and Sexuality in Dahab*, Cairo Papers in Social Science, vol. 27, no. 4. Caïro: American University in Cairo Press 2007

Abdel Khalek, Ahmed: *Mushkila Adatarrab al-Hayat al-Jinsiyya lada al-Banat* [Genderidentiteitsstoornis bij meisjes], Koeweit: Kuwait University 2010

Abdulla, Fatma & Natasha Ridge: *Where Are All the Men? Gender Participation and Higher Education in the United Arab Emirates*, Dubai: Dubai School of Government 2011

Abid, Faouzi & Chafik Ghorbel: *Enquête sur l'Utilisation du Préservatif Auprès des Jeunes Clients des Professionelles du Sexe Declarées* [Onderzoek naar het condoomgebruik van jonge cliënten van geregistreerde sekswerkers], Tunis: Ministère de la Santé Publique, ONFP 2009

Abu Komsan, Nehad: *Egypt Violence Against Women Study: Violence Against Women and the Law, A De Jure and De Facto Review of the Legal and Regulatory Structure*, Caïro: USAID en National Council for Women 2009

Abu-Raddad, Laith, Francesca Avodeji Akala, Iris Semini, Gabriele Riedner, David Wilson & Ousama Tawil: *Characterizing the HIV/AIDS Epidemic in the Middle East and North Africa: Time for Strategic Action*, Washington, D.C.: World Bank 2010

Ahmed, Leila: *Women and Gender in Islam: Historical Roots of a Modern Debate*, New Haven: Yale University Press 1992

Akalay, Aïcha & Ayla Mrabet: 'Onderzoek. Marokkaanse vrouwen zoals gezien door Arabieren' [in het Frans]. *TelQuel*, http://www.telquel-online.com/En-couverture/Enquete-Les-Marocaines-vues-par-les-Arabes/438 (11 september 2010)

Alami, Khadija Mchichi: 'Le Comportement Sexuel de la Femme: Étude Épidémiologique sur un Échantillon Représentatif de la Population Générale de Casablanca' [Vrouwelijk seksueel gedrag: Een epidemiologisch onderzoek van een representatieve steekproef van de algemene populatie in Casablanca]. PhD diss., University Hassan II, Faculté de Médicine et de Pharmacie de Casablanca 2000

ALCS (Association de Lutte Contre le SIDA): *Surveillance des Comportements à Risque: Le Cas des Professionnelles du Sexe* [Toezicht op risicogedrag: de zaak van de sekswerkers], Casablanca: ALCS 2008

Ali, Kamran Asdar: *Planning the Family in Egypt: New Bodies, New Selves*, Austin: University of Texas Press 2002

Ali, Kecia: *Sexual Ethics and Islam. Feminist Reflections on Qur'an, Hadith, and Jurisprudence*, Oxford, UK: Oneworld 2006

'Ali ibn Nasr al-Katib, Abul Hasan: *Encyclopedia of Pleasure* [Jawami' al-ladhdha], onder redactie van Salah Addin Khawwam, vertaald door 'Adnan Jarkas & Salah Addin Khawwam. Toronto: Aleppo Publishing 1977

Amar, Paul: 'Turning the Gendered Politics of the Security State Inside Out? Charge the Police with Sexual Harassment in Egypt'. *International Feminist Journal of Politics*, 13 (3): 299-328 (2011)

Amer, Sahar: *Crossing Borders: Love Between Women in Medieval French and Arabic Literatures*, Philadelphia: University of Pennsylvania Press 2008

American Psychiatric Association: 'Position Statement on Therapies Focused on Attempts to Change Sexual Orientation (Reparative or Conversion Therapies)'. *American Journal of Psychiatry*, 157: 1719-21 (2000)

Ammar, Manar: 'Legal Action Taken Against Egypt "Nude Revolutionary" Activist'. *Bikya Masr*, http://worldwright.wordpress.com/2011/11/28/legal-action-taken-against-egypt-nude-revolutionary-activist-bikya-masr/ (17 november 2011)

Ammar, Nawal: 'Wife Battery in Islam: A Comprehensive Understanding of Interpretations'. *Violence Against Women*, 13 (5): 516-26 (2007)

Amnesty International: 'Egyptian Women Protesters Forced to Take "Virginity Tests"'. http://www.amnesty.org/en/for-media/press-releases/egyptian-women-protesters-forced-take-'virginity-tests'-2011-03-23 (23 maart 2011)

AMPF (Association Marocaine de Planification Familiale): *Étude Exploratoire de l'Avortement à Risque* [Verkennend onderzoek naar riskante abortus], Rabat: AMPF 2008

APA Task Force on Appropriate Therapeutic Responses to Sexual Orientation: *Report of the Task Force on Appropriate Therapeutic Responses to Sexual Orientation*, Washington, D.C.: American Psychological Association 2009

El-Ariss, Tarek: 'Majnun Strikes Back: Crossings of Madness and Homosexuality in Contemporary Arabic Literature'. *International Journal of Middle East Studies* 45: 293-312 (2013)

Asman, Oren: 'Abortion in Islamic Countries – Legal and Religious Aspects'. *Medicine and Law* 23: 73-89 (2004)

Axétudes: *Enquête Connaissances, Attitudes et Pratiques des Jeunes Concernant les IST et le SIDA* [Onderzoek naar de kennis, houding en gewoonten van jongeren betreffende soa's en aids], Rabat: Ministère de la Santé, Royaume du Maroc, GTZ 2007

Aziz, Germaine: *Les Chambres Closes* [Peeskamers], Parijs: Nouveau Monde 2007

Babayan, Kathryn, & Afsaneh Najmabadi, red.: *Islamicate Sexualities: Translations Across Temporal Geographies of Desire*, Cambridge, Mass.: Harvard Middle Eastern Monographs 2008

Badran, W., N. Moamen, I. Fahmy, A. El-Karaksy, T.M. Abdel-Nasser & H. Ghanem: 'Etiological Factors of Unconsummated Marriage'. *International Journal of Impotence Research* 18: 458-63 (2006)

Al-Baghdadi, Ahmad: 'De geperverteerden … wie zijn het?' [in het Arabisch]. *Al Arabiya*, http://www.alarabiya.net/views/2009/03/03/67604.html (3 maart 2009)

Bakr, 'Abd al-Wahhab: *Al-Mujtama' al-Qahira al-Sirri 1900-1951* [Geheime gemeenschap van Caïro, 1900-1951], Caïro: Al-'Arabi al-Nashr 2001

Al-Banna, Gamal: *Jawaz Imamat al-Mar'a al-Rijal* [Of het toelaatbaar is dat een vrouw mannen voorgaat in gebed], Caïro: Dar al-Shuruq 2011

Bareed Mista3jil. True Stories. [Exprespost], Beiroet: Meem 2009

Bashier, Naveen: 'Knowing the Ropes: Autonomy in the Everyday Life of Egyptian Married Women'. MA diss., American University in Cairo 2010

Baydoun, Azzah Shararah: 'Sex Education in Lebanon: Between Secular and Religious Discourses'. In *Deconstructing Sexuality in the Middle East: Challenges and Discourses*, onder redactie van Pinar Ilkkaracan, pp. 83-100. Aldershot, UK: Ashgate 2008

Ben Abdallah, Sénim: *Enquête Comportementale sur les Travailleuses du Sexe*

Clandestines en Tunisie [Onderzoek naar het gedrag van illegale sekswerkers in Tunesië], Tunis: ATUPRET 2009a
– *Enquête Nationale sur les Comportements à Risque Auprès des Jeunes Non-scolarisés en Tunisie* [Landelijk onderzoek naar risicogedrag van schoolverlatende jongeren in Tunesië], Tunis: ONFP, Global Fund, UNFPA, en UNAIDS 2009b
Ben Dridi, Ibtissem: *Le Tasfih en Tunisie: Un Rituel de Protection de la Virginité Féminine* [Tasfih in Tunesië: Een beschermend ritueel voor de vrouwelijke maagdelijkheid], Parijs: L'Harmattan 2004
Ben Smaïl, Nédra: *Vierges? La Nouvelle Sexualité des Tunisiennes* [Maagden? De nieuwe vrouwelijke seksualiteit in Tunesië]. Tunis: Cérès Éditions 2012
Benito, Sara Carmen: *La Prostitution dans les Rues de Casablanca* [Prostitutie in de straten van Casablanca], vertaald door Abdelmouneim Bounou & Mohammed Abdelhamid. Casablanca: Les Éditions Toubkal 2008
Berrada, S., S. Dorhmi, L. Bouhaouli & N. Kadri: 'Sexuality in the Month of Ramadan'. *Sexologies* 17: 83-89 (2008)
Bishay, Barbara Viktoria: 'Till Death (or Conversion) Do Us Part: Coptic Divorces in Egyptian Courts and Their Implications'. MA diss., American University in Cairo 2010
Blum, Jenna, Selma Hajri, Hela Chélli, Farouk Ben Mansour, Nabiha Gueddana & Beverly Winikoff: 'The Medical Abortion Experience of Married and Unmarried Women in Tunis, Tunisia'. *Contraception* 69: 63-69 (2004)
Bouchlaka, Amel, Faouzi Bouaziz & Sihem Smida: 'Profil des Femmes Célibataires Bénéficiaires D'IVG dans les Structures de l'ONFP' [Profiel van ongehuwde vrouwen die gebruikmaken van de abortusfaciliteiten van de ONFP]. *Famille et Population* 6-7: 145-76 (2009)
Bouhdiba, Abdelwahab: *Sexuality in Islam*, vertaald door Alan Sheridan. Londen: Saqi 2012
Boutros, Magda & Hossam Bahgat: 'Sexual Health and Human Rights: Middle East and North Africa'. Niet-gepubliceerd artikel 2009
Bowen, Donna Lee: 'Contemporary Muslim Ethics of Abortion'. In *Islamic Ethics of Life: Abortion, War and Euthanasia*, onder redactie van Jo-

nathan E. Brockoff, pp. 51-80. Columbia: University of South Carolina Press 2003
Bristol-Rhys, Jane: 'Weddings, Marriage and Money in the United Arab Emirates'. *Anthropology of the Middle East* 2 (1): 20-36 (2007)
– *Emirati Women: Generations of Change*, New York: Columbia University Press 2010
Calvert, John: '"The World Is an Undutiful Boy!": Sayyid Qutb's American Experience'. *Islam and Christian-Muslim Relations* 11 (1): 87-103 (2000)
Cauvin Verner, Corinne: 'Du Tourisme Culturel au Tourisme Sexuel: Les Logiques du Désir d'Enchantement' [Van cultureel toerisme naar seksueel toerisme: de logica van het verlangen naar betovering]. *Cahiers d'Études Africaines* 49 (1-2): 123-45 (2009)
Chabach, Amal: *Le Couple Arabe au XXIe siècle: Les Secrets d'une Sexualité Plus Épanouie* [Het Arabische koppel in de eenentwintigste eeuw: geheimen van een bevredigender seksleven], Aubagne, Frankrijk: Éditions Quintessence 2011
Chebel, Malek: *Encyclopédie de l'Amour en Islam* [Encyclopedie van de liefde in de islam], 2 vols. Parijs: Payot et Rivages 2003
– *Le Kama-Sutra Arabe* [Arabische Kamasutra], Parijs: Fayard 2007
Clarke, Morgan: 'Kinship, Propriety and Assisted Reproduction in the Middle East'. *Anthropology of the Middle East* 2 (1): 70-88 (2007)
Cohen, Shaye J.D.: 'Why Aren't Jewish Women Circumcised?' In *Gender and the Body in the Ancient Mediterranean*, onder redactie van Maria Wyke, pp.136-154. Londen: Wiley-Blackwell 1998
Cohen-Mor, Dalya: *Fathers and Sons in the Arab Middle East*. Londen: Palgrave Macmillan 2013
Courbage, Youssef: 'The Demographic Youth Bulge and Social Rupture'. In *Arab Youth: Social Mobilization in Times of Risk*, onder redactie van Samir Khalaf & Roseanne Saad Khalaf, pp. 79-88. Londen: Saqi 2011
Cumming, Anne: *The Love Quest: A Sexual Odyssey*. Londen: Peter Owen 1991
Cuno, Kenneth M.: 'Divorce and the Fate of the Family in Modern Egypt'. In *Family in the Middle East: Ideational Change in Egypt, Iran, and Tunisia*, onder redactie van Kathryn Yount & Hoda Rashad, pp. 196-216. New York: Routledge 2008

Dabaghi, Lara, Alena Mack & Doris Jaalouk: *Helem: A Case Study of the First Legal, Above-Ground* LGBT *Organization in the* MENA *Region*, Beiroet: Helem 2008

Dabash, Rasha & Farzaneh Roudi-Fahimi: *Abortion in the Middle East and North Africa*, Washington, D.C.: Population Reference Bureau 2008

El-Damanhoury, Hala: *Why Do Women Abort? The Determinants of Induced Abortion in Egypt*, Caïro: IPAS 2009

– *Exploratory Study of Attitudes and Communication Behaviors of Providers in Youth Friendly Clinics in Egypt*, Caïro: Population Council 2011

Daniel, Norman: *Islam and the West: The Making of an Image*, Oxford, UK: Oneworld 1993

El Deeb, Bouthaina: *Study on Ways and Methods to Eliminate Sexual Harassment in Egypt*. Caïro: UN Women 2013

Dhillon, Navtej & Tarik Yousef: *Generation in Waiting: The Unfulfilled Promise of Young People in the Middle East*, Washington D.C.: Brookings Institution Press 2009

Dialmy, A.: 'Prostitution et Traite des Femmes au Maroc' [Prostitutie en vrouwenhandel in Marokko]. In *Prostitution, la Mondialization Incarnée*, onder redactie van Richard Poulin. *Alternatives Sud* XII (5): 97-215 (2005)

– *Susyulujiyyat al-Jinsiyya al-'Arabiyya* [Sociologie van de Arabische seksualiteit], Beiroet: Dar al-Tali'a 2009a

– *Vers une Nouvelle Masculinité au Maroc* [Naar een nieuwe mannelijkheid in Marokko], Dakar: CODESRIA 2009b

Ding, Jeffrey, Frederic Jennings & Susan Pan: *Employment Discrimination Against the Transgender Community in Lebanon: A Needs Assessment Report for Helem*, New York: Walter Leitner International Human Rights Clinic, Fordham Law School 2010

Drieskens, Barbara: 'Changing Perceptions of Marriage in Contemporary Beiroet'. In *Les Métamorphoses du Mariage au Moyen-Orient*, onder redactie van Barbara Drieskens, pp. 97-188. Beiroet: IFPO 2009

Dwairy, Marwan, Mustafa Achoui, Reda Abouserie & Adnan Farah: 'Adolescent-Family Connectedness Among Arabs: A Second Cross-Regional Research Study'. *Journal of Cross-Cultural Psychology* 37 (3): 1-14 (2006)

'Egyptische parlementariërs en advocaten vallen de overheid aan vanwege het "Chinese maagdenvlies"' [in het Arabisch]. *Al Arabiya*, http://www.alarabiya.net/articles/2009/10/10/87557.html (10 oktober 2009)

Egyptian Cabinet, Information and Decision Support Center (IDSC): *Istitla' Ra'ii al-Muwatiniin hawla Makanat al-Mar'a fi al-Mujtama' al-Misri: Taqriir Muqaran* [Opiniepeiling onder burgers over de status van vrouwen in de Egyptische samenleving: een vergelijkend onderzoek], Caïro: IDSC 2009

Eich, Thomas: 'A Tiny Membrane Defending "Us" Against "Them": Arabic Internet Debate About Hymenorraphy in Sunni Islamic Law'. *Culture, Health and Sexuality* 12 (7): 755-69 (2010)

Elnashar, A.M., M. El-Dien Ibrahim, M.M. El-Desoky, O.M. Ali & M. El-Sayd Mohamed Hassan: 'Female Sexual Dysfunction in Lower Egypt'. *BJOG* 114: 201-6 (2007)

Ettoussi, Azzouz & Mohamed Jebbour: *Les Travailleuses du Sexe et les IST/SIDA: Enquête dans les Régions du Souss, du Moyen Atlas et Rabat* [Sekswerkers en soa/aids: een onderzoek in de omgeving van Souss, Midden-Atlas en Rabat], Rabat: OPALS en Global Fund 2008

Ezzat, Ahmed, Riham Zain al-'Abidine & Emad Moebarak: *Taqriir Hurriyya al-Fikra wa-l-Ibda' fi Misr* [Rapport over vrijheid van denken en creativiteit in Egypte januari-juni 2009], Caïro: Association for Freedom of Thought and Expression 2009

Fahmy, Amel, Mawaheb T. El-Mouelhy & Ahmed R. Ragab: 'Female Genital Mutilation/Cutting and Issues of Sexuality in Egypt'. *Reproductive Health Matters* 18 (36): 181-90 (2010)

Fahmy, Mohamed Fadel: 'Egyptian Blogger Aliaa Elmahdy. Why I Posed Naked'. CNN, http://edition.cnn.com/2011/11/19/world/meast/nude-blogger-aliaa-magda-elmahdy/ (20 november 2011)

Family Health International and Ministry of Health Egypt: *HIV/AIDS Biological and Behavioral Surveillance Survey: Round Two Summary Report*, Caïro: FHI en Ministry of Health Egypt 2010

Farah, Madelain: *Marriage and Sexuality in Islam: A Translation of al-Ghazali's Book on the Etiquette of Marriage from the Ihya'*, Salt Lake City: University of Utah Press 1984

Al Farchichi, Wahid: *Law and Homosexuality. Survey and Analysis of Legis-*

lation Across the Arab World, New York: Global Commission on HIV and the Law 2011

Al Farchichi, Wahid & Nizar Saghiyeh: *Homosexual Relations in the Penal Codes: General Study Regarding the Laws in Arab Countries with a Report on Lebanon and Tunisia*, Beiroet: Helem 2009

Fargues, Philippe: 'Terminating Marriage'. In *The New Arab Family*, onder redactie van Nicholas S. Hopkins. *Cairo Papers in Social Science*, vol. 24, no. 1/2, pp. 247-73. Caïro: American University in Cairo Press 2001

Farhood, Diana Nicole: 'Family, Culture and Decisions: A Look into the Experiences of University Students in Lebanon'. MA diss., American University of Beirut 2009

Fathi, Mostafa: *The World of Boys: A True Story of Youth*, vertaald door W. Scott Chahanovich. Caïro: Shebab Books 2009

'Fatwa van de grootmoefti van de republiek dr Ali Gomaa over het kindhuwelijk' [in het Arabisch]. http://www.child-trafficking.info/upload/Files/13375926122.pdf (13 februari 2010)

El Feki, Shereen: *Standing Up, Speaking Out: Women and HIV in the Middle East and North Africa*, Caïro: UNAIDS MENA Regional Office 2012

Ferhati, Barkahoum: 'Les Clôtures Symboliques des Algériennes: La Virginité ou l'Honneur Social en Question' [Symbolische sluiting van Algerijnse vrouwen: vraagtekens bij maagdelijkheid of maatschappelijke eer]. *Clio* 26 (2): 169-80 (2007)

Fikri, Rasha: 'When Things Get Topsy-Turvey: Foreign Youth Cultures Invade UAE Society'. *999 Society and Security Monthly* (mei): 20-21 (2010)

Flaherty, Elizabeth: 'Reconstructing Sexuality and Identity Through Dialogue: The Muntada's Actions for Palestinian Arab Citizens of Israel'. PhD diss., Ohio University, Scripps College of Communication 2008

Flaubert, Gustave: *Voyage en Égypte* [Reis naar Egypte], Parijs: Bernard Grasset 1991

Foucault, Michael: *The History of Sexuality*, deel 1, *The Will to Knowledge.* Londen: Penguin 1998

Geel, Fatma: 'Improving Adolescents' and Youth Reproductive Health in Egypt: Lesson Learned from Europe'. PhD diss., Cairo University 2011

Ghannam, Farha: *To Live and Die Like a Man: Gender Dynamics in Urban Egypt.* Stanford, Calif.: Stanford University Press 2013

El-Gibaly, Omaima, Ghada Attar & Amel Fahmy: 'Is Change in the Attitude of Rural Muslim Imams Toward FGC [Female Genital Cutting] Happening?' Niet-gepubliceerd artikel 2010

Giddens, Anthony: *The Transformation of Intimacy: Sexuality, Love and Eroticism in Modern Societies*, Stanford, Calif.: Stanford University Press 1992

El-Gilany, Abdel-Hady, Karina Badawi & Sanaa El-Fedawy: 'Menstrual Hygiene Among Adolescent Schoolgirls in Mansoura, Egypt'. *Reproductive Health Matters* 13 (6): 147-52 (2005)

Gomaa, Ali: 'Fatwa Number 416: Hymen Restoration Surgery'. Dar al-Ifta, http://www.dar-alifta.org/ViewFatwa.aspx?ID=416&text=hymen&Home=1&LangID=2 (3 juni 2007)

Gruenbaum, Ellen: *The Female Circumcision Controversy: An Anthropological Perspective*, Philadelphia: University of Pennsylvania Press 2000

Habib, Samar: *Female Homosexuality in the Middle East: Histories and Representations*, Londen: Routledge 2007

Haddad, Joumana: *Invitation to a Secret Feast: Selected Poems*, onder redactie van Khaled Mattawa. Dorset, UK: Tupelo Press 2008

– *I Killed Scheherezade: Confessions of an Angry Arab Woman*, Londen: Saqi 2010

– *Superman Is an Arab: On God, Marriage, Macho Men and Other Disastrous Inventions*, Londen: Westbourne Press 2012

Haeri, Shahla: *Law of Desire: Temporary Marriage in Shi'i Iran*, Syracuse, NY: Syracuse University Press 1989

Haffani, Mohammed Fakkreddine & Hichem Troudi: *La Sexualité des Hommes Tunisiens* [De seksualiteit van Tunesische mannen], http://haffani.blogspot.co.uk/ (2005)

Halasa, Malu & Rana Salam: *The Secret Life of Syrian Lingerie: Intimacy and Design*, San Francisco: Chronicle Books 2008

Handoussa, Heba: *Egypt Human Development Report 2010. Youth in Egypt: Building Our Future*, Caïro: Institute of National Planning, Egypt en UNDP 2010

Harb, Charles: *Describing the Lebanese Youth: A National and Psycho-Social Survey*, Beiroet: Issam Fares Institute for Public Policy and International Affairs, American University of Beirut en Unicef 2010

Harbour, Catherine & Ghada Barsoum: 'Health'. In *Survey of Young People in Egypt. Final Report*, pp. 12-33. Caïro: Population Council 2010

Harri, M., O. Mellouk, Y. Yatine, N. Rafif, N. Amine & M. Zagloul: 'Expérience d'un Centre de Santé Sexuelle Destiné aux Hommes ayant des Relations Sexuelles avec des Hommes au Maroc' [Ervaringen van een centrum voor seksuele gezondheidszorg voor mannen die seks hebben met mannen in Marokko]. Paper gepresenteerd op de Sixième Conférence Francophone sur le VIH/SIDA, Genève, 25-28 maart 2012.

Hassan, Omar: 'Real Queer Arabs: The Tension Between Colonialism and Homosexuality in Egyptian Cinema'. *Film International* 43: 18-24 (2010)

Hassan, Rasha Mohammad: *Clouds in Egypt's Sky: Sexual Harassment from Verbal Harassment to Rape. A Sociological Study*, Caïro: Egyptian Center for Women's Rights 2008

Hassanin, Ibrahim M., Yasser A. Helmy, Mohamed M.F. Fathalla & Ahmed Y. Shahin: 'Prevalence and Characteristics of Female Sexual Dysfunction in a Sample of Women from Upper Egypt'. *International Journal of Gynecology and Obstetrics* 108 (3): 219-23 (2010)

Hasso, Frances S.: *Consuming Desires: Family Crisis and the State in the Middle East*, Stanford, Calif.: Stanford University Press 2010

Hersh, Seymour M.: 'The Gray Zone'. *New Yorker*, http://www.newyorker.com/archive/2004/05/24/040524fa_fact?currentPage=all (4 maart 2004)

Al-Herz, Seba: *The Others*, New York: Seven Stories Press 2009

Hessini, Leila: 'Abortion and Islam: Policies and Practice in the Middle East and North Africa'. *Reproductive Health Matters* 15 (29): 75-84 (2007)

– 'Islam and Abortion: The Diversity of Discourses and Practices'. *IDS Bulletin* 39 (3): 18-27 (2008)

Hirschfeld, Magnus: *Women East and West: Impressions of a Sex Expert*, Londen: William Heinemann 1935

Hopwood, Derek: *Sexual Encounters in the Middle East: The British, the French and the Arabs*, Reading, UK: Ithaca Press 1999

Horovitz, David: 'A Mass Expression of Outrage Against Injustice'. *Jerusalem Post*, http://www.jpost.com/Opinion/Columnists/Article.aspx?id=209770 (25 februari 2011)

Hull, Edith Maude: *The Sheik*, Philadelphia: University of Pennsylvania Press 2001

Human Rights Watch: *In a Time of Torture: The Assault on Justice in Egypt's Crackdown on Homosexual Conduct*, New York: Human Rights Watch 2004

– *Egypt: 117 NGOs Slam HIV-Based Arrests and Trials*, New York: Human Rights Watch 2008

– *Slow Reform. Protection of Migrant Domestic Workers in Asia and the Middle East*, New York: Human Rights Watch 2010

– *How Come You Allow Little Girls to Get Married? Child Marriage in Yemen*, New York: Human Rights Watch 2011a

– *'They Hunt Us Down for Fun': Discrimination and Police Violence Against Transgender Women in Kuwait*, New York: Human Rights Watch 2011b

– *Egypt: Impunity for Violence Against Women. Whitewash in Virginity Test Trial*, New York: Human Rights Watch 2012

– *'It's Part of the Job': Ill-Treatment and Torture of Vulnerable Groups in Lebanese Police Stations*, New York: Human Rights Watch 2013

Huntington, Dale: 'Abortion in Egypt: Official Constraints and Popular Practices'. In *Cultural Perspectives on Reproductive Health*, onder redactie van Carla Makhlouf Obermeyer, pp. 175-92. Oxford, UK: Oxford University Press 2001

Ibn Hazm, 'Ali ibn Ahmad: *The Ring of the Dove: A Treatise on the Art and Practice of Arab Love*, vertaald door Arthur John Arberry. Londen: Luzac Oriental 1994

Ibn Qayyim al-Jawziyyah, Muhammad ibn Abi Bakr: *Medicine of the Prophet*, vertaald door Penelope Johnstone. Cambridge, UK: Islamic Texts Society 1998

Inhorn, Marcia C.: 'Middle Eastern Masculinities in the Age of New Reproductive Technologies: Male Infertility and Stigma in Egypt and Lebanon'. *Medical Anthropology Quarterly* 18: 162-82 (2004)

– 'Making Muslim Babies: IVF and Gamete Donation in Sunni versus Shi'a Islam'. *Culture, Medicine and Psychiatry* 30: 427-50 (2006)

– 'Masturbation, Semen Collection and Men's IVF Experiences: Anxieties in the Muslim World'. *Body and Society* 13 (3): 37-53 (2007)

– *The New Arab Man: Emergent Masculinities, Technologies, and Islam in the Middle East*, Princeton, N.J.: Princeton University Press 2012

INSAF (Institution Nationale de Solidarité avec les Femmes en Détresse): *Le Maroc des Mères Célibataires. Étude Diagnostique de la Situation. Ampleur et Réalités, Actions, Représentations, Itinéraires et Vécus*, Casablanca: INSAF en UN Women 2010

International Planned Parenthood Federation: *Sexual Rights: An IPPF Declaration*, Londen: International Planned Parenthood Federation 2008

Jabarti, 'Abd al-Rahman: *'Aja'ib al-Athar fi al-Tarajim wa-l-Akhbar* [Verbazingwekkende beschrijvingen van levens en nieuws], vol. 2, onder redactie van A.A. El Din. Caïro: Madbuli 1997

Jacob, Wilson: 'Overcoming "Simply Being": Straight Sex, Masculinity and Physical Culture in Modern Egypt'. *Gender and History* 22 (3): 658-76 (2010)

Jernow, Ali: *Sexual Orientation, Gender Identity and Justice: A Comparative Law Casebook*, Genève: International Commission of Jurists 2011

Jones, James H.: *Alfred C. Kinsey: A Life*, New York: W.W. Norton 1997

Jones, Stanton L. & Mark A. Yarhouse: 'A Longitudinal Study of Attempted Religiously Mediated Sexual Orientation Change'. *Journal of Sex and Marital Therapy* 37 (5): 404-27 (2011)

Jureidini, Ray: *Domestic Workers in the Middle East: Status Enhancement and Degradation in Arab Households*, Londen: Routledge, in druk

Juynboll, G.H.A.: *Encyclopedia of Canonical Hadith*, Boston: Brill 2007

Kabbash, I.A., I. Abdul-Rahman & Y.A. Shehata: 'Looking beyond legality: understanding the context of female sex workers in greater Cairo, Egypt'. *Eastern Mediterranean Health Journal* 19 (1): 24-29 (2013)

Al-Kak, Faysal: *Homophobia in Clinical Services in Lebanon: A Physician Survey*, Beiroet: Helem 2009

Kandiyoti, Deniz: 'Bargaining with Patriarchy'. *Gender and Society* 2: 274-90 (1988)

Karam, Souhail: 'Moroccan Single Burns Herself in Protest'. Reuters, http://ca.reuters.com/article/topNews/idCATRE71M4ZF20110223 (23 februari 2011)

Al-Kardousi, 'Adel & Ahmad Magdoub: *Darasa li-Shabakat al-Bagha' fi Misr* [Onderzoek naar prostitutienetwerken in Egypte], Caïro: Maktab al-Adab 2006

Karkabi, Nadeem: 'Couples in the Global Margins. Sexuality and Marriage between Egyptian Men and Western Women in South Sinai'. *Anthropology of the Middle East* 6 (1): 79-97 (2011)

Katz, Marion Holmes: 'The Problem of Abortion in Classical Sunni Fiqh'. In *Islamic Ethics of Life: Abortion, War, and Euthanasia*, onder redactie van J.E. Brockopp, pp. 25-50. Columbia: University of South Carolina 2003

Kendrick, Sharon: *Promised to the Sheikh*, Londen: Mills & Boon 2008

Kerrigan, Deana, Andrea Wirtz, Stefan Baral, Michele Decker, Laura Murray, Tonia Poteat, Carel Pretorius, Susan Sherman, Mike Sweat, Iris Semini, N'Della N'Jie, Anderson Stanciole, Jenny Butler, Sutayut Osornprasop, Robert Oelrichs & Chris Beyrer: *The Global HIV Epidemics among Sex Workers*, Washington, D.C.: World Bank 2013

Al-Khalidi, Salah 'Abd al-Fattah, red.: *Amrika min al-Dakhil bi-Minzar Sayyid Qutb* [Amerika van binnenuit vanuit het standpunt van Sayyid Qutb], Jeddah, Saoedi-Arabië: Dar al-Manarah 1986

Kholoussy, Hanan: *For Better, For Worse: The Marriage Crisis That Made Modern Egypt*, Stanford, Calif.: Stanford University Press 2010

El-Kholy, Heba Aziz: *Defiance and Compliance. Negotiating Gender in Low-Income Cairo*, New York: Berghahn Books 2002

'Kitab al-Nikah' [Huwelijksboek]. In *Translation of Sahih Muslim*, vertaald door A.H. Siddiqui. Beschikbaar op: http://www.iium.edu.my/deed/hadith/muslim/008_smt.html

Kobeissi, Kamal & Mustafa Suleiman: 'Egypt youth movement denies ties with girl in nude self-portrait'. *Al Arabiya*, http://www.alarabiya.net/articles/2011/11/16/177555.html (16 november 2011)

El-Kogali, Safaa & Caroline Krafft: 'Social Issues, Values and Civic Engagement'. In *Survey of Young People in Egypt. Final Report*, pp. 133-47. Caïro: Population Council 2010

El-Kogali, Safaa, Caroline Krafft & Maia Sieverding: 'Attitudes Toward Gender Roles'. In *Survey of Young People in Egypt. Final Report*, pp. 155-68. Caïro: Population Council 2010

Al-Kordy, Maha: *Al-Zawaj al-'Urfi fi al-Sirr buyn Tulabat al-Jami'at* [Geheime huwelijken onder universiteitsstudenten], Caïro: National Center for Social and Criminological Research 2008

Kotb, H.: 'Sexuality in Islam'. PhD diss., Maimonides University 2004

Krafft, Caroline & Safaa El-Kogali: 'Education'. In *Survey of Young People in Egypt. Final Report*, pp. 51-86. Caïro: Population Council

Kraidy, Marwan & Omar Al-Ghazzi: 'Neo-Ottoman Cool: Turkish Popular Culture in the Arab Public Sphere'. *Popular Communication: The International Journal of Media and Culture* 11 (1): 17-29 (2013)

Kugle, Scott Siraj al-Haqq: *Homosexuality in Islam*, Oxford, UK: Oneworld 2010

Kulczycki, Andrzej & Sarah Windle: 'Honor Killings in the Middle East and North Africa: A Systematic Review of the Literature'. *Violence Against Women* 17 (11): 1442-64 (2011)

Lagrange, Frédéric: 'Homosexuality in Modern Arabic Literature'. In *Imagined Masculinities: Male Identity and Culture in the Modern Middle East*, onder redactie van Mai Ghoussoub & Emma Sinclair, pp. 169-198. Londen: Saqi 2000

Lane, Sandra, D., Jok Madut Jok & Mawaheb T. El-Mouelhy: 'Buying Safety: The Economics of Reproductive Risk and Abortion in Egypt'. *Social Science and Medicine* 47 (8): 1089-99 (1998)

Larguèche, Dalenda & Abdelhamid Larguèche: *Marginales en Terre d'Islam* [Vrouwen in de marge in het land van de islam], Tunis: Cérès Éditions 2000

Leonard, Sarah: 'Of Masculinity and Men: Exploring Ambivalence, Pornographic Consumption and Sexual Desire in Cairo'. MA diss., American University in Cairo 2011

Loza, Sara & Social, Planning, Analysis, and Administration Consultants: 'Experiences, Attitudes, and Practices: A New Survey of 4,408 Women, Men, and Female and Male Youth'. In *Egypt Violence Against Women Study: A Summary of Findings*, pp. 25-36. Caïro: USAID en National Council for Women 2009

Madkur, Mona: 'Inas al-Delgheidy spreekt over een tegen haar gerichte campagne nadat ze had gevraagd om legalisering van prostitutie in Egypte' [in het Arabisch]. *Al Arabiya*, http://www.alarabiya.net/articles/2008/08/05/54309.html (5 augustus 2008)

Al-Magribi, al-Samaw'al ibn Yahya: *A Jaunt in the Art of Coition*, onder redactie van Salah Addin Khawwam, vertaald door 'Adnan Jarkas & Salah Addin Khawwam. Toronto: Aleppo Publishing 1978

Mahdavi, Pardis: *Passionate Uprisings: Iran's Sexual Revolution*, Stanford, Calif.: Stanford University Press 2009

El-Mahdi, Rabab & Philip Marfleet: *Introduction to Egypt: Moment of Change*, onder redactie van Rabab El-Mahdi & Philip Marfleet, pp. 1-13. Londen: Zed Books 2009

Mahmud, Ibrahim: *Al-Mut'a al-Mahzura, al-Shudhudh al-Jinsi fi Tarikh al-'Arab* [Het verboden genot: homoseksualiteit in de Arabische geschiedenis], Beiroet: Riyad El Rayyes 2000

Malmström, Maria: 'Just Like Couscous: Gender, Agency and the Politics of Female Circumcision in Cairo'. PhD diss., University of Gothenburg 2009

Mamarbachi, Henri: 'Moroccan Women Demand Reform After Rape Victim's Suicide'. *Agence France Presse* (17 maart 2012)

Marfleet, Philip: 'State and Society'. In *Egypt: Moment of Change*, onder redactie van Rabab El-Mahdi & Philip Marfleet, pp. 14-33. Londen: Zed Books 2009

Massad, Joseph A.: 'Re-Orienting Desire: The Gay International and the Arab World'. *Public Culture* 14 (2): 361-85 (2002)

– *Desiring Arabs*, Chicago: University of Chicago Press 2007

McCormick, Jared: 'Hairy Chest, Will Travel: Tourism, Identity, and Sexuality in the Levant'. *Journal of Middle East Women's Studies* 7: 71-97 (2011)

Menicucci, Garay: 'Unlocking the Arab Celluloid Closet: Homosexuality in Egyptian Film'. *Middle East Report* 206: 32-36 (1998)

Men's Lives Often Seen as Better: Gender Equality Universally Embraced, but Inequalities Acknowledged, Washington, D.C.: Pew Global Attitudes Project 2010

Mernissi, Fatema: *Beyond the Veil: Male-Female Dynamics in Muslim Society*, Londen: Saqi 2011

Mhiri, M. Nabil, W. Smaoui, M. Bouassida K. Chabchoub, J. Masmoudi, M. Hadjslimen, N. Chaieb, N. Rebai, S. Masmoudi & A. Bahloul: 'Unconsummated marriage in the Arab Islamic world: Tunisian experience'. *The World's Muslims: Religion, Politics and Society.* Washington D.C.: Pew Forum on Religion & Public Life (2013)

Mikdashi, Maya & Rasha Moumneh: 'The Emerging Discourse on Same-Sex Sexualities and Rights in Lebanon'. Niet-gepubliceerd artikel 2011

Miller, Alice M.: *Sexuality and Human Rights: A Discussion Paper*, Versoix, Zwitserland: International Council on Human Rights Policy 2009

Moawad, Nadine & Tamara Qiblawi: 'Lebanon: Who's Afraid of the Big Bad Internet?' ://*Erotics Sex, Rights and the Internet. An Exploratory Research Study*, onder redactie van Jac sm Kee. pp. 109-134. Melville, Zuid-Afrika: Association for Progressive Communications 2011

Most Muslims Want Democracy, Personal Freedoms, and Islam in Political Life. Few Believe U.S. Backs Democracy, Washington, D.C.: Pew Global Attitudes Project 2012

Mostafa, S., N. El Zeiny, S. Tayel & E. Moubarak: 'What Do Medical Students in Alexandria Know About Female Genital Mutilation?' *Eastern Mediterranean Health Journal* 12 (suppl. 2): s78-s92 (2006)

El-Mouelhy, Mawaheb: 'Maternal Mortality in the Last Two Decades in Egypt'. *Saudi Medical Journal* 13 (2): 132-36 (1992)

El-Mouelhy, Mawaheb, Amel Fahmy & Ahmed Ragaa Abdel Hamid Ragab: *Investigating Women's Sexuality in Relation to Female Genital Mutilation in Egypt*, Caïro: Cairo Family Planning and Development Association en World Health Organization 2009

Moussa, Bishop: 'Coptic Religion and Female Genital Mutilation'. In *Afro-Arab Expert Consultation on Legal Tools for the Prevention of Female Genital Mutilation Cairo 21-23 June 2003*, pp. 24-26. Caïro: 'Stop FGM' International Campaign 2004

Moussa, Fatima, Badia Masmoudi & Rania Barboucha: 'Du Tabou de la Virginité au Mythe de l'Inviolabilité: La Rite du R'bit chez la Fillette dans l'Est Algérien' [Van het taboe op de maagdelijkheid tot de mythe van de onschendbaarheid: de rite van de r'bit onder jonge meisjes in het oosten van Algerije]. *Dialogue* 185 (3): 91-102 (2009)

Moussawi, Ghassan: 'Queering Beirut, the "Paris of the Middle East": fractal Orientalism and essentialized masculinities in contemporary gay travelogues'. *Gender, Place & Culture*, Egypt Labor Market Panel Survey 2012. Mijn dank gaat uit naar Ragui Assaad van University of Minnesota dat hij deze gegevens vóór publicatie met mij gedeeld heeft. (2013)

Mumtaz, Ghina, Nahia Hilmi, Willi McFarland, Rachel L. Kaplan, Francisca Ayodeji Akala, Iris Semini, Gabriele Riedner, Oussama Tawil, David Wilson & Laith J. Abu-Raddad: 'Are HIV Epidemics Among Men Who Have Sex with Men Emerging in the Middle East and North Africa? A Systematic Review and Data Synthesis'. *PLoS Medicine* 8, http://www.plosmedicine.org/article/info%3Adoi%2F10.1371%2Fjournal.pmed.1000444 (2011)

Al-Munajjid, Salah al-Din: *Al-Hayat al-Jinsiyya 'ind al-'Arab, min al-Jahiliyya ila Awakhir al-Qarn al-Rabi' al-Hijri* [Het seksleven van de Arabieren van de jahiliyya tot het eind van de vierde eeuw van het islamitische tijdperk], Beiroet: Dar al-Kitab al-Jadid 1975

Murray, Stephen O.: 'Conceptions About and Representations of Male Homosexuality in the Popular Book and Movie, The Yacoubian Building'. *Journal of Homosexuality* 60 (7): 1081-1089 (2013)

Murray, Stephen O. & Will Roscoe: *Islamic Homosexualities: Culture, History, and Literature*, New York: New York University Press 1997

Musallam, Basim: *Sex and Society in Islam: Birth Control Before the Nineteenth Century*, Cambridge, UK: Cambridge University Press 1983

Naamane Guessous, Soumaya & Chafik Guessous: *Grossesses de la Honte* [Schandelijke zwangerschappen], Casablanca: Afrique Orient 2011

Nada, Khaled, ElDaw Suliman & Nadia Zibani: *Behavioral Survey Among Street Children in Greater Cairo and Alexandria: Final Report*, Caïro: Population Council 2008

Al-Nafzawi, 'Umar ibn Muhammad: 'Al-Rawd al-'Atir fi Nuzhat al-Khatir' [De geurige tuin van zinnelijk genot]. In *Al-Jins 'inda al-'Arab: Nusus Mukhtarah*, vol. 2. Keulen: Al-Kamel 1991

Najjar, Mostafa: 'China promoot synthetische maagdenvliezen in Egypte' [in het Arabisch]. *Youm* 7, http://www.youm7.com/News.asp?NewsID=136135 (13 september 2009)

Najmabadi, Afsaneh: 'Transing and Transpassing Across Sex-Gender Walls in Iran'. *Women's Studies Quarterly* 36 (3-4): 23-42 (2008)

Al-Nasr, Tofol Jassim: 'Gulf Cooperation Council (GCC) Women and Misyar Marriage: Evolution and Progress in the Arabian Gulf'. *Journal of International Women's Studies* 12 (3): 43-57 (2011)

Nigst, Lorenz & Jose Sanchez Garcia: 'Boyat in the Gulf: Identity, Contestation, and Social Control'. *Middle East Critique* 19 (1): 5-34 (2010)

Norris, Pippa & Ronald Inglehart: *Islam and the West: Testing the 'Clash of Civilizations' Thesis*, Cambridge, Mass.: John F. Kennedy School of Government at Harvard University 2002

Omran, Abdel Rahim: *Family Planning in the Legacy of Islam*, Londen: Routledge 1992

Orhan, Soad: 'Men Selling Sex in Cairo and Alexandria: Perspective on Male Sex Work and AIDS in Egypt'. MA diss., American University in Cairo 2008

Osman, Magued & Hanan Girgis: 'Marriage Patterns in Egypt'. Paper gepresenteerd op de zesentwintigste IUSSP International Population Conference, Marrakech, 27 september-2 oktober 2009

Osman, Magued, Hussein Abdel Aziz, Mohammed Ramadan & Fatma Geel: *Ta'khkhur Sinn al-Zawaj: Hal 'Asbah Mushkila Tabhath 'an Hal?* [Het opschuiven van de huwelijksleeftijd: is het een probleem waar een oplossing voor gezocht moet worden?], Caïro: Egyptian Cabinet, Information and Decision Support Center 2009

Oyoun Center for Studies and Development: *Modern Slavery: Tourist Marriages in Egypt*, Caïro: Oyoun Center for Studies and Development 2010

Patai, Raphael: *The Arab Mind*, New York: Hatherleigh Press 1982

Pew Research Center: *The Worlds Muslims: Religion, Politics and Society*, Washington, D.C. 2013

Population Council & Egyptian Cabinet, Information and Decision Support Center (IDSC): *Survey of Young People in Egypt*, Caïro: Population Council en IDSC. http://www.popcouncil.org/projects/234_SurveyYoungPeopleEgypt.asp (2009)

Al-Qaradawi, Yusuf: *The Lawful and the Prohibited in Islam*, Caïro: Al-Falah Foundation 2001

Qur'an [Koran], Medina: Mujamma' al-Malik Fahd li-l-Tiba'at al-Mushaf al-Sharif 1985

Qur'an [Koran], vertaald door M.A.S. Abdel Haleem. Oxford, UK: Oxford University Press 2005

Rakha, Marwa: *The Poison Tree: Planted and Grown in Egypt*, Caïro: Malamih Publishing House 2007

Al-Rasheed, Madawi: *A Most Masculine State: Gender, Politics and Religion in Saudi Arabia*, Cambridge, UK: Cambridge University Press 2013

Rasheed, Salah M., Ahmed H. Abd-Ellah & Fouad M. Yousef: 'Female Genital Mutilation in Upper Egypt in the New Millennium'. *International Journal of Gynecology and Obstetrics* 114: 47-50 (2011)

Reich, Wilhelm: *The Mass Psychology of Fascism*, vertaald door T.P. Wolfe. New York: Orgone Institute Press 1946

– 'The Sexual Misery of the Working Masses and the Difficulties of Sexual Reform'. *New German Critique* 1: 98-110 (1973)

Rispler-Chaim, Vardit: 'The Muslim Surgeon and Contemporary Ethical Dilemmas Surrounding the Restoration of Virginity'. *Hawwa* 5: 324-49 (2007)

El-Rouayheb, Khaled: *Before Homosexuality in the Arab-Islamic World, 1500-1800*, Chicago: University of Chicago Press 2005

Rowson, Everett K.: 'The Effeminates of Early Medina'. *Journal of the American Oriental Society* 111 (4): 671-93 (1991)

– 'Arabic: Middle Ages to Nineteenth Century'. In *Encyclopedia of Erotic Literature*, onder redactie van Gaëtan Brulotte & John Phillips, pp. 43-61. New York: Routledge 2006

Royaume du Maroc (Het koninkrijk Marokko): *Mise en Oeuvre de la Déclaration Politique sur le VIH/SIDA: Rapport National 2012* [Implementatie van de politieke verklaring over de verplichting ten opzichte van hiv/aids: Nationaal rapport 2012], Rabat: Royaume du Maroc 2012

Russell, Thomas Wentworth: *Egyptian Service, 1902-1946*, Londen: John Murray 1949

Sabiq, al-Sayyid: *Fiqh al-Sunna* [Jurisprudentie voor soennitische moslims], vol. 2. Caïro: Dar al-Fatah li-l-'Alam al-'Arabi 1993

Saghieh, Hazem: *Mudhakarat Randa al-Trans* [Memoires van Randa Trans], Beiroet: Saqi 2011

Said, Edward: *Orientalism: Western Conceptions of the Orient*, Londen Penguin 1995

Said, Samar, Amal Zaki, Ashgan Abdel Hamid, Mozn Hassan & Hala Abdel Kader: *Egypt Violence Against Women Study: Overview of Services on Violence Against Women*, Caïro: USAID en National Council for Women 2009

El-Sakka, Ahmed I.: 'Erectile Dysfunction in Arab Countries, Part 1: Prevalence and Correlates'. *Arab Journal of Urology* 10(2): 97-103 (2012)

Salamandra, Christa: 'The Muhammad Effect: Media Panic, Melodrama, and the Arab Female Gaze'. *Anthropological Quarterly* 85 (1): 45-77 (2012)

Salem, Fadi & Racha Mourtada: 'Social Media in the Arab World: Influencing Cultural and Societal Change?' *Arab Social Media Report* 2 (1), July 2012. Dubai: Dubai School of Government 2012

Salem, Fadi, Racha Mourtada, May Al-Dabbagh & Ghalia Gargani: 'The Role of Social Media in Women's Empowerment'. *Arab Social Media Report* 1 (3), November 2011. Dubai: Dubai School of Government 2011

Salem, Rania: 'Secret Marital Unions Among Youth in Cairo and Minya: The Paradox of Licit Aspirations and Illicit Behaviors'. Paper gepresenteerd op de Annual Conference of the Middle East Studies Association of America, Denver, 17-20 november 2012 (2013)

Al-Samman, Hanadi: 'Out of the Closet: Representation of Homosexuals and Lesbians in Modern Arabic Literature'. *Journal of Arabic Literature* 39: 270-310 (2008)

Al-Sayed, Ahmed: 'Moefti van Egypte: misyar wettelijk toegestaan en geen belediging voor vrouwen' [in het Arabisch]. *Al Arabiya*, http://www.alarabiya.net/articles/2009/04/16/70794.html (22 juli 2009)

El Sayed, Hamdy: 'Medical and Ethical Perspectives'. In *Afro-Arab Expert Consultation on Legal Tools for the Prevention of Female Genital Mutilation, Cairo, 21-23 June 2003*, pp. 26-29. Caïro: 'Stop FGM' International Campaign 2004

Sayed, Safaa: 'Al-Mithliyyun wa-l-Mithliyya fi al-Sinima al-Misriyya' [Homoseksuelen en homoseksualiteit in Egyptische bioscopen]. In *Al-Abhath al-Khassa bi-l-Ijtima'at al-Tashawuriyya hawla Afdal al-Subul li-l-Wusul li-l-fi'at al-Akhtar 'Urdah li-l-Isabah bi al-AIDS fi al-Duwal al-'Arabiyya*, 2:89-105. Caïro: HARPAS en UNDP 2011

Schielke, Samuli: 'Ambivalent Commitments: Troubles of Morality, Religiosity and Aspiration Among Young Egyptians'. *Journal of Religion in Africa* 39: 158-85 (2009)

Sellers, Alexandra: 'Sheikh's Honour'. In *The Desert Sheikh's Bride*, Richmond, UK: Harlequin Books 2008

Sengers, Gerda: *Women and Demons: Cult Healing in Islamic Egypt*, Boston: Brill 2003

Sexual Assault and Rape in Tahrir Square and its Vicinity: A Compendium of

Sources 2011-2013, Caïro: El Nadeem Center for Rehabiliation of Victims of Violence, Nazra for Feminist Studies, New Woman Foundation 2013

Shafik, Viola: *Popular Egyptian Cinema: Gender, Class, and Nation*, Caïro: American University in Cairo 2007

Shalev, Ofra, Nahemi Baum & Haya Itzhaki: '"There's a Man in My Bed": The First Experience of Sex Among Modern Orthodox Newlyweds in Israel'. *Journal of Sex and Marital Therapy* 39(1):40-55 (2013)

Shalhoub-Kevorkian, Nadera: 'Imposition of Virginity Testing: A Life-Saver or a License to Kill?' *Social Science and Medicine* 60: 1187-96 (2005)

Shamloul, Rany: 'Management of Honeymoon Impotence'. *Journal of Sexual Medicine* 3: 361-66 (2006)

Shapiro, Gilla K.: 'Abortion law in Muslim-majority countries: an overview of the Islamic discourse with policy implications'. *Health Policy and Planning*, http://www.ncbi.nlm.nih.gov/pubmed/23749735 (2013)

Sholkamy, Hania: 'Women Are Also Part of This Revolution'. In *Arab Spring in Egypt*, onder redactie van Bahgat Korany & Rabab El-Mahdi, pp. 153-74. Caïro: American University in Cairo Press 2012

Sieverding, Maia & Asmaa Elbadawy: 'Marriage and Family Formation'. In *Survey of Young People in Egypt. Final Report*, pp. 118-32. Caïro: Population Council 2010

Silatech & Gallup: *The Silatech Index: Voices of Young Arabs*, Doha, Qatar: Silatech & Gallup 2009

– *The Silatech Index: Voices of Young Arabs*, Doha, Qatar: Silatech & Gallup 2011

Singerman, Diane: *The Economic Imperatives of Marriage: Emerging Practices and Identities Among Youth in the Middle East*, Dubai: Middle East Youth Initiative, Wolfensohn Center for Development, Dubai School of Government 2007

– 'Marriage and Divorce in Egypt: Financial Costs and Political Struggles'. In *Les Métamorphoses du Mariage au Moyen-Orient*, onder redactie van Barbara Drieskens, pp. 75-96. Beiroet: IFPO 2009

– 'The Negotiation of Waithood: The Political Economy of Delayed Marriage in Egypt'. In *Arab Youth: Social Mobilization in Times of Risk*, onder redactie van Samir Khalaf & Roseanne Saad Khalaf, pp. 67-78. Londen: Saqi 2011

Snoussi, Mohamed Larbi: 'Prostitution en Tunisie au Temps de la Colonisation' [Prostitutie in Tunesië in de koloniale tijd]. In *La Tunisie Mosaïque: Diasporas, Cosmopolitisme, Archéologies de l'Identité*, onder redactie van J. Alexandropoulos & P. Cabanel, pp. 389-413. Toulouse, Frankrijk: Presses Universitaires du Mirail 2000

Sonneveld, Nadia: *Khul' Divorce in Egypt: Public Debates, Judicial Practices, and Everyday Life*, Caïro: American University in Cairo Press 2012

Steegmuller, Francis, red. en vertaling: *Gustave Flaubert: A Sensibility on Tour. A Narrative Drawn from Gustave Flaubert's Travel Notes and Letters*, Chicago: Academy Chicago Publishers 1987

Suleiman, Mustafa: 'De Egyptische film over het leven van afwijkende personen neemt deel aan het "queer" wereld festival' [in het Arabisch]. *Al Arabiya*, http://www.alarabiya.net/articles/2008/06/26/52151.html (26 juni 2008)

Suleiman, Mustafa: 'Eerste geval van een huwelijk "met wat je rechterhand bezit"' [in het Arabisch]. *Al Arabiya*, http://www.alarabiya.net/articles/2012 /07/03/224214.html (3 juli 2012)

Tadmouri, Ghazi O., Pratibha Nair, Tasneem Obeid, Mahmoud T. Al Ali, Najib Al Khaja & Hanan A. Hamamy: 'Consanguinity and Reproductive Health Among Arabs'. *Reproductive Health* 6: 7-26 (2009)

Tadros, Mariz: 'Politically Motivated Sexual Assault and the Law in Violent Transitions: A Case Study from Egypt'. *Evidence Report No 8., Sexuality, Poverty and Law*, Brighton, UK: IDS 2013

Tag-Eldin, Mohammed A., Mohsen A. Gadallah, Mahmoud N. Al-Tayeb, Mostafa Abdel-Aty, Esmat Mansour & Mona Sallem: 'Prevalence of Female Genital Cutting Among Egyptian Girls'. *Bulletin of the World Health Organization* 86: 269-74 (2008)

Al-Tahtawi, Rifa'a Rafi': *An Imam in Paris: Account of a Stay in France by an Egyptian Cleric (1826-1831)*, vertaald en ingeleid door Daniel Newman. Londen: Saqi 2011

Taraud, Christelle: *La Prostitution Coloniale: Algérie, Tunisie, Maroc (1830-1962)* [Koloniale prostitutie: Algerije, Tunesië, Marokko (1830-1962)], Parijs: Payot et Rivages 2003

Tartoussieh, Karim: 'Pious Stardom: Cinema and the Religious Revival in Egypt'. In *African Sexualities: A Reader*, onder redactie van Sylvia

Tamale, pp. 217-30. Oxford, UK: Pambazuka Press 2011

Taylor, J.: 'And You Can Be My Sheikh: Gender, Race and Orientalism in Contemporary Romance Novels'. *Journal of Popular Culture* 40 (6): 1032-1051 (2007)

El Tawila, Sahar & Zeinab Khadr: *Patterns of Marriage and Family Formation Among Youth in Egypt*, Caïro: National Population Council en Cairo University 2004

Teo, Hsu-Ming: *Desert Passions: Orientalism and Romance Novels*, Austin: University of Texas Press 2012

Thomason, Laura M.: 'On the Steps of the Mosque. The Legal Rights of Non-Marital Children in Egypt'. *Hastings Women's Law Journal* 19 (1):121-147 (2008)

'Toename van 355% van huwelijken tussen Egyptenaren en buitenlandse vrouwen in de afgelopen vijf jaar en in 17.000 gevallen in 2010' [in het Arabisch]. *Al Arabiya*, http://www.alarabiya.net/articles/2011/01/20/134332.html (2 januari 2011)

Al-Tifashi, Ahmad ibn Yusuf: *Ruju' al-Shaykh ila Sibah fi al-Quwa 'ala al-Bah* [De terugkeer van de oude man naar de seksuele kracht van zijn jeugd], Damascus: Dar al-Kitab al-'Arabi 2001

– *Sensual Delights of the Heart: Arab Erotica by Ahmed al-Tifashi*, vertaald door Daniel Newman. Londen: Saqi, in druk

Toudeft, F.: *Étude sur les Connaissances, Attitudes et Comportements des Jeunes Universitaires en Matière de l'Infection à VIH/SIDA: Évaluation des Actions de Proximité* [Onderzoek naar de kennis, houding en het gedrag van universiteitsstudenten in relatie tot hiv/aids: evaluatie van hulpverleningsinitiatieven], Algiers: AIDS-Algérie 2010

UNAIDS: *Regional Report for the Middle East and North Africa*, Caïro: UNAIDS 2013

– *Global Report: UNAIDS report on the global AIDS epidemic*, Genève: UNAIDS 2013

Unesco: *International Technical Guidance on Sexuality Education: An Evidence-informed Approach for Schools, Teachers and Health Educators*, vol. 1. Parijs: Unesco 2009

UNFPA: *Marrying Too Young: End Child Marriage*, New York: UNFPA 2013

UNICEF: *Female Genital Mutilation/Cutting: A statistical overview and ex-*

ploration of the dynamics of change, New York: UNICEF 2013

United Arab Emirates National Bureau of Statistics: *Marriage Contracts and Divorce Certificates Registered at Courts by Spouse Nationality and Emirate, 2011*, 2011

U.S. Department of State: *Trafficking in Persons Report June 2012.* Washington D.C.: *Egypt: Country-Specific*

Wahba, Mamdouh & Farzaneh Roudi-Fahimi: *The Need for Reproductive Health Education in Schools in Egypt*, Washington, D.C.: Population Reference Bureau 2012

Wasfy, Awsam: *Shifa' al-Hubb* [De behandeling is liefde], Caïro: Awsam Wasfy 2007

Weeks, Jeffrey: *The World We Have Won: The Remaking of Erotic and Intimate Life*, Londen: Routledge 2007

Welchman, Lynn & Sara Hossain, red.: *'Honour': Crimes, Paradigms and Violence Against Women*, Londen: Zed Books 2005

Whitaker, Brian: *Unspeakable Love: Gay and Lesbian Life in the Middle East*, Londen: Saqi 2011

Willman Bordat, Susan & Saida Kouzzi: 'Legal Empowerment of Unwed Mothers: Experiences of Moroccan NGOs'. In *Legal Empowerment: Practitioners' Perspectives*, onder redactie van Stephen Golub, pp. 179-201. Rome: International Development Law Organization 2010

World Health Organization: *Defining Sexual Health: Report of a Technical Consultation on Sexual Health, January 28-31, 2002, Geneva*, Genève: World Health Organization 2006

– *Unsafe Abortion: Global and Regional Estimates of the Incidence of Unsafe Abortion and Associated Mortality in 2008*, Genève: World Health Organization 2011

– *Global and Regional Estimates of Violence Against Women: Prevalence and Health Effects of Intimate Partner Violence and Non-Partner Sexual Violence*, Genève: World Health Organization 2013

World Health Organization, Department of Reproductive Health and Research: *Eliminating Female Genital Mutilation: An Interagency Statement UNAIDS, UNDP, UNECA, Unesco, UNFPA, UNHCHR, UNHCR, UNICEF, UNIFEM, WHO*, Genève: World Health Organization 2008

World Health Organization Task Force on Psychosocial Research on Family Planning, Special Programme of Research, Development and Research Training in Human Reproduction: 'A Cross-Cultural Study on Menstruation: Implications for Contraceptive Development and Use'. *Studies in Family Planning* 12 (1): 3-16 (1981)

Wright, Jr., Jerry W. & Everett K. Rowson, red.: *Homoeroticism in Classical Arabic Literature*, New York: Columbia University Press 1997

Yosri, Yasmine: *Mother-Daughter Communication About Sexual and Reproductive Health Matters in Slum Areas in Alexandria, Egypt*, Caïro: Population Council 2011

Yount, Kathryn M.: 'Symbolic Gender Politics, Religious Group Identity, and the Decline in Female Genital Cutting in Minya, Egypt'. *Social Forces* 82 (3): 1063-90 (2004)

– 'Women's Conformity as Resistance to Intimate Partner Violence in Assiut, Egypt'. *Sex Roles* 64: 43-58 (2011)

Youssef, Olfa: *Hayrat Muslima* [De verwarring van een islamitische vrouw], Tunis: Dar Sahar al-Nashr 2008

Al-Zahid, Medhat: *Tijarat al-Jins* [Handel in seks], Caïro: Shehab Foundation 2010

Zaiem, Mohammed Hedi & Jalila Attafi. 'Mariages en Tunisie, 1991-2007' [Huwelijken in Tunesië, 1991-2007]. Paper gepresenteerd op Youth in a World of Change: Trajectories by Gender. Group on Population and Reproductive Health No. 9/2010. Tunis: ONFP 2010

El-Zanaty, Fatma & Ann Way: *Egypt: Demographic and Health Survey 2008*, Caïro: Egypt Ministry of Health, El-Zanaty and Associates, en Macro International 2009

Al-Zayyat, Habib: 'Al-mar'a al-ghulamiyya fi al-Islam' [Vrouwen als ghulamiyya in de islam], *Al-Machriq* (maart-april): 155-92 (1956)

Ze'evi, Dror: 'Hiding Sexuality: The Disappearance of Sexual Discourse in the Late Ottoman Middle East'. *Social Analysis* 49 (2): 34-53 (2005)

– *Producing Desire: Changing Sexual Discourse in the Ottoman Middle East, 1500-1900*, Berkeley: University of California Press 2006

Znazen, Abir, Olfa Frikha-Gargouri, Lamia Berrajah, Sihem Bellalouna, Hela Hakim, Nabiha Gueddana & Adnene Hammami: 'Sexually Transmitted Infections Among Female Sex Workers in Tunisia: High Prevalence of Chlamydia trachomatis'. *Sexually Transmitted Infections* 86: 500-505 (2010)

Al-Zubaidi, A. A.: *Mukhtasar Sahih al-Bukhari* [Een resumé van oorspronkelijke Hadith volgens al-Bukhari], Beiroet: Mu'assassa al-Kutub al-Thaqafiyya 1993

Noten

INLEIDING

1 Zie Bernard Lewis, een bekende historicus van de Arabische regio, geciteerd in Horovitz: 'A Mass Expression of Outrage Against Injustice'.

2 Foucault: *The History of Sexuality*, deel 1, *The Will to Knowledge*, p. 103.

3 Ibn Hazm: *The Ring of the Dove*, p. 17.

VERANDERENDE STANDPUNTEN

4 Voor meer op het gebied van de seksuele rechten, zie World Health Organization: *Defining Sexual Health*; International Planned Parenthood Federation: *Sexual Rights*; en Miller: *Sexuality and Human Rights*.

5 Ronald Inglehart: persoonlijke communicatie, 2012.

6 Norris & Inglehart: *Islam and the West*, p. 2. Zie ook Pew Research Center's study: *The World's Muslims*, pp. 73-90.

7 Voor een onderhoudende geschiedenis van Europese opvattingen over Arabische seksualiteit, en vice versa, zie Hopwood: *Sexual Encounters in the Middle East*.

8 Steegmuller: *Gustave Flaubert*, p. 141.

9 Ibid., p. 41.

10 Ibid., p. 29.

11 Ibid., p. 44.

12 Ibid., p. 114.

13 Flaubert: *Voyage en Égypte*, p. 285.

14 Steegmuller: *Gustave Flaubert*, p. 38.

15 Ibid., p. 12.

16 Ibid., p. 84.

17 Ibid., pp. 83-85.

18 Said: *Orientalism*, p. 3.

19 Al-Tahtawi: *An Imam in Paris*, p. 221.

20 Ibid., p. 182.

21 Ibid., p. 184.
22 Ibid., pp. 181-82.
23 Ibid., p. 182.
24 Ibid., p. 181.
25 Voor een fascinerend verslag van het Egypte aan het begin van de negentiende eeuw, waaronder de seksuele gebruiken, zie de kronieken van 'Abd al-Rahman Jabarti, een beroemde Egyptische historicus, in Jabarti: *'Aja'ib al-Athar* [Verbazingwekkende verslagen].
26 Voor meer over dit soort anti-islamitische thema's zie: sexandthecitadel.com.
27 Voor een inzichtelijke beschrijving van de seksuele revolutie, inclusief meer details over het seksuele en sociale klimaat van het Wales in de tijd van mijn moeder, zie Weeks: *The World We Have Won*.
28 Al-Munajjid: *Al-Hayat al-Jinsiyya 'ind al-'Arab* [Het seksleven van de Arabieren], p. 10.
29 Bouhdiba: *Sexuality in Islam*, pp. 247-48.
30 Ibid., p. 231.
31 Ibid., p. 248.
32 Voor meer over de worsteling van Arabische intellectuelen met hun gemeenschappelijke seksuele geschiedenis, zie Massad: *Desiring Arabs*.
33 Een gedetailleerde beschrijving van de overeenkomstige opkomst en ondergang van de seksuele openheid in het Ottomaanse Rijk, eens heersend in de Arabische regio, staat in Ze'evi: 'Hiding Sexuality'; en Ze'evi: *Producing Desire*.
34 Al-Khalidi: *Amrika min al-Dakhil bi-Minzar Sayyid Qutb* [Amerika van binnenuit vanuit het standpunt van Sayyid Qutb], p. 49.
35 Ibid., p. 67.
36 Ibid., p. 113.
37 Calvert: '"The World Is an Undutiful Boy!"', p. 97.
38 Al-Khalidi: *Amrika min al-Dakhil bi-Minzar Sayyid Qutb* [Amerika van binnenuit vanuit het standpunt van Sayyid Qutb], p. 143.
39 Dialmy: *Susyulujiyyat al-Jinsiyya al-'Arabiyya* [Sociologie van Arabische seksualiteit], p. 6.
40 Reich: 'The Sexual Misery of the Working Masses', p. 98.
41 Reich: *The Mass Psychology of Fascism*, p. 38.

42 Ibid., p. 24.
43 Ibid., p. 211.
44 Bouhdiba: *Sexuality in Islam*, p. 248.

WANHOPIGE HUISVROUWEN

45 El-Mahdi & Marfleet, inleiding van: *Egypt: Moment of Change*, red. El-Mahdi en Marfleet, p. 5; Marfleet: 'State and Society', p. 17.
46 Handoussa: *Egypt Human Development Report 2010*, p. 245, Unesco Institute for Statistics (www.uis.unesco.org). Veel van de statistieken over Egyptische vrouwen in dit rapport zijn afkomstig van een periodiek, landelijk representatief onderzoek van degenen die getrouwd zijn of ooit getrouwd zijn geweest (die bekendstaan als 'ooit getrouwd') in de leeftijd van vijftien tot negenenveertig jaar, zoals aangegeven door El-Zanaty & Way: *Egypt: Demographic and Health Survey 2008*; In dit voorbeeld p. 28.
47 Hoewel het Egyptische strafrecht grotendeels gebaseerd is op westerse wetten, zijn wetten die betrekking hebben op de persoonlijke status, op onder meer het huwelijk, scheiding en nalatenschap, van de sharia afgeleid. Voor meer informatie over Egyptische wetten voor vrouwen en de verhouding tot internationale juridische conventies, zie: sexandthecitadel.com.
48 Deze bevindingen zijn afkomstig van onderzoeken van het Pew Research Center in meer dan twintig landen, waaronder Egypte, Jordanië, Libanon, en Tunesië: *Most Muslims Want Democracy*, p. 22; *Men's Lives Often Seen as Better*, p. 7.
49 Voor meer informatie over wie in Egyptische huishoudens welke beslissingen neemt, zie El-Zanaty & Way: *Egypt: Demographic and Health Survey 2008*, pp. 37-41; Bashier: 'Knowing the Ropes: Autonomy in the Everyday Life of Egyptian Married Women'.
50 Egyptian Cabinet, Information and Decision Support Center (in het vervolg IDSC): *Istitla' Ra'ii al-Muwatiniin hawla Makanat al-Mar'a* [Opiniepeiling onder burgers over de status van vrouwen].
51 In de World Values Surveys, van 2000 tot 2008 uitgevoerd in de Arabische regio, stond Egypte bovenaan, op de hielen gevolgd door Algerije, Marokko en Jordanië, bij het verwerpen van de gedachte dat 'het

huwelijk een achterhaalde institutie is'. Zie: worldvaluessurvey.org.

52 Koran 24:32. Voor de vertaling van de Korancitaten naar het Nederlands is gebruikgemaakt van de vertaling door Fred Leemhuis op: bijbelenkoran.nl.

53 Zoals vermeld door Abu Hamid al-Ghazali, een van de grote figuren van het islamitische denken en schrijver van de eerste van de islamitische huwelijksgidsen die in de loop van de eeuwen zijn verschenen, het uit de elfde of twaalfde eeuw stammende *Book of Etiquette in Marriage* [Etiquetteboek voor het huwelijk] (Farah: *Marriage and Sexuality in Islam: A Translation of al-Ghazali's Book on the Etiquette of Marriage from the Ihya'*, p. 49).

54 Veel van de statistieken over Egyptische jongeren in dit boek zijn afkomstig van een landelijk onderzoek van tien- tot negenentwintigjarigen, uit 2009, zoals in hoofdstuk 3 uit de doeken is gedaan. Uitkomsten die rechtstreeks uit de gegevens zijn berekend, worden kenbaar gemaakt door Population Council & IDSC: *Survey of Young People in Egypt*. Sommige van deze gegevens zijn al gepubliceerd, zoals in dit voorbeeld, in Sieverding & Elbadawy: 'Marriage and Family Formation', p. 125.

55 Het is uit economisch oogpunt verstandig om met een neef of nicht te trouwen. De huwelijkskosten nemen ruwweg met een kwart af; op de kosten van de huisvesting kan worden bespaard; ongeveer tweederde van de stellen woont bij hun familie in (Singerman: *The Economic Imperatives of Marriage*, p. 23; Singerman: 'Marriage and Divorce in Egypt').

56 Population Council & IDSC: *Survey of Young People in Egypt*. Voor meer over jonge Egyptenaren en de ideale partner, zie: sexandthecitadel.com.

57 Ibid.

58 Meer dan 90 procent van de Egyptische mannen onder de dertig jaar beweert het laatste woord te hebben bij de keuze van een huwelijkspartner, maar voor de armste vrouwen in Egypte is dat voor minder dan de helft het geval. Hun vaders hebben een behoorlijke invloed op de keuze van degene met wie ze trouwen (Population Council & IDSC: *Survey of Young People in Egypt*).

59 Osman et al.: *Ta'khkhur Sinn al-Zawaj* [Verschuiving van de leeftijd waarop men trouwt], p. 3.

60 De laatste cijfers over Egypte, waaronder over het huwelijk en scheiding, worden verschaft door het Central Agency for Public Mobilization and Statistics van de overheid, op capmas.gov.eg. Voor meer over het huwelijk in Egypte en de rest van de Arabische regio, zie Osman & Girgis: 'Marriage Patterns in Egypt'.

61 Egypt Labor Market Panel Survey 2012. Mijn dank gaat uit naar Ragui Assaad van University of Minnesota dat hij deze gegevens vóór publicatie met mij gedeeld heeft.

62 Singerman: *The Economic Imperatives of Marriage*, p. 13.

63 Zaiem & Attafi: 'Les Mariages en Tunisie, 1991-2007' [Huwelijken in Tunesië, 1991-2007].

64 Sieverding & Elbadawy: 'Marriage and Family Formation', p. 122.

65 Kholoussy: *For Better, For Worse*, p. 27.

66 Koran 4:34.

67 Population Council & IDSC: *Survey of Young People in Egypt*.

68 Sabiq: *Fiqh al-Sunna* [Jurisprudentie voor soennitische moslims], p. 219.

69 Sieverding & Elbadawy: 'Marriage and Family Formation', p. 127.

70 Singerman: 'The Negotiation of Waithood', p. 72. Het alternatief is het vinden van een 'goedkopere' bruid, de instroom van Syrische vluchtelingen in Egypte door de burgeroorlog in hun land heeft voor een nieuwe voorraad vrouwen gezorgd die tegen elke prijs willen trouwen.

71 Voor meer over jeugdige suggesties om het huwelijk betaalbaarder te maken, zie Sieverding & Elbadawy: 'Marriage and Family Formation', pp. 128-29.

72 Voor meer over gezamenlijke inspanningen elders in de regio om jonge mensen te laten trouwen, zie: sexandthecitadel.com.

73 Het Huwelijksfonds van de Verenigde Arabische Emiraten en de vele criteria worden uit de doeken gedaan op: zawaj.gov.ae/en.

74 Bristol-Rhys: *Emirati Women*, p. 80.

75 Bristol-Rhys: 'Weddings, Marriage and Money', pp. 23-25.

76 Abdulla and Ridge: *Where Are All the Men? Gender Participation and*

Higher Education in the United Arab Emirates.

77 Tadmouri et al.: 'Consanguinity and Reproductive Health Among Arabs'.

78 United Arab Emirates National Bureau of Statistics: *Marriage Contracts and Divorce Certificates.*

79 Voor meer over de spanningen met buitenlandse huwelijkspartners, vooral buitenlandse echtgenoten, in de Arabische regio, zie: sexandthecitadel.com.

80 Verschillen tussen soennitische en sjiitische moslims betreffende het *mut'a*-huwelijk worden besproken op: sexandthecitadel.com.

81 Voor meer over de gewoonte van het mut'a-huwelijk in het sjiitische thuisland Iran, zie Haeri: *Law of Desire: Temporary Marriage in Shi'i Iran*; en Mahdavi: *Passionate Uprisings: Iran's Sexual Revolution*. Voor Libanon, zie Drieskens: 'Changing Perceptions of Marriage in Contemporary Beirut'. Voor de VAE, zie Hasso: *Consuming Desires: Family Crisis and the State in the Middle East.*

82 Voor meer over 'urfihuwelijken en de varianten ervan elders in de Arabische regio, zie: sexandthecitadel.com.

83 El Tawila & Khadr: *Patterns of Marriage and Family Formation Among Youth in Egypt*, p. 88; en Salem: 'Secret Marital Unions Among Youth in Cairo and Minya.'

84 Al-Kordy: *Al-Zawaj al-'Urfi fi al-Sirr* [Geheim 'urfihuwelijk], p. 181.

85 M.A.S. Abdel Haleem: persoonlijk contact, 2012.

86 Hasso: *Consuming Desires*, pp. 1-2.

87 Al-Sayed: 'Mufti of Egypt: Misyar legally permissible and not an affront to women'. Voor meer over het *misyar*-huwelijk in de Arabische regio, zie Hasso: *Consuming Desires;* en Al-Nasr: 'Gulf Cooperation Council (GCC) Women and Misyar Marriage.'

88 Population Council and IDSC: *Survey of Young People in Egypt.*

89 De seksuele problemen van Marokkaanse vrouwen en hun echtgenoten worden besproken in Chabach: *Le Couple Arabe* [Het Arabische stel]. Voor meer publicaties over gehuwde vrouwen in de Arabische regio, zie: sexandthecitadel.com.

90 Farah: *Marriage and Sexuality in Islam*, p. 106. Voor meer over de vrouwelijke seksuele voorrechten in de voor-islamitische periode, de rol

van de vrouw in de vroege islamitische samenleving, en hedendaagse oproepen om sommige van de vroege kenmerken weer opnieuw in te voeren, zie Al-Munajjid: *Al-Hayat al-Jinsiyya 'ind al-'Arab* [Het seksleven van de Arabieren], pp. 15-25; Mernissi: *Beyond the Veil*, pp. 77-98; Ahmed: *Women and Gender in Islam*, pp. 41-63; en: sexandthecitadel.com.

91 Daniel: *Islam and the West*, p. 93. Voor hedendaagse opvolgers van deze vroege christelijke veroordeling van de seksuele mores van de islam, zie: sexandthecitadel.com.

92 Elnashar et al.: 'Female Sexual Dysfunction in Lower Egypt'.

93 Hassanin et al.: 'Prevalence and Characteristics of Female Sexual Dysfunction in a Sample of Women from Upper Egypt'.

94 Voor meer over deze argumentatie, zie El-Mouelhy, Fahmy & Ragab: *Investigating Women's Sexuality in Relation to Female Genital Mutilation in Egypt*, zoals beschreven in hoofdstuk 3.

95 Kotb: 'Sexuality in Islam'. Voor meer over de Egyptische wet over overspel, waaronder het verschil in bewijslast en straf voor mannen en vrouwen, zie Abu Komsan: *Egypt Violence Against Women Study: Violence Against Women and the Law*; en sexandthecitadel.com.

96 'Ali ibn Nasr al-Katib: *Encyclopedia of Pleasure*, p. 23. Voor een overzicht van de geschiedenis van Arabische erotische literatuur, waaronder een samenvatting van de *Encylopedia*, zie Rowson: 'Arabic: Middle Ages to Nineteenth Century'.

97 Voorbeelden van dergelijke vrouwelijke adviezen staan op: sexandthecitadel.com.

98 Koran 12:23-34.

99 'Ali ibn Nasr al-Katib: *Encyclopedia of Pleasure*, p. 245.

100 Voor meer over Arabische schrijfsters en hun benadering van seksualiteit, zie Al-Rasheed: *A Most Masculine State*, pp. 175-243; en: sexandthecitadel.com.

101 Al-Nafzawi: 'Al-Rawd al-'Atir' [De geurige tuin], p. 19.

102 Haddad: *Invitation to a Secret Feast*, p. 13.

103 Haddad: *I Killed Scheherezade*, pp. 33-34.

104 Ibid., pp. 73-74.

105 Ibid., p. 74.

106 Ibid., p. 88.
107 Haddad: *Superman Is an Arab*, pp. 163-66.
108 Haddad: *I Killed Scheherazade*, p. 43.
109 Voor meer over de aanwezigheid van seksspeeltjes in de geschiedenis van de Arabische literatuur, zie: sexandthecitadel.com.
110 Voor meer over seks gedurende de ramadan, zie Berrada et al.: 'Sexuality in the Month of Ramadan'.
111 Behalve door een verwesterde elite worden in Egypte zelden tampons gebruikt. De toename ervan zou een interessante maat voor socio-economische verandering zijn, al zijn de Verenigde Naties misschien niet helemaal klaar om het als een van hun standaardindicatoren voor 'humane ontwikkeling' te gebruiken. Voor meer over tampons en menstruatiehygiëne in Egypte, zie World Health Organization Task Force on Psychosocial Research on Family Planning: 'A Cross-Cultural Study on Menstruation'; El-Gilany, Badawi & El-Fedawy: 'Menstrual Hygiene Among Adolescent Schoolgirls'; en Yosri: *Mother-Daughter Communication About Sexual and Reproductive Health Matters*.
112 Deze en andere bizarre creaties worden in artistieke zin recht gedaan in Halasa & Salam: *The Secret Life of Syrian Lingerie*. Voor meer over lingeriestrijd in Saoedi-Arabië, zie: sexandthecitadel.com.
113 Hull: *The Sheik*, p. 59. Voor meer over de geschiedenis van de woestijnroman, zie Teo: *Desert Passion: Orientalism and Romance Novels*.
114 Sellers: 'Sheikh's Honour', p. 145.
115 Taylor: 'And You Can Be My Sheikh: Gender, Race and Orientalism in Contemporary Romance Novels', pp. 1043-47.
116 Kendrick: *Promised to the Sheikh*, p. 41.
117 Sabiq: *Fiqh al-Sunna* [jurisprudentie voor soennitische moslims], p. 245. Voor meer over anale seks in de tijd van de profeet Mohammed, zie: sexandthecitadel.com.
118 'Ali ibn Nasr al-Katib: *Encyclopedia of Pleasure*, p. 240.
119 Koran 2:223.
120 Zie Alami: 'Le Comportement Sexuel de la Femme' [Seksueel gedrag van vrouwen], p. 69; en Haffani & Troudi: *La Sexualité des Hommes Tunisiens* [Seksualiteit van Tunesische mannen].
121 Ayman Zohry: persoonlijke communicatie, 2012.

122 Voor meer over de zware tijd van buitenlandse hulpen in de huishouding in de Arabische regio, zie Human Rights Watch: *Slow Reform: Protection of Migrant Domestic Workers*; en Jureidini: *Domestic Workers in the Middle East.*

123 Koran 2:222.

124 Ali: *Planning the Family in Egypt*, p. 130.

125 Kotb: 'Sexuality in Islam'.

126 Al-Magribi: *A Jaunt in the Art of Coition*, p. 129.

127 Voor voorbeelden uit dit nieuwe onderzoeksveld, zie Cohen-Mor: *Fathers and Sons in the Arab Middle East*; Dialmy: *Vers une Nouvelle Masculinité au Maroc* [Naar een nieuwe mannelijkheid in Marokko]; Ghannam: *To Live and Die Like a Man*; en Inhorn: *The New Arab Man.*

128 El-Sakka: 'Erectile Dysfunction in Arab Countries, Part 1', p. 1.

129 Sengers: *Women and Demons: Cult Healing in Islamic Egypt*, p. 261.

130 Badran et al.: 'Etiological Factors of Unconsummated Marriage'; Mhiri et al.: 'Unconsummated marriage in the Arab Islamic world'; en Shamloul: 'Management of Honeymoon Impotence'.

131 In de regio is impotentie in de huwelijksnacht niet een fenomeen dat zich beperkt tot moslims. Voor seksuele podiumvrees onder orthodoxe joden in Israël, zie Shalev, Baum & Itzhaki: '"There's a Man in My Bed".'

132 Het donderdagavondprogramma is diep geworteld in de islamitische cultuur. Volgens de soenna – de woorden en daden van de profeet Mohammed – moeten gelovigen hun lichaam na seks grondig reinigen, een proces dat *tatahhur* genoemd wordt. De soenna verplicht moslims ook tot *ghusl al-jumu'a* – een grondige wasbeurt voorafgaand aan de gang naar de moskee voor het vrijdaggebed. De altijd zuinige Egyptenaren hebben de gewoonte aangenomen op donderdagavond te vrijen, waardoor ze twee wasbeurten kunnen combineren, een uiterst praktische maatregel op plekken waar weinig mogelijkheden tot baden zijn. Om dezelfde reden zijn donderdagavonden in Egypte populair om te trouwen.

133 Ibn Qayyim al-Jawziyyah: *Medicine of the Prophet.* Voor meer onderhoudende adviezen over het behouden van mannelijke vaardigheden, zie het aantoonbaar meest beroemde boek van de Arabische erotische

literatuur: Al-Tifashi, *Ruju' al-Shaykh ila Sibah* [De oude man die terugkeert naar zijn jeugd].

134 Koran 16:69.

135 El-Zanaty & Way: *Egypt: Demographic and Health Survey 2008*, p. 68.

136 Population Council & IDSC: *Survey of Young People in Egypt*. Voor meer over veranderende vruchtbaarheid in de Arabische wereld, zie: sexandthecitadel.com.

137 Inhorn: 'Middle Eastern Masculinities in the Age of New Reproductive Technologies', p. 166.

138 Voor meer over de *Noor*-mania, en over hoe Turkse soaps van invloed zijn op de romantische verwachtingen van vrouwen in de regio, zie Salamandra: 'The Muhammad Effect'; en Kraidy & Al-Ghazzi: 'Neo-Ottoman Cool.'

139 Inhorn: 'Masturbation, Semen Collection, and Men's IVF Experiences', p. 42.

140 Koran 23:5-8.

141 Musallam: *Sex and Society in Islam*, p. 33.

142 Inhorn: 'Masturbation, Semen Collection, and Men's IVF Experiences', p. 41.

143 Chebel: *Encyclopédie de l'Amour en Islam* [Encyclopedie van de liefde in de islam], deel 2, p. 85.

144 Voor traditionele methoden die dergelijke beperkingen omzeilen, zie: sexandthecitadel.com.

145 De lijn die sjiitische autoriteiten bij medisch begeleide voortplanting hebben gekozen en hun eigen meningsverschillen over dit onderwerp, worden besproken in Inhorn: 'Making Muslim Babies: IVF and Gamete Donation in Sunni versus Shi'a Islam'; en Clarke: 'Kinship, Propriety and Assisted Reproduction in the Middle East'.

146 Zie World Health Organization: *Global and Regional Estimates of Violence Against Women*. Voor meer feiten en gegevens over huiselijk geweld, waaronder seksueel geweld in Egypte en elders in de Arabische regio, zie: sexandthecitadel.com.

147 Deze getallen worden snel lager als het vermogen en de opleiding toenemen. Voor meer details, zie El-Zanaty & Way: *Egypt: Demographic and Health Survey 2008*, p. 43.

148 Population Council & IDSC: *Survey of Young People in Egypt.*

149 Koran 4:34.

150 Alternatieve interpretaties van dit vers worden besproken in Ammar: 'Wife Battery in Islam'.

151 Voor een grondig oordeel over de sterke en zwakke punten van de Egyptische reactie op huiselijk geweld, zie Said et al.: *Egypt Violence Against Women Study: Overview of Services on Violence Against Women.*

152 Dergelijke wisselwerkingen worden onderzocht in Yount: 'Women's Conformity as Resistance to Intimate Partner Violence'.

153 In verschillende landen in de Arabische regio kan verkrachting een reden zijn om te trouwen, waardoor de verkrachter een straf ontloopt als hij met zijn slachtoffer trouwt. In Marokko heeft de zelfmoord van zo'n vrouw tot een fel debat over deze praktijk geleid, en meer algemene vragen over gender en seksualiteit in het land opgeworpen (Mamarbachi: 'Moroccan Women Demand Reform After Rape Victim's Suicide').

154 Voor meer over waar het aantal scheidingen toeneemt – in de Golfstaten – en wat de echtgenoten daartoe aanzet, zie: sexandthecitadel.com.

155 Osman & Girgis: 'Marriage Patterns in Egypt', pp. 23-25; en: capmas.gov.eg.

156 Voor meer over historische trends bij Egyptische scheidingen en waarom ze van westerse patronen afwijken, zie Fargues: 'Terminating Marriage'; en Cuno: 'Divorce and the Fate of the Family in Modern Egypt'.

157 Voor de houding van jonge Egyptenaren over scheiding, zie: sexandthecitadel.com.

158 Voor de koptische christenen in Egypte zijn er zeer beperkte mogelijkheden om te scheiden. In de kerk is het een onderwerp van discussie. Dit komt aan de orde in Bishay: 'Till Death (or Conversion) Do Us Part'.

159 Voor meer over discussies over de islamitische grondslag van khul', zie Sonneveld: *Khul' Divorce in Egypt.*

160 Sholkamy: 'Women Are Also Part of This Revolution', p. 170.

SEKS EN DE ALLEENSTAANDE ARABIER

161 Dhillon & Yousef: *Generation in Waiting: The Unfulfilled Promise of Young People in the Middle East*, p. 11. De golf jongeren in de Arabische regio zal de komende decennia kleiner worden, dankzij afnemende geboortecijfers. (Courbage: 'The Demographic Youth Bulge and Social Rupture').

162 Koran 24:33.

163 'Kitab al-Nikah' [Boek van het huwelijk], boek 8, Nummer 3231.

164 Voor meer over wetten in de regio die, als ze worden toegepast, een schaduw kunnen werpen op seks voor het huwelijk, zie: sexandthecitadel.com.

165 Het keiharde leven van Egyptische straatkinderen wordt beschreven in Nada, Suliman & Zibani: *Behavioral Survey Among Street Children.*

166 Voor details over deze en andere onderzoeken naar het seksuele gedrag van jongeren in de Arabische regio, zie: sexandthecitadel.com.

167 Landelijk gezien is het internetgebruik onder Egyptische jongeren beperkt: minder dan 10 procent van de mannen en 5 procent van de vrouwen onder de negenentwintig is online. Maar deze landelijke gemiddelden verhullen grote verschillen, want onder de rijkste, best opgeleide en stedelijke jongeren van beide geslachten zijn er veel meer die toegang tot internet hebben (Population Council & IDSC: *Survey of Young People in Egypt*).

168 Rakha, *The Poison Tree: Planted and Grown in Egypt*, pp. 138-45.

169 Population Council & IDSC: *Survey of Young People in Egypt.*

170 Voor meer over de etiquette van het telefoonflirten en pogingen van de overheid om beperkende maatregelen te nemen tegen seksueel getinte telefoontjes en sms'jes, zie: sexandthecitadel.com.

171 Van de gebruikers van Facebook in de Arabische regio is 70 procent tussen de vijftien en negenentwintig jaar. Sinds juni 2010, dus voor de Arabische Lente, is dit cijfer bijna verdrievoudigd. (Salem & Mourtada: 'Social Media in the Arab World', p. 7)

172 Zie 'NudeArt', http://www.arebelsdiary.blogspot.co.uk/2011_10_01_archive.html.

173 Fahmy: 'Egyptian Blogger Aliaa Elmahdy. Why I Posed Naked'.

174 Kobeissi & Suleiman: 'Egypt Youth Movement Denies Ties with Girl in Nude Self-Portrait'.

175 'Burgercensuur' kan in Egypte vele vormen aannemen. Voor meer over een wettelijke bepaling genaamd hisba, die het voor een burger mogelijk maakt om klachten in te dienen wegens hun islamitische plicht om 'het goede te bevorderen en het kwade te verbieden', zie: sexandthecitadel.com.

176 Ammar: 'Legal Action Taken Against Egypt "Nude Revolutionary" Activist'.

177 Voor meer over deze verhelderende zaak, zie: sexandthecitadel.com.

178 Ingaand tegen wereldwijde trends, zijn er in de Arabische wereld tweemaal zoveel mannen als vrouwen actief op Facebook (Salem et al.: 'The Role of Social Media in Women's Empowermen', p. 2).

179 Voor meer over Marokko, zie Axétudes, *Enquête Connaissances, Attitudes et Pratiques des Jeunes* [Onderzoek naar de kennis, houding en gebruiken van jongeren], p. 49; voor Algerije, zie Toudeft: *Étude sur les Connaissances, Attitudes et Comportements des Jeunes Universitaires* [Onderzoek naar de kennis, houding en gebruiken van universitaire studenten], p. 25; en voor Tunesië, zie Ben Abdallah: *Enquête Nationale sur les Comportements à Risque Auprès des Jeunes Non-scolarisés en Tunisie* [Landelijk onderzoek naar risicogedrag onder schoolverlatende jongeren in Tunesië], pp. 66-67.

180 Andere landen in de Arabische regio hebben hun eigen rituelen en gewoonten om de maagdelijkheid te behouden. Voor meer over de traditie van *tasfih* in Tunesië, zie Ben Dridi: *Le Tasfih en Tunisie* [Tasfih in Tunesië]. Voor een bespreking van *r'bit* in Algerije, zie Ferhati: 'Les Clôtures Symboliques des Algériennes' [Symbolische sluiting van Algerijnse vrouwen]; en Moussa, Masmoudi & Barboucha: 'Du Tabou de la Virginité au Mythe de l'Inviolabilité' [Over het taboe van maagdelijkheid tot de mythe van de onschendbaarheid].

181 Cohen: 'Why Aren't Jewish Women Circumcised?', pp. 138-139.

182 El-Zanaty & Way: *Egypt: Demographic and Health Survey 2008*, p.197. Voor meer over vrouwenbesnijdenis elders in de Arabische regio, zie: sexandthecitadel.com.

183 De uiteenlopende soorten vrouwenbesnijdenis worden beschreven in World Health Organization, Department of Reproductive Health and Research: *Eliminating Female Genital Mutilation.*

184 Voor meer uit de eerste hand over vrouwenbesnijdenis bij verschillende generaties in Egypte, zie El-Mouelhy, Fahmy & Ragab: *Investigating Women's Sexuality in Relation to Female Genital Mutilation in Egypt.*

185 El-Zanaty & Way: Egypt: *Demographic and Health Survey 2008*, p.201.

186 Voor meer over de ruzie over de uitzending van CNN, die overal in Egypte veel weerstand opriep, en de ingewikkelde verbanden met de Arabisch-Amerikaanse wereldpolitiek, zie Malmström: 'Just Like Couscous: Gender, Agency and the Politics of Female Circumcision in Cairo', pp. 33-66.

187 Zie Mostafa et al.: 'What Do Medical Students in Alexandria Know About Female Genital Mutilation?'; en Rasheed, Abd-Ellah & Yousef: 'Female Genital Mutilation in Upper Egypt'.

188 In 1994 vaardigde Gad al-Haq Ali, toen hoofd van Al-Azhar, een fatwa uit die stelde: 'Vrouwenbesnijdenis maakt deel uit van het wettige lichaam van de islam en is een gezond gebruik dat vrouwen respecteert'. Voor meer hierover en andere religieuze uitspraken over FGM, zie Gruenbaum: *The Female Circumcision Controversy*, pp. 62-66.

189 Moussa: 'Coptic Religion and Female Genital Mutilation', p. 24. Het wisselende succes van pogingen om FGM onder moslims en christenen uit te roeien wordt besproken in Yount: 'Symbolic Gender Politics, Religious Group Identity, and the Decline in Female Genital Cutting'.

190 Population Council & IDSC: *Survey of Young People in Egypt.*

191 Het commentaar van de voormalige grootmoefti op FGM is beschikbaar op: aligomaa.net/initiatives.html.

192 Population Council & IDSC: *Survey of Young People in Egypt.* Een onthullend onderzoek naar de uitdagingen bij het overtuigen van plaatselijke islamitische leiders om hun persoonlijke opvattingen en openbare uitspraken over FGM te veranderen, kan gevonden worden in El-Gibaly, Attar & Fahmy: 'Is Change in the Attitude of Rural Imams Toward FGC [Female Genital Cutting: vrouwelijke genitale verminking] Happening?'

193 United Nations Population Fund Cairo: persoonlijke communicatie, 2009.
194 El-Zanaty & Way: *Egypt: Demographic and Health Survey 2008*, pp. 204-06.
195 El-Mouelhy, Fahmy & Ragab: *Investigating Women's Sexuality in Relation to Female Genital Mutilation in Egypt*, p. 15.
196 El Sayed: 'Medical and Ethical Perspectives', p. 27.
197 Wie zich interesseert voor de harde feiten van dit onderzoek, moet een bezoek brengen aan sexandthecitadel.com, voor een uitgebreide bespreking.
198 El-Mouelhy, Fahmy & Ragab: *Investigating Women's Sexuality in Relation to Female Genital Mutilation in Egypt*, p. 16.
199 Ibid.: p. 21.
200 Fahmy, El-Mouelhy & Ragab: 'Female Genital Mutilation/Cutting', p. 184.
201 El-Mouelhy, Fahmy & Ragab: *Investigating Women's Sexuality in Relation to Female Genital Mutilation in Egypt*, p. 23.
202 Ibid.: p. 28.
203 Malmström: 'Just Like Couscous'.
204 El-Zanaty & Way: *Egypt: Demographic and Health Survey 2008*, p. 197; Harbour & Barsoum: 'Health', p. 44.
205 Population Council & IDSC: *Survey of Young People in Egypt*; en Tag-Eldin et al.: 'Prevalence of Female Genital Cutting Among Egyptian Girls'.
206 El-Zanaty & Way: *Egypt: Demographic and Health Survey 2008*, pp. 202-04.
207 Ibid.: p. 199. Zie ook Unicef: *Female Genital Mutilation/Cutting*.
208 'Egyptische parlementariërs en advocaten vallen de overheid aan vanwege het "Chinese maagdenvlies"'; en Najjar: 'China promoot synthetische maagdenvliezen in Egypte'.
209 'En Marjam, de dochter van 'Imraan die haar eerbaarheid bewaarde. Toen bliezen Wij er iets van Onze geest in…' (Koran 66:12)
210 Koran 55:56. Voor meer over het eeuwenoude debat over seks in het paradijs, zie: sexandthecitadel.com.
211 Juynboll: *Encyclopedia of Canonical Hadith*, p. 496.

212 Voor meer informatie over seks voor het huwelijk in de Arabische regio, zie: sexandthecitadel.com.

213 Dukhla baladi als een sociaal compromis wordt nader besproken in El-Kholy: *Defiance and Compliance: Negotiating Gender in Low-Income Cairo*.

214 El-Mouelhy, Fahmy & Ragab: *Investigating Women's Sexuality in Relation to Female Genital Mutilation in Egypt*.

215 Ik wil Hinda Poulin bedanken voor het delen van de voorlopige conclusies over het herstellen van het maagdenvlies. Zie ook Ben Smaïl: 'Vierges? [Maagden?].

216 Voor meer over religieuze argumenten voor en tegen het herstel van het maagdenvlies, zie Rispler-Chaim: 'The Muslim Surgeon and Contemporary Ethical Dilemmas Surrounding the Restoration of Virginity'.

217 Eich: 'A Tiny Membrane Defending "Us" Against "Them"'; en Gomaa: 'Fatwa Number 416: Hymen Restoration Surgery'.

218 Hinda Poulin: persoonlijke communicatie, 2009.

219 Voor een zeldzaam gebied in de regio waar men zich tegen het testen voorafgaand aan het huwelijk verzet, zie Boutros & Bahgat: 'Sexual Health and Human Rights: Middle East and North Africa'.

220 Shalhoub-Kevorkian: 'Imposition of Virginity Testing: A Life-Saver or a License to Kill?'

221 Voor meer over hoe ideeën over Arabische seksualiteit wapens werden in de strijd tegen het terrorisme, zie Hersh: 'The Gray Zone'; en Patai: *The Arab Mind*, pp. 126-51.

222 Amnesty International: 'Egyptian Women Protesters Forced to Take "Virginity Tests"'; en Human Rights Watch: *Egypt: Impunity for Violence Against Women*.

223 Zie: marwarakha.com.

224 Population Council & IDSC: *Survey of Young People in Egypt*.

225 Voor meer over jongeren en wasta, zie Silatech & Gallup, *The Silatech Index*, 2009.

226 Koran 31:14.

227 Zie Harb: *Describing the Lebanese Youth: A National and Psycho-Social Survey*; Farhood, 'Family, Culture and Decisions'; en Dwairy et al.: 'Adolescent-Family Connectedness Among Arabs'. Zie ook de World

Values Survey op: worldvaluessurvey.org.

228 Osman et al.: *Ta'khkhur Sinn al-Zawaj* [Trouwen op steeds latere leeftijd], p. 8.

229 El Deeb: 'Study on Ways and Methods to Eliminate Sexual Harassment in Egypt.'

230 Voor een mannelijke kijk op ongewenste intimiteiten, zie Schielke: 'Ambivalent Commitments: Troubles of Morality, Religiosity and Aspiration Among Young Egyptians'.

231 U.S. Department of State: *Egypt: Country-Specific Information.*

232 Hassan: *Clouds in Egypt's Sky: Sexual Harassment from Verbal Harassment tot Rape.*

233 El-Kogali, Krafft & Sieverding: 'Attitudes Toward Gender Roles', p. 167.

234 Een overweldigende meerderheid van de jonge Egyptische vrouwen beweert dat ze uit vrije wil een hijab draagt en niet omdat hun ouders of leeftijdgenoten dat doen. Maar een nikab gaat hun te ver, niet meer dan 5 procent kiest ervoor het gezicht volledig af te dekken. (El-Kogali & Krafft, 'Social Issues, Values and Civic Engagement', p. 135).

235 Harbour & Barsoum: 'Health', pp. 24-25.

236 'Sexual Assault and Rape in Tahrir Square and its Vicinity'; Tadros: 'Politically Motivated Sexual Assault and the Law in Violent Transitions.'

237 Voor meer over creatieve pogingen om iets te doen aan ongewenste intimiteiten, zie het werk van het El Nadeem Center for Rehabilitation of Victims of Violence (alnadeem.org), Nazra, een in Caïro gevestigde feministische organisatie (nazra.org), en Harassmap (harassmap.org).

238 Amar: 'Turning the Gendered Politics of the Security State Inside Out?'

239 Voor meer over eerwraak in de Arabische regio, zie Kulczycki & Windle: 'Honor Killings in the Middle East and North Africa'. Voor gaten in de wet betreffende eerwraak en aanverwante 'liefdesvergrijpen' in Egypte, zie Abu Komsan: *Egypt Violence Against Women Study: Violence Against Women and the Law*; en voor de situatie in de hele Arabische regio, zie Welchman & Hossain: *'Honour': Crimes, Paradigms and Violence Against Women.*

WAT JE OVER DE VOORTPLANTING MOET WETEN

240 Voor meer over masturbatie in de hele Arabische regio, zie: sexandthecitadel.com.

241 Ander vernieuwend gebruik van technologie om de kennis over voortplanting in de Arabische regio te verspreiden kan worden gevonden op: sexandthecitadel.com.

242 Krafft & El-Kogali: 'Education'; en Silatech & Gallup: *The Silatech Index*, 2011.

243 Voor meer over het enorme drama van seks in de klas, zie: sexandthecitadel.com.

244 Op landelijk niveau zei minder dan 15 procent van de jongens en 5 procent van de meisjes dat ze wat ze over de voortplanting moeten weten op school hebben geleerd (Harbour & Barsoum: 'Health', p. 39). Voor meer over waar leerlingen elders in de Arabische regio iets over seks te weten komen, zie: sexandthecitadel.com.

245 Internationale verdragen en overeenkomsten over seksuele opvoeding worden besproken in Unesco: *International Technical Guidance on Sexuality Education*, pp. 30-33.

246 Voor meer over historische discussies over seksuele voorlichting in Egypte, zie Jacob: 'Overcoming "Simply Being": Straight Sex, Masculinity and Physical Culture in Modern Egypt'.

247 Voor meer informatie over met wie jonge mensen over liefde en seks praten, zie: sexandthecitadel.com.

248 Meer informatie over ouders die uit verlegenheid niet durven te beginnen over wat hun kinderen over de voortplanting moeten weten, is beschikbaar op: sexandthecitadel.com.

249 Population Council & IDSC: *Survey of Young People in Egypt.*

250 Voor meer over het maken, kijken en delen van porno in Egypte, zie Leonard: 'Of Masculinity and Men: Exploring Ambivalence, Pornographic Consumption and Sexual Desire in Cairo'.

251 Population Council & IDSC: *Survey of Young People in Egypt.*

252 Voor een bespreking van de opkomst van 'clean cinema', zie Tartoussieh: 'Pious Stardom: Cinema and the Religious Revival in Egypt'.

253 Ezzat, Zain al-'Abidine & Mubarak: *Taqriir Hurriyya al-Fikra wa-l-Ibda' fi Misr* [Rapport over de vrijheid van denken en creativiteit in Egypte], pp. 20-25.

254 Voor enkele spectaculaire voorbeelden van censuur door ondertiteling, zie: sexandthecitadel.com.
255 Enkele voorbeelden van het rijke repertoire aan Arabische seksuele beledigingen, in heden en verleden, staan op: sexandthecitadel.com.
256 Geel: 'Improving Adolescents' and Youth Reproductive Health in Egypt'.
257 Wahba & Roudi-Fahimi: *The Need for Reproductive Health Education in Schools in Egypt.*
258 UNESCO: *International Technical Guidance on Sexuality Education.* Eén land in de Arabische regio op weg naar een uitgebreid alomvattend curriculum over seksualiteit, is Libanon. Voor meer over de uitdagingen van dit langdurige en ingewikkelde proces, zie Baydoun: 'Sex Education in Lebanon'; en: sexandthecitadel.com.
259 Voor meer over Muntada Jensaneya, bezoek de website van het forum: jensaneya.org.
260 Flaherty: 'Reconstructing Sexuality and Identity Through Dialogue: The Muntada's Actions for Palestinian Arab Citizens of Israel', p. 165.
261 Ibid.: p. 159.
262 In het Arabisch is dit boek bekend onder de naam: *Kitab al-Nikah fi al-Lugha*, van Ibn Al Qatta' (zoals beschreven in *Al-Munajjid, Al-Hayat al-Jinsiyya 'ind al-'Arab* [Het seksleven van de Arabieren], p. 142.
263 Voor enkele van de meer opmerkelijke misvattingen in Egypte over voorbehoedsmiddelen, zelfs na tientallen jaren overal gepubliceerde campagnes voor gezinsplanning, zie: sexandthecitadel.com.
264 Omran: *Family Planning in the Legacy of Islam*, pp. 85-112.
265 De overwegingen voor voorbehoedsmiddelen in de islam worden uitgebreid besproken in Musallam: *Sex and Society in Islam.*
266 El-Zanaty & Way: *Egypt: Demographic and Health Survey 2008*, p. 93.
267 Er is weinig onderzoek gepubliceerd over hoeveel ongehuwde Egyptenaren begrijpen hoe anticonceptie werkt of er gebruik van maken. Voor meer over het gebruik door jonge mensen elders in de Arabische regio, zie: sexandthecitadel.com.
268 El-Zanaty & Way: Egypt: *Demographic and Health Survey 2008*, p. 93.

269 Er wordt gediscussieerd over de vraag of het gebruik van een condoom de ceremoniële wassing na de geslachtsdaad nog nodig maakt. Sommige religieuze autoriteiten beweren dat als er een barrière (zoals een condoom) is tussen de mannelijke en vrouwelijke 'delen' ze formeel gezien niet met elkaar in contact komen, en dat het daarom niet nodig is zich te wassen. Anderen houden vol dat er met of zonder condoom toch sprake is van penetratie, en dat de rituele wassing daarom wel nodig is. Voor meer over deze uiteenlopende stellingnames, zie 'Islam QA': http://islamqa.info/en/ref/37031. Nog los van douches en keurig gekapt haar, houden veel Egyptische vrouwen die ik ken niet van condooms en klagen ze er (net als hun echtgenoten) over dat ze hun eigen seksueel plezier verminderen.

270 Voor meer over condoomgebruik en seks buiten het huwelijk in Egypte en elders in de Arabische regio, zie: sexandthecitadel.com.

271 Voor een uitvoerige bespreking van de epidemiologie van seksueel overdraagbare ziekten in de Arabische regio en wat dit zegt over het seksueel gedrag, zie Abu-Raddad et al.: *Characterizing the HIV/AIDS Epidemic in the Middle East and North Africa*, pp. 151-69.

272 De hachelijke situatie van hiv-positieve vrouwen in de Arabische wereld wordt onderzocht in El Feki: *Standing Up, Speaking Out.*

273 Asman: 'Abortion in Islamic Countries – Legal and Religious Aspects', pp. 85-87. In Tunesië is het ook mogelijk om abortus te plegen na drie maanden, maar daaraan zijn strengere voorwaarden verbonden, zoals het risico voor de gezondheid van de moeder of afwijkingen van de foetus, vanwege de grotere klinische risico's waarmee een ingreep in een later stadium gepaard gaat.

274 Voor meer over de moeilijkheden die jongeren ondervinden als ze verschijnen in een van de vijfendertig openbare klinieken voor seksuele en reproductieve gezondheid voor jongeren, zie El-Damanhoury: *Exploratory Study of Attitudes and Communication Behaviors of Providers in Youth Friendly Clinics in Egypt.*

275 Selma Hajri: persoonlijke communicatie, 2012; Blum et al.: 'The Medical Abortion Experience of Married and Unmarried Women in Tunis'; en Bouchlaka, Bouaziz & Smida: 'Profil des Femmes Célibataires Bénéficiaires d'IVG dans les Structures de L'ONFP' [Profiel van onge-

huwde vrouwen die gebruikmaken van de abortusfaciliteiten van de Nationale Dienst voor Gezin en Bevolking].

276 'En jullie mogen jullie kinderen niet doden uit vrees voor armoe. Wij voorzien in hun en jullie levensonderhoud. Hen doden is een grote zonde'. Koran 17:31.

277 Koran 23:12-14.

278 Een uitgebreide islamitische verhandeling over abortus kan worden gevonden in Bowen: 'Contemporary Muslim Ethics of Abortion'; en Katz: 'The Problem of Abortion in Classical Sunni Fiqh'.

279 Huntington: 'Abortion in Egypt: Official Constraints and Popular Practices', p. 180.

280 Voor meer over de abortuswetten van Egypte, zie Lane, Jok & El-Mouelhy: 'Buying Safety: The Economics of Reproductive Risk and Abortion in Egypt'; en Asman: 'Abortion in Islamic Countries – Legal and Religious Aspects'.

281 Voor meer over alternatieve medische oplossingen en beperkingen voor abortus, zie: sexandthecitadel.com.

282 Een selectie van voorschriften kan worden gevonden op: sexandthecitadel.com.

283 El-Damanhoury: *Why Do Women Abort? The Determinants of Induced Abortion in Egypt.*

284 Een uitgebreide bespreking van abortuswetgeving in de Arabische regio is beschikbaar in Hessini: 'Abortion and Islam'; Hessini: 'Islam and Abortion: The Diversity of Discourses and Practices'; en Shapiro: 'Abortion Law in Muslim-Majority Countries.'.

285 Dabash & Roudi-Fahimi: *Abortion in the Middle East and North Africa*, p. 2.

286 El-Mouelhy: 'Maternal Mortality in the Last Two Decades in Egypt'.

287 Door de manier waarop de VN de wereld in regio's indeelt, bevatten deze cijfers verschillende niet-Arabische staten: Armenië, Azerbeidzjan, Cyprus, Georgië, Israël, en Turkije (World Health Organization: *Unsafe Abortion: Global and Regional Estimates*, p. 19).

288 Voor meer over dergelijk inruilen, zie Kandiyoti: 'Bargaining with Patriarchy'.

289 Zie AMPF (Association Marocaine de Planification Familiale): *Étude*

Exploratoire de l'Avortement à Risque [Verkennend onderzoek naar riskante abortus], voor nadere details over de schaal van abortussen in Marokko.

290 Voor meer over het wettelijke proces dat van toepassing is op achtergelaten kinderen in Egypte, zie Thomason: 'On the Steps of the Mosque'.

291 Zie World Values Survey op: worldvaluessurvey.org.

292 Loza and Social, Planning, Analysis, and Administration Consultants: 'Experiences, Attitudes, and Practices: A New Survey of 4,408 Women, Men, and Female and Male Youth', p. 31.

293 Voor de islamitische houding tegenover adoptie, zie: sexandthecitadel.com.

294 Voor meer over 'Girls of Agadir', een beruchte porno-cd, bezoek: sexandthecitadel.com.

295 Indringende getuigenissen van het leven van ongehuwde moeders, en de organisaties die hen proberen te helpen, kunnen worden gevonden in Naamane Guessous & Guessous: *Grossesses de la Honte* [Schandelijke zwangerschappen].

296 Volgens INSAF (Institution Nationale de Solidarité avec les Femmes en Détresse) en VN Vrouwen is ongeveer 4 procent van de geregistreerde bevallingen in Marokko in 2009 van een ongehuwde vrouw (INSAF: *Le Maroc des Mères Célibataires* [Ongehuwde moeders in Marokko], pp. 109-19).

297 Voor meer over officiële obstakels waarmee ongehuwde vrouwen worden geconfronteerd, zie Willman Bordat & Kouzzi: 'Legal Empowerment of Unwed Mothers: Experiences of Moroccan NGOs'.

298 Karam: 'Moroccan Single Burns Herself in Protest'.

299 Ik wil Jamila Bargach bedanken voor het onder de aandacht brengen van dit aspect van de publieke positie van SolFem.

SEKS TE KOOP

300 Voor meer over een recente poging om deze gewoonte in Egypte nieuw leven in te blazen, zie Suleiman: 'Eerste geval van een huwelijk "met wat je rechterhand bezit"'. In dezelfde geest zijn Tunesische vrouwen volgens het fenomeen Jihad al-nikah naar Syrië gereisd, om daar met strijders in de burgeroorlog te 'trouwen'.

301 Ali: *Sexual Ethics and Islam: Feminist Reflections on Qur'an, Hadith, and Jurisprudence*, pp. 56-74.
302 Koran 23:1-5
303 Wetten die betrekking hebben op sekswerk in Egypte worden beschreven in Al-Kardousi & Magdoub: *Darasa li-Shabakat al-Bagha' fi Misr* [Onderzoek naar prostitutienetwerken in Egypte].
304 Oyoun Center for Studies and Development: *Modern Slavery: Tourist Marriages in Egypt*, pp. 62-66.
305 Sieverding & Elbadawy: 'Marriage and Family Formation', p. 119.
306 Human Rights Watch: *How Come You Allow Little Girls to Get Married?*; en UNFPA, *Marrying Too Young.*
307 'Fatwa of the Grand Mufti of the Republic Dr Ali Gomaa with regard to child marriage'.
308 U.S. Department of State, *Trafficking in Persons Report 2012*, p. 146. Voor meer over seksuele mensenhandel elders in de Arabische regio, waaronder populaire gebieden als Irak, zie: sexandthecitadel.com.
309 Welzijnswerker in Caïro: persoonlijke communicatie, 2012.
310 Cumming: *The Love Quest: A Sexual Odyssey*, p. 144.
311 'Toename van 355% van huwelijken tussen Egyptenaren en buitenlandse vrouwen...'
312 Abdalla: *Beach Politics: Gender and Sexuality in Dahab*, p. 140.
313 Ibid.: pp. 61-62. Zie ook Karkabi: 'Couples in the Global Margins.'
314 Voor deze en andere droevige verhalen, zie: 1001geschichte.de.
315 Zie: cibev.de.
316 Een interessant verslag van reacties op westerse bruiden elders in de Arabische regio kan worden gevonden in Cauvin Verner: 'De Tourisme Culturel au Tourisme Sexuel' [Van cultureel toerisme naar seksueel toerisme].
317 Madkur: 'Inas al-Delgheidy talks about a campaign against her for asking for the legalization of prostitution in Egypt'.
318 Russell: *Egyptian Service, 1902-1946*, p. 179.
319 De kleurrijke geschiedenis van de prostitutie in Caïro wordt beschreven in Bakr: *Al-Mujtama' al-Qahira al-Sirri* [De geheime gemeenschap van Caïro].

320 Larguèche en Larguèche: *Marginales en Terre d'Islam* [Vrouwen in de marge in het land van de islam], p. 31.

321 Taraud: *La Prostitution Coloniale* [Koloniale prostitutie], p. 321.

322 Voor meer over dit verhaal, zie Snoussi: 'La Prostitution en Tunisie au Temps de la Colonisation' [Prostitutie in Tunesië in de koloniale periode].

323 Voor meer over het grijze gebied van legaal sekswerk in andere Arabische landen waaronder Algerije en Libanon, zie: sexandthecitadel.com.

324 Abid & Ghorbel: *Enquête sur l'Utilisation du Préservatif Auprès des Jeunes Clients des Professionelles du Sexe Declarées* [Onderzoek naar het condoomgebruik onder jonge cliënten van geregistreerde sekswerkers], p. 11.

325 Znazen et al.: 'Sexually Transmitted Infections Among Female Sex Workers in Tunisia', p. 501.

326 Het geweld en andere beroepsrisico's van de clandestiene sekswerkers in Tunesië worden beschreven in Ben Abdallah: *Enquête Comportementale sur les Travailleuses du Sexe Clandestines en Tunisie* [Onderzoek naar het gedrag van sekswerkers in Tunesië].

327 Voor een fascinerend verslag van het leven als sekswerker in de jaren veertig en vijftig van de vorige eeuw en hoe weinig de omstandigheden sinds die tijd zijn veranderd, zie Aziz, *Les Chambres Closes* [Peeskamers].

328 Ben Abdallah: *Enquête Nationale sur les Comportements à Risque Auprès des Jeunes Non-scolarisés en Tunisie* [Landelijk onderzoek naar risicogedrag onder schoolverlatende jongeren in Tunesië], pp. 67-69.

329 Voor meer details over de veeleisende levens van sekswerkers in Caïro, zie Al-Zahid: *Tijarat al-Jins* [Handel in seks]; en Kabbash et al.: 'Looking Beyond Legality.'

330 Kerrigan et al.: The Global HIV Epidemics Among Sex Workers, pp. xxv-xxvi. Bij een onderzoek in 2010 werd bij de tweehonderd onderzochte vrouwelijke sekswerkers geen hiv gevonden, maar specialisten merken op dat het er toch weleens meer konden zijn, wat te maken heeft met de beperkingen van het testen zelf (Family Health International and Ministry of Health Egypt, HIV/AIDS *Biological and Beha-*

vioral Surveillance Survey, p. 31). Elders in de Arabische wereld wordt over het algemeen bij 1 tot 5 procent van de vrouwelijke sekswerkers hiv vastgesteld, al zijn de percentages in sommige delen van een aantal landen veel hoger. (Abu-Raddad et al.: *Characterizing the HIV/AIDS Epidemic in the Middle East and North Africa*). Voor de laatste statistieken, zie: sexandthecitadel.com.

331 Family Health International and Ministry of Health Egypt: *HIV/AIDS Biological and Behavioral Surveillance Survey*, p. 11. Meer details over condoomgebruik door en risicogedrag onder sekswerkers in de Arabische regio kunnen worden gevonden in Abu-Raddad et al.: *Characterizing the HIV/AIDS Epidemic in the Middle East and North Africa*; en op: sexandthecitadel.com.

332 Ongeveer 50 procent van de Marokkanen die in aanmerking komt voor virusremmende medicijnen krijgt die ook (Royaume du Maroc [Koninkrijk Marokko]: *Mise en Oeuvre de la Déclaration Politique sur le VIH/SIDA* [Implementatie van de politieke verklaring over de verplichting ten opzichte van hiv/aids], p. 12), vergeleken met een regionaal gemiddelde van ongeveer 20 procent (UNAIDS: *Global Report: UNAIDS report on the global AIDS epidemic 2013*, p. A83. See also UNAIDS: *2013 Regional Report for the Middle East and North Africa*).

333 Akalay & Mrabet: 'Onderzoek. Marokkaanse vrouwen zoals gezien door Arabieren'.

334 Dialmy: 'Prostitution et Traite des Femmes au Maroc' [Prostitutie en de handel in vrouwen in Marokko].

335 Voor een gedetailleerd onderzoek naar sekswerk in Marokko, zie Ettoussi & Jebbour: *Les Travailleuses du Sexe et les IST/SIDA* [Sekswerkers en soa's/aids]; en ALCS (Association de Lutte Contre le SIDA): *Surveillance des Comportements à Risque: Le Cas des Professionnelles du Sexe* [Toezicht op risicogedrag: de zaak van commerciële sekswerkers].

336 Voor een uitstekend onderzoek naar sekswerk in de commerciële hoofdstad van Marokko, zie Benito: *La Prostitution dans les Rues de Casablanca* [Prostitutie in de straten van Casablanca].

337 Axétudes: *Enquête Connaissances, Attitudes et Pratiques des Jeunes Concernant les IST et le SIDA* [Onderzoek naar kennis, houding en gedrag van jongeren ten opzichte van soa's en aids], p. 60.

338 Het gevolg hiervan is dat de vrouwelijke sekswerkers in Marokko de hoogste infectiegraad in het land hebben, in sommige gebieden 6 procent, tegenover minder dan 0,2 procent van de bevolking als geheel (Royaume du Maroc [Koninkrijk Marokko]: *Mise en Oeuvre de la Déclaration Politique sur le VIH/SIDA* [Implementatie van de politieke verklaring over de verplichting ten opzichte van HIV/AIDS], p. 15).

DURF ANDERS TE ZIJN

339 Voor het verhaal achter dit gezegde, een rake slotzin van een bekend verhaal in de Egyptische folklore, zie: sexandthecitadel.com.

340 Massad: 'Re-Orienting Desire: The Gay International and the Arab World', pp. 383-84.

341 Massad: *Desiring Arabs*, p. 189.

342 Voor een uitstekende en gedetailleerde studie over mannelijke sekswerkers in Egypte, zie Orhan: 'Men Selling Sex in Cairo and Alexandria'.

343 Human Rights Watch: *In a Time of Torture: The Assault on Justice in Egypt's Crackdown on Homosexual Conduct.*

344 Wetten in de Arabische regio die betrekking hebben op relaties tussen mensen van hetzelfde geslacht worden uitgebreid besproken in Al Farchichi & Saghiyeh: *Homosexual Relations in the Penal Codes.*

345 Voor meer over de gebeurtenis waarnaar Moenir verwijst, die een internationaal protest tot gevolg had tegen de arrestatie, opsluiting, het gedwongen medisch testen en de veroordeling van hiv-positieve mannen in Caïro, zie Human Rights Watch: *Egypt: 117 NGOs Slam HIV-Based Arrests and Trials.*

346 Het grote enthousiasme van Egypte voor anaal onderzoek wordt beschreven in Human Rights Watch: *In a Time of Torture*, en in Lebanon in *'It's Part of the Job.'* Over de twijfelachtige forensische waarde ervan, zie Al Farchichi & Saghiyeh: *Homosexual Relations in the Penal Codes.*

347 Voor meer over het door de staat toegestane en door de bevolking uitgevoerde geweld tegen mannen die niet in het heteroseksuele standaardmodel passen, waaronder de moorddadige extremen in het naoorlogse Irak, zie: sexandthecitadel.com.

348 El-Rouayheb: *Before Homosexuality in the Arab-Islamic World: 1500-1800*, pp. 158-59.

349 Ik wil Daniel Newman bedanken voor het delen van materiaal uit zijn nog uit te geven vertaling van Al-Tifashi: *Sensual Delights of the Heart*.

350 Voor meer over de veranderende houding van jongemannen ten aanzien van actieve en passieve seksrollen, zie: sexandthecitadel.com.

351 De details en de toon van de Arabische literatuur uit de negende tot de dertiende eeuw over relaties tussen mensen van hetzelfde geslacht zijn opmerkelijk, en zijn zo uitgebreid en gevarieerd dat er in dit boek geen ruimte is om op in te gaan. Maar anderen hebben er met veel aandacht voor details over geschreven. Voor lezers van het Arabisch zijn de volgende werken een uitstekende inleiding: Al-Munajjid: *Al-Hayat al-Jinsiyya 'ind al-'Arab* [Het seksleven van de Arabieren]; en Mahmud: *Al-Mut'a al-Mahzura* [Het verboden genot]. In het Frans geeft het verzamelde werk van de Algerijnse historicus Malek Chebel een imposant overzicht; zie Chebel: *Encyclopédie de l'Amour en Islam* [Encyclopedie van de liefde in de islam]; en Chebel: *Le Kama-Sutra Arabe* [De Arabische Kamasutra]. En er is veel Engelse literatuur over verschenen, waaronder Amer: *Crossing Borders: Love Between Women in Medieval French and Arabic Literatures*; Babayan & Najmabadi: *Islamicate Sexualities: Translations Across Temporal Geographies of Desire*; El-Rouayheb: *Before Homosexuality in the Arab-Islamic World*; Murray & Roscoe: *Islamic Homosexualities: Culture, History, and Literature*; en Wright & Rowson: *Homoeroticism in Classical Arabic Literature*.

352 Voor meer over 'pinkwashing', een term die activisten gebruiken voor wat als een reclamecampagne wordt gezien voor Israël als eiland van tolerantie voor homoseksuele mannen en vrouwen in een zee van Arabische homofobie, en de politieke implicaties daarvan voor een verrijzende Palestijnse staat, zie: sexandthecitadel.com.

353 Mumtaz et al.: 'Are HIV Epidemics Among Men Who Have Sex with Men Emerging in the Middle East and North Africa?' p. 3.

354 Family Health International en Ministry of Health Egypt: *HIV/AIDS Biological and Behavioral Surveillance Survey*, p. 13-21. Biologisch gedragsonderzoek dat het risicogedrag en de kans op hiv onderzoekt bij mannen die seks hebben met mannen, is uitgevoerd in verschillende

andere landen in de Arabische regio, waaronder in Jordanië, Libanon, Marokko, Soedan, Tunesië, en Jemen. Details zijn beschikbaar op: sexandthecitadel.com.

355 Wasfy: *Shifa' al-Hubb* [Liefde zorgt voor de genezing], p. 73.

356 Een beoordeling van dergelijke pogingen om seksuele minderheden door op geloof gebaseerde therapie te 'heroriënteren' wordt uitgewerkt in Jones & Yarhouse: 'A Longitudinal Study of Attempted Religiously Mediated Sexual Orientation Change'.

357 APA Task Force: *Report of the Task Force on Appropriate Therapeutic Responses to Sexual Orientation*; en American Psychiatric Association: 'Position Statement on Therapies Focused on Attempts to Change Sexual Orientation'.

358 Koran 11:77-79.

359 Koran 7:80-81.

360 Koran 4:15-16. Ik wil Everett Rowson bedanken dat hij mij zijn nog niet gepubliceerde artikel heeft laten lezen: 'Straight or Gay? The Curious Exegetical History of Qur'an 4:15-16', waarin alternatieve interpretaties van deze verzen door de eeuwen heen worden uitgelegd.

361 Kugle: *Homosexuality in Islam*, p. 85.

362 Al-Qaradawi: *The Lawful and the Prohibited in Islam*, p. 165.

363 Ibid.: p 165.

364 Youssef: *Hayrat Muslima* [De ontsteltenis van een moslima], p. 225.

365 Ibid., p. 226.

366 Ibid., p. 226.

367 Koran 29:28-29.

368 Youssef: *Hayrat Muslima* [De ontsteltenis van een moslima], p. 189.

369 Ibid.: p. 184.

370 Ibid.: p. 226.

371 Sayed: 'Al-Mithliyyun wa-l-Mithliyya fi al-Sinima al-Misriyya' [Homoseksuelen en homoseksualiteit in Egyptische films], pp. 89-105.

372 Voor een blik op homoseksualiteit in Egyptische films, vroeger en nu, zie Hassan: 'Real Queer Arabs'; Menicucci: 'Unlocking the Arab Celluloid Closet: Homosexuality in Egyptian Film'; en Murray: 'Conceptions About and Representations of Male Homosexuality in the Popular Book and Movie, The Yacoubian Building.'

373 Suleiman: 'Egyptian film about the life of deviants takes part in "queer" world festival'.

374 Voor meer over alternatieve presentaties op het scherm van relaties met mensen van hetzelfde geslacht, zie: sexandthecitadel.com.

375 Deze verandering van toon over homoseksualiteit in de Arabische roman en hoe deze meer algemene sociale zorgen weerspiegelt, wordt beschreven in Massad: *Desiring Arabs*, pp. 269-334; Al-Samman: 'Out of the Closet'; Whitaker: *Unspeakable Love*, pp. 77-113; Lagrange: 'Male Homosexuality in Modern Arabic Literature'; en El-Ariss: 'Majnun Strikes Back.'

376 Fathi: *The World of Boys: A True Story of Youth*, p. 45.

377 'A Forgotten Life', http://karimblog-karim.blogspot.com.

378 De valkuilen van het internet, waaronder valse verklaringen in Syrië en het in de val lokken in Egypte, worden uitgebreid besproken op: sexandthecitadel.com.

379 *Bareed Mista3jil. True Stories* [Exprespost], p. 35.

380 Voor meer over de geschiedenis van relaties tussen vrouwen in de Arabische literatuur , zie: Habib: *Female Homosexuality in the Middle East.*

381 Al-Tifashi: *Sensual Delights of the Heart*, vert. Newman.

382 Ibid.

383 Voor een uitgebreide beschrijving van de oorsprong van Meem, en de rol van het internet bij het LGBT-activisme in Libanon en de rest van de Arabische wereld, zie Moawad & Qiblawi: 'Lebanon: Who's Afraid of the Big Bad Internet?'

384 Al Farchichi & Saghiyeh: *Homosexual Relations in the Penal Codes*, pp. 31-59.

385 Voor meer over Helem, zie Dabaghi, Mack & Jaalouk: *Helem: A Case Study of the First Legal, Above-Ground LGBT Organization.*

386 Mikdashi & Moumneh: 'The Emerging Discourse on Same-Sex Sexualities and Rights in Lebanon'.

387 Jernow: *Sexual Orientation, Gender Identity and Justice*, p. 43.

388 Voor een analyse van de zaken van het homoseksuele toerisme in Libanon, zie McCormick: 'Hairy Chest, Will Travel'; en Moussawi: 'Queering Beirut, the "Paris of the Middle East."'

389 Voor meer over een vergelijkbare kliniek in Marrakech, zie Harri et

al.: 'Expérience d'un Centre de Santé Sexuelle Destiné aux Hommes ayant des Relations Sexuelles avec des Hommes au Maroc' [Ervaring met een centrum voor seksuele gezondheidszorg voor mannen die seks hebben met mannen in Marokko].

390 Al-Kak: *Homophobia in Clinical Services in Lebanon*, pp. 19-20. In een verklaring uit 2013 verwierp de Libanese Psychiatrische Vereniging de classificatie van homoseksualiteit als een geestelijke stoornis, ook de hersteltherapie werd verworpen.

391 Voor veel buitenlandse schrijvers vormen relaties van Saoedische vrouwen met elkaar een bron van inspiratie. Voor informatie van binnenuit, van een jonge Saoedische vrouw, zie Al-Herz: *The Others*.

392 Voor meer over het leven van Randa, zie Saghieh: *Mudhakarat Randa al-Trans* [Herinneringen van Randa Trans].

393 Koran 92:1-4.

394 Rowson: 'The Effeminates of Early Medina', p. 673.

395 Voor een bespreking van de status van transseksuele mensen in de islam, en alternatieve lezingen van de Schriftuur, zie Kugle: *Homosexuality in Islam*, pp. 235-68.

396 Voor meer over de benarde toestand van transseksuelen in Koeweit, en wat achter deze vervolging zit, zie Human Rights Watch: *'They Hunt Us Down for Fun': Discrimination and Police Violence Against Transgender Women in Kuwait.*

397 Al-Baghdadi: 'De geperverteerden ... wie zijn het?'

398 Fikri: 'When Things get Topsy-Turvey'. In Koeweit bleek uit een in 2006 verricht onderzoek van het Scientific Committee of the National Conference on Negative Trends, een orgaan van de overheid, dat boyat bij de zesduizend ondervraagde burgers het hoogst op de lijst van sociale zorgen staat. Voor meer over deze trend in Koeweit, zie Abdel Khalek: *Mushkila Adatarrab al-Hayat al-Jinsiyya lada al-Banat* [Stoornis in de genderidentiteit bij meisjes].

399 Nigst & Garcia: 'Boyat in the Gulf: Identity, Contestation, and Social Control', pp. 18-19.

400 Al-Zayyat: 'Al-mar'a al-ghulamiyya' [Vrouwen als ghulamiyya].

401 Operaties in de Arabische regio voor geslachtsverandering worden nader uitgewerkt op: sexandthecitadel.com.

402 Koran 30:30.
403 Voor meer over deze fatwa en de beroemde zaak die daar de aanleiding voor was, zie: sexandthecitadel.com.
404 Najmabadi: 'Transing and Transpassing across Sex-Gender Walls in Iran', p. 26.
405 Ding, Jennings & Pan: *Employment Discrimination Against the Transgender Community in Lebanon: A Needs Assessment Report for Helem*, pp. 4-14.
406 Voor meer over de inspanningen om mensen die opkomen voor seksuele rechten in de Arabische wereld en in andere islamitische landen, zie de Coalition for Sexual and Bodily Rights in Muslim Societies op: csbronline.org.
407 Voor meer over het kamp, bezoek: mantiqitna.org.
408 Koran 49:12.
409 Al-Banna: *Jawaz Imamat al-Mar'a al-Rijal* [Of een vrouw mannen in gebed mag voorgaan], p. 107.

ALS DE REVOLUTIE KOMT

410 Giddens: *The Transformation of Intimacy: Sexuality, Love and Eroticism in Modern Societies.*
411 Al-Zubaidi: *Mukhtasar Sahih al-Bukhari* [Een samenvatting van authentieke Hadith volgens Al-Bukhari], p. 523.
412 Foucault: *The History of Sexuality*, deel 1, *The Will to Knowledge*, p. 77.
413 Jones: *Alfred C. Kinsey: A Life*, p. 772.

Register

11 september (2001), aanslagen 14, 16

Abbasiden 34, 35, 36-37, 301
abortus 32, 164, 189-199, 389
Abu Komsan, Nehad 156-157
affirmatieve therapie 26-267
afrodisiaca 101, 103
ALCS (aidsbestrijding) 241-245
Algerije 195, 296-297
ambulant huwelijk 70, 213
anale seks
  homo- *zie* sodomie
  hetero- 89-93, 129, 175, 188, 265, 274
  in prostitutie 162, 217, 224-225, 236, 243
anticonceptie *zie* voorbehoedsmiddelen
Arabisch (taal) 11-12, 13, 49, 54, 72, 80-81, 96, 180-181, 200, 211, 251-252, 301, 317, 332
  filmondertiteling in 170-172
  homo/lesbo-relaties in 255-257, 270-271
Artikel 534: 289-291
Azhar Universiteit, Al- 104-105, 107, 169, 211, 231, 199
Aziza, Nuna (oma van auteur) 23, 32, 52, 55, 58, 63, 103-104, 125, 162, 194, 211, 232, 268, 313
Azza (Egyptische vrouw) 49-53, 69-70, 71, 78, 83-96, 98, 100, 108, 116-117

badrona zie hoerenmadam
Bagdad 34, 259, 301-302
Bahgat, Hossam 311-312
Bareed Mista3jil 285, 288, 290
Beiroet 284-296, 298, 304-305
Ben Ali, Zine El Abidine 188, 233, 238, 239
besnijdenis (bij vrouwen) 129-138, 142, 218, 227, 324
blogs 18, 112, 124, 125, 128, 283
bordelen 27, 42, 231-236, 238-239, 292
Bouhdiba, Abdelwahab 33-36, 46-47, 330
Bourguiba, Habib 187, 189
boyat 301-303

Caïro 19, 51, 53, 100-101, 130, 135, 167, 250, 264
  citadel in 317-318, 337
  homoscene in 250-253

ongewenste intimiteiten in 153-157, 317
prostitutie/sekswerk in 211, 212-217, 223-226, 230-232, 239-240, 245-248
zie ook Tahrirplein
Canada 15, 16, 75
Casablanca 201-205, 234, 240-243
censuur 82, 83, 122, 128, 168-173, 181, 319, 328, 330
Chraibi, Chafik 196-198
christendom 15, 72, 98, 133, 107, 200, 229, 246, 262, 263-264, 275, 278, 320, 329
clitoris 73, 83, 130, 134, 137, 175
zie ook besnijdenis
concubinaat 212, 229
condooms 83, 164, 183-187, 189, 217, 237, 240, 243-245, 260, 277
consumentisme 51, 59, 215, 282, 325
cunnilingus 93-94

daya (vroedvrouwen) 131-133, 140, 143, 191, 194
democratie 17, 25, 143, 313, 321, 322, 334, 336
seksuele rechten in 26, 46, 117, 165, 221, 259, 307, 319, 327
Dialmy, Abdessamad 43-44, 46, 118
drugsmisbruik 68, 169, 223-224, 239, 254, 262, 267, 268, 276, 289
DSM (*Diagnostic and Statistical Manual of Mental Disorders*) 263, 266
dukhla-vieringen 140-143, 145, 175
zie ook huwelijksnacht

Ech-Chenna, Aicha 207-210
eermoord 159-160, 200, 203
Elkot, Nabil 267-268
Encyclopedia of Pleasure (Al-Katib) 76-78, 86, 89, 144, 180, 183
Engels (taal) 11, 13, 49, 80, 84, 171, 172, 180, 255, 317
erotische literatuur 34-36, 76-84, 93-94, 180-181, 194, 318, 330
homoseksualiteit in 258-259, 282-283, 285-286
vrouwelijke seksualiteit in 76-83, 89, 93-94, 183, 285-286

Facebook 59, 108, 111-112, 124, 125, 128, 283, 284, 288
Fath al-Bab, Ali 41-42, 46
fatwa's 70, 76, 92, 107, 132, 144, 174, 211, 281, 304
Fawzi, Hani Girgis 168, 172-173
fellatio *zie* pijpen
FGM (female genital mutilation) *zie* besnijdenis
Flaubert, Gustave 27-32
Foucault, Michel 14, 272, 329-330
Frankrijk 30-31, 36, 120, 233, 234-235

Gay International 250-251
gebruikshuwelijk *zie* 'urfihuwelijk
'gender-bending' 296-305
zie ook transseksualiteit; travestie

genitale verminking *zie* besnijdenis
genotshuwelijk *zie* mut'a-huwelijk
geweld 40, 65, 109-110, 146, 169, 239, 289, 313
  zie ook huiselijk geweld; seksueel geweld
globalisering 41, 50, 136, 172, 282, 300, 325
Golfstaten 23, 40, 61-64, 75, 88-91, 103, 153, 168, 229, 299-301, 304, 319, 333
  sekstoeristen uit 213, 215, 219, 221-222, 225
Gomaa, sjeik Ali 133, 144

Haddad, Joumana 79-84
Hadith 33, 41, 54, 102, 107, 133, 139, 182-183, 271, 274, 298, 328, 330
  zie ook Koran
handelshuwelijk *zie* ambulant huwelijk
Haq, Sally Al 120, 124, 148-149, 150, 157
Hawamdiyya 214-217
Helem, steungroep 289-290, 291, 293, 294, 306
heroriëntatietherapie 261-267
hiv/aids 16-17, 145, 184-185, 186, 239-240, 243, 245, 247, 248, 254, 256, 260, 266, 276-277, 282, 283, 289, 293, 307, 330
  cijfers over 16-17, 184, 239-240, 260
  tests voor 145, 186, 237, 240, 243, 260, 293
  zie ook ALCS; condooms
hoerenmadam (*badrona*) 235-237, 239
homohuwelijk 274, 310, 320, 323
homorechten 188, 250-251, 263, 305-316, 320, 321
  zie ook LGBT-beweging
homoseksualiteit; homoseksuelen 30-31, 32, 91, 232, 251-315
  angst en depressie bij 261, 262, 266
  in erotische literatuur 77, 258-259, 282
  bij vrouwen 271, 284-296
  woorden voor 255-257, 270
  zie ook heroriëntatietherapie; hiv/aids; LGBT-beweging; politie
huiselijk geweld 90-91, 109-111, 190, 323
huwelijk 44, 54-61, 114-115, 139-141, 175, 216-221
  alternatieve vormen van 66-71, 100, 159, 160, 178, 200, 213-222, 226, 274
  arrangeren van 54, 64
  met buitenlanders 64-65
  economische rem op 25, 44, 59-63, 65, 226, 325-326
  en homoseksualiteit 268
  kindbruiden in 218-220, 274
  Koran over 54, 109, 216, 229
  op latere leeftijd 58-61, 268
  nadruk op 45, 48, 53-54, 60, 122, 218-219, 268, 269, 286

ongelijkheid in 52, 59-60, 76, 117, 135, 152
onvruchtbaarheid in 104-108
partnerkeuze 55-58, 64-65
seks louter in 24-25, 45, 54, 76, 118, 134, 159, 200
wettelijke leeftijd voor 218-220
huwelijksnacht 50, 73, 97, 140-142, 144, 174

Iman (Azza's schoonzus) 85, 104, 108
impotentie 51, 74, 97-103, 163, 170-171, 269
zie ook potentie; Viagra
informeel huwelijk *zie* 'urfihuwelijk
INSAF (Nationaal Instituut voor Vrouwen in Nood) 203-207
internet 32, 75, 124, 128, 153, 160, 163, 164, 174, 201, 222, 227, 274, 282, 284, 288, 290, 319
beperkte toegang tot 84, 127, 130, 167, 201, 328
datingsites op 57, 127, 283-284
LGBT op 283-284, 288-290
pornosites op 49-50, 53, 73, 84, 108, 121, 130, 167, 283
taboedoorbrekend 117, 124-125, 128-129, 328
zie ook sociale media
intimiteiten, ongewenste *zie* ongewenste intimiteiten
Irak; Irakoorlog 14, 36, 67, 260, 334
Iran 283, 304
islam 66, 69, 212, 272, 315, 321-322, 330, 334
over abortus 191-192, 198
besnijdenis (vrouwen) in 132, 133-134, 136, 218
homoseksualiteit veroordeeld in 254, 265-267, 270-280, 301, 303
huwelijk benadrukt in 53-54, 60, 122, 218-219
huwelijksalternatieven toegestaan in 66-71, 213, 218, 219, 227, 334
maagdelijkheid (vrouwen) en 138-146
masturbatie en 106-107, 271
over orale seks 93, 271
prostitutie volgens 43, 213, 231, 238-241, 246-247
seks vóór huwelijk verboden in 122, 139, 160, 200
seksuele ruimdenkendheid in 32-35, 43-44, 71-72, 76-78, 84, 86, 89, 93, 144, 180, 181, 183, 190, 208, 212, 272-274, 304, 330
seksuele voorlichting en 166, 169, 174-176, 182
sluieren vrouwen in 41, 85, 91, 125-126
wassen verplicht na seks 106, 184, 227
zie ook Koran; sharia; sjiieten; soennieten
islamisme 37, 40, 155, 160, 192, 208, 239, 246, 314-315, 319, 321, 333

islamitisch conservatisme 37, 39-40, 91, 168, 247, 274-275, 319, 321
seksuele voorlichting in 176-180
vs. vrouwelijke seksualiteit 26, 44, 85, 86, 139, 144, 195, 196, 218
westerse waarden verworpen in 26-27, 37-38, 47, 300, 315, 321, 329
wetsinterpretatie strikt in 18, 37, 40, 91, 107, 126, 183, 191, 217-219, 270-276
zie ook islamisme; patriarchaat; salafisme
Israël 36, 99, 259, 281, 290, 334
seksuele voorlichting in 176-181
zie ook Palestina
ivf *zie* reageerbuisbaby's

Jasad (tijdschrift) 81-83
Jasmijnrevolutie (2011) 13, 185, 236, 238
Jawziyyah, Ibn Qayyim al- 102
Jemen 13, 103, 219, 274
jongeren 17, 44, 55, 58, 119-138, 163-164, 166, 190, 204, 242, 262, 335
door familie beïnvloed 147-152, 158-161, 165, 326-327
en informeel huwelijk 67-68, 70-71, 160, 178
in internettijdperk 125-129
en maagdelijkheid (meisjes) 136-138
ongewenste intimiteiten 153-157
seks voor huwelijk 121-124, 126, 138, 140, 147, 173-174, 185-187
voor seksuele vrijheid 128-129, 148-149, 157
trouwen op latere leeftijd 58-61

Katib, 'Ali ibn Nasr al- 76-78
Khomeini, ayatollah 304
khul' (door vrouw geïnitieerde scheiding) 111, 114-116
kindbruiden 218-220, 274
Kinsey, Alfred 73, 331
Koeweit 39, 195, 299-300
koptische Kerk 98, 133, 169, 250
Koran 33, 47, 50, 60, 95, 103, 106, 122, 148, 191, 298, 303-304, 312, 330
over homoseksualiteit 270-274, 295
over huwelijk 54, 109, 216, 229
over vrouwelijke seksualiteit 77, 89, 92, 138-139, 212
zie ook Hadith; islam; islamitisch conservatisme
Kotb, Heba 72-76, 84
kruidengenezers 101-103, 193

lesbiennes 225, 284-296
zie ook homoseksualiteit
LGBT-beweging 256, 288-297, 305-314, 333
op internet 283-284, 290
in media en literatuur 280-282
rechten/wetten en 289, 290-292, 294, 305-307, 309, 311-314

steungroepen voor 288-289, 297, 309, 311
zie ook Gay International
Libanon 53, 79, 82, 167, 236, 285, 288-296, 304-307
seksuele tolerantie in 139, 292-295
zie ook Beiroet
lingerie 85-86, 95, 99, 163

maagdelijkheid (vrouwen) 85, 113, 136, 138-146, 175, 188, 202-203, 218, 224, 243, 286, 329
maagdenvlies 138, 141-145, 188, 243
ontmaagding 138-141, 175
testen van 145-146, 311
zie ook huwelijksnacht
mannen 30, 55, 78, 89-93, 112-117, 151, 155, 158-160, 183, 186, 218, 252, 256-258, 260, 264-271, 273, 276, 293, 298, 301
echtgenotes wensen rijke 59-63, 99, 325-326
onvruchtbaarheid bij 104-108
als prostitutieklanten 212-216, 223-226, 236, 238, 242, 329
seksuele stoornissen en 51, 74, 97-103
sociale verwachtingen 98, 143, 269
en toeristes 226-230
over vrouwenbesnijdenis 134-135, 136-137
zie ook patriarchaat
Marokko 43-44, 283, 288
abortusacties in 196-198
prostitutie in 240-245
ongehuwde moeders in 201-207
Marsa (seksuele-gezondheidscentrum) 293-294
Masry, Mahmoud al- 40-41
Massad, Joseph 250-251
masturbatie 44, 73, 80, 81, 106-107, 121, 143, 153, 162, 163, 271, 331
media 17, 20, 167-168, 198, 319
censuur in 82, 83, 168-173, 282, 319, 328
Radio Motalakat in 111-112, 114
seksueel advies in 72-73, 76, 124-125, 176
seksuele taboes onderzocht in 92, 125, 128-129, 167-169, 328
zie ook erotische literatuur; internet; sociale media
Medina 16, 133, 241, 298, 313
Meem, steungroep 287-290, 294, 298, 306, 309
Mekka 16, 56n, 160, 241
mensenhandel 219-220, 247
menstruatie 85, 92, 163, 184, 203, 209, 242
mobiele telefoons 95, 127-128, 162, 201, 223, 270, 328
Moebarak, Hosni 24, 50, 98, 132, 138, 146, 149, 210, 219, 225, 284, 325, 327
Moebarak, Suzanne 114, 219
Moenir (Egyptische homo) 252-258, 261, 279-283, 300, 307, 310-316

Mohammed, profeet 42, 54, 60, 71-72, 84, 89, 122, 133, 139, 183, 219, 271, 274, 275, 298-299, 328
Mohammed VI, koning 198, 207
Moslimbroederschap 37, 40, 41-42, 123, 132, 138, 169, 218, 322
Mouelhy, Mawaheb El- 135-137
Moumneh, Rasha 294, 305-306
Muntada Jensaneya 176-181
mut'a-huwelijk 66-67, 213, 274
 contract in 66, 213

Nafzawi, 'Umar Muhammad al- 79-80
Napoleon, keizer 23, 36, 334
Nasim (Egyptische homo) 250-260, 268-270, 279, 281, 283, 284, 307, 314-315
Nasser, Gamal Abdel 37, 50, 51, 60, 165

ondergoed *zie* lingerie
onderwijs 50-51, 52, 152, 165, 173, 176-179, 181-182, 197, 221, 223, 324
 zie ook seksuele voorlichting
ongehuwde moeders 200-210
ongewenste intimiteiten 128, 153-157, 168, 193, 287, 306, 314, 317, 326, 333
onvruchtbaarheid 104-108
onwettige kinderen 107, 199-209
orale seks 73, 76, 78, 93, 129, 162, 172, 180, 225, 227, 243, 271
orgasme (van vrouwen) 74, 77, 78, 135, 137, 286
oriëntalisme 29, 32, 39, 88, 202
overspel 40, 70, 106, 144, 168, 265, 272, 275, 286, 306

Palestina 176, 178-181, 259, 289
patriarchaat 45, 52, 71, 96, 99, 109, 144, 156, 188, 196, 222, 273, 286, 299, 323, 327
penis 81, 94, 97, 172, 180, 285
pijpen 93-94, 104, 129, 172, 225, 271
pil, de 31, 182, 194, 297
politie 110-111, 127, 154-155, 195, 243, 246, 284, 291, 300, 301
 en homoseksualiteit 253-255, 285, 289, 311
 en prostitutie 213, 225, 231-232, 237, 239, 240
polygamie 187, 212, 274
pooiers 28, 214, 224, 235, 246
pornografie 53, 76, 84, 93, 107, 108, 130, 136, 167, 283
potentie 87, 99, 100, 227
 zie ook impotentie; Viagra
prostitutie; prostituees 211, 217, 222-249
 gescheiden vrouwen als 236, 244
 geschiedenis van 230-234
 hiv-preventie in 239-248
 homo/lesbo-seks aangeboden in 225. 252
 islamitische opvattingen over 43, 213, 231, 238-241, 246-247
 kenmerkende klanten voor 224-225, 236, 242-243

en politie 225, 240, 243, 246-247
prijsniveau van 213-215, 224-225, 236, 243
reglementering van 230-239, 247-248
toeristes als klant in 225-229
zie ook mensenhandel; zomerhuwelijk

Qaradawi, Joesoef al- 93, 229, 271-272, 275
Qatar 174-175, 195, 302
Qutb, Sayyid 37-39, 331

Rakha, Marwa 124-127, 129, 139, 147, 150-152
Randa (Algerijnse transseksuele vrouw) 296-299, 303-305
reageerbuisbaby's 104-108
rechten *zie* seksuele rechten
Reich, Wilhelm 43-46

Sadat, Anwar 50
Said, Edward 29
salafisme 39-42, 91, 169, 188, 218, 246-247, 322
Salah al-Din 317
Salama, Tarek 149, 157
Samia ('bruid' zomerhuwelijk) 212-214, 217-218, 221-222, 225, 230
Saoedi-Arabië 41, 47, 70, 90-93, 113n, 127, 129, 195, 210, 213, 215, 219, 220, 225, 274, 295, 296
schaamlippen 77, 131, 286
scheiden 39, 43, 44, 50, 59, 66, 67, 69, 82, 92, 99, 112-116, 134, 188, 207, 208, 236, 244, 269
seks, in huwelijk 25, 67, 71-78, 117, 136, 224-225
anticonceptie bij 103, 183-184
conflicten rond 49-50, 54, 73, 75-78, 83, 89-90, 93, 109, 134
ontmaagding bij 138-141, 175
seksuele stoornissen bij 51, 73, 74, 95-102
voortplanting doel van 89, 94, 99, 103-104
vrouwen bij 54, 73, 75, 77, 83, 90-93, 95, 175, 224-225
seks, vóór huwelijk 44, 76, 115, 121-124, 134-136, 140, 173, 182-184, 187-189, 200, 206, 226, 323, 328, 329, 331
taboe voor vrouwen 44, 50, 123, 129, 134-136, 160, 164, 187, 188, 194, 200, 286
zie ook maagdelijkheid; voorbehoedsmiddelen
seksspeeltjes 13, 83-86, 95, 108
sekstherapeuten 72, 76, 80
sekstoerisme 213, 215, 219-230, 292, 329
seksualiteit 13-14, 17-18, 20
islamitisch conservatisme over 18, 37, 40, 91, 107, 126, 183, 191, 217-219, 270-276
islamitische ruimdenkendheid over 32-35, 43-44, 71-72, 76-78, 84, 86, 89, 93, 144, 180,

181, 183, 190, 208, 212, 272-274, 304, 330
als middel van onderwerping 42-46, 146-147, 254, 275, 324
taboes doorbroken door internet/media 92, 125, 117, 124-129, 167-169, 201, 284, 328
taboes op vóórhuwelijkse 44, 50, 123, 129, 134-136, 160, 164, 187, 188, 194, 200, 286
vrouwelijke *zie* vrouwelijke seksualiteit
in Westen 26, 29, 31, 36-39, 46, 47, 71, 93, 136, 227, 250, 329, 334
zie ook anale seks; erotische literatuur; 'gender-bending'; jongeren; orale seks; woestijnromans
seksueel geweld 49, 81, 109, 142, 205, 320, 328, 330
zie ook besnijdenis; verkrachting
seksuele gezondheidszorg 163, 189-195, 241-249
voor homoseksuelen 293-294
voor ongehuwde moeders 203-207, 209
telefonische hulplijnen en 162-164
seksueel misbruik 75, 90, 98, 109, 110, 179, 205, 222, 224, 264, 281, 300
zie ook seksueel geweld; verkrachting
seksueel overdraagbare aandoeningen *zie* soa's
seksuele rechten 25-26, 76, 81, 179, 307-308, 311-312
Arabische wereld tegen 26, 320-321, 328, 331, 333, 334
censuur en 31-32, 82, 83, 122, 128, 168-173, 181
homoseksualiteit gecriminaliseerd en 188, 252-255, 259, 263, 289, 291, 299-300, 306, 309, 313, 315-316, 323
privacydebat over 312-314, 315, 330
transseksualiteit/travestie en 297, 299-300, 304-305
vrijheid van meningsuiting en 173, 315-316, 328-332
wetsvoorstellen voor 156-157, 166, 195, 196-199, 246-248, 289-292, 306-307, 308, 313-314, 323-324
zie ook islam; islamitisch conservatisme
seksuele revolutie, westerse 31-32, 35, 334
seksuele stoornissen 51, 74, 96-103, 171, 269
seksuele voorlichting 162-168, 173-182, 197, 314
door familie 166-167
op school 165-166, 173-182
geen toegang tot 44, 98, 164, 165-166, 173-176, 181

voordelen van 180-182, 330-332
voor vrouwen 166, 174-177, 180
weerstand tegen 44, 164-166, 174-180, 330-332
sekswerk *zie* prostitutie
Sexuality in Islam (Bouhdiba) 33, 34
sexuelle Revolution, Die (Reich) 43
Shababna, hulpdienst 163
sharia 37, 40, 42, 54, 99, 122, 129, 144, 183, 254, 274, 310
sjiieten 66, 89, 183, 213, 304
sluier 41, 85, 91, 108, 125-126, 296
soa's 28, 123, 145, 184, 186, 217, 234, 237, 328
zie ook hiv/aids
sociale media 124, 128, 174
zie ook blogs; Facebook; internet; tweets
sodomie 28, 253-255, 258, 271, 273-274, 282, 289, 299, 308
Soedan 153, 223, 274, 288
soennieten 66, 89, 107, 113, 183, 213, 274
SolFem (Solidarité Féminine) 204-207, 209
sterilisatie 183
Syrië 146, 172, 215, 289

Tahrirplein 23-24, 41, 60, 65, 119, 120, 124, 146, 148, 149, 150, 155, 250, 282, 310, 311
intimiteiten op 155
maagdelijkheidstests na 146
Talaat, Sahar 174-175
Tamish, Safa 176-181
Tantawi, sjeik Sayyid al- 304
telefoonseks 121-122, 162-163
Tifashi, Ahmad ibn Joesoef al- 258-259, 282, 286
transseksualiteit; transgenderisten 256, 296-300, 304-305, 308
hormonentherapie voor 297, 299
wetten over 299-300
travestie 296-303
zie ook boyat
Tunesië 58, 129, 185-193, 226, 233, 234-239, 258, 272, 309-310
abortusrechten in 189, 190-192
gereguleerde prostitutie in 233-239, 247
seksuele voorlichting in 185-188
Tunis 189, 191, 233-236, 238
Turkije 47, 283, 307-308
tussenpersonen, voor seks 213-217, 220, 226
tweets 24, 125, 288, 329

'urfihuwelijk 67-70, 71, 100, 159, 160, 178, 200, 216, 220
contract in 68, 69, 70, 159
zie ook zomerhuwelijk

vagina 92, 94, 143
veilige seks 17, 18, 26, 83, 241, 268, 277
Verenigde Arabische Emiraten (VAE) 61-65, 301
Verenigde Naties 16, 21, 186, 256, 276, 281, 320, 321, 332, 376

verkrachting 87-88, 98, 111, 142, 144, 146, 153, 155, 179, 199, 207, 258, 278, 287
Viagra 99-101, 102, 136, 217
vibrators 13, 83-84, 95
voorbehoedsmiddelen 31, 44, 103, 148, 182-191, 194, 197, 199
zie ook condooms; pil, de; veilige seks
voorlichting *zie* seksuele voorlichting
voortplanting 39, 45, 54, 89, 94, 132, 165-167, 176
zie ook reageerbuisbaby's
vrijheid van meningsuiting 173, 328-332
zie ook censuur
vrouwelijke seksualiteit 71-96, 196
in erotische literatuur 76-83, 89, 93-94, 183, 285-286
internet, taboes en 124-129, 201, 284
en jongere alleenstaanden 123-124, 126-128, 138-147, 164-165, 183, 200, 292
Koran over 77, 89, 92, 138-139, 212
'krachtig libido' van 78, 80, 122, 135, 212, 218
menstruatie en 85, 92, 184, 209
orale seks en 76, 93, 129, 225, 227
orgasme en 74, 78, 135, 137, 286
restricties op 26, 44, 85, 86, 139, 144, 195, 196, 218
taboe op seks vóór huwelijk 44, 50, 123, 129, 134-136, 160, 164, 187, 188, 194, 200, 286
vaginavernauwing 92, 94
voorbehoedsmiddelen en 103, 183-187, 194, 196
zie ook anale seks, hetero; besnijdenis; lesbiennes; maagdelijkheid
vrouwen
commerciële seks verlangd door 225-228
familiecontrole op 127-128, 136, 139, 142-143, 147-151, 158-160, 190, 287-288, 327
gezondheidszorg voor 189-195, 203-207, 241-249
homoseksualiteit bij 284-296
opleiding van 50-51, 52, 58, 63, 75, 158, 188-189, 326
bij opstanden (2011-'13) 119, 120, 124, 146, 148-150, 157, 161
rechten van/voor 11, 31, 70, 111, 114, 117, 145, 146, 155, 156, 199, 208, 219-222, 248, 307, 309, 312
scheiding en 43, 111-116, 188, 208
als schrijvers over seksualiteit 76-84
seksueel misbruik van 90, 98, 109, 110, 179, 205, 222, 224, 264, 281, 300
seksuele voorlichting voor 166, 174-177, 180
vruchtbaarheid volgens 105-108

werkgelegenheid van 51, 52, 63, 90, 150-151, 159, 189, 326
zie ook besnijdenis; *boyat*; eermoord; huiselijk geweld; maagdelijkheid; ongehuwde moeders; ongewenste intimiteiten; patriarchaat; seksueel geweld; sluier; vrouwelijke seksualiteit

wahabisme 113, 275
Wasfy, Awsam 261-267
weeshuizen 199-210, 207, 264
werkloosheid 51, 59, 109, 147, 153, 226, 229, 246, 241, 325, 326
Westen 29, 31, 93, 250, 334
homobeweging in 311, 315
pornografie uit 93
seksuele cultuur, Arab. vs. 26-27, 29, 31, 37-38, 47, 227, 329
seksuele cultuur voorheen strikt in 31-32
seksuele losheid van 36-39, 46, 47, 71, 136
waarden, Arab. vs. 26, 37-38, 47, 250-251, 300, 315, 321, 331-335
Wisam (zus van Azza) 95, 108-111, 116
woestijnromans 87-89
World Values Surveys 26, 200

Y-Peer 186
Youssef, Olfa 272-276

Zahaf, Abdelmajid 235, 237-238, 247
zawaj misyar zie ambulant huwelijk
zawaj mut'a zie mut'a-huwelijk
zawaj 'urfi zie 'urfihuwelijk
Zesdaagse Oorlog (1967) 36, 334
zina (onwettige relatie) 54, 66, 107, 164, 182, 184-185, 200, 274, 279
Zohry, Ayman 91
zomerhuwelijk 213-222, 226
contract in 216